한국도로교통안전정책론

Road Traffic Safety Policy in Korea

백 승 엽

法 文 社

머 리 말

한국에서 도로교통사고 통계에 최초로 전산시스템이 적용된 1970년의 연간 도로교통사고 사망자 수는 3,069명이었다. 그런데 이후 21년 만인 1991년에는 연간 사망자 수가 13,429명으로써 역대 최고 정점에 이르렀다. 불과 21년 만에 무려 4.38배 증가한 것이다.

2024년도 한국의 도로교통사고로 인한 사망자는 2,521명으로써 역대 최소치를 경신하였다. 최다 사망자가 나왔던 1991년 대비, 34년 만에 무려 81.22%(10,908명) 감소한 것이다.

비록 국제적으로 OECD 회원국 중에서는 아직 중하위 수준에 머무르고 있지만, 그럼에도 불구하고 지난 34년간의 감소치(81.22%) 자체는 실로 대단한 성과라고 하지 않을 수 없다.

그런데 그런 성과는 어떤 정책과 방법(What policy & method)을 통해 거두게 된 것일까? 이 책은 그 질문(Question)에 대한 대답(Answer)을 제시하기 위해 집필되었다.

그 질문에 대한 대답은 정부의 '도로교통안전 정책' 관련 공식 기록인 '도로교통안전백서'와 '교통안전연차보고서'에 기본적으로 언급되어 있다. 그런데 '정부보고서'는 대개 관련 정책의 큰 틀 범위 내에서 매년 약간씩 달라지는 통계와 세부 시책의 내용만을 반복 서술하게 된다. 따라서 정작 실제로 큰 효과를 거둔 정책에 대해서는 간과하고 있는 경우가 적지 않다.

따라서 이 책에서는 필자가 과거 경찰청 교통 부서에서 근무하며 실제로 경험한 내용과 대학교수로 봉직하면서 연구·분석한 결과를 토대로 가급적 객관적인 관점에서 역대 '도로교통사고 사망자 수' 감소 효과가 컸던 한국 정부의 중요 정책을 선별하여 종합적·분석적으로 기술하였다.

기대하건대, 이 책은 현재 '도로교통안전 정책'을 다루는 공무원, 관련 학문 전공 학생, 특히 과거 30여 년 전 한국이 처했던 상황과 비슷한 여건하에 있는 여러 개발도상국 정부와 도로교통 관련 부처 공무원들이 자국의 교통안전정책을 수립·추진하는 데에 좋은 참고서가 될 것으로 확신한다.

2025년 6월 12일

가천대학교 글로벌 캠퍼스 법과대학(비전타워) 604호실에서

Preface

Baik Seung-Yup

In 1970, when the computer system was first applied to road traffic accident statistics in Korea, the annual death toll from road traffic accidents was 3,069. However, in 1991, 21 years later, the annual death toll reached a record high of 13,429. In just 21 years, this is a whopping 4.38 times increase.

The number of deaths from road traffic accidents in Korea in 2024 was 2,521, a new record low. Compared to 1991, when the most deaths occurred, it was a whopping 81.22% (10,908) down for the first time in 34 years.

Although it is still in the middle and lower levels of OECD member countries internationally, the decline (81.22%) over the past 34 years itself is a truly remarkable achievement.

But through what policies and methods have such achievements been achieved? This book was written to provide an answer to the question.

The answer to that question is basically mentioned in the 'Road Traffic Safety White Paper' and the 'Traffic Safety Annual Report', which are official records related to the 'Road Traffic Safety Policy'. However, 'government reports' usually describe only statistics and detailed policies that change slightly every year within the large framework of related policies. Therefore, there are many cases where policies that have actually had a great effect are overlooked.

Therefore, this book selected and analyzed the important policies of the Korean government, which have been effective in reducing the number of road traffic deaths from an objective point of view, based on my actual experience working in the National Police Agency's transportation department in the past and the results of research and analysis while serving as a university professor.

Hopefully, this book will be a good reference for government officials dealing with the current Road Traffic Safety Policy, students majoring in related studies, especially governments and road traffic–related ministries in various developing countries under similar conditions to the situation Korea faced more than 30 years ago, to establish and promote their own traffic safety policies.

June 12, 2025

Professor Department of Administration, Ph.D. Traffic Engineering, Gachon University Room 604 of Gachon University Global Campus School of Law (Vision Tower)

일러두기

- 이 저서는 기본적으로 한국 정부의 '도로교통안전정책'에 관한 공식 기록인 「도로교통안전백서」와 「도로교통안전연차보고서」를 토대로 집필되었다.
- 「도로교통안전백서」는 경찰청(구 치안본부)이 1988년에 최초 발간하기 시작한 후 2015년 폐간되었다.
- 「도로교통안전연차보고서」는 「교통안전법」에 의거 국토교통부가 도로・철도・항공・해양에 관한 정부의 종합적인 안전 정책에 관한 내용을 망라하여 매년 발간하고 있다.
- 이 저서에서 인용한 각종 법령은 법제처의 「국가법령정보센터」에 수록된 것이다(2025.5.30. 기준).
- 이 저서에서 인용한 각종 통계는 「국가통계포털(KOSIS)」, 「경찰통계연보」, 「국토교통통계누리」 및 한국도로교통공단 「교통사고분석시스템(TAAS)」을 활용하였다(2025.5.30. 기준).
- 이 저서는 2024학년도 '가천대학교 교내연구비 지원'에 의한 결과물이다(GCU-202405880001). [This work supported by the Gachon University research fund of 2024(GCU-202405880001)].

차 례

제1장

도로교통안전 정책의 의의

제1장

도로교통안전 정책의 의의

제1절 교통의 개념 및 도시화에 따른 역대 정부의 교통정책 개관

Ⅰ. 교통의 개념 및 도시화에 따른 문제

'교통(Traffic)'의 개념에 대해서는 국내외 학자들이 매우 다양하게 정의하고 있다. 이들의 견해를 종합하면 '교통'이란 '체계적인 교통기관을 사용하여 어느 정도의 거리 저항을 극복하면서 의도적·반복적으로 행하여지는 인간이나 화물의 이동'이라고 할 수 있다.

일찍이 Rae(1971)가 주장한 것처럼 교통은 서로 다른 지역 간에 재화와 용역 및 사상이 교류될 수 있는 토대를 마련하여 인류 역사상 사회 발전에 크게 공헌해 왔으며 그 중요성과 효용성에 대해서는 별도의 설명이 불필요할 것이다. 교통은 '활동공간'을 기준으로 육상·항공·해상교통으로, '이동수단'을 기준으로 자동차·열차·항공기·선박 교통 및 인력·가축에 의한 교통으로 각각 구분할 수 있다.

'교통시스템(Transportation System)'이란 교통의 3대 요소인 교통주체(사람·화물), 교통수단(자동차·항공기·열차·선박 등) 및 교통시설(도로·철도·운하 등)이 상호 유기적으로 연계된 체계를 의미한다.

한편, 산업경제 발전에 따라 점차 '도시화(urbanization)'가 진행되면 주택·상하수도·교육·문화·범죄 등 정부 차원에서 대처해야 할 각종 문제가 발생하는데 그중 가장 중요한 것이 바로 '교통' 문제다. 왜냐하면 어느 나라나 산업경제가 발전하기 시작하면 종래 농어촌 거주자들이 점차 도시로 몰리는 인구집중 현상이

촉진되고, 특히 출퇴근 시간에는 도시 내외곽을 오가는 사람의 수가 폭발적으로 증가한다. 그러나 도시 내외곽을 연결하는 교통시설과 교통수단의 공급 속도는 도저히 이를 따라잡을 수 없다. 결국 '도시화'는 필연적으로 '교통'에 관한 여러 가지 문제를 초래하는데, 현실적으로는 그 국가의 경제발전 수준에 따라 다음과 같은 차이가 있다.

첫째, 아직 경제성장 단계에 진입하지 않은 '후진국'의 경우에는 자가용 자동차는 물론 버스·지하철 등 대중교통수단 및 도로 등 관련 기반시설 부족으로 인해 출퇴근 시간에는 자전거와 이륜차 등이 뒤섞여 그 풍경은 마치 교통전쟁을 방불케 한다. 따라서 이런 국가의 교통 문제는 결국 위와 같은 '교통대란' 해소 정책이 우선적으로 요구된다.

둘째, 산업경제의 발전으로 이제 막 성장의 과실이 국민들에게 배분되기 시작한 '개발도상국'의 경우에는 도시에 인구 집중이 심화되고 자가용 자동차 소유자도 폭증하는데 비해 아직 도시 기반시설이 미흡하여 출퇴근 시간에는 거의 매일같이 심각한 교통체증 현상이 초래된다. 따라서 이런 국가들의 교통 문제는 도심지 내곽의 버스전용차로 증설, 지하철 노선 확대 등을 통해 출퇴근 인구를 가능한 한 대중교통 수단으로 유인·흡수하기 위한 정책을 가장 우선적으로 고려해야 한다. 또한 자동차 교통으로 인한 '교통사고 피해' 역시 점차 증가하지만, 이때까지는 아직 '원활한 교통소통'을 위한 정책이 '교통사고 감소' 정책보다 상대적으로 우선시되는 경향이 있다.

셋째, '선진국'의 경우에는 이미 충분한 자본이 축적되어 있고 고용이 활성화되어 있으며 근로자들의 생활수준도 높다. 중산층 이상의 사람들에게 있어서는 점차 복잡한 도심지를 빠져나와 상대적으로 생활환경이 좋은 도심지 외곽에 거주하려는 수요가 많아지면서 대도시 인근에 대규모 주거타운이 형성된다.

그런데 이렇게 되면 외곽에서 도심지로 출퇴근하는 자가용 차량 이용자들이 많아짐으로써 단기적으로는 장거리에 걸친 만성적 교통체증, 교통사고 증가, 매연 등으로 인한 교통공해 등의 문제가 대두된다. 따라서 이런 국가의 경우에는 일단 도시 내외곽을 빠르게 연결하는 광역 교통시설 및 대중교통수단 확대 공급 정책이 우선시된다. 아울러 도심지 내곽의 원활한 교통소통 문제보다는 늘어나는 교통사고의 감소 즉 '교통안전' 및 '환경복지' 관련 정책이 상대적으로 더욱 우선시된다.

Ⅱ. 한국의 도시화 과정 및 역대 정부의 교통개선 정책 개관

2024년 2월, 통계청은 'UN의 국제적 지역분류 매뉴얼'[1)]인 「통계적 지역분류 체계」 기준에 따라 한국의 도시화 현황을 조사 발표하였다.[2)] 통계적 지역분류 체계에 따르면 '인구격자'란 전 국토 면적을 대상으로 '가로 1킬로미터×세로 1킬로미터'에 해당하는 면적에 1,500명(도심) 또는 300명(도시클러스터) 이상의 거주자가 있을 경우 표시하는 것이고, '인접 격자의 군집화'란 지리적 인접성을 고려하여 각 인구격자의 면적을 그룹화시키는 것이다. 위 두 가지 기준을 토대로 한 '군집화 유형(Cluster Type)'은 도심(Urban Centre), 도시클러스터(Urban Cluster), 농촌(Rural Grid Cell) 등 3가지로 분류된다.

아울러 '도시화율(Urbanization Ratio)'이란 위의 군집화 유형에서 농촌을 제외한 도시(도심+도시클러스터) 지역에 거주하는 인구의 비율을 의미한다.

통계청이 위와 같은 이론적 토대를 근거로 조사한 결과 2021년도 현재 한국의 도시인구는 수도권(서울+인천+경기)이 50% 이상으로 압도적인 가운데, 경상권(부산+대구+경북+경남)은 24.5%, 충청권(대전+세종+충북+충남)은 10.0%, 전라권(광주+전북+전남+제주)은 8.4% 순으로 나타났다. 해당 권역에 소재한 도시의 면적은 수도권이 41.6%, 경상권이 26.7%, 충청권이 13.6%를 차지하고 있다. '도시화율'은 수도권이 90.7%, 경상권·충청권 및 제주권이 80%대, 전라권 및 강원권이 70%대로 각각 나타났다.

후진국에서 벗어나 개발도상국으로 발돋움한 국가에서는 일반적으로 급격한 도시화에 대응하면서 경제적 성장을 지속해 나가는 일이 매우 중요한 과제로 대두되기 마련이다. 지난 2010년 국토연구원이 세계은행(The World Bank)의 의뢰를 받아 수행한 연구용역 결과,[3)] 한국은 다른 선진국과 달리 도시계획에 관한 제도를 먼저 도입한 후 산업화와 도시화 정책을 경제성장과 연계시켜 추진해 온 사례에 해당하며 도시화 현상은 맨 처음 1920년대부터 나타나기 시작했다. 동 연구에 따르면 '도시화'는 일반적으로 3단계(초기-중기-성숙기)로 구분할 수 있는데, 역대 한국 정부가 국내 도시화가 거의 안정화되는 시기인 1990년대 말까지 각 도시화 단계별로 추진해 온 '교통 여건 개선'을 위한 주요 정책은 아래와 같다.

---

1) UN통계위원회(2020), 「Applying the Degree of Urbanisation」.

2) 통계적 지역분류 체계로 본 도시화 현황, 통계청 보도자료(2024.2.26.)

3) 한국의 도시화 과정과 정부 정책에 관한 연구, 국토연구원(2010.12.27.)

1. '도시화'의 단계별 개념 및 한국의 사례

(1) 1단계(도시화 초기: Incipient urbanization)

도시화 초기란 대부분의 지역이 아직 농어촌 상태에 머무르고 있는 시기다. 이때의 정부 정책은 중립적이어야 하고, 도시계획 및 토지제도는 전국 어느 곳에서나 보편적으로 적용될 수 있는 것이어야 한다. 또한 안전·교육·건강·위생 등 사회적 기초 서비스가 누구에게나 보편적으로 균등하게 제공될 수 있어야 한다. 한국의 경우에는 일제 강점기인 1920년대부터 5.16 군사정변이 발생했던 1960년경 까지라고 볼 수 있다.

1920년에 4.86%였던 도시화율은 1930년 9.18%, 1940년 18.58%로 점차 증가하였고, 이후 1945년에 광복, 1950년에 한국전쟁이 끝난 이후 사회적인 혼란과 변혁의 움직임이 계속되어 도시로의 인구 집중이 현저히 강화되는 추세였으며, 그 결과 1960년에는 도시화율이 36.8%로 크게 증가하였다.

(2) 2단계(도시화 중기: Intermediate urbanization)

도시화 중기는 도시화가 점차 가속화하면서 경제 밀도가 커지고, 그 혜택이 각종 인프라의 연결을 통해 주변으로 확산·공유되는 단계이다. 산업화로 인한 경제활동이 공간적으로 집중되면서 그에 상응하여 토지 이용 패턴이 달라지기 시작하는 상황에 적극 대응하고, 재화 및 서비스의 이동도 전보다 신속히 이루어지도록 하는 정책이 추진되어야 한다. 한국의 경우에는 1960년 '5.16 군사정변'으로 집권한 박정희 대통령 재임기간(1963년~1979년) 및 1986년까지 5차에 걸쳐 추진된 '경제개발 5개년계획'이 종료된 이후 대략 1990년경까지다. 1960년에 35.8%였던 도시화율은 이후 매 10년마다 약 15.6%씩 증가, 1990년에는 82.6%에 달하여 30년간 약 47.6%나 증가하였다. 도시인구는 주로 인구 100만명 이상의 대도시에 집중되었다. 전국 도시인구 대비로 보면 약 60%가 이러한 도시에 집중되었고, 인구 5만~20만 규모의 도시는 1970년 이후 계속 낮아져 왔다. 전국적으로는 수도권 인구집중이 계속 심화되어 1960년대 20.8%였던 점유율은 1990년대 42.8%로 약 2배 이상 증가하였다.

(3) 3단계(도시화 성숙기: Advanced urbanization)

도시화가 상당히 진행된 지역에서는 대체로 주거환경이 상대적으로 매우 나빠지는 슬럼화(slums)현상을 해결하는 것이 매우 중요한 정책 과제로 대두된다.

사람들은 본능적으로 살기 좋은 곳 주변으로 모여들기 마련인데, 도시 내 슬럼가가 형성될 경우 그 주변으로는 도시 자체의 경제력이 제대로 미치지 못하게 된다. 따라서 이 단계에서는 적절한 토지이용 계획 및 기초 서비스 제공을 위한 관련 제도(Institution) 및 인프라(Infrastructure)의 개선·확충이 필요하고, 정부나 관할 지방자치단체 등이 지역 내 특정 공간에 정책적으로 특별히 개입(Intervention)하는 정책이 불가피하다.

한국의 경우 전국의 도시화율은 1990년대 후반부터 90% 수준에서 안정화되어 왔다. 2000년에 93.9%, 2005년에 95.7%, 이후 현재까지 약 96% 수준에 머물고 있다.

2. 한국의 도시화 단계별 역대 정부의 주요 교통개선 정책

1872년 조선이 일본과 강화도조약(1876년, 고종 13년)을 체결한 이후 한국의 도시화가 거의 안정화 단계로 진입한 1990년대 후반기까지 정부가 각 도시화 단계별로 추진했던 주요 교통개선 정책의 내용은 아래와 같다.

(1) 1단계(도시화 초기: 1920~1960)

1) 철도망

한국은 구한말, 경부선 개통(1904년)으로 종전에는 서울에서 부산까지 약 10일이 걸리던 거리가 단 1일로 단축되었다. 1919년에는 현행 한국 철도의 골격망 대부분이 완성되었고, 1920년대 이후 도시인구가 폭증하면서 철도 역사의 입지는 도시 발전과 기능에 큰 영향을 미치게 되었다.

1945년 8월 15일 일제로부터 독립한 이후 1950년에 한국전쟁이 발발하면서 남북이 분단된 가운데, 1960년대 후반부터 '도로'가 본격적인 교통망으로서의 역할을 담당하기 이전까지 '철도'는 모든 수송의 대동맥 역할을 담당해 왔으며 당시 남한 철도망의 총연장거리는 3,738km였다.

2) 도로망

일제 강점기(1910~1945)에는 도로가 철도를 보완하는 교통수단으로 자리매김하였기 때문에 도로 건설의 비중은 상대적으로 낮았다. 1945년 광복 당시, 한국의 도로는 국도 5,263km, 지방도 9,997km, 시군도 8,771km로써 총연장거리는

24,031km였는데, 1960년이 되어서도 총연장은 27,169km로서 크게 늘어나지 않았다. 광복 이후 미군정이 건설하기 시작한 국도 1호선에 대한 아스팔트 포장공사도 1971년에야 비로소 완성되었다.

(2) 2단계(도시화 중기: 1961～1990)

1) 철도망

이 시기에는 '경제성장'을 지원하기 위한 산업철도 건설에 중점을 두고 제1차 경제개발 5개년계획(1962～1966) 기간 중에는 국내 교통부문 예산의 64.2%를 철도 건설에 집중 투자하였다. 아울러 국가 기간망 철도간 연결 및 석탄등 자원의 생산지와 각 산업공장 운영지를 연결하는 산업철도망 및 기존 철도의 복선화・전철화 사업도 추진되었다.

2) 도로망

1960년대 전반기에는 대도시 도로의 포장 및 신설・정비에 중점을 두었고, 지역 간 도로는 노폭 확장 및 선형 개량에 그쳤으나, 후반기에는 공로(公路) 중심의 도로구조를 개선하는 도로개발 정책이 제2차 경제개발 5개년계획(1967～1971)에 반영되었다. 1960년대 말에는 경인고속도로(1968.11)와 경부고속도로(1970.7)가 각각 완공・개통되면서 바야흐로 전국 '1일 생활권' 시대를 열게 되었다.

1970년대 후반기에는 국도(17개 노선 1,351km)의 포장과 확장(왕복 2차로 → 4차로)에 주력하였다.

한편 1960년대 말부터 제3차(1972～1976) 및 제4차 경제개발 5개년계획(1977～1981)기간 중에는 국내 고속도로 용량 자체의 확대에 초점을 두었고 이 기간 중 국내 고속도로 총연장은 1,243km에 달하였다.

또한 제5차(1982～1986), 제6차(1987～1991) 경제개발 5개년계획 기간 중에는 국내 일부 구간의 극심한 교통난 해소 및 국토의 균형발전 도모를 위한 고속도로 신설 및 확장 사업을 실시하였고, 도로포장 사업에도 역점을 두어 기간 중 국내 도로의 포장률은 76.4%에 달하였다.

3) 도시권 교통(도시고속도로, 광역전철, 지하철)

1971년 경인선(서울～인천) 전철화 기공식을 시작으로 1974년 8월에는 서울역 - 청량리(총 7.8km)구간에 지하철 1호선이 개통되었고 이어 1990년까지 지하철 8호선이 완공되어 총 연장거리가 524.5km에 달하는 수도권 광역전철망이 거의 완성 단계에 이르렀다. 한편 1980년 10월에는 국내 최초로 부산에 도시고속도로가 완공·개통된 이후 서울 등 수도권과 지방 대도시에서는 도시고속도로 신설 사업이 활발하게 추진되었다.

(3) 3단계(도시화 성숙기: 1991～1990년대 후반)

1) 철도망

1989년 5월에 착수한 경부고속철도(KTX) 사업은 2004년 4월에 완공·개통되었다. 이로써 1970년에 경부고속도로 개통으로 전국이 '1일 생활권'이 된 이후 약 30년 만에 다시 전국 '반나절 생활권'을 형성하게 되었다. 아울러 철도의 복선화율은 2001년에 21.4%에서 2006년에 49.3%로 급속히 증가하였다.

2) 도로망

1990년대에는 국가 전체 도로망 체계의 효율화 및 교통 혼잡구간 개선에 초점을 맞추어 고속국도와 일반국도 및 시도·군도의 확충에 주력하였다. 한편 이 기간 중 국가 간선망 도로는 총 21개 노선으로 확대되어 1999년 말 총연장거리는 2,041km까지 증가하였으며, 일반국도의 왕복 4차선 비율이 30%까지 확대되어 도로가 국가 전체 수송량의 90% 이상을 담당하는 명실상부한 '주도종철(主道從鐵)'의 시대가 확립되었다. 그러나 이때부터는 국내의 자동차 대수가 폭발적으로 증가하여 도로교통 문제는 오히려 심화되었다.

그 이유는 후술하는 <표 1-1>에서 보는 바와 같이 1991～2001(10년)간 도로연장은 약 1.57배 증가한 데 비해, 자동차 대수는 약 3.04배, 운전면허 소지자 수는 약 2.01배로 크게 증가하여 자동차 운전자 입장에서의 도로 교통여건은 오히려 악화되었기 때문이다. 2000년대에 접어들면서 국가 간선도로망의 골격은 거의 완성되었고, 기존 도로의 차로(車路; Lane) 수 확충과 도로 시설 개선 등 도로 인프라를 양적·질적으로 향상시키기 위한 사업이 현재도 매년 지속되고 있다.

3) 도시권 교통(도시고속도로, 광역전철, 지하철)

1990년대에는 부산·대구 등 지방 대도시에서도 지하철 사업이 계속 추진되었고, 2007년 말에는 서울 외곽순환고속도로 완전 개통 등 전국 주요 대도시권에서 광역 고속도로망이 속속 구축되었다.

제2절 한국의 도로교통안전 정책 및 접근 방법

일반 정책학적 관점에서 볼 때 '정책'의 개념에 대해서는 국내외 학자들 간에 여러 가지 견해가 있다.

일찍이 Lowi(1970)는 "정책이란 일종의 의도적인 강압이며, 정부가 그러한 강압의 목적·수단·주체·대상을 밝히려고 하는 설명"이라고 정의한 바 있다.[4] Dror(1983)는 "정책이란 주로 정부의 여러 기관에 의해서 결정되는 미래를 지향하는 행동의 주요 지침으로서 이러한 지침은 가능한 한 최선의 수단에 의한 공익의 달성을 공식 목표로 삼는다"라고 하였다.[5] 허범(1981)은 "정책이란 정부 당국자의 가치관 속에 들어있는 당위성과 현실적으로 가능한 행동을 통합함으로써 당시 문제가 되고 있는 어떤 현실적인 내용을 바람직한 방향으로 변화시켜 나가려는 공식적·지침적 결정"이라고 하였다.[6] 정정길(2017)은 "정책이란 바람직한 사회 상태를 이룩하려는 정책목표와 이를 달성하기 위해 필요한 정책수단에 대하여 권위 있는 정부 기관이 공식적으로 결정한 기본방침"이라고 하였다.[7]

한편 '정책'이라는 단어와 거의 비슷하게 사용되는 용어인 '시책·대책·사업 등'은 일반적인 정책 구조상 어떤 상위 정책을 구체화하기 위해 수립되는 하위 정책으로서 상위 목표를 달성하기 위한 수단이라고도 할 수 있다. 아울러 이러한 정책목표와 정책수단 간 계층적 구분은 정책(Policy) - 프로그램(Program) - 프로젝트(Project)로도 구분할 수 있다. 다시 말해서 어떤 상위 정책을 실현하려면 몇 가지 하위 프로그램이 수립되고, 어떤 한 가지 프로그램은 다시 여러 가지 프로젝트로 구체화되어 점차적으로 집행되는 과정을 거친다.

또한 국회 의결을 거쳐야 하는 '법률'도 정부 정책의 한가지 형태라고 할 수 있다. 특히 현장 집행 과정에서 강제력을 동원하여 국민의 권리나 행동의 자유를 제한하는 '규제성 정책'은 자칫 정부의 권한 남용 가능성이 없지 않으므로 이 경우에는 국회의 의결을 거치는 법률의 형태를 띠는 경우가 대부분이다. 행정부는

4) Lowi, Theodore, "Decision Making vs. Policy Making: Toward an Antidote for Technocracy", *Public Administration Review*, Vol. 30, 1970.

5) Dror, Yehezkel, "New Advances in Public Policy Teaching", *Journal of Policy Analysis and Management*, Vol. 2 No. 3, 1983.

6) 허범 외 3인, 「한국 정치·행정의 체계」, 서울: 박영사, 1981.

7) 정정길 외 4인, 「정책학 원론」, 서울: 대명출판사, 2017.

법률에 규정된 상위 정책목표를 실현하기 위해 '헌법'과 국회 의결을 거친 '법률'에 위반되지 않는 범위 내에서 '대통령령(시행령)'과 '부령(시행규칙)' 등 법규명령을 제정·시행한다. 그런데 현실적으로 어떤 정책의 집행 과정에서 관할 정부 기관의 권한 남용 및 과잉 규제 가능성과 그에 따른 집단 민원 등 대중의 반발 가능성은 늘 존재하기 마련이다. 따라서 '도로교통안전' 관련 정책을 포함한 정부의 중요 정책들이 대중의 집단적 반발에 봉착함이 없이 원만하게 당초의 정책적 목표를 달성하기 위해서는 최초 계획 단계부터 공청회 개최 등 가능한 한 투명한 과정을 거치면서 과도하지 않은 수준의 상·하위 목표 및 관련 규제의 수준이 결정되고, 이후 집행되기 이전까지는 충분한 대국민 홍보를 통해 무리 없이 현장에 연착륙되도록 하는 것이 매우 중요하다.

이상에서 기술한 내용을 종합할 때 '도로교통안전 정책'이란 도로에서 발생하는 자동차 교통사고 및 그로 인한 인적·물적 피해를 감소시키려는 국가적 상·하위 목표를 달성하기 위해 국회가 제정한 법이나 행정부가 제정한 법규명령, 관련 제도, 여타 상·하위 정책 및 시책(대책, 사업)이라고 할 수 있다.

각 국가별 전통·문화·경제발전 등의 정도에 따라 다소 다르겠지만, 도로교통에 관한 두 가지 문제, 즉 '교통소통(원활한 소통)'과 '교통안전(교통사고 예방)'에 관한 정부의 정책은 위에서 기술한 '도시화의 제2단계' 즉 중기 이후에 비로소 표면화된다. 왜냐하면 그 이전까지는 자동차 대수 및 운전면허 인구가 그다지 많지 않기 때문에 정부는 우선 철도 및 도로망 자체의 확충에 최우선 목표를 두기 마련이기 때문이다. 따라서 이 책에서 다루는 도로교통안전 정책은 주로 '한국의 도시화 제3단계(성숙기)'에 접어들었던 1991년도 이후 정부 정책의 내용을 담고 있다.

일반적으로 '도로교통'에 관한 정책은 사람과 자동차의 합법적인 도로 이용에 관한 것으로써 교통소통·교통안전 및 교통민원 등 크게 세 가지 분야의 정책으로 구분된다.

첫째, '교통소통' 관련 정책의 목표는 통과 교통량(Throughout) 극대화 및 도심지 내 교통지체(Delay) 극소화를 통해 평상시 만성적인 교통체증(Congestion)을 해소시키는 것이다. 이를 위해서는 주요 간선도로 확충, 교통체계관리(TSM),[8] 교통

8) TSM(Transportation System Management)은 대도시의 교통혼잡을 완화시키기 위한 정책의 하나로써 종래와 같이 신규 도로 건설 및 기존 도로 폭 확장 등 고비용 위주의 정책을 지양하고, 도심지 진입 차량의 교통통제, 소규모 교통시설 공급, 요금정책 등 상대적으로 저비용 위주의 관리기법을 이

수요관리(TDM),[9] 지능형교통체계(ITS)[10] 확충 등 시책(하위정책)이 요구된다.

둘째, '교통안전' 관련 정책의 목표는 교통사고(Accident) 발생 및 교통사고 피해(Damage)의 최소화다. 이를 위해서는 도로 자체의 안전 시공, 교통사고 잦은 곳 개선, 적법·합리적인 교통규제, 교통사고 관련 응급의료체계 구축, 대국민 교통안전 교육·홍보, 법규 위반자 강력 단속 등의 시책이 요구된다.

셋째, '교통민원' 관련 정책의 목표는 보행자·운전자 등 도로 이용자 및 운수사업자 및 사업용 자동차 운전자가 만족할 만한 수준의 관련 행정업무 처리다. 이를 위해서는 합리적이고 적정한 수준의 법적규제, 투명한 행정처리절차 강구, 관련 공무원들의 신속·공정·친절·청렴한 업무수행 태도 확립을 위한 법적·제도적 장치 마련을 위한 시책이 요구된다.

학자에 따라 견해가 좀 다르지만 각국의 '도로교통안전 정책'을 분석·설명하는 방법은 아래 세 가지다.

첫째, '도로교통의 3요소'인 사람·도로·차량을 중심으로 한 방법이다.

이는 도로교통 당국과 전문 연구기관에서 자동차 교통사고로 인한 피해 분석을 i) 사람적 요인, ii) 도로 환경적 요인, iii) 차량적 요인 등 세 가지를 기본으로 하는 것을 근거로 한다.

둘째, 도로교통의 '3E 원칙' 또는 '6E 원칙'에 따른 방법이다.

'3E 원칙'은 1954년 미국 고속도로교통안전청(NHTSA)이 고속도로의 교통안전과 소통을 확보하기 위해 채택한 시책이었다. 현재는 거의 국제적인 원칙으로서 통용되고 있는데 그 내용은 i) Engineering(교통규제, 안전시설), ii) Education(대국민 교육 및 홍보), iii) Enforcement(교통법규 위반자 단속)이다. 아울러 '6E 원칙'이란 위의 '3E 원칙'에 iv) Environment(교통환경), v) Economy(교통경제), vi) Enactment(교통법제)를 포함한 것이다.

용하여 교통 수요와 공급의 최적화를 달성하기 위한 교통운영 개선 사업이다.

9) TDM(Transportation Demand Management)은 대도시 교통혼잡을 완화시키기 위해 혼잡 발생의 주요 원인이 되는 자가용 자동차의 통행량 감축, 차량 통행의 시간적·공간적 분산, 승용차에서 대중교통수단으로의 전환 등을 유도하여 교통혼잡을 완화시키려는 정책이다.

10) ITS(Intelligent Transport Systems)란 교통수단 및 교통시설에 전자·제어·통신 등 최첨단 기술을 접목하여 교통정보 및 교통서비스를 제공하고 이를 활용함으로써 교통체계 운영 및 관리를 과학화·자동화함으로써 궁극적으로 교통의 효율성과 안전성을 향상시키고자 하는 시스템이다. 일상생활에서 볼 수 있는 ITS의 사례로는 BIS(버스 도착 안내시스템), 교차로에서 교통량에 따라 자동으로 차량 신호가 바뀌는 실시간 신호시스템, 내비게이션에서 안내하는 실시간 교통정보, 고속도로나 자동차 전용도로에 설치·운용 중인 하이패스 등이 있다.

셋째, 근래 국제기구(UN, EU, OECD)가 권고하는 도로교통안전 정책에 따른 방법이다.

UN은 매 10년마다 전 세계 여러 나라의 도로교통사고 피해를 감소시키기 위한 '10개년 계획'을 새롭게 세워 발표하고 각국 정부가 이를 참고하여 도로교통안전 정책을 추진토록 권고하고 있다.

지난 2020년에 UN이 발표한 '교통안전 10개년(2021～2030)계획'의 다섯 가지 내용은 다음과 같다.

i) 교통안전을 위한 종합적 수단 및 토지이용계획(Multimodal transport & land-use Planning)수립

ii) 안전한 도로 구조(Safe road infrastructure)

iii) 차량 안전 확보(Vehicle safety)

iv) 도로의 안전한 이용(Safe road use) 방안 강구

v) 사고 발생 이후 신속한 대응책(Post-crash response)

'도로교통안전 정책'에 관하여는 시대변화에 따라 그 연구 분야가 점점 세분화되고 있는데, 이 책에서는 위의 여러 가지 방법을 적절히 배합하여 1991년부터 2024년까지 약 33년 동안 진행되어 온 한국의 주요 '도로교통사고 감소 대책' 중 비교적 성공적으로 수행된 시책을 중심으로 소개하고자 한다.

다음 [그림 1-1]에서 보는 바와 같이 과거 약 53년(1970～2023)간 한국에서 자동차로 인한 도로교통 사고 사망자 수는 1991년에 13,429명으로 최고 정점에 달한 이후 지속적인 감소 추세를 보이고 있으며, 2023년에는 2,551명으로 최고점 대비 약 81.0%가 감소하였다.[11)]

특히 <표 1-1>에서 보는 바와 같이 1991～2023(32년)간 총인구 약 1.2배, 자동차운전면허 소지자 약 3.5배, 자동차 대수 약 6.1배, 도로 연장은 약 2.0배로써 모든 교통 여건이 대폭 증가 추세에 있는 가운데 나온 성과로서 그 의미는 더욱 각별하다.

---

11) 한국 경찰청에서 집계하는 교통사고로 인한 사망자 수 기준은 1999년까지 사고 발생일로부터 '72시간 이내'였으나, 2000년부터 국제기준(OECD)에 따라 '30일 이내'로 변경하였다.

[그림 1-1] 한국의 역대 도로교통 사고 사망자 수 증감 현황

출처: 한국도로교통공단 교통사고분석시스템(TAAS).[12)]

〈표 1-1〉 도로교통 여건 관련 주요 지표

구분		1991	2001	2011	2021	2023
총인구(천명)		43,296	47,370	49,937	51,770	51,713
자동차 운전면허 소지자	면허소지자(명)	9,844,356	19,884,337	27,251,153	33,729,806	34,436,680
	총인구 대비 면허소지율(%)	22.7	42.0	52.7	64.0	66.6
자동차	자동차 대수(대)	4,247,816	12,914,115	18,437,373	24,911,101	25,949,201
	총인구 대비 차량소유율(%)	9.8	27.3	35.7	47.2	50.2
도로연장(Km)		58,088	91,396	105,930	113,404	115,877
교통경찰관 수(명)		7,600	8,123	9,459	6,999	7,013

주: 인구통계는 국가통계포털(KOSIS),[13)] 교통경찰관 수는 경찰통계연보,[14)] 여타 자동차운전면허 및 교통사고 등 통계는 도로교통공단 교통사고분석시스템(TAAS)[15)] 인용, 재구성.

위와 같이 과거 약 30여 년간에 걸친 감소 성과에도 불구하고 <표 1-2>에서 보는 바와 같이 한국은 2021년도 기준, 자동차 1만대당 교통사고 사망자 수(1.0명)가 당시 OECD 회원 32개국 중 하위에서 여섯 번째에 불과한 실정이다.

12) 도로교통공단 교통사고분석시스템(https://www.koroad.or.kr/main/content/view/MN04040000.do).

13) 국가통계포털(https://kosis.kr/visual/populationKorea/PopulationDashBoardMain.do).

14) 경찰통계연보(https://www.police.go.kr/user/bbs/BD_selectBbsList.do?q_bbsCode=1117).

15) 도로교통공단 교통사고통계정보(https://taas.koroad.or.kr/web/shp/mik/main.do?menuId= WEB_KMP).

〈표 1-2〉 OECD 가입 주요 국가의 도로교통사고 피해 비교(2021년 기준)

국가	인구(천명)	자동차 보유 대수(천대)	사망자 수(명)	자동차1만대당 사망자 수(명)	자동차1만대당 사망자 수 순위
노르웨이	5,403,021	4,105,158	80	0.2	32
아이슬란드	370,335	351	9	0.3	31
스위스	8,691,406	6,584,125	200	0.3	30
스웨덴	10,467,097	6,537,032	210	0.3	29
<중간 생략>	-	-	-	-	-
대한민국	51,821,669	28,730,117	2,916	1.0	6
미국	336,997,624	302,722,453	42,939	1.4	4
코스타리카	5,153,957	2,631.2	707	2.7	3
칠레	19,493,184	5,980,693	2,052	3.4	2
콜롬비아	51,516,562	16,712,446	7,238	4.3	1

출처: 도로교통공단 교통사고분석시스템(TAAS: OECD 회원국 교통사고 비교). 2025.5.50. 최종 확인.
주: 자동차 보유 대수에는 건설기계, 농기계, 기타 등록된 동력차량 포함. 다만, 50cc 미만의 이륜차(moped/mofa)는 제외.

따라서 한국정부는 지난 30여 년간 추진해 온 교통사고 사망자 감소를 위한 제반시책의 성과를 재점검·평가하고, 이런 과정을 통해 향후 더욱 효과적이고 실질적인 정책을 수립하여 이를 지속적으로 추진해 가야 할 것이다.

제2장

도로교통안전 관련 법령·제도 및 정책 추진시스템

제2장

도로교통안전 관련 법령·제도 및 정책 추진시스템

제1절 개 요

국민 개인이나 민간단체 등과 달리 정부가 추진하는 정책(시책, 사업)은 관련 부처 간 사전 협의를 거쳐 최종 확정된 후 현장 시공이 필요한 경우에는 예산반영-사업자선정-현장집행 및 공사시행-사후확인·점검 등 일련의 절차를 거치고, 필요시 법적 근거에 따라 대상자 규제 및 위반자 처벌 등 여러 가지 부담을 지도록 하는 경우가 많다.

따라서 정부가 도로교통 관련 정책을 입안하고 추진하기 위해서는 대개 사전에 특정 사안에 관한 법령과 제도를 신설·보완하기 마련이다. 아울러 각 정책은 그 내용별로 이를 주관하는 정부 부처나 단체가 정해지고, 해당 기관은 필요시 관련 전문 연구기관이나 대학 등에 용역을 발주하여 그 내용을 근거로 보다 설득력 있는 자료를 작성, 국회 보고 또는 대국민 홍보 시 이를 활용하기도 한다.

현재 한국의 도로교통안전 정책 관련 주무 부처는 국토교통부·행정안전부 및 경찰청이며, 필요에 따라 총리실·교육부·보건복지부·산업자원부·재정경제부 등도 사안에 따라 협조하는 관계에 있다. 주무 부처가 소관 업무를 수행함에 있어서 근거가 되는 법령 및 관련 전문 연구기관은 아래와 같다.

제2절 주요 법령

Ⅰ. 현행 법률

한국에서 '도시화의 중기'가 시작된 것으로 평가되는 1960년대 초부터 도로교통에 관한 여러 가지 문제가 발생하면서 정부는 도로·자동차·사람 등 대한 규제를 통한 교통질서 확립 및 교통사고 피해 발생에 따른 사회보장책 등에 관한 각종 법률을 아래와 같이 제정·시행해 왔다.

1. 도로법

1962년 1월 1일 제정되었고, 소관 부처는 국토교통부(도로시설안전과, 도로관리과)다. 이 법은 한국 도로망의 계획수립, 도로 노선 지정, 도로공사의 시행과 도로 시설기준, 도로의 관리 보전 및 비용 부담 등에 관한 각종 제도를 두고 있다.

2. 화물자동차운수사업법

1962년 1월 1일 「자동차운수사업법」으로 제정된 후 1998년 1월 1일 위 법의 내용 중 '화물자동차'에 관한 사항만 분리하여 별도의 법률로 제정되었다. 소관 부처는 국토교통부(물류정책과, 첨단물류과, 물류산업과)다. 이 법은 화물자동차 운수사업을 효율적으로 관리하고 건전하게 육성하여 화물의 원활한 운송을 도모하기 위한 각종 제도를 두고 있다.

3. 여객자동차운수사업법

1962년 1월 1일 「자동차운수사업법」으로 제정된 후 1998년 6월 14일 위 법의 내용 중 '여객 자동차'에 관한 사항만 분리하여 별도 법률로 제정되었다. 소관 부처는 국토교통부(교통서비스정책과, 모빌리티총괄과)다. 이 법은 여객자동차 운수사업에 관한 질서를 확립하고 여객의 원활한 운송과 여객자동차 운수사업의 종합적인 발달을 도모하기 위한 각종 제도를 두고 있다.

4. 자동차관리법

1962년 1월 10일 「도로운송차량법」으로 제정된 후 1987년 7월 1일 전부 개정 법률이 시행되었다. 소관 부처는 국토교통부(자동차정책과, 자동차운영보험과)다. 이 법은 자동차 등록, 안전기준, 자기인증, 제작 결함 시정을 위한 점검 · 정비 · 검사 및 자동차관리사업 등에 관한 사항을 규정하여 자동차를 효율적으로 관리하고 자동차의 성능 및 안전을 확보하기 위한 각종 제도를 두고 있다.

5. 도로교통법

1962년 1월 20일 제정되었고, 소관 부처는 경찰청(교통기획과, 교통안전과)다. 이 법은 도로에서 일어나는 교통상의 모든 위험과 장해를 방지하고 제거하여 안전하고 원활한 교통을 확보하기 위한 각종 제도를 두고 있다. 이 법은 자동차운전면허, 운전면허행정처분, 자동차운전전문학원, 운전자 및 보행자의 도로이용상 각종 의무와 책임, 교통안전교육 등에 관한 내용을 두고 있다.

6. 자동차손해배상보장법

1963년 6월 1일 제정되었고, 소관 부처는 국토교통부(자동차운영보험과)다. 이 법은 자동차 운행으로 사람이 사망 또는 부상하거나 재물이 멸실 또는 훼손된 경우에 손해배상을 보장하는 제도를 확립, 피해자를 보호하고 자동차 사고로 인한 사회적 손실을 방지함으로써 자동차 운송의 건전한 발전을 촉진하기 위한 각종 제도를 두고 있다.

7. 교통안전법

1979년 12월 28일 제정되었고 소관 부처는 국토교통부(교통안전정책과)다. 이 법은 교통안전 관련 국가 또는 지방자치단체의 의무, 추진체계 및 시책 등을 규정하고 이를 종합적 · 계획적으로 추진함으로써 교통안전 증진에 이바지하기 위한 각종 제도를 두고 있으며, 한국 정부가 그동안 도로교통안전에 관한 관련 부처의 정책을 종합적이고 체계적으로 꾸준히 추진해 올 수 있도록 뒷받침해 온 매우 중요한 법률이다.

국토교통부장관은 이 법 제15조에 의거 국가의 전반적인 교통안전 수준 향상을 도모하기 위해 '국가교통안전기본계획'을 '매 5년' 단위로 수립, 「국가통합교통체계효율화법」에 따라 설치 · 운영 중인 '국가교통위원회'의 심의를 거쳐 최종 확정한 뒤 이를 관련 중앙부처와 각 지방자치단체에 통보 · 시달한다.

8. 교통사고처리특례법

1982년 1월 1일 제정되었고, 소관 부처는 경찰청(강력범죄수사과)과 법무부(형사법제과)다. 이 법은 업무상 과실 또는 중대한 과실로 자동차 교통사고를 일으킨 운전자에 관한 형사처벌 등의 특례를 정함으로써 교통사고로 인한 피해의 신속한 회복을 촉진하고 국민 생활의 편익을 증진하기 위한 각종 제도를 두고 있다.

9. 도시교통정비촉진법

1987년 4월 1일 제정되었고, 소관 부처는 국토교통부(생활교통복지과)다. 이 법은 교통시설의 정비를 촉진하고 교통수단과 교통체계를 효율적이고 환경친화적으로 운영·관리하여 도시교통의 원활한 소통과 교통편의 증진에 이바지하기 위한 각종 제도를 두고 있다.

10. 자전거 이용 활성화에 관한 법률

1995년 7월 6일 제정되었고, 소관 부처는 행정안전부(새마을발전협력과)다. 이 법은 자전거 이용자의 안전과 편의를 도모하고 자전거 이용의 활성화에 이바지하기 위한 각종 제도를 두고 있다.

11. 국가통합교통체계효율화법

1999년 8월 9일 제정되었고, 소관 부처는 국토교통부(교통정책총괄과, 광역환승과)다. 이 법은 국가 교통체계의 효율성·통합성 및 연계성을 향상시키기 위해 육상·해상·항공교통 정책에 관한 종합적인 조정과 각종 교통시설 및 교통수단 등 국가교통체계의 효율적인 개발·운영 및 관리 등에 필요한 각종 제도를 두고 있다. 아울러 국가교통위원회, 국가교통실무위원회, 지방교통위원회 설치 및 각 위원회의 구성·운영 등에 관한 세부 사항이 규정되어 있다.

Ⅱ. 폐지 법률

이미 폐지된 법률이지만 한국의 도로교통안전 정책상 매우 중요한 의미를 가졌던 법률이 바로 「자동차교통관리개선특별회계법」이다.

앞의 [그림 1-1]에서 보는 바와 같이 1991년도에 도로교통사고로 인한 사망자 수가 역대 최고(13,429명)로 나타나자 당시 노태우 대통령(1988~1993)은 이에 대한 다각적인 정책을 강구하도록 내각에 지시했고, 당시 범정부적 과제로 추진 중이던 '자동차 교통사고 줄이기' 정책의 일환으로 당시 경찰청이 입안하고 기획재정부가 이에 동의함으로써 마침내 1992년 11월 25일 제정 · 시행되었다.

이 법은 국가 '일반회계' 원칙에 예외를 둔 '특별회계'였기 때문에 일단 '매 5년' 간 유효한 '한시법'으로 설계되어 제1차년도(1993~1997), 제2차년도(1998~2002)에 이어 제3차년도(2003~2007)로 이어지다가 2006년도까지 총 14년간 존속 후 폐지되었고, 관련 예산은 2007년도부터 다시 '일반회계'로 편입되었다.

당시 이 법을 제정한 이유는 자동차운전면허의 효율적 관리 · 운영과 교통경찰 장비의 보강 등 교통업무 개선을 위하여 자동차운전면허 수수료 등을 재원으로 하는 '특별회계'를 설치 · 운영함으로써 도로교통의 원활한 소통과 안전을 확보하기 위한 것이었다.

'특별회계'는 경찰청장이 관리 · 운용했고, '세입'은 자동차운전면허 관리 수수료 수입금과 일반회계로부터의 전입금이었다. '세출'은 운전면허시험장 신설, 기능시험용 자동차 등 운전면허 관련 시설 · 장비 등 구입 · 설치 및 관리에 필요한 제반 경비와 교통경찰 장비 구입 · 설치 및 관리에 필요한 경비 등에 충당토록 하였다. 만일 '특별회계' 수입으로 소요 경비의 전부를 마련할 수 없는 때에는 그 부족액의 전부 또는 일부를 일반회계의 전입금으로 충당할 수 있도록 했다.

또한 '특별회계' 운영자금이 일시적으로 부족할 때에는 외부로부터 일시 차입할 수 있도록 했고, 회계의 결산상 잉여금은 다음 회계연도의 세입에 이입할 수 있도록 하였다. 특히 사전에 예측할 수 없는 예산상 지출 또는 예산 초과 지출에 충당하기 위해 필요한 경우에는 '예비비'를 계상할 수 있도록 하는 등 매우 파격적인 내용의 법률이었는데, 당시 정부의 입장에서 볼 때 '교통사고 줄이기'가 얼마나 중차대한 과제였는지를 짐작할 수 있다.

제3절 주무 부처

「도로법」 등에 의거한 도로 · 터미널 등 교통시설, 자동차 등 교통수단, 여객 · 화물 등 관련 산업 허가, 그에 필요한 규제 및 「도로교통법」에 의거한 자동차운전면허 및 행정처분, 자동차운전전문학원, 도로 이용자에 대한 각종 의무 부과 등 한국의 전반적인 도로교통 관리·운영 시스템에서 발생하는 '소통 및 안전' 문제에 종합적·유기적으로 대처하고 있는 주무 부처는 국토교통부, 행정안전부 및 경찰청이다. 그 외에도 후술하는 바와 같이 「교통안전법」 시행령 제2조에 규정된 '지정 행정기관'은 교통안전교육 및 홍보, 교통수단 안전 기술, 응급의료체계, 기상, 보험 등 개별 사안에 대하여 자체적으로 또는 주무 부처와의 협력하에 소관 업무를 수행하고 있다.

Ⅰ. 국토교통부

1948년 8월, 정부수립 당시 설치된 '교통부'는 도로·철도·항공·운수 및 해운 업무를 담당하였다. 1962년 6월, 효율적인 국토관리를 위해 '건설부'가 신설되어 도로 관련 업무가 이관되었고, 1994년 12월에는 작은 정부 구현, 교통난 해소, 사회간접자본(SOC) 투자·운영의 효율적인 연계체계 확립을 위해 건설부와 교통부가 통합된 '건설교통부'가 탄생하였다. 2013년 2월에는 미래지향적 국토관리, 안전하고 편리한 인프라·교통망 구축 등 제반 기능을 포괄하는 의미에서 '국토교통부'로 개칭되었다. 국도 및 지방도의 '도로교통안전'에 관한 정책적 업무는 제2차관 산하의 교통물류실, 국토도시실, 도로국, 모빌리티자동차국이 관장한다. 실질적인 현장 업무는 소속 기관인 '대도시권 광역교통위원회'와 5개의 지방국토관리청(서울, 원주, 대전, 익산, 부산)을 통해 수행하고, 전국 고속도로의 건설·유지 및 운영 업무는 산하 공기업인 '한국도로공사'를 통해 수행한다. 국토교통부의 '도로교통안전' 관련 주요 업무는 아래와 같다.

① 국가교통안전기본계획 및 시행계획 수립·추진, 교통안전 관련 대책 수립·시행
② 육상-항공-종합 교통체계(Inter-Modalism) 관리
② 자동차 등록, 안전관리, 운행, 소비자 보호 등 자동차 관련 정책 수립·시행
④ 물류단지 시설 확충, 화물자동차 운수사업 관리
⑤ 안전하고 과학적인 도로관리를 통한 국가 간선 기능 유지
⑥ ITS 등 첨단 운영 체계를 통한 편리한 도로교통 서비스 제공
⑦ 일반국도 관리·유지·보수, 주요 구조물 개선·개량 등에 관한 장·단기 계획 수립·시행
⑧ 고속국도 및 일반국도의 교통관리 및 도로 교통량 조사

⑨ 도로안전시설 설치 · 운영에 관한 사항
⑩ 도로구조 보호를 위한 차량운행 제한기준 설정 및 운용에 관한 사항
⑪ 도로교통에 관한 지능형교통체계(ITS) 구축계획 수립 · 운용
⑫ 국가교통정보센터 및 교통정보 수집, 관리 · 제공 등에 관한 사항
⑬ 지능형 도로교통 체계 표준화, 성능평가와 인증, 연구 · 개발 등에 관한 사항
⑭ 지방자치단체의 지능형 도로교통 체계 구축 지원
⑮ 국토교통 부문의 환경 관련 사항 총괄
⑯ 시설물 안전 유지 · 관리제도 운용, 국토교통 분야 특정 관리 대상 시설 관리

Ⅱ. 행정안전부

1948년 8월, 정부수립 당시 설립된 내무부와 총무처가 1998년에 통합되어 '행정자치부'가 되었다. 그 후 수차례의 통 · 폐합 과정을 거쳤고, 2017년 7월, 행정자치부와 국민안전처가 '행정안전부'로 통 · 폐합되어 현재 '행정 자치' 업무와 '재난 안전' 업무를 관장하고 있다. 도로교통에 관한 정책적 업무는 지방재정경제실과 지방행정국(새마을발전협력과)이 관장한다. 실질적인 현장 업무는 전국 광역 · 기초 자치단체 소속 해당 부서를 통해 수행한다. 행정안전부의 도로교통안전 관련 주요 업무는 아래와 같다.

① 광역시도 · 시도 · 지방도 · 군도 · 농어촌 도로의 위험구조개선 사업, 도로안전 여건 개선 등을 위한 국가재정 지원, 이에 따른 관할 지방자치단체 지도 · 감독
② 국가의 '자전거 정책' 수립 및 조정, 「자전거 이용 활성화에 관한 법률」 운영 및 제도 개선
③ 자전거 이용 시설 확충 및 정비 관련 사항, 자전거 안전교육 및 안전 문화 정책 관련 사항
④ 「보행 안전 및 편의 증진에 관한 법률」 운영 · 관리, 보행 안전시설 기준 개발 · 운영
⑤ 도로교통사고 예방 여건 조성 관련 사항에 대한 교육 훈련 지원
⑥ 교통사고 잦은 곳 개선 사업, 위험도로 구조 개선 사업 관련 재정 지원
⑦ 어린이 · 노인 · 장애인 보호구역 내 안전시설 개선 사업 총괄 지원
⑧ 안전한 보행환경 조성, 초등학교 주변 등 · 하교 길 보행안전 지도사업

Ⅲ. 경찰청

1945년 10월, 미 군정청이 경찰에 관한 국가사무를 처리하기 위해 '경무국'을 두면서 창설되어, 1974년 12월, 기존 내무부 치안국이 '치안본부'로 격상되었고, 1991년 7월에는 내무부(현행 행정안전부) 소속 중앙행정기관으로 승격되었다. 경찰청 내 도로교통안전에 관한 일반 업무는 생활안전교통국(교통기획과, 교통안전과) 소관이며, 교통범죄 및 교통사고에 관한 수사지휘는 국가수사본부 형사국(강력과)다. 2021년부터 자치경찰제도가 시행됨에 따라 도로교통에 관한 실질적인 현장 업무는 전국의 18개 시도 자치경찰위원회가 각각 관할 시도경찰청장을 지휘하여 예하 시도 경찰청(18개소)과 관할 경찰서(259개소)의 교통관련 부서가 수행한다. 경찰청의 '도로교통 안전' 관련 주요 업무는 아래와 같다.

① 도로교통에 관련된 종합 기획 및 심사·분석
② 도로교통에 관한 법령 정비 및 행정 제도 연구
③ 교통경찰공무원에 대한 교육 및 지도
④ 도교통안전시설 설치 기준 운영 및 관리, 각 시도경찰청·경찰서 교통안전 시설 규제위원회 운영
⑤ 자동차운전면허 및 운전면허 행정처분 관리
⑥ 자동차운전학원 인가 및 관리·감독
⑦ 도로교통사고 조사, 사고통계 관리
⑧ 도로교통사고 예방을 위한 대국민 홍보·교육·지도
⑨ 도로교통 법규 위반자 단속·지도·관리, 기계식 무인단속장비 관리·운용
⑩ 전국 고속도로순찰대 운영 및 지도

Ⅳ. 기타 도로교통안전 관련 지정 행정기관

「교통안전법(제2조 제5호)」 및 「교통안전법시행령(제2조)」에 따른 '지정 행정기관'이라 함은 교통수단·교통시설 또는 교통체계의 운행·운항·설치 또는 운영 등에 관하여 지도·감독을 행하거나 관련 법령 및 제도를 관장하는 「정부조직법」상 중앙행정기관으로서 해당 기관은 아래와 같다.

① 기획재정부

② 교육부
③ 법무부
④ 행정안전부
⑤ 문화체육관광부
⑥ 농림축산식품부
⑦ 산업통상자원부
⑧ 보건복지부
⑨ 환경부
⑩ 고용노동부
⑪ 여성가족부
⑫ 국토교통부
⑬ 해양수산부
⑭ 경찰청
⑮ 기타 국무총리가 교통안전정책상 특히 필요하다고 인정하여 지정하는 중앙행정기관

제4절 도로교통안전 관련 공공기관 등

다른 분야와 마찬가지로 '도로교통안전' 분야 역시 새로운 정책은 대개 정부가 견인하고, 국회가 입법으로 뒷받침하는 방식으로 추진된다. 그런데 그러한 정책의 기본 방향이나 추진 일정 등은 행정부 소속 공무원들이 주도적으로 진행하지만, 그 정책을 일반 국민과 이해 당사자들로부터 별다른 반발이나 착오 및 부작용 없이 지속 추진하여 성공시키기 위해서는 최초 기본계획 수립 시 관련 분야의 기본 통계나 해외 사례 등에 대한 전문적 연구 자료가 절대적으로 필요하다.

지난 30여년 이상 한국의 도로교통안전 정책이 비교적 성공적으로 추진될 수 있었던 것은 아래와 같은 공공 기관의 뒷받침이 결코 적지 않다.

Ⅰ. 한국도로교통공단

1954년 2월, 도로교통 사고 예방 업무에 기여하기 위해 내무부 산하 기관으로 발족되어, 1980년에 「도로교통법」에 의거한 공법인으로 개편되었고, 2024년 7월

부터는 별도 신규 제정된 「한국도로교통공단법」에 의거 현재의 기관 명칭을 사용하고 있다. 공단은 도로교통 안전에 관한 조사·연구, 교통안전기술 연구·개발·보급 및 기술용역, 홍보 및 교통방송, 안전교육, 경찰 단속 장비의 시험·검사·교정 및 기술 지원, 교통 관련 공무원 교육 훈련 지원, 교통사고의 조사·분석 및 기술 지원, 자동차운전면허 시험 및 면허증 발급·관리 및 적성검사, 기타 국가나 지방자치단체의 위탁 업무 대행 등 업무를 수행하고 있다.

Ⅱ. 한국교통안전공단

1981년 7월, 「한국교통안전법」에 의거, 각종 교통사고 예방을 위한 사업 및 교통체계 운영 관리 지원을 통해 안전한 교통환경을 조성하고 교통안전 관리의 효율화를 도모하기 위하여 설립되었다. 공단은 육상·항공·철도 등 전 교통분야를 망라한 사업을 수행하고 있다. 주요 업무는 자동차 성능시험연구, 자동차 정기검사, 사업용 자동차 운전자 정밀 적성검사, 운행기록장치 활용 안전관리, 교통안전체험 교육, 철도종사자 자격시험관리, 철도 안전 정보 종합관리시스템 운영, 항공 안전 관련 조사 연구, 항공종사자 자격시험관리, 공공드론 전문인력 양성, 드론 사용 사업체 안전 관리, 기타 자동차 교통사고 피해 가족 지원 등이다.

Ⅲ. 한국교통연구원

1987년 8월, 「도시교통정비촉진법」에 의거 정부출연연구기관인 ‘교통개발연구원’으로 발족하였다. 그 후 1999년 1월, 「정부출연기관 등의 설립·운영에 관한 법률」에 의거 국무총리실 산하 경제·사회연구회 소관의 정부출연연구기관으로 재출범하였고, 2005년 7월에는 다시 경제·인문·사회연구회 소관 정부출연연구기관인 ‘한국교통연구원’으로 개칭하였다. 주요 업무는 교통·물류 정책 및 기술연구·개발, 교통조사 사업과 교통부문 사회간접자본시설의 투자 사업, 도로·철도·항공·물류·광역도시교통 및 첨단교통 분야의 계획수립과 운영·관리에 관한 연구, 교통부문의 환경정책에 관한 연구 등이다.

Ⅳ. 한국건설기술연구원

1983년 6월, ‘재단법인’으로 출발, 1988년 1월에는 「건설기술관리법」에 의거 건설부 산하 정부출연연구기관이 되었고, 1999년 1월에는 「정부출연연구기관 등의 설립 · 운영 및 육성에 관한 법률」에 의거 국무총리 산하 정부출연연구기관으로 승계되었다. 이후 정부 부처 개편에 따라 2017년 7월부터는 과학기술정보통신부 산하 정부출연연구기관으로 승계되었다. 주요 연구과제는 도로설계 기술 개발, 효율적인 도로 및 관리 기술 개발, 도로의 안전성 향상 기술 개발, IoT-Cloud-Bigdata-Mobile · AI 기술을 활용한 스마트 도로관리 업무 등이다. 또한 국가 도로 교통량 조사 · 분석 및 통계 작성 관련 연구, 지능형교통체계(ITS) 사업 관리 및 품질인증 · 성능평가 · 표준화, 자율 협력 주행(C-ITS) 기술 개발 연구, 안전한 자율주행을 위한 도로 가이드라인 연구, 자율주행 지원 인프라(도로시설물, 공간정보 등) 연구, 하이퍼 루프 및 드론 택시 등 미래 모빌리티 인프라 기술, 스마트 보행자 안전 기술, 스마트 가로등 기반 사고 예방 기술, AI를 활용한 도로교통사고 저감 기술 등이다.

Ⅴ. 한국도로공사

1969년 2월, 「한국도로공사법」에 의거 설립된 국토교통부 산하 '준시장형 공기업'이다. 공사의 주요 업무는 고속도로 신설, 확장 및 유지관리, 휴게 및 편의시설 설치 · 관리, 관련 업무 연구 및 기술 개발 등이다.

2022년 현재, 전국 고속국도 노선은 35개소, 총연장거리는 4,288km, 분기점은 92개소, 진 · 출입시설은 414개소, 1일 평균 교통량은 485만 대, 1일 평균 통행료 수입은 115억원이다. 특히 공사는 고속도로상 교통사고 예방을 위해 졸음 쉼터 241개소, 구간단속 카메라 123개소, 차량검지기 3,184대, 도로전광판 1,646대, CCTV 8,104대를 각각 설치 · 운용하고 있다.

제5절 긴급 임시 기구(Task Force) 설치 · 운영

평상시 정부의 정책은 각 사안별 주무 중앙행정기관이 기본계획을 수립하고 관련 중앙행정기관과 전국 지방자치단체 등의 협조하에 해당 업무 관련 공공기관 및 민간단체 지원을 받으면서 추진하는 것이 원칙이다. 그러나 특별한 문제 상황 발생 시, 통상적인 추진 시스템만으로 그 문제를 해결하기 곤란하다고 판단되면 대통령 재가하에 관련 입법 · 재정 조치 후 국무총리실 주관하에 관련 부처에서 필요한 인력을 파견받아 임시 종합기구(Task Force)를 구성하고, 일정 기간 강력한 추진력을 발휘해 가면서 그 문제를 해결해 나가는 경우가 있다. 한국에서는 지난 1990년대 초반부터 '교통사고 감소 정책'을 수립, 각 부처별로 추진해 왔음에도 불구하고, 뚜렷한 효과가 나타나지 않는 가운데, 1990년대 후반 엄청난 인명피해를 가져온 화재 사고가 발생하자, 당시 대통령 긴급지시로 국무총리실이 직접 주관하는 TF를 신설, 일정 기간 운영하면서 재난 및 교통사고로 인한 인명피해를 대폭 감소시킨 사례가 있어 이를 소개한다.

Ⅰ. 배 경

1999년 6월, 경기도 화성시 소재 청소년 수련원인 씨랜드 화재로 30명의 인명피해(사망 23, 부상 7)가 발생했고, 같은 해 10월에는 인천광역시 소재 호프집 화재로 무려 137명의 인명피해(사망 57, 부상 80)가 발생했다. 그해 11월 2일 개최된 국무회의에서 김대중 대통령(제15대)은 "우리 사회에 안전의식을 불러일으키는 일대 전기가 되도록 국무총리실이 중심이 되어 내각 전체가 안전관리계획을 수립하여 추진하라"고 지시하였다.

Ⅱ. 안전관리기획단(Safety Management Force) 설치 · 운영

정부는 교통안전을 포함한 정부의 전반적인 안전관리 능력을 극대화할 필요성을 느끼고 2000.9.27, 「안전관리개선기획단 구성 및 운영에 관한 규정(대통령령)」을 제정, 국무총리실 산하에 「안전관리개선기획단」이라는 Task Force(임시 조직)를 설치했다. 동 기획단은 국무조정실 소속 1급 공무원(실장)을 단장, 2급 공무원(국장)을 부단장으로 하고 4급 공무원을 팀장으로 한 예하 5개팀(기획총괄팀, 건설안전팀, 교통안전팀, 교통질서운동팀, 재난관리팀)으로 조직되고, 행정자치부 · 건설교통부 · 경찰청과 각 지방자치단체에서 파견된 공무원 및 국내 교통 관련 전문 연구기관 소속 연구원들을 포함 총 30명의 인력으로 구성되었고, 기간 중 추진한 주요 업무의 내용은 <표 2-1>과 같다.

2000년 당시 한국의 '안전'에 관한 법령은 총 33개에 달하였고, 관련 업무는 총 10여 개의 부처에 각각 분산되어 있어 정책 집행의 효율성이 미흡한 실정이었다. 따라서 「안전관리기획단」은 종래 여러 행정부처에 분산 · 수행되고 있던 인

위적 재난 · 자연적 재해 등 안전관리 업무를 직접적으로 관장, 총괄 · 조정 및 점검 · 평가하면서 해당 업무가 전국 기초지방자치단체와 일선 경찰관서에 이르기까지 매우 내실 있게 추진될 수 있도록 적극 조정 · 지원하는 역할을 적극적으로 수행하였다.

〈표 2-1〉 안전관리개선기획단의 주요 업무[1)]

추 진 과 제	업 무 내 용
1. 안전관리종합대책 수립 · 시행	안전관리 종합대책 및 세부 시행계획 마련 및 추진
2. 안전관리 현장 점검단 운영	관련 공무원 및 국내 연구기관 전문위원 등 합동점검 체제 구축 기획적 현장 암행 감시 점검, 안전관리 실태 파악 및 추진 독려
3. 안전관리 업무 추진협의회 구성 · 운영	관계 부처 공무원 및 연구기관 민간 전문가 참여로 전문성 확보 2002년 교통안전 중점 추진대책의 매월 추진 실적 · 계획 및 교통사고 발생 현황 분석, 특별과제 등 안건으로 매월 개최
4. 관련 민간단체(NGO) 활동 활성화	안전연대 등 NGO 활동 지원, 자발적인 안전 문화운동 정착 안전문화 촉진대회 등 각종 안전 문화행사 개최 지원
5. 안전관리 평가제 실시	각 부처별 · 각 자치단체별 적극적인 업무 추진 유도 상반기에 평가 기준 마련, 하반기에 서류 또는 현장점검 등 평가

Ⅲ. 도로교통안전 부문 업무 추진 사례 및 성과

특히 도로교통 부문에서는 우선 2000년 당시 자동차 1만대당 사망자 수 7.4명을 2006년까지 2.0명으로 감소시키겠다는 '중기 목표'를 설정하였다. 아울러 여러 행정기관에 산재되어 추진되고 있는 각종 정책에 대한 종합 조정을 통해 법령 · 제도의 개선, 각종 사고에 관한 현장 조사와 개선 대책 마련 등 아래 몇 가지 주요 대책을 포함한 현장 중심의 교통사고 감소 대책을 강력히 추진하였다. 그 결과 단기간에 국내 도로교통사고 사망자 수를 크게 감소시켰고, 이 당시 만들어진 추진시스템이 각 부처 및 각 자치단체에 정착되어 현재까지도 한국의 도로교통 사망사고가 지속적인 감소 추세를 유지하는 데 매우 중요한 토대가 된 것으로 평가된다.

1) 2005 교통안전연차보고서, 건설교통부(2005.8): 36.

1. 주요 추진 대책(Major Actions)

(1) 자동차 안전띠 착용률 향상

기획단은 경찰청, 행정안전부, 국토부, 전국 지방자치단체 등의 합동 홍보 및 강력한 단속을 통해 종전 약 23%에 불과했던 안전띠 착용률을 2001년도에 약 90% 이상으로 끌어올림으로써 '차 대 차 사고'에 의한 교통사고 사망자 수를 획기적으로 감소시켰다.

(2) 무인 교통단속 장비(카메라) 대폭 확충

교통사고 사망자 발생의 중요한 원인은 자동차의 과속 운전에 있다고 판단, 기획단 운영기간 중 전국 도로의 과속운전 사고 발생 위험지점을 선정, 매년 500대 이상의 무인단속장비(카메라)를 설치, 강도 높은 단속이 이루어지도록 함으로써 사망자 수를 대폭 감소시켰다.

(3) 교통법규 위반자 신고 보상금 제도 시행[2)]

경찰청은 2001년 3월, 당시 손해보험협회의 지원을 받아 중앙선 침범, 교통신호 위반, 고속도로상 승용차의 버스전용차로 침범 운행, 고속도로상 갓길 운행 등 4가지 중요 교통법규를 위반하는 자동차에 대해 사진을 찍거나 기타 증거자료를 첨부하여 신고하는 사람에게 1건당 3,000원의 보상금을 지급하는 제도를 도입·시행하였다. 이 제도는 시행 초기 교통경찰이 '안 보면 안 지키는' 운전자의 법규 위반 심리를 억제시킴으로써 실제로 교통질서 확립 및 교통사고 감소에 크게 기여하였다.

당시 통계를 보면 신고 보상금제 실시 이후 2003년 3월부터 12월까지 신고 많은 장소 100개소의 교통사고 발생 건수는 45.7%, 사망자 수는 47.5% 각각 감소한 것으로 분석되었다.

그러나 이 제도 시행 후 몇 개월이 지나자 오로지 '신고 보상금'만을 노리고 직업화하는 일명 '전문 카파라치'가 등장하여 건전한 시민의식에 반한다는 부정적 여론이 비등하고, 버스·택시 등 운수업체의 반발 및 보상금 과다 지출(2001. 3.~2002. 8.간 총 신고 건수 427만 9천여 건에 보상금으로 약 112억 4천만 원 지급) 등의 문제가 있어 약 1년 10개월간 시행 후 2003년 1월 폐지되었다.

---

2) 건설교통부(2005.8), 「교통안전연차보고서」: 110.

2. 성과, 평가 및 교훈

(1) 성 과

기획단은 노무현(제16대 대통령) 취임 직후인 2004년 4월 해산될 때까지 약 3년 6개월간 운영되었는데, <표 2-2>에서 보는 바와 같이 기획단 설치 후 제2차년도까지 국내 교통사고 사망자 수를 현격히 감소시키는 성과를 거둔 바 있다.

〈표 2-2〉「안전관리기획단」 설치 전후 도로교통 사망자 수 감소 효과 비교[3)]

구분	설치 전(1999)	설치 전(2000)	설치 후 1차년도(2002)	설치 후 2차년도(2003)
사망자 수(명)	9,353	10,236	8,097	7,222
증감 (명/전년대비)	−296	+ 883	−2,139	−875
감소율 (%/전년대비)	−3.2	+ 9.4	−20.9	−10.8

(2) 평가 및 교훈

한국에서 자동차 교통사고로 인한 사망자 수는 지난 1991년을 정점으로 꾸준히 감소 추세에 있었다. 하지만 그 감소 추세가 2023년 현재까지도 꾸준히 이어지고 있는 데에는 2000년 9월부터 단기간(3년 6개월) 설치 · 운영되었던 「안전관리기획단」의 역할이 적지 않았다고 본다.

어느 국가나 그 시대 해결해야 할 중대 사안에 대한 정부의 정책은 대부분 어느 특정 부처가 아닌 여러 개 부처가 관련되어 있기 때문에 그 사안에 대한 최고 행정수반의 적극적 · 지속적 관심과 지원이 뒷받침되어야만 강력한 추진력이 붙어 정책적 성과를 거둘 수 있다.

한국 정부의 도로교통사고 감소를 위한 정책 역시 국토교통부 · 행정안전부 · 교육부 · 보건복지부 · 산업자원부 및 경찰청 등 중앙부처와 각 지방자치단체가 혼연일체가 되어 추진되어야 할 사안이 많다.

그런데 종전에는 「도로법」 등에 의거 도로 건설 및 사업용 자동차 운수업무를 관장하는 국토교통부와 「도로교통법」에 의거 교통규제 · 법규위반자 단속 및 사고

3) 2013 KSP−4. Transport Safety Policy in Korea. The Korea Transport Institute(2013.5.16.): 33

조사·통계 업무를 관장하는 경찰청이 '교통사고 줄이기'에 관심이 있을 뿐, 여타 부처와 각 지방자치단체는 상대적으로 별다른 관심이 없었던 게 사실이다.

하지만 당시 「안전관리기획단」은 대통령 지시에 따라 제정된 관련 법령(대통령령)에 의거 도로교통 안전 관련 부처·지방자치단체 및 전문 연구원들까지 포함된 약 30여 명 규모의 'Task Force'를 구성했고, 기간 중 국내 교통안전에 관한 '임시 총괄 조정 기구'로서 연간 교통사고 사망자 수 감소 목표를 세우고 소요 예산까지 포함된 실효성 있는 대책을 수립·시달하였다. 또한 관련 중앙부처와 광역·기초 지방자치단체 및 일선 경찰서까지 강력히 독려·추진하고 정기적으로 일선 행정관서에 대한 실적 점검 및 그 평가에 따른 포상도 적극적으로 실시하였다. 그 결과 각급 지방자치단체장과 경찰관서장은 물론 현장 일선 공무원도 '자동차 교통사고 사망자 감소'라는 범정부적 정책의 상위 목표의 달성을 위해 적극적인 관심을 가지고 소관 업무를 충실히 수행하고자 하는 의지와 관행이 정착되었다.

결과적으로 기획단 운영 기간 중 관련 중앙부처는 물론 각 지방자치단체까지 '도로교통사고 감소 대책 추진시스템'이 구축되었고 해당 공무원들의 의식이 한 차원 높이 제고되었기 때문에, 비록 3년 6개월 만에 기획단은 해산되고 이후 '매 5년'마다 행정수반(대통령)이 바뀌더라도 각 행정기관별 목표 의식과 추진 동력은 계속 유지되고 탄력이 붙음으로써 2025년 현재까지도 교통사고 사망자 수 감소 추세가 계속 이어지고 있는 것이라고 본다.

이와 같은 맥락에서 볼 때 최근 한국에서 사회적 문제로 대두되고 있는 저출산·고령화·마약 등 사안에 관한 정책적 효과를 거두기 위해서는 자동차 교통사고 감소에 관한 「안전관리기획단」 사례처럼 각 정책 사안에 관련된 중앙부처 및 지방자치단체 공무원이 포함된 'Task Force'를 구성, 강력한 추진시스템을 만들고 어느 정도 가시적 효과가 생길 때까지는 이를 지속적으로 운영하는 것이 바람직하다고 본다.

제6절 도로교통안전 정책의 법적·제도적 추진시스템 확립

Ⅰ. 「교통안전법」에 따른 정책 추진시스템 구축

한국 정부가 도로교통안전 정책을 추진하는 근거가 되는 법률은 전술한 바와 같이 다양하나, 그중에서도 1979년 12월에 제정된 「교통안전법」은 교통안전에 관한 국가 또는 지방자치단체의 의무, 추진체계 및 시책 등을 규정하고 이를 종합적 · 계획적으로 시행토록 함으로써 교통안전 증진에 크게 이바지하고 있다.

정부는 같은 법 제15조에 의거 육상 · 해상 · 항공 등 교통안전 전반에 관한 중장기 종합계획인 「국가교통안전기본계획」을 '매 5년'마다 수립 · 추진하고 있다. 이 기본계획은 교통안전 관련 '지정행정기관'이 매년 시행해야 할 '교통안전 시행계획'과 각 시 · 도(광역지방자치단체) 및 예하 시 · 군(기초지방자치단체)의 「교통안전 세부시행계획」 작성의 기본지침이 된다. 정부는 1983년부터 1986년까지 4년간에 걸친 제1차 기본계획을 수립 · 시행한 이후 지난 2022년부터는 제9차 기본계획(2022~2026)을 수립 · 추진 중이다.[4)]

1. 국가교통안전기본계획

(1) 수립 절차

국토교통부장관은 「기본계획 수립 지침」을 작성하여 계획년도 시작 전전년도 6월 말까지 교통안전 관련 '지정행정기관'의 장에게 통보한다. 각 지정행정기관의 장은 기본지침에 따라 각 소관업무별 교통안전 계획안을 작성하여 계획년도 시작 전년도 2월 말까지 국토교통부장관에게 제출한다.

국토교통부장관은 이를 취합 · 조정하여 5년간 유효한 「국가교통안전기본계획안」을 작성, 국가교통위원회 심의를 거쳐 계획년도 시작 전년도 6월 말까지 확정하고, 그날부터 20일 이내에 각 지정행정기관의 장과 각 시 · 도지사에게 이를 통보하고 이를 공고(인터넷 게재 포함) 하여야 한다.

(2) 주요 내용

① 교통안전에 관한 중 · 장기 종합정책 방향, 각 부문별 교통사고 현황과 원인 분석
② 교통수단 및 교통시설별 교통사고 감소 목표
③ 교통안전지식의 보급 및 교통문화 향상 목표
④ 교통안전정책의 추진 성과에 대한 분석 평가
⑤ 목표 달성을 위한 부문별 추진전략, 부문별 · 기관별 · 연차별 세부 추진계

4) 제1차 국가교통안전기본계획의 추진기간은 4년(1983~1986)이었으나, 제2차 기본계획(1987~1991)부터는 '매 5년'으로 설계되어 추진되고 있다.

획 및 투자계획
⑥ 교통안전표지 교통관제시설 등 정비 · 확충에 관한 계획
⑦ 교통안전전문인력 양성
⑧ 교통안전 관련 투자사업계획 및 우선순위
⑨ 각 지정행정기관별 교통안전대책에 관한 연계와 집행력 확보방안
⑩ 기타 교통안전수준 향상을 위한 교통안전시책에 관한 사항 등

2. 교통안전시행계획 수립 · 시행

'5년간' 유효한 「국가교통안전기본계획」에 따라 중앙정부의 각 지정행정기관이 개별 정책을 집행하기 위하여 수립하는 '1년간'의 단기계획이다. 해당 지정행정기관의 장은 매년 10월 말까지 익년도 시행계획을 국토교통부장관에게 제출해야 하며, 국토교통부장관은 국가교통위원회 심의를 거쳐 매년 12월 말까지 확정, 각 지정행정기관의 장과 각 시 · 도지사에게 통보해야 한다. 각 지정행정기관의장과 각 시도지사는 매년 초부터 연말까지 그 시행계획에 담겨있는 소관별 시책을 적극 추진하여야 한다 .

3. 지역별 교통안전기본계획 및 시행계획

(1) 교통안전기본계획 수립

1) 광역지방자치단체

각 시 · 도지사는 「국가교통안전기본계획」의 내용에 따라 관할 시 · 도 「교통안전기본계획」을 매 5년 단위로 수립, 소속 '지방교통위원회' 심의를 거쳐 각 계획년도 시작 전년도 10월 말까지 확정하고, 그 날로 부터 20일 이내에 국토교통부장관에게 제출해야 한다.

2) 기초지방자치단체

각 시장 · 군수 · 구청장은 소속 시 · 도의 「교통안전기본계획」에 의거 관할 시 · 군 · 구의 「교통안전기본계획」을 매 5년 단위로 수립, 해당 시 · 군 · 구 교통안전심의위원회 심의를 거쳐 계획년도 시작 전년도 10월 말 이전에 확정하여 관할 시 · 도지사에게 제출하여야 한다.

(2) 교통안전시행계획 수립 · 시행

'5년간' 유효한 「국가교통안전기본계획」에 따라 광역 및 기초지방자치단체가 매년 소관별 시책을 집행하기 위하여 수립하는 '1년간'의 단기계획이다. 각 지방자치단체장은 매년 초부터 연말까지 그 시행계획에 담겨있는 소관별 시책을 적극 추진하여야 한다.

Ⅱ. 교통안전정책 심의기구 설치·운영

「교통안전법」 제12조 및 제13조에 의거 교통안전에 관한 주요 정책과 중앙정부의 국가교통안전기본계획 및 지방정부의 지역교통안전기본계획 등은 「국가교통체계효율화법」 제106조에 따른 '국가교통위원회' 및 제110조에 따른 '지방교통위원회'의 심의를 거쳐 최종 확정한다.

1. 국가교통위원회

(1) 설치 및 기능

「국가교통체계효율화법」 제106조에 의거 국가교통체계에 관한 중요 정책 등과 다른 법령에서 정한 교통 관련 정책을 심의하기 위하여 국토교통부장관 소속으로 국가교통위원회를 둔다.

(2) 구 성

위원장 1명과 부위원장 1명을 포함한 30명 이내의 위원으로 구성한다. 위원장은 국토교통부장관, 부위원장은 제2차관이 된다. 여타 위원 중 당연직 위원은 대통령령(국가통합교통체계효율화법 시행령)으로 정하는 관계 행정기관의 차관급 공무원으로 하고, 위촉직 위원은 교통 관련 분야에 관한 전문지식 및 경험이 풍부한 사람 중에서 위원장이 위촉하는 사람으로 한다.

(3) 주요 심의 사항

국가기간교통망계획의 수립 · 변경, 중기투자계획의 수립 · 변경과 집행 실적 평가, 교통시설 개발사업의 투자재원 확보, 국가교통조사계획(국가기간교통망계획 및 중기 투자계획 등 국가교통정책을 합리적으로 수립 · 시행하기 위하여 진행하는 정부 차원의 조사)의 수립 · 변경, 중기 연계 교통체계 구축계획 수립 · 변경, 지능형교통체계(ITS) 기본계획 수립 · 변경, 교통체계 관련 제도 개선, 대통령령으로 규정하는 규모 이상의 국가기간교통시설 개발사업 및 교통기술 연구 개발사업 등 국가교통정책의 종합 조정, 기타 다른 법령에 따라 국가교통위원회에서 심의하도록 정하고 있는 사항 등이다.

2. 국가교통실무위원회

국가교통위원회는 관계 행정기관 공무원과 교통 관련 분야에 관한 전문지식과 경험이 풍부한 사람을 구성원으로 하는 각 분야별 국가교통실무위원회를 둔다.

(1) 분야별 실무위원회

① 국가교통정책조정 실무위원회
② 국가첨단교통실무위원회
③ 국가교통안전실무위원회
④ 도시교통정책실무위원회
⑤ 대중교통평가실무위원회

(2) 구성 및 심의 사항

각 실무위원회는 위원장 1명과 부위원장 1명을 포함한 30명 이내의 위원으로 구성하며, 각 실무위원회 위원장은 국토교통부 고위공무원단에 속하는 일반직 공무원 중 국토교통부장관이 임명한다.

실무위원장은 위원회 업무수행을 위해 필요시 관련 중앙행정기관의 장, 시 · 도지사 또는 교통정책에 관한 연구 개발 업무나 교통 시설 개발에 관한 업무를 수행하는 기관의 장에게 소속 공무원 또는 소속 직원의 파견을 요청할 수 있다. 실무위원회는 국가교통위원회에서 심의할 안건에 대한 검토 조정 또는 국가교통위원회가 그 의결을 위임한 사항 등에 대하여 심의한다.

3. 지방교통위원회

각 지방자치단체 소관 교통안전에 관한 주요 정책과 「지역교통안전기본계획」은 관할 광역자치단체의 시 · 도지사 소속으로 설치하는 '지방교통위원회'와 기초자치단체의 시장 · 군수 · 구청장 소속으로 설치하는 '교통안전정책심의위원회'에서 심의한다.

(1) 지방교통위원회(광역자치단체) 구성 · 운영

「국가통합교통체계효율화법」 시행령 제113조에 의거 '지방교통위원회'는 위원장 1명과 부위원장 1명을 포함 30명 이내의 위원으로 구성한다. 위원장은 특별시 · 광역시 · 특별자치시 · 도 또는 특별자치도에서 교통정책 관련 업무를 관장하고 있는 부시장 또는 부지사가 되고, 부위원장은 해당 시도에서 교통정책 업무를 담당하고 있는 국장으로 한다. 위원은 교통 관련 행정기관 소속 공무원 및 교통정책에 관한 전문지식과 경험이 풍부한 사람 중에서 시 · 도지사가 임명하거나 위촉하는 사람으로 한다. 기타 위원회의 구성 및 운영에 관하여 필요한 세부 사항은 해당 지방자치단체의 「조례」로 정한다.

(2) 교통안전정책심의위원회(기초자치단체) 구성 · 운영

「교통안전법」 제13조에 의거 시 · 군 · 구 '교통안전정책심의위원회'의 위원장은 해당 시장 · 군수 · 구청장이 되며, 위원회 구성 및 운영 등에 관하여 필요한 사항은 「교통안전법」 시행령 제8조에서 정하는 바에 따라 해당 지방자치단체의 조례로 정한다.

Ⅲ. 교통시설 안전진단제도 시행

1979년 12월에 제정 · 시행된 「교통안전법」에 따라 정부 각 기관이 나름 체계적으로 교통사고 예방 정책을 수립 · 추진해 왔으나, 그간에는 사전 예방보다 사후 관리에 보다 중점을 둔 측면이 있었다. 도로교통사고는 사람(도로이용자) · 교통수단(자동차 등) · 교통시설(주변 도로환경 포함) 등 크게 세 가지 요인이 복합적으로 작용하여 발생하는데, 그중에서 도로교통시설의 문제로 인해 발생한 사고는 그 시설을 설치하기 이전 단계에서 미리 철저하게 점검할 경우 상당 부분 예방할 수 있다.[5)]

정부는 이러한 논리하에 지난 2008년부터 도로 교통시설의 설계단계 및 운영 도중에도 그 적정성에 대한 철저한 사전점검을 위해 '교통시설 안전진단제도'를 도입 · 시행하고 있다. 현행 법령상 도로 종류별로 일정 연장거리 이상의 구간에

---

5) 교통안전진단제도 도입 및 활성화 방안, 국토정책 Brief 제14호, 국토연구원(2003.5.26).

교통안전시설을 설치하려는 사업자는 관련 절차에 따라 사전에 '교통시설안전진단기관(업체)'에 의뢰하여 실시한 '안전진단 결과보고서'를 소관 행정기관에 제출해야 한다.

1. 의의, 법적 근거 및 내용

「교통안전법」상 '교통시설'이라 함은 도로·철도·궤도·항만·어항·수로·공항·비행장 등 제반 교통수단의 운행·운항 또는 항행에 필요한 시설과 그 시설에 부속되어 사람의 이동 또는 교통수단의 원활하고 안전한 운행·운항 또는 항행을 보조하는 교통안전표지·교통관제시설·항행안전시설등의 시설 또는 공작물을 말한다. 또한 '교통시설안전진단'이라 함은 육상·해상·항공교통의 안전과 관련된 조사·측정·평가 업무를 전문적으로 수행하는 '교통안전진단기관'이 해당 교통시설에 대하여 교통안전에 관한 위험요인을 조사·측정 및 평가하는 모든 활동을 의미한다.

이와 관련, '도로교통시설'의 경우 「교통안전법」 제34조 제1항, 「교통안전법 시행령」 제32조 및 [별표 2] 규정에 의거 일정 규모 이상의 도로교통 시설을 설치하려는 자(사업자)는 해당 교통시설을 설치하기 이전에 「교통안전법」 제39조 제1항에 따라 관할 시·도지사에게 등록·인가를 받은 해당 '교통안전진단기관'에 의뢰하여 교통시설에 대한 안전진단을 받아야 한다. 교통시설 안전진단을 받은 해당 사업자는 해당 교통 시설에 대한 공사계획 또는 사업계획 등에 대한 승인·인가·허가·면허 또는 결정 등을 받아야 하거나 신고 등을 하여야 하는 경우 반드시 '교통안전진단기관'이 작성·교부한 '안전진단 보고서'를 관련 서류와 함께 관할 교통행정기관에 제출하여야 한다.

2. 도로교통안전시설 진단기관 등록 기준 및 현황

「교통안전법」 시행령 제32조 및 시행규칙 제12조에 의거, 도로교통시설안전진단을 하려는 자는 시행령 [별표 4] 규정에 따른 전문인력(국가기술자격법에 따른 교통기술사 등)과 교통부령이 교통안전에 관한 위험 요인을 조사·측정하기 위하여 필요하다고 규정한 장비(노면미끄럼저항측정기, 반사성능측정기 등) 등 법정 요건을 충족하여 해당 도로 및 교통시설 관할 시·도지사에게 등록·신청하여야 한다.

참고로 2020년 9월 현재 국토교통부에 '도로교통안전진단기관'으로 등록된 기

관(업체)는 총 58개이다.[6)]

3. 사전 교통안전진단 대상시설 및 진단 절차

(1) 안전진단 대상 도로교통시설

「교통안전법 시행령」 제22조 [별표 2] 규정에 의거 도로교통시설 설치 시 사전에 '교통안전진단기관'으로부터 안전진단을 받아야 하는 대상 도로는 아래 <표 2-3>과 같다.

〈표 2-3〉 사전 안전진단 대상 도로

사전 안전진단 대상 도로	해당 교통시설의 공사 · 사업계획 등에 대한 승인 · 인가 · 허가 · 면허 · 결정 등을 받거나 신고 등을 해야 하는 경우	해당 교통시설 사용 개시 전
1) 일반국도 · 고속국도 : 총길이 5Km 이상 2) 특별시도 · 광역시도 · 지방도: 총길이 3Km 이상 3) 시도 · 군도 · 구도: 총길이 1km 이상	공사 실시계획 인가 전 또는 도로구역 결정 전	준공검사 전

(2) 안전진단 절차

① 「교통안전진단기관」 선정 및 용역 계약 체결(발주처)

② 설계도서 사업보고서 등 근거자료 제공(발주처 → 진단실시기관)

③ 진단계획 내용 토론 등 착수회의 개최(발주처, 설계자, 진단실시기관)

④ 설계 도면 등 자료검토 및 주 · 야간 현장 조사(진단실시기관)

⑤ 교통안전상 결함 여부 도출, 진단 결과 · 권고사항이 포함된 보고서 작성(진단실시기관)

⑥ 진단 결과에 대한 토론 및 종료 회의 개최(발주처, 설계자, 진단실시기관)

⑦ 진단 결과에 따른 최종 결정

– 기존 설계의 변경이 필요한 경우 : 권고안 반영, 설계변경 또는 개선 · 보완

– 기존 설계의 변경이 불필요한 경우 : 개선 권고안 미 반영

⑧ 진단 종료, '진단 결과보고서' 제출(발주처 → 교통행정기관)

---

6) 국토교통부 정책자료: https://www.molit.go.kr/USR/policyData/m_34681/dtl.jsp?id=4492.

Ⅳ. 도로교통안전 정보관리 전산시스템 구축·운영

1. 도로교통사고 통계·분석 전산화

어떤 문제에 대한 실효성 있는 대책을 강구하기 위해서는 우선 그 분야의 현장 실태를 정확히 파악할 수 있는 기초 통계를 수집·분석하는 것이 매우 중요하다. 도로교통사고 예방 및 사고 감소 대책 수립 시에도 마찬가지다. 한국 경찰청은 1962년(당시 내무부 치안본부)부터 1987년까지 약 25년간 전국 경찰서 단위의 '도로교통사고' 발생 현황을 매일 교통사고 조사 담당 경찰관의 수작업으로 집계·보고토록 하고 경찰청에서 이를 취합하여 다시 수작업으로 전국 단위 통계를 작성·배포함으로써 교통사고 감소 대책의 기초 자료로 활용했었다. 그러나 1980년대 중반 이후 국내 자동차 대수 증가와 함께 교통사고가 급증하면서 범정부 차원의 대책을 세우기 위해서는 보다 신뢰도가 높고 심층적인 분석이 가능한 교통사고 통계 자료가 절실했다.

이에 경찰청은 국가 재정 당국과의 협의 및 설득 과정을 거쳐 적지 않은 소요 예산을 확보, 1988년부터 도로교통사고 통계 수집·분석에 필요한 전산시스템을 구축했다.[7] 그 결과 1987년까지는 시간대별·연령층별·직업별 등 불과 30여개 종류로 구분·집계하였으나, 1988년 전산시스템 구축 이후부터는 사고 원인별·면허 종류별·면허취득 경과년수별·도로종류별·운전자의 법규 위반행위별·자동차 제작회사별 등 총 120여개 종류로 상세히 구분·집계·분석하여 매년 초 그 내용을 공식 통계 자료로 작성, 현재 한국도로교통공단 교통사고분석시스템(TAAS)를 통해 일반에 공개하고 있다. 그런 조치는 도로교통 관련 정부 부처, 기관, 연구소 및 자동차 손해보험업계에서 이 통계를 근거로 매우 실효성 있는 대책을 강구할 수 있는 기반이 되었다.

그런데 정확하고 신뢰성 있는 통계 분석을 위해서는 무엇보다 해당 업무를 현장에서 직접 수행하고 있는 최일선 기관 실무 담당자와 감독자의 책임감이 중요하다. 설령 해당 기관에 최신 전산시스템을 구축했더라도 최일선 기관의 해당 업무 담당자가 충실히 작성·보고해야 할 관련 통계 업무를 태만히 한다면 최상급 기관의 통계 집계 결과도 당연히 신뢰할 수 없는 무의미한 자료가 될 수밖에 없다.

---

7) 치안본부(1989.9), 「도로교통안전백서」.

이런 점을 감안, 한국 경찰청에서는 2011년도 1월, 「교통사고조사규칙(훈령)」을 제정, 이를 근거로 전국 경찰서와 고속도로순찰대에서 교통사고 조사 업무를 담당하는 경찰관은 교통사고 발생 신고를 접수한 때로부터 24시간 이내에 자체 교통경찰업무관리시스템(TCS: Traffic Cops System)에 사고 발생 일시, 장소, 피해 정도, 사고 유형 등 그 교통사고 개요를 반드시 입력시키도록 하고 있다. 아울러 해당 교통사고의 조사가 종결되면 그날부터 3일(72시간) 이내에 TCS 상의 별도 양식(별지3)의 '교통사고통계원표(총 68개 항목)'을 반드시 입력시켜야 한다.

또한 경찰청 국가수사본부에서 교통사고 조사 업무를 관장하고 있는 형사국 소속 '강력범죄수사과장'은 정확한 교통사고 사망자 통계를 유지하기 위해 전국 경찰서에서 입력한 교통사고 통계를 매일 취합 정리하고, 행정안전부, 보험개발원, 각종 공제조합 등 유관 기관 · 단체의 교통사고 사망자 자료를 정기적으로 수집, 각 경찰서에서 입력한 교통사고 통계와 대조 · 확인하도록 되어 있다.

한편 1962년부터 1999년까지는 도로교통사고로 인한 사망자 수 통계 기준을 사고발생 시점으로부터 '72시간 이내' 사망자로 집계하였다. 그러나 우리나라는 1996년 12월 OECD 회원국이 되었고, 당시 OECD 통계 기준이 사고발생 시점으로부터 '30일 이내' 사망자였기 때문에 경찰청은 2000년 1월 1일부터 국내통계 기준을 OECD 통계 기준과 동일하게 변경하여 현재에 이르고 있다.[8)]

2. 자동차운전면허 정보화시스템 구축 · 운영[9)10)]

한국의 자동차운전면허 업무 주무기관인 경찰청에서는 1979.12.28 제정 · 시행된 「교통안전법」상 '교통정보 전산화'에 관한 명확한 근거가 신설(2008.12.28. 전부개정)되기 전부터 자체적으로 소요 예산을 확보하여 교통전산시스템을 단계적으로 확대 · 구축해 나갔다.

1981년에 최초로 전국 운전면허시험장에 컴퓨터를 도입, 운전면허증 자동 제작 · 발급 시스템을 구축했고, 이후 연차적으로 적성검사, 면허증 분실 재교부, 주소지 전출입 관리, 운전면허 민원에 대한 ARS시스템 도입, 운전면허 행정처분(취소 · 정지 및 철회), 운전면허경력증명서 발급 등 전산처리가 가능한 민원사무의 종류를 점차 확대해 나갔다.

---

8) 경찰청(2001.9), 「도로교통안전백서」.
9) 경찰청(1998.10), 「도로교통안전백서」.
10) 경찰청(2001.9), 「도로교통안전백서」.

1986년에는 운전자들의 교통법규 위반 및 교통사고 야기 시 그에 따른 벌점을 부과하고, 일정 점수 이상에 도달하면 당해인의 운전면허를 취소하거나 정지처분 할 수 있도록 하는 「운전면허 점수제 행정처분 업무(후술)」를 전산화하였다. 1988년에는 교통사고 원인 분석 업무에 필요한 '교통사고 통계 전산화' 및 한국은행과 정보통신부에서 제공받은 교통범칙금 납부자료로 자체 DB를 구축, 교통법규 위반자의 범칙금 납부 여부를 전국 일선 경찰서의 담당 경찰관들이 쉽게 조회할 수 있도록 하였다. 1992년에는 경찰청-시도경찰청-경찰서-운전면허시험장이 서로 연계된 컴퓨터단말기를 설치하여 교통경찰 행정업무의 On-Line 전산시스템을 구축·운영했다. 1994년에는 전국 운전면허시험장의 응시원서 접수 및 시험진행 등 일련의 시험관리 업무 전산화, 1997년에는 전국의 면허시험장 마다 근거리 통신망인 LAN(Local Area Network)을 구축하고 모든 민원창구에 단말기를 설치하여 운전면허증 당일 제작·발급, 적성검사 결과 당일 확인·통보 등 관련 민원업무 처리에 소요되는 시간을 획기적으로 단축시켰다. 1998년에는 당시 350여개소의 자동차운전전문학원(후술) 관리 및 기능검정원과 강사 자격증 발급·관리, 전문학원 수료 및 졸업생 관리에 필요한 전산화 사업을 완료하였다.

3. 도로교통사고 관련 교통안전 정보관리시스템 구축·운영[11)]

한국도로교통공단에서는 「교통안전법」(제52조, 제59조, 동 시행령 제48조 제3항 제2호)에 의거, 2008년부터 2010년까지 3개년에 걸쳐 '도로교통사고에 관한 교통안전정보관리시스템(교통사고 통합 DB)'을 구축하였고, 이후 매년 시스템 Up-Grade 및 그 활용도를 지속 확대하고 있다.

여기서 '교통사고 통합 DB'란 지리정보시스템(GIS: Geographic Information System)을 기반으로 종래 경찰청·보험회사·공제조합 등 여러 관련 기관별로 분산 관리되고 있던 전국 도로교통사고 자료를 통합 관리하고, Web 기반 도로교통사고 분석시스템(TAAS: Traffic Accident Analysis System)[12)]을 통해 중앙행정기관·지방자치단체·연구기관 등 관계기관, 교통 전문가 및 일반 국민들에게 24시간 공개·제공함으로써 보다 실효성 있는 연구·분석과 더욱 효율적인 교통안전 대

11) 국토교통부(2022.8), 「교통안전연차보고서」: 238.

12) 한국도로교통공단 교통사고분석시스템(TAAS): '도로교통사고 통합 DB'를 기반으로 다양한 통계장표 및 GIS 공간분석 서비스 형태로 정부, 유관기관 및 일반 국민들에게 다양한 교통사고 통계 분석 결과를 제공, 국가 및 각 지방자치단체의 각종 교통안전 대책 수립, 교통안전교육·홍보·연구 등에 활용할 수 있도록 구축한 Web 기반 서비스 시스템.

책 수립에 활용할 수 있도록 하는 서비스시스템이다. 아울러 2015년~2018년에는 행정안전부가 주관하는 '국가중점 데이터 개방사업'[13] 대상 Data로 선정되어 도로교통으로 인한 사망사고 피해자 수와 교통사고다발지점 등에 관한 원시정보를 Open API(Application Programming Interface) 형태로 제공하는 '교통안전정보개방시스템'을 구축하는 등 그 기능을 점차 고도화시키고 있다.

Ⅴ. 도로교통사고 조사·분석시스템의 과학화·전문화

보다 효과적인 도로교통안전 정책을 수립 · 추진하기 위해서는 자동차 교통사고 자체의 가해자와 피해자를 정확히 가려주는 것뿐만 아니라, 그 사고 원인에 대한 정확한 조사와 신뢰성 있는 분석이 전제되어야 한다. 한국 경찰청은 이를 위해 전국 경찰관서 소속 교통사고조사 요원에 대한 전문교육을 정기적으로 실시하고, 보다 정밀한 사고 원인 조사를 할 수 있도록 하는 과학장비를 도입 · 활용토록 하고 있다. 아울러 경찰청 산하 전문기관인 한국도로교통공단에 '교통사고종합분석센터'를 설립 · 운영토록 하고, 대형교통사고나 원인분석이 난해한 일반 교통사고 발생 시, 전국 경찰서 교통사고 조사 담당 경찰관이 요청하는 경우에는 사고 현장에 함께 출동하여 보다 정확한 사고 원인 조사 · 분석이 이루어지도록 하기 위한 공학적 · 기술적 지원시스템을 구축 · 운영하고 있다.

1. 교통사고 조사의 전문화 · 과학화

한국 경찰청은 보다 정확하고 과학적인 교통사고 원인 분석을 위해 국립과학수사연구원 및 한국도로교통공단과 협조, 자동차 내부의 교통사고기록장치(EDR: Event Data Recorder)에 저장된 교통사고 '발생 5초 전'부터 '발생 후 0.3초' 사이에 이루어진 속도 · 조향 · 제동 등 '사고 차량의 운행 정보'를 분석하고 이를 교통사고 재현 프로그램(PC-CRASH)에 대입하여 사고 당시 상황을 입체적으로 재현하는 시스템을 구축 · 운영하고 있다. 또한 이러한 EDR 분석 기법을 '교통사고

13) 2015년부터 한국 정부의 행정안전부가 주관 시행 중이며, 민간의 이용 수요와 사회적 · 경제적 파급효과 등을 종합적으로 고려하여 효과성과 시급성이 높은 고가치의 대용량 공공데이터를 매년 연차적으로 새롭게 발굴, 해당 기관이 오픈 API 형태(수요자가 보다 이용하기 쉽도록 정제된 형태)로 개방하도록 지원하는 사업. 제1차년도('15~'16)에는 부동산 실거래가 정보 등 33개, 제2차년도('17~'19)에는 공간 융합 정보 등 63개, 제3차년도('20~'22)에는 자율주행 통합관제 등 72개 등이 제공되었고, 제4차년도('23~'24)에는 각 지방자치단체별 교통사고다발지점 정보 등 총 30개의 공공데이터가 공개되었다.

조사 담당 경찰관 전문화 교육'의 커리큘럼에 편성하여 교통사고 조사관의 전문성을 제고시키고 있다. 또한 3차원(3D) Modeling 프로그램을 활용한 '교통사고 영상분석 프로그램'을 전국 경찰관서에 순차적으로 보급하여 교통사고 발생 시 충격으로 손상된 영상 파일을 복구하고, 영상의 화질·화각 개선을 통해 차종 및 번호판 식별 능력을 높임으로써 일반 교통사고는 물론 뺑소니 교통사고 수사업무의 효율성과 정확성을 배가시키고 있다.

2. 대형교통사고「조사 – 분석 – 사후 개선시스템」구축 · 운영

경찰청은 평소 연중 월별·분기별로 자동차 교통으로 인한 사망사고의 발생 원인을 정밀 분석하여 교통사고 예방 대책 수립 시 이를 참고한다. 아울러 도시 확장, 도로 신설 등 주변 교통 여건 변화 및 계절별 사고 원인 등을 구체적으로 분석, 그에 따른 교통사고 방지 대책을 수립·시행하고 있다.

교통사고는 인적·차량적·도로환경적 원인에 의해 발생하는데, 특히 대형교통사고(사망자 3명 이상, 부상자 20명 이상)는 해당 사고에 대한 보다 정밀한 조사 및 분석을 통해 사고 원인 및 문제점을 종합적·입체적으로 파악하여 필요한 시설이나 제도를 개선함으로써 그 장소에서 유사한 사고가 재발하지 않도록 하는 것이 중요하다. 이를 위해서는 교통사고 조사 담당 주무기관인 경찰청뿐만 아니라 관계 부처 및 기관의 적극적인 협조와 지원이 필요하다. 자동차 교통사고 발생 시, 관할 경찰서 사고조사 담당 경찰관은 매뉴얼에 따라 총 68개 항목에 대한 사고원인 조사후 그 내용을 교통경찰업무전사관리시스템(TCS: Traffic Cop Information Managemant System)에 입력·관리하고 있다. 그런데 이것은 가해자와 피해자를 명확히 구분, 가해자에 대한 통상적·행정적·형사적 조치를 취하기 위한 것으로써 이러한 내용만으로는 해당 자동차 교통사고의 향후 재발 방지 대책을 강구하기 어렵다.

따라서 경찰청은 지난 2001년부터 대형교통사고가 발생한 경우에는 [그림 2-1] 절차에 따라 조치토록 함으로써 추후 해당 장소에서는 더이상 유사 교통사고가 발행하지 않도록 하기 위한 제도를 시행하고 있다.

즉 대형교통사고 발생 신고가 접수되면 관할 경찰서 사고 조사 담당관이 도로교통사고 관련 전문기관인 한국도로교통공단 소속 전문요원 및 해당 도로관리청 소속 요원 등과 함께 출동하여 통상적인 가·피해자 규명 외에도 자동차공학·도로공학·법의학 등 종합적 측면에서 사고 원인을 정밀 조사·분석하여 그 결

[그림 2-1] 대형교통사고 발생 시 교통사고 조사 · 분석 체계도

대형 도로교통사고 발생(사망 2명 이상, 부상 20명 이상)

⇓

교통사고 현장 합동 정밀조사 분석(관할 경찰서 조사관 + 도로교통공단 전문요원)

⇓

개선 방안 수립 보고 · 통보(공단 → 국무조정실, 행정안전부, 국토교통부, 경찰청, 해당 도로관리청

⇓

사고 조사 결과에 따른 조치 내용 보고 · 통보(관계 기관 → 국무조정실, 도로교통공단)

⇓

현장 개선공사 결과 합동 점검 (국무조정실 - 도로교통공단 - 관할 경찰서)

과를 국무조정실 · 경찰청 · 도로관리청 등 관계기관에 보고 · 통보한다.

그런데 만일 해당 교통사고가 '도로 환경적' 문제에 따른 것으로 확인된 경우에는 해당 도로관리청으로 하여금 추후 필요한 재정 조치 및 개선공사를 실시토록 한 후 그 결과를 관계기관이 합동 점검하게 된다.

참고로 미국 도로교통안전청(NHTSA: National Highway Traffic Safety Administration)은 대형교통사고가 발생한 경우 약 100개 항목에 걸친 정밀 조사 및 분석을 통해 DB를 구축하고, 이를 기반으로 사고원인 및 예방과 관련된 포괄적인 연구를 수행할 수 있도록 하는 정밀 조사체계를 구축 · 운영하고 있다.

3. 교통사고종합분석센터 설립 · 운영

(1) 개 요

어떤 장소에서 도로교통사고 발생 시, 관할 경찰서 소속 담당 경찰관이 현장에 출동하여 단순히 가해자와 피해자만 규명하는 조사를 완료한 후 여타 별다른 조치 없이 그대로 방치할 경우, 그 장소에서는 언젠가 또다시 비슷한 유형의 교통사고가 발생할 가능성이 높다. 이러한 문제를 해결하려면 사람 · 자동차 및 도로 환경 등 제반 교통사고 유발요인을 종합적 · 심층적으로 조사 · 분석하여 보다 효과적인 교통사고 예방 대책을 강구할 필요가 있다.

경찰청은 이러한 요청에 부응하기 위해 지난 1998년 12월, 산하 공공기관인 한국도로교통공단 조직내에 '교통사고 종합분석센터'를 설치하여 아래와 같은 업무를 관장·수행토록 하고 있다.

(2) 담당 업무

① 교통사고 잦은 곳(구간) 개선 사업 설계 및 효과 분석
② 교통사고 발생 장소 주변의 신호기·안전표지 등 교통안전시설 진단 및 점검
③ 경찰청의 도로교통안전 대책 수립·지원
④ 도로교통사고 관련 교통안전 정보관리 체계 구축(GIS기반 교통사고 통합DB 구축)
⑤ 전국 기초자치단체별 도로교통사고에 관한 교통문화지수(교통안전 지수) 조사 및 작성
⑥ 연간 도로교통사고 통계 분석 보고서(책자) 작성·발간
⑦ 도로교통사고 발생에 따른 관할 경찰서 요청 시, 전문요원의 공학적 기술 지원
⑧ 대형교통사고 발생 시, 각 사고 요인별 조사·분석 및 개선 대책 수립, 사례집 발간
⑨ 도로교통사고에 관한 '첨단분석 연구실' 설치·운영

(3) 기 능

공단 '교통사고종합분석센터'에서는 평상시 경찰이 조사한 전국 교통사고 통계 자료, 교통사고 잦은 지점 관련 자료, 국내 연간 자동차 대수 및 도로 연장 등 최신 교통 관련 자료를 DB화하여 다양한 연구·분석 및 대책 수립에 활용할 수 있는 '교통사고 종합 DB'를 구축·운영하고 있다.

또한 해당 DB를 효율적으로 활용하기 위하여 「Web 기반 교통사고분석시스템(TAAS)」를 구축·서비스하고, 각종 통계 분석 보고서를 발간하여 관련 기관·단체에 제공함으로써 도로교통안전에 관한 교육·홍보·연구 등을 위한 기초 자료 및 교통안전 대책 수립에 활용될 수 있도록 적극 지원하고 있다.

제3장

운전자의 교통안전성 및 법규위반자 단속 효율성 제고

제1절 현행 자동차운전면허(시험 및 학원) 제도

제2절 자동차운전면허 점수제 행정처분 제도 시행

제3절 '사업용 차량' 운전자의 교통안전성 제고 관련 제도

제4절 자동차 좌석 안전띠 착용 의무화

제5절 주취 운전자 등 단속 및 처벌 기준 강화

제6절 중요 교통법규 위반자 단속 방식의 다양화・고도화

제3장

운전자의 교통안전성 및 법규위반자 단속 효율성 제고

제1절 현행 자동차운전면허(시험 및 학원) 제도

Ⅰ. 현행 자동차운전면허 시험 제도 개관

1. 개 요

현행 「도로교통법」상 '자동차운전면허' 관련 규정은 제80조~제95조 및 제147조 5항, 같은 법 「시행령」 제42조~제50조, 「시행규칙」 제53조~제98조 등이며, '자동차운전전문학원' 관련 규정은 같은 법 제99조~제119조, 「시행령」 제60조~제72조, 「시행규칙」 제99조~제129조 등이다.

'자동차운전면허'는 도로에서 교통상 위험을 방지하고 교통질서를 유지하기 위하여 법상 규정된 일정한 자격을 구비한 사람에 한해 자동차 등(자동차와 원동기장치자전거)을 운전할 수 있도록 허용하는 관할 경찰기관의 처분이다. 법적 성격은 일반적으로 금지되어 있는 행위(부작위 의무)를 특정한 경우 해제하여 그 행위를 적법하게 행할 수 있도록 본래의 자유 상태를 회복시켜 주는 '대인적 경찰허가'이다. 이러한 경찰허가는 직접 '법령'에 의하지 않고 주무 관청에 의해 개별적인 '행정처분'의 형식으로만 행하여진다.

현행 법령상 국내에서 자동차 등을 운전하려는 사람은 적성검사 및 소정의 시험 절차에 최종 합격한 후 관할 시도경찰청장으로부터 교부받은 소정 양식의 '운전면허증'을 휴대하여야 한다.

관할 시도경찰청장은 운전면허를 받을 사람의 신체 상태와 운전능력 등을 고려, 「도로교통법시행규칙」이 정하는 바에 따라 그 사람이 운전할 수 있는 자동차 등의 구조를 한정하는 등 운전에 필요한 조건을 붙일 수 있다. 또한 운전면허증을 발급한 이후에는 일정 주기의 정기 적성검사 또는 수시 적성검사를 실시하고 그에 따라 필요시 그 사람의 신체 상태 또는 운전 능력에 따른 새로운 조건을 붙일 수도 있다.

또한 2023년 10월 24일부터는 개정 법령에 따라 누구든지 자동차 등 또는 노면전차를 술에 취한 상태(혈중 알콜농도 0.03퍼센트 이상)에서 운전하거나 경찰공무원의 주취운전 여부 확인을 위한 호흡 측정 요구를 거부하여 운전면허가 취소된 후 그 날로부터 5년 이내에 위 둘 중 하나의 규정을 재차 위반하여 '운전면허 취소 처분'을 받은 후 또다시 자동차 등을 운전하려는 경우에는 관할 시도경찰청장으로부터 '음주운전 방지장치 부착 조건부 운전면허'를 받아야 한다.

2. 운전면허의 종류 및 각 면허 종별 운전할 수 있는 차

「도로교통법」 제80조 제2항 및 같은 법 「시행규칙」 [별표 18]에 의거 현재 각 시도경찰청장이 허가하는 운전면허는 제1종 면허, 제2종 면허 및 연습 면허 등 크게 세 가지로 구분된다.

아울러 제1종 면허는 대형·보통·소형·특수면허 등 네 가지, 제2종 면허는 보통·소형·원동기장치자전거면허등 세 가지, 연습 면허는 제1종보통 연습면허와 제2종보통 연습면허 등 두 가지 종류로 각각 세분된다.

또한 각 운전면허의 종류별로 운전할 수 있는 차의 종류는 <표 3-1>, <표 3-2>, <표 3-3>과 같다.

〈표 3-1〉 제1종 운전면허의 종류 및 면허 종별 운전할 수 있는 차

구분	운전할 수 있는 차
대형면허	- 승용자동차(정원 10인 이하) - 승합자동차(정원 11인 이상) - 화물자동차 - 건설기계[덤프트럭, 아스팔트살포기, 노상안정기, 콘크리트믹서트럭, 콘크리트펌프, 천공기(트럭적재식), 콘크리트믹서트레일러, 아스팔트콘크리트재생기, 도로보수트럭, 지게차(3톤 미만)] - 특수자동차(대형·소형견인차, 구난차는 제외) - 원동기장치자전거
보통면허	- 승용자동차 - 승합자동차(정원 15인 이하) - 화물자동차(적재중량 12톤 미만) - 건설기계 중 3톤 미만 지게차 - 특수자동차(총중량 10톤 미만) - 원동기장치자전거

<table>
<tr><td colspan="2">소형면허</td><td>– 3륜 화물자동차 – 3륜 승용자동차 – 원동기장치자전거</td></tr>
<tr><td rowspan="3">특수
면허</td><td>대형
견인차</td><td>– 견인형 특수자동차(구 트레일러/총중량 제한 없음)
– 제2종 보통면허로 운전할 수 있는 차량</td></tr>
<tr><td>소형
견인차</td><td>– 견인형 특수자동차(총중량 3.5톤 이하)
– 제2종 보통면허로 운전할 수 있는 차량</td></tr>
<tr><td>구난차</td><td>– 구난형 특수자동차(구 레커) – 제2종 보통면허로 운전할 수 있는 차량</td></tr>
</table>

주: 총중량은 공차중량+적재중량; 적재중량은 적재 가능한 최대설계 중량.

〈표 3-2〉 제2종 면허의 종류 및 면허 종별 운전할 수 있는 차

구분	운전할 수 있는 차
보통면허	– 승용자동차 – 승합자동차(정원 10인 이하) – 화물자동차(적재중량 4톤 이하) – 특수자동차(총중량 3.5톤 이하 / 구난차 등은 제외) – 원동기장치자전거
소형면허	– 이륜자동차(측차부 포함) – 원동기장치자전거
원동기장치자전거면허	– 원동기장치자전거

〈표 3-3〉 연습 운전면허

구분	운전할 수 있는 차
제1종 보통	– 승용자동차 – 승합자동차(정원 15인 이하) – 화물자동차(적재중량 12톤 미만)
제2종 보통	– 승용자동차 – 승합자동차(정원 10인 이하) – 화물자동차(적재중량 4톤 이하)

3. 운전면허 취득 절차 및 방법

한국에서 자동차 등 운전면허를 취득하기 위해서는 우선 한국도로교통공단 소속 운전면허시험장 내 설치된 의원이나 전국 모든 병·의원을 통해 적성검사(신체검사)를 받아 그 진단서를 시험장에 제출해야 하며, 이 검사 결과를 포함 「도로교통법」 제82조에서 규정하고 있는 '운전면허 취득 결격사유'에 해당되지 않아야 한다.

운전면허 시험에 응시하려면 처음부터 '운전면허시험장'을 방문하여 모든 시험을 시험장에서 응시하거나, 일단 각 시도경찰청장이 지정한 '자동차운전전문학원'

에 등록하여 법정 의무교육을 수료하고 그 학원에서 자체적으로 실시하는 기능검정에 응시·합격한 후 운전면허시험장에 와서 최종적으로 학과시험에 응시하는 두 가지 방법이 있다.

만일 '운전면허시험장'을 이용하는 경우에는 응시자가 지인이나 일반 운전학원 등을 통해 자율적으로 운전교습을 받은 후 인근 운전면허시험장에 응시원서를 제출하고 교통안전교육(1시간)을 의무적으로 수강한 뒤 자신이 원하는 면허 종별에 따라 학과시험·장내기능시험 및 도로주행시험에 순차적으로 응시하면 된다.

그러나 '자동차운전전문학원'에 등록한 때에는 제1종·2종 보통면허의 경우 <표 3-4>에서 보는 바와 같은 현행 법정 의무교육 총 13시간(학과 3시간+장내기능 4시간+도로주행 6시간)을 이수한 후 전문학원 자체 기능검정에 응시할 수 있다. 그런데 전문학원 수강생이라도 학과시험은 반드시 운전면허시험장에 와서 응시해야 한다.

만일 제1종 보통면허나 제2종 보통면허를 받으려고 하는 사람은 우선 학과시험과 장내기능시험(검정)에 합격하여 '연습운전면허'를 발급받고 나서 그 유효기간(1년) 내에 도로주행 연습을 한 후 도로주행시험(검정)에 응시할 수 있다.

〈표 3-4〉 현행 자동차운전전문학원 의무교육과목 및 시간 (*도로교통법시행규칙 별표32)

교육 과목		보통(연습) 면허	대형·대형 견인차 및 구난차 면허	소형(견인차) 면허	소형 면허	원동기장치 자전거면허
학과교육	운전이론 등	3	3	3	5	5
기능교육	기본 조작	4	5	2	5	4
	응용 주행	4	5	2	5	4
	소계		10	4	10	8
도로주행교육 (연습면허소지자)		6	·	·	·	·
계		13	13	7	15	3

4. 운전면허 시험의 내용(도로교통법 시행령 제46조~제50조)

앞의 <표 3-1>과 <표 3-2>의 운전면허 종류 중 제1종 보통면허 및 제2종 보통면허는 아래 학과시험과 장내기능시험(검정)에 응시 합격하고 연습면허를 발급받아 자율적으로 주행 연습 후 다시 도로주행시험(검정)에 최종 합격한 후 학과시험에 합격해야만 본 면허를 취득할 수 있으며, 여타 운전면허는 별도로 도로주행시험(검정)에 응시할 필요가 없다.

(1) 학과시험

2025년 현재 한국도로교통공단 홈페이지를 통해 공개되어 있는 학과시험 문제은행은 총 1,000문항이며 이 중에서 공단이 총 40문항의 문제를 매회 무작위로 선정・출제한다. 학과시험 문제 내용은 자동차등 및 도로교통 법령에 관한 지식, 자동차 등의 관리 방법, 안전운전에 필요한 점검요령 등에 관한 것이다. 운전면허시험장에서 실시하는 시험에 곧바로 응시하려면 우선 1시간의 의무 학과 교육을 수강해야 하며, 전문학원 수강생은 학원 프로그램인 3시간의 학과 교육을 수강해야 한다.

합격 기준은 제1종 면허는 70점 이상, 제2종 면허는 60점 이상이다. 시험응시자격(연령기준 등)은 원동기장치자전거 면허는 16세 이상, 제1종 보통과 제2종 보통 및 소형 면허는 18세 이상, 제1종 대형 및 특수면허는 19세 이상이면서 제1종 또는 제2종 보통면허 취득 후 1년이 경과한 사람이다. 시험시간은 총 40분이며 문제 유형은 모두 객관식(선다형)이다.

학과시험은 원래 종이에 인쇄된 시험지를 배부하고 수험생이 수기로 답안을 작성하는 방식으로 진행했었다. 그러나 2002년 9월 11일부터는 개인용 컴퓨터(PC)프로그램이 총 40문항의 문제를 무작위로 선정・배분하고 수험생은 컴퓨터 모니터를 통해 문제를 보면서 마우스 또는 특수키보드를 통해 답안을 작성하는 이른바 ‘PC학과시험’ 방식으로 진행하고 있다. 그 결과 수험생은 종래 종이를 통한 시험방식에서는 불가능했던 오답 수정을 자유롭게 할 수 있도록 함으로써 국민편의 행정을 도모하는 동시에 혹시 발생할 수 있는 부정행위를 방지하는 효과도 거두고 있다. 수험생은 학과시험 종료 즉시 자신의 득점결과를 모니터에서 확인할 수 있고 본인의 합격 여부가 함께 표시된다. 주의 사항으로는 학과시험 최초 응시일로부터 ‘1년’ 이내에 합격해야 하며, 또한 학과시험 합격일로부터 ‘1년’ 이내에 기능시험에 합격하여야 한다. 만일 불합격한 상태에서 1년이 경과되면 기존 원서는 폐기되고 응시생은 학과시험부터 새로 접수해야 하는데 이 경우에는 의무 교통안전교육(1시간)을 다시 수강하지 않아도 된다.

(2) 장내기능시험(검정)

제1종 및 제2종보통 연습운전면허 응시자에 대한 장내기능시험(검정)에서는 자동차에 대한 응시자의 기본 조작 능력과 기본 주행 능력을 평가한다.

기본 조작 능력은 정차 상태에서 기어 변속, 전조등 조작, 방향지시등 조작, 와이퍼 조작 등 4가지 항목 중 일부를 시험관이 무작위로 선정하여 평가한다.

기본 주행 능력은 시험장 내 총 300미터의 연결도로상에 설치되어 있는 코스를 주행하면서 차로 준수, 돌발상황 시 급정지, 경사로상 정지 및 출발, 좌회전 또는 우회전, 가속, 신호 교차로, 직각주차, 방향지시등 작동, 시동상태 유지, 전체 지정시간(지정속도 유지) 준수 등 총 10가지 항목에 대하여 평가한다. 각 시험항목별로 설정된 감점 기준에 따라 감점하여 100점 만점에 80점 이상 득점하면 합격으로 처리된다.

종래에는 시험관(검정원)이 장내 기능시험(검정) 각 코스별 점검항목을 '수작업'으로 평가하여 해당 점수를 득점시키는 방식으로 진행했으나, 그 방식은 시험관의 주관성이 개입되고 자칫 부정행위 가능성도 있어 시험의 공정성과 객관성이 다소 미흡하다는 점을 고려, 1996년 8월 29일부터는 개정된 「도로교통법시행규칙」에 따라 컴퓨터를 이용한 「전자 채점기」에 의한 '자동 감점 방식'으로 변경하였다.

각 시험 항목은 위와 같이 원칙적으로 '전자 채점기'로 자동 채점되나, 다만 좌석 안전띠 미착용, 교통사고 야기, 음주나 약물 운전, 30초간 미출발, 시험코스 누락, 경사로 정지 시 30초 초과 및 뒤로 1미터 이상 밀릴 때, 교통신호 위반 등 이상 7개 항목에서는 '단 1회'만 해당하더라도 시험관(검정원)이 직접 나머지 시험 절차를 중단하고 곧바로 '실격'시킬 수 있다.

아울러 여타 면허의 장내기능시험 코스는 각 종별에 따라 다르며, 합격기준은 제1종 대형면허는 100점 만점에 80점 이상, 제2종 소형 및 원동기장치자전거 면허는 100점 만점에 90점 이상, 특수면허는 100점 만점에 90점 이상 득점해야 한다. 아울러 장내기능시험에 불합격한 사람은 불합격한 날로부터 최소 3일이 지난 후에 다시 같은 시험에 응시할 수 있다.

(3) 도로주행시험(검정)

도로주행시험(검정)은 연습운전면허를 소지한 사람에 대하여 도로에서 운전장치를 조작하는 능력 및 도로에서 교통법규에 따라 운전하는 능력을 테스트한다.

도로주행시험(검정)을 실시하기 위한 도로의 기준은 최소 5킬로미터 이상의 총 주행거리 확보, 시속 40킬로미터 이상의 속도로 주행할 수 있는 400미터 이상의 구간 확보, 차로변경이 가능한 편도 2차 이상의 도로, 1회 이상 좌회전과 우회전이 가능한 교차로, 1회 이상 일시 정지할 수 있는 횡단보도 등 총 5가지 기준을 충족해야 한다. 이러한 시험용 도로의 노선은 각 시험장(전문학원)별로 최소 4개 이상 구비 되어야 한다. 시험 항목은 출발 전 준비, 운전 자세, 출발 등 총 11개의 대항목으로 구분하여 총 46개 소항목에 대하여 평가하며, 그중 전자채점 항목은 총 24개다. 아울러 3회 이상 출발 불능, 급브레이크 사용 등 총 11개 항목에 대하여는 '단 1회'만 해당하더라도 도로주행시험관(검정원)이 직접 나머지 시험 절차를 중단하고 '실격'으로 처리할 수 있다. 도로주행시험은 총 100점 만점에 70점 이상 득점하면 '합격'으로 한다.

아울러 도로주행시험에 불합격한 사람은 불합격한 날로부터 최소 3일이 지난 후에 다시 같은 시험에 응시할 수 있다.

Ⅱ. 자동차운전전문학원 제도 개관

1. 전문학원 관련 법적 근거 및 운영 개요

정부는 1994년 12월 16일 자 「도로교통법」을 개정, '자동차운전전문학원(전문학원)' 관련 근거 규정을 신설하고 1995년 1월 5일 자 공포·시행하였다. 1995년 7월 1일부터는 전문학원 지정을 신청한 일반 운전학원을 대상으로 6개월간 '지정 전 전문학원'으로 시범 운영토록 한 뒤 1996년 1월 최초로 관할 시도경찰청장이 법정 제반요건을 충족한 학원을 '자동차운전 전문학원'으로 공식 지정하였다.

한편 과거 국내 모든 일반계 예·체능계학원 및 자동차운전학원 등의 설립·운영에 관한 근거 규정이었던 「사설강습소에 관한 법률」이 1989년 6월 16일 자 법률 제4133호로 「학원의 설립 및 운영에 관한 법률」로 개정되었고, 그중 자동차운전학원(일반 운전학원)에 관한 조항은 2001년 1월 26일 자 개정·시행된 「도로교통법」에 이관되어 그 이후부터는 관할 시도경찰청장이 자동차운전전문학원에 대한 지도·감독업무를 수행하고 있다.

[그림 3-1] 국내 자동차운전전문학원 전경 및 도로주행 연습차량

자동차운전전문학원은 교육생에게 법정 의무교육 시간·내용을 이수토록 한 후, 소정 교육 과정을 모두 이수한 교육생에 대하여 전문학원이 자체적으로 기능 검정(장내기능검정+도로주행기능검정)을 실시한다. 자체 기능 검정에 합격한 사람에게는 국가면허시험장에서 실시하는 동일한 내용의 '기능시험'을 면제하고, 단지 '학과시험'에만 합격하면 운전면허증을 발급하게 된다.

즉 종전에는 각 시도경찰청이 직접 수행하던 운전면허시험 업무의 일부(기능시험)를 법정 자격 요건을 갖춘 민간(운전전문학원)에 위탁함으로써 국가 인력·예산을 최소화하고, 1990년대 초반 면허시험응시자 급증과 국가 면허시험장의 수용능력부족으로 인해 발생한 '응시 적체 현상(최장 3개월)'을 대폭 해소하는 효과를 거두며, 특히 교육생에게 엄격한 교육과정을 이수토록 함으로써 종전에 비해 상대적으로 우수한 초보운전자 배출 효과를 거두고 있다.

다만 일단 전문학원으로 지정받은 이후에는 각 전문학원의 원장과 학감이 자율적으로 운영하면서 자칫 부정과 비리가 발생할 수 있으므로, 지도·감독기관인 관할 시도경찰청에서는 전문학원의 법정 교육 시간과 내용을 엄격히 이행토록 하고, 만일 위반 시에는 일정 기간 영업을 정지하거나 전문학원 지정을 취소하는 등 강력한 제재를 가하도록 하고 있다.

이와 관련 경찰청에서는 전문학원의 투명하고 능률적인 학사관리를 위해 지난 2002년 전문학원 교육생의 수강등록 신청 시부터 교육-평가-자체 기능검정에 이르는 일련의 전 과정을 전산화한 '전문학원 학사관리 전산시스템'을 개발 보급하였고, 일정기간 시범운영 과정을 거쳐 2005년 1월 1일부터는 전국의 모든 전문학원에 반드시 설치토록 의무화하였다. 이로써 전문학원에서는 각종 부책 서류의 간소화 효과 및 투명하고 능률적인 학사관리가 가능해졌다. 또한 각 시도경찰청(교통과 면허계)-전문학원 간 공문 수발 및 당일 자체 기능검정 결과 등 통계 정리 등에 있어서 종래 수작업으로 이루어지던 처리 방식을 인터넷을 통해 On-Line으로 일괄 처리토록 함으로써 예산 절감 및 행정능률 향상을 도모하였다.

2. 전문학원 지정 요건

관할 시도경찰청장으로부터 자동차운전전문학원으로 지정받으려는 사람은 아래와 같은 법정 인적·물적·시설 요건을 갖추고 소정의 운전교육 프로그램을 운영해야 하는데 그 주요 내용은 다음과 같다.

(1) 물적·시설 기준(시행령 별표 5)

전문학원에는 강의실(60제곱미터 이상 135제곱미터 이하), 사무실, 화장실 및 급수시설, 채광시설, 방음시설, 소방시설, 휴게실, 양호실, 학사관리전산시스템, 전자채점기 등을 설치·구비해야 한다. 특히 기능교육장은 최소한 6,600제곱미터 이상의 면적을 확보해야 하며, 기능 및 도로주행 교육용 자동차는 교육생이 교육 도중 과실로 인해 발생한 사고에 대하여 「자동차손해배상보장법시행령」 제3조에 따른 책임보험금(사망 시 1억 5천만 원 범위에서 피해자에게 발생한 손해액. 다만, 그 손해액이 2천만 원 미만인 경우에는 2천만 원 이상 보상받을 수 있는 보험)에 가입해야 하는 등 엄격한 규정을 두고 있다.

(2) 인적 기준(법 제105조~제107조)

전문학원은 학감, 강사(학과·기능), 기능검정원 등 제반 인적 요소를 구비해야 한다.

학감은 학원장을 보좌하여 전문학원의 전반적인 교육과정 및 자체 기능검정을 관리하는 책임자로서 과거 도로교통에 관한 업무에 3년 이상 관리직으로 근무한 경력이 있는 사람 또는 학원 등 운영관리에 관한 업무에 3년 이상 근무한 경력이 있거나 학원 등의 교육·검정 등 업무에 5년 이상 근무한 경력이 있는 사람으로서 법정 결격 요소가 없는 사람 중에서 임명할 수 있다.

전문학원의 강사가 되려는 사람은 법정 강사 자격시험에 합격하고 경찰청장이 지정하는 전문기관에서 자동차운전 교육에 관한 연수 교육을 수료한 후 경찰청장으로부터 강사 자격증을 발급받아야 한다.

전문학원의 기능검정원이 되려는 사람은 법정 기능검정원 자격시험에 합격하고 경찰청장이 지정하는 전문기관에서 자동차 운전 기능검정에 관한 연수 교육을 수료한 후 경찰청장으로부터 기능검정원 자격증을 발급받아야 한다.

3. 전문학원의 의무교육 시간 및 자체 기능검정(법 제108조)

자동차운전전문학원은 당해 학원에 등록하여 도로에서 운전하는 능력을 익히기 위한 장내 기능교육과 도로주행 기능교육을 수료한 교육생을 대상으로 자체 기능검정을 실시할 수 있다. 지난 1996년 1월 전문학원 제도 최초 도입 당시 교육생이 자체 기능검정에 응시하기 전에 의무적으로 이수해야 할 교육과정 및 시간은 총 55시간[학과 30시간+기능(수동) 25시간]이었다.

후술하는 것처럼 정부의 "운전면허제도 간소화 조치(2011.6)" 및 "재개선 조치(2016.12)"에 따라 <표 3-7>에서 보는 바와 같이 전문학원 의무교육 시간은 현재 총 13시간(학과 3+장내기능 4+도로주행 6)으로 감축되어 실시되고 있다. 전문학원에 등록한 수강생이 위의 법정 의무교육 수강을 완료하면 당해 학원 소속 기능검정원 주관하에 시행되는 자체 기능검정에 응시할 수 있다.

기능검정원은 자기가 실시한 자체 기능검정에 합격한 사람에게 합격 사실을 소정 양식에 따른 서면으로 증명해야 하며, 전문학원의 학감은 장내 기능검정에 합격한 사람과 도로주행 기능검정에 합격한 사람에게 각각 '수료증'과 '졸업증'을 발급해야 한다.

제1종 보통 및 제2종 보통 운전면허의 경우 운전면허시험장에서 실시한 학과시험과 전문학원에서 실시한 자체 장내기능검정에 모두 합격한 사람에게는 1년간 유효한 '연습운전면허'가 발급되며, 이후 전문학원이 자체적으로 실시한 도로주행검정에 합격하여 발급받은 졸업증을 관할 운전면허시험장에 제출하면 해당 운전면허시험장에서는 그 사실을 확인한 후 법정 운전면허증을 제작・발급한다.

4. 「경찰청 규격」에 따른 자동차운전면허 '기능시험 채점기' 활용 의무화

경찰청에서는 면허시험 응시자의 기초적인 운전능력을 측정하는 '장내기능시험(검정)'의 경우 해당 시험 진행의 '효율성 및 공정성' 제고를 위해 장내기능시험(검정) 전과정을 시험관(검정원)의 수작업이 아닌 전산기기에 의한 '자동 채점 방식'을 채택하고 있으며, 현재 「자동차운전면허 기능시험 채점기 규격(경찰청 고시 제2024-7호, 2024. 11. 6. 일부개정)」을 제정하여 운전면허시험장과 자동차운전전문학원에서는 반드시 이를 사용하도록 의무화하고 있다.

이러한 '장내기능시험 채점기'는 「도로교통법시행령(제48조 제3항, 제67조 제2항)」에 의거 운전면허시험장의 장내 기능시험 및 자동차운전 전문학원의 자체 기능검정에 사용되는 기기로서 [그림 3-2]에서 보는 바와 같이 통제실 시스템, 차량탑재시스템, 노면센서 등의 크게 세 가지 전산 장비로 구성되어 장내 기능시험

[그림 3-2] 자동차운전면허 장내기능시험 채점기 세트(통제실/채점출력화면/차량시스템)

■ 통제실 시스템 구성도

■ 채점 시스템 출력화면

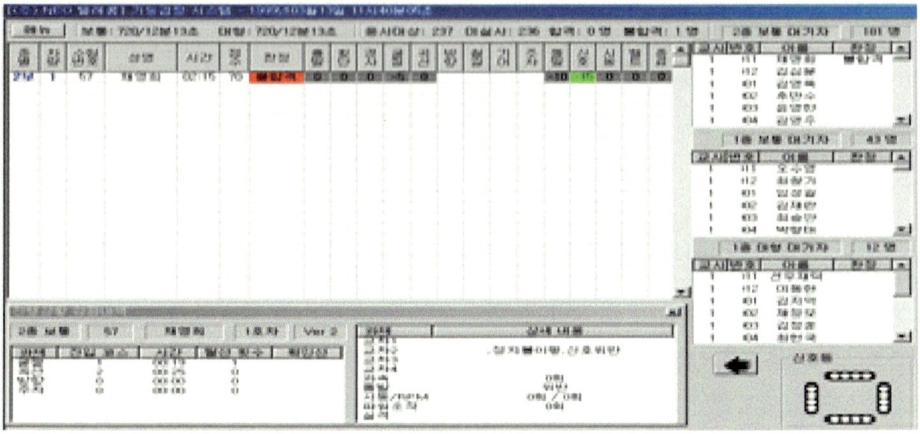

■ 차량 시스템 구성도

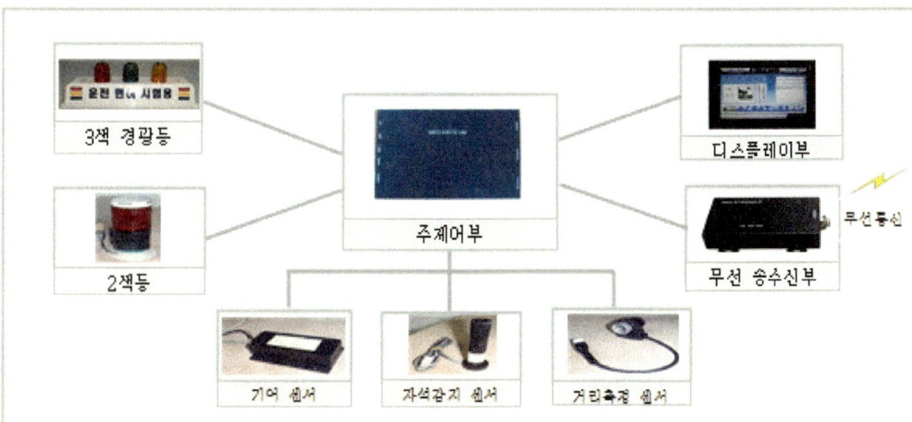

의 진행과 채점이 각 시스템과 장치 간 무선통신이나 센서에 의한 감지 등을 통해 자동적으로 이루어질 수 있도록 하기 위해 운용되는 전산 설비이다.

5. 전문학원 제도 시행 · 운영에 따른 효과

1996년 1월, 최초 전문학원 지정 이후 전국의 지정 전문학원 수는 2003년도 현재 총 510개소로서 정점에 달하였고, 그 이후 점차 감소 추세로 전환되어 2025년도 5월 현재 약 350개소가 운영되고 있다.[1)]

1) 전국자동차운전전문학원연합회(http://www.drivekorea.or.kr).

전문학원 제도 최초 도입 이후 약 10년이 경과한 2005년 당시 나타난 긍정적 효과를 살펴보면 아래와 같다.[2)]

첫째, 2005년 현재 제1종 및 제2종 보통 운전면허 취득자의 약 62.7%가 전문학원을 통해 배출됨으로써 1988년 서울올림픽 이후 운전면허 시험 응시원서 제출 후 실제 시험 응시일까지 최장 3개월 이상 대기해야 했던 국가 운전면허시험장의 '만성적인 응시 적체 현상'이 완전 해소되었다.

둘째, <표 3-5>에서 보는 바와 같이 자동차 운전전문학원 제도가 정착되기 시작한 1998년도 이후 초보운전자(운전면허 취득후 6개월 이내)들의 교통사고 야기율은 전문학원 출신 운전자가 운전면허시험장에서 개별적으로 취득한 운전자들에 비해 약 50% 수준에 불과하여 전문학원 제도 시행 이전에 비해 그만큼 우수한 운전자가 배출되고 있음을 확인할 수 있다.

〈표 3-5〉 전문학원 출신자와 면허시험장 출신 운전면허 취득자 간 연간 교통사고율 비교

구분		1998	1999	2000	2001	2002	2003	2004	2005
총 면허 취득자 수		882,001	1,149,328	1,297,381	1,223,779	1,206,510	1,015,457	789,983	699,751
전문학원출신자	면허취득(명)	456,503	756,937	955,798	983,598	1,011,418	828,410	646,422	546,216
	교통사고(건)	2,769	6,213	7,782	11,939	6,032	4,071	2,004	1,498
	사고율(%)	0.61	0.82	0.81	1.21	0.60	0.49	0.31	0.27
시험장출신자	면허취득(명)	425,498	392,391	341,583	240,181	195,092	187,047	143,561	135,535
	교통사고(건)	5,664	6,823	6,348	3,189	2,181	1,859	845	715
	사고율(%)	1.33	1.74	1.86	1.33	1.22	0.99	0.59	0.53

출처: 경찰청, 한국 경찰사(1993.3～2005.12), 2006. 11., 1,231쪽 <표 47>
주: 1. 운전면허 재취득자는 제외.
2. 전문학원 출신자의 경우 제1종 보통과 제2종 보통면허 소지자에 한하고, 면허시험장 출신자는 2000년의 경우 모든 운전면허 종별, 2001년부터는 제1종보통·제2종 보통면허 소지자에 한함.
3. 교통사고는 운전면허 취득 후 6개월 이내 경과한 초보운전자의 인피사고와 물피사고이며, 운전면허를 취득한 당해연도의 교통사고에 한함.
4. 사고율은 '전문학원 출신자'와 '면허시험장 출신자'가 각각 당해연도에 야기한 교통사고 건수를 각각의 운전면허 취득자 수로 나눈 백분율(%)임.

2) 경찰청(2006), 「한국경찰사(1993.3~2005.12)」.

Ⅲ. 정부의 '운전면허제도 간소화 조치(2010~2011)' 및 여파

1. 경 과

2008년 2월 출범한 제17대 이명박 대통령 정부는 관련 사안별 주무 부처 장관(청장)과 민간 전문가들을 위원으로 구성한 국가경쟁력강화위원회(2008. 3.~2013. 2.)를 신설・운영하였다. 위원회는 당시 한국 사회 각 분야의 불필요한 규제를 과감히 혁파, '국가경쟁력'을 강화함으로써 한국경제를 더욱 활성화시키겠다는 목표하에 매달 여러 분야 혁신안을 주제로 선정하여 열띤 토론 후 최종 확정되면 각 사안별 관련 부처가 구체적인 세부 개선 방안을 마련하여 가능한 한 신속하게 추진하는 방식으로 진행되었다.

그러던 중 2008년 5월 개최된 국가경쟁력강화위원회 정기회의에서는 '국민 불편 법령 개폐 방안' 중 하나로 선정된 '자동차운전면허' 분야에 있어서 기존 운전면허 취득 절차를 대폭 간소화하여 국민이 자동차운전면허를 더욱 편리하고 저렴한 비용으로 취득할 수 있도록 하자는 기본방침이 확정되었다.

이에 경찰청은 자체 '운전면허절차 간소화 T/F팀'을 구성, 연구 용역 및 관련 법령 개정 등을 거쳐 2010년 2월 24일 '제1차 간소화 방안'에 이어 2011년 6월 10일 '제2차 간소화 방안'을 수립・시행하였다.

이러한 '간소화 조치'의 명분으로는 당시 적성검사 및 학과시험전 의무교육 수강 등 국내 자동차운전면허 시험 관련 제도가 지나치게 획일적이고 불필요한 규제가 많으며, 운전면허를 취득하는 데 걸리는 소요기간이 길어 매우 불편할 뿐만 아니라, 특히 자동차운전전문학원에서는 교육생들이 자체 기능검정에 쉽게 합격할 수 있도록 이른바 '공식'만을 가르치는 등 여러 문제가 많아 조속히 이를 개선해야 한다는 것이었다.

2011년 6월 10일 당시 행정안전부와 경찰청이 공동으로 발표한 '제2차 운전면허시험 간소화 조치'의 주요 내용은 <표 3-6>과 같다.

특히 장내기능시험의 경우 종래 '700미터' 이상의 직선코스와 곡선코스가 모두 연결된 시험장 내 도로를 주행하면서 '총 15개 항목'을 평가했으나, 간소화 조치 이후에는 '50미터'의 단거리 직선코스를 주행하면서 차량 조작 능력과 차로 준수 및 돌발 시 급제동 등 단 '2개 항목'만을 평가하는 것으로 대폭 단축되었다.

어쨌든 당시 언론에는 이 조치로 인해 앞으로 수험생이 자동차운전전문학원을 통해 운전면허를 취득하는 경우 부담하던 '최소 소요 기간과 비용'이 개선 전 '9일 소요 / 평균 74만원'에서 개선 후에는 '2일 소요/평균 38만~42만원' 대로 대폭 경감되어 국민 편의가 대폭 제고될 것이라는 내용의 기사가 보도되었다.

〈표 3-6〉 자동차운전면허 취득절차 간소화 조치(요지)

구분		개선 전		개선 후(2011.6.10.)	
적성검사 · 신체검사 가능 장소		각 시도경찰청 지정의료기관 (1,762개소)		전국 모든 병원 · 의원으로 확대	
학과시험	시험문제은행 공개	720개 문항		300문항	
	실제시험지 문항 수	50문항		40문항	
	외국어 번역 시험지	6개 언어권		10개 언어권	
장내기능 · 도로주행 의무 수강 교육시간		25시간	장내 기능: 15시간	8시간	장내 기능: 2시간
			도로 주행: 10시간		도로 주행: 6시간
장내 기능 시험(검정)	주행 거리	700미터		50미터	
	측정 항목	15개 항목		2개 항목	

2. 간소화 조치 이후의 여파

두 차례에 걸친 '운전면허시험 간소화 조치'는 '국가경쟁력 강화'라는 당시 대통령의 강한 의지와 명분으로 인해 주무기관인 경찰청의 의견은 무시된 채 거의 일방적으로 추진되었고, 실질적으로는 '운전면허 취득 과정의 편의성과 비용 절감'이라는 정책적 하위목표를 달성하기 위한 것이었던 것으로 보인다.

위와 같은 간소화 조치로 인해 장내기능시험(검정)의 측정 항목과 전문학원에서의 의무교육 시간이 대폭 축소됨으로써 '제2차 간소화 조치' 시행 2년 차인 2014년도에는 연간 운전면허 취득자가 전년 대비 20%이상 대폭 증가하였고, 2016년에는 전체인구(5,080만 명) 대비 운전면허소지자(3,119만 명)비율이 61.2%를 차지하게 되었다.

또한 종전에는 700미터 이상 주행하면서 15개 항목을 평가하다가 개선 후에는 '정차 상태에서의 기기 조작 능력'과 '주행 상태(50미터)에서의 차로 준수 및 돌발시 급제동 능력' 등 단 2개 항목만을 평가하는 것을 대폭 축소된 장내기능시험(검정)에서는 응시자의 합격률이 개선 전 평균 69.9%에서 개선 후엔 약 92.85%로 대폭 증가했고, 수험생이 응시원서를 제출한 후 빠르면 '단 2일' 만에 운전면허를 취득하는 등 매우 비정상적인 상황이 전개되었다.

이런 상황이 지속되면서 한국에서는 자동차운전면허 취득이 매우 쉽다는 소문이 국제적으로 퍼져 나갔고 이어서 수천 명의 단기체류(관광비자 또는 30일 미만 체류 비자) 중국인들이 한국운전면허 취득을 위해 한해 수천 명씩 국내로 몰려드는 촌극이 벌어졌다. 실제로 지난 2015년도에 한국에서 관광이나 단기 체류하며 운전면허를 취득한 중국인은 총 7,822명으로 나타났다. 이러다 보니 중국인 관광객이 많이 찾는 제주도에서는 총 67만원의 비용만 지불하면 운전연습(교육)과 면허를 취득할 수 있는 '5일짜리 단기 프로그램'을 운영하는 자동차운전전문학원이 생겼고, 당시 시험에 응시한 중국인의 70~80%가 첫 번째 도전에서 합격하여 운전면허를 취득하고 있다는 언론 보도가 있었다.[3)]

이런 현상이 벌어진 사유는 당시 제도상 한국에서 운전면허를 취득하면 중국으로 돌아가 자국의 운전면허로 교환할 수 있었고, 특히 중국에 비해 취득 절차가 너무나 손쉽고 가격도 저렴하기 때문이었다.

결국 위와 같은 내용의 언론 보도 이후 국내에서는 특별한 운전연습이나 교육 없이도 쉽게 '연습운전면허'를 발급받게 됨으로써 초보운전자들의 '운전능력과 교통안전성'이 급격히 저하되고 있다는 내용의 우려 섞인 보도와 여론이 늘어났다. 이에 경찰청에서는 2015년 대한교통학회와 한국도로교통공단의 공동 연구용역 결과[4)]를 토대로 「도로교통법」 관련 규정을 다시 개정하고, 그에 따라 운전면허시험장과 자동차 운전전문학원의 시설 개선 과정을 거쳐 2016년 12월부터 현재까지 <표 3-7>에서 보는 바와 같이 자동차운전면허 및 전문학원 제도를 일부 보완하여 시행하고 있다.

〈표 3-7〉 자동차운전면허시험 간소화(1차, 2차) 조치 및 개선된 현행 제도 비교

구분		간소화 조치 이전	1차 간소화 ('10.2)	2차 간소화 ('11.6)	현행 제도 ('16.12)
학과시험 (문항)	문제 은행	–	752	300 → 700 → 730	1,000
	출제 문항	50	40	40	40
장내기능 (개)	평가 항목	15	11	2	14
	실격	5	5	2	7

3) 「서울경제 신문」. "중국인 수천 명, 한국 운전면허 취득 관광"(2019.7.1).

4) 한국도로교통공단(2015.2), 「초보운전자 안전운전 역량 강화를 위한 운전면허시험 개선방안 연구」.

<table>
<tr><td rowspan="2">도로주행</td><td>평가 항목(개)</td><td colspan="2">122(감점 104, 실격 8)</td><td colspan="2">90(감점 78, 실격 12)</td><td colspan="2">87(감점 75, 실격 12)</td><td colspan="2">57(감점 46, 실격 11)</td></tr>
<tr><td>자체 검정 노선</td><td colspan="2">2개 코스</td><td colspan="2">2개 코스</td><td colspan="2">4개 코스</td><td colspan="2">4개 코스</td></tr>
<tr><td rowspan="3">의무교육 (시간)</td><td>학과</td><td rowspan="3">60</td><td>25</td><td rowspan="3">30</td><td>5</td><td rowspan="3">13</td><td>5</td><td rowspan="3">13</td><td>3(−2)</td></tr>
<tr><td>장내 기능</td><td>20</td><td>15</td><td>2</td><td>4(+2)</td></tr>
<tr><td>도로 주행</td><td>15</td><td>10</td><td>6</td><td>6</td></tr>
<tr><td rowspan="2">취득기간, 비용</td><td>최소기간(일)</td><td colspan="2">15</td><td colspan="2">9</td><td colspan="2">2</td><td colspan="2">5~7</td></tr>
<tr><td>평균비용 (만원)</td><td colspan="2">87</td><td colspan="2">74</td><td colspan="2">40</td><td colspan="2">48(+8)</td></tr>
</table>

출처: 제1종·제2종 보통 운전면허시험 개선안 설명자료(2016, 경찰청 내부 자료).

3. 평 가

<표 3-8>에서 보는 바와 같이 한국에서는 1980년대 부터 경제발전 속도가 점차 빨라지면서 특히 1988년 서울 올림픽 개최 이후 1989년에는 전년 대비 국내 자동차 등록 대수가 30.7%나 증가할 정도로 국민들의 자동차 수요와 함께 운전면허 취득 수요가 폭발적으로 증가하였다.

〈표 3-8〉 1985년 이후 10년간 국내 자동차 등록대수 현황

구분	1985	1986	1987	1988	1989	1990	1991	1992	1993	1994
등록차량 대수(만대)	111	131	161	204	266	339	425	523	627	740
전년대비 증가(만대)	165	196	302	424	625	735	853	983	1,043	1,130
전년대비 증가율(%)	17.4	17.6	23.1	26.3	30.7	27.6	25.1	23.1	18.9	18.0

당시 정부는 교통안전 의식과 기능을 갖춘 '우수한 초보운전자 육성'이라는 과제와 갑자기 폭발적으로 증가한 '운전면허 취득 수요에 대처'해야 하는, 마치 두 마리 토끼를 동시에 잡아야 하는 문제에 봉착하게 되었다. 이런 상황을 타결하기 위해 정책적으로 등장한 대안이 바로 1995년에 시작된 '연습운전면허'와 '도로주행시험' 제도이고, 1996년에 시작된 '자동차운전전문학원' 제도이다.

특히 '우수 초보운전자 육성'을 목표로 도입·운영된 자동차운전전문학원은 관할

시도경찰청의 철저한 지도·감독과 함께 학원 운영자들의 자발적인 노력에 힘입어 점차 활성화되었고, 2000년도부터는 점차 안정화 단계에 접어들었다.

그 결과 <표 3-9>에서 보는 바와 같이 연간 전체 교통사고 발생 건수 대비 '초보운전자(면허 취득 후 2년 미만 경과자)'의 교통사고 야기 건수 점유율은 1991년 13.5%, 1996년 11.3% 인데 비해, 2001년 7.77%, 2005년 3.86%, 2011년 8.37%, 2016년 2.82%, 2021년 2.04%, 2023년 2.13%로써 해가 더할수록 점점 감소하는 추세를 보였다.

이런 수치로 미루어 볼 때 지난 2023년도의 경우 초보운전자의 연간 교통사고 건수 점유율(2.13%)은 도로주행시험(검정)과 자동차운전 전문학원 제도가 도입되었던 1996년(11.30%)에 비해 무려 1/5.3 수준으로 감소한 것이며, 특별한 일이 없는 한 앞으로도 자연 발생률인 약 2%대를 계속 유지할 것으로 예상된다.

〈표 3-9〉 초보운전자(면허 취득 후 2년 미만 경과자)의 연간 교통사고 야기 건수 점유율 변화 추세

구분	1991	1996	2001	2005	2011	2016	2021	2023
전체 사고 발생(건)	243,789	243.509	240,528	196,034	203,769	220,917	203,130	198,296
1년 – 2년미만 사고(건)	32,960	27,494	18,683	7,567	7,878	6,238	4,151	4,218
초보운전자 점유(%)	13.51	11.30	7.77	3.86	3.87	2.82	2.04	2.13

출처: 2017 교통사고 통계 책자 (경찰청) 제26쪽 (일부 재편집).

한국의 연간 교통사고 사망자 수가 역대 최고 수치(13,429명)에 달했던 1991년 이후 2024년도 현재 2,521명으로서 33년 만에 무려 81.2%가 감소한 데에는 여러 가지 요인이 복합적으로 작용했을 것이다.

그중에서 '우수 운전자 육성'이라는 '도로교통안전 정책상' 상위 목표를 달성하기 위해 1990년대 중반에 도입한 위의 두 가지 제도는 그간 '자동차 교통사고로 인한 사망자' 감소에 상당히 큰 역할을 담당해 온 것으로 평가할 수 있다.

그러나 전술한 바와 같이 2010~2011년 2차례에 걸쳐 진행된 '운전면허시험간소화 조치'는 당시 정부의 정책적 판단의 오류이며, 너무나 비합리적이고 대국민 인기 영합 정책으로 비판받아 마땅하다.

비공식 자료에 의하면 지난 2008년 5월, 대통령이 특단의 관심을 가지고 회의

에 직접 참석하는 '국가경쟁력강화위원회'의 결정이다 보니 당시 주무 기관인 경찰청 의견은 거의 다 무시된 채 어쩔 수 없이 추진되었다고 한다. 그런데 '운전면허 취득 과정의 편의성과 비용 절감 효과'가 한국의 '국가경쟁력 제고'와 도대체 무슨 관련이 있다는 것인지 전혀 알 수가 없다.

자동차운전면허시험 응시원서를 제출하고 빠르면 단 이틀 만에 운전면허를 취득할 수 있도록 정부가 관련 규제를 대폭 완화하고 언론에 홍보함으로써 그 소문을 들은 중국인들이 관광 겸 한국 면허를 취득하기 위해 대거 입국하는 현상은 한국의 '국가경쟁력'이 그만큼 높아진 반증이라는 것인가?

단 이틀 만에 운전면허를 취득한 초보운전자는 처음에는 좋아할지 몰라도 막상 실제 도로상에서 곧바로 운전하지 못하고 다시 별도의 시간과 비용을 들여 도로주행 연습을 하게 될 것이며, 설령 도로상 운전을 감행하는 경우 당연히 교통사고 야기 가능성이 매우 높다. 그로 인해 교통사고 발생 건수와 사망자 수가 증가하면 결과적으로 한국의 '국가경쟁력'은 떨어진다고 보는 것이 너무나 당연하고 합리적일 것이다.

다행히 그다음 정부가 2011년도에 전격 단행된 '간소화 조치'의 부작용을 인지하고 2016년에 그 폐해를 다소 보완한 개선안을 마련했으나, '우수한 초보운전자 육성'이라는 당초의 정책적 목표를 달성하기에는 현행 의무교육 시간이 매우 부족한 게 사실이다. 따라서 보완책 시행 후 약 10년이 경과한 현시점에서 정부 당국은 현행 '자동차운전면허 및 전문학원 제도'가 '우수한 초보운전자 육성'이라는 본래의 목표에 합당하게 운영되고 있는지 여부를 정밀하게 재점검 평가하여 이를 좀 더 개선·보완할 여지가 있다고 본다.

제2절 자동차운전면허 점수제 행정처분 제도 시행

Ⅰ. 의 의

자동차 '운전면허'의 행정법적 성격은 운전면허시험 최종 합격자에 대한 관할 시·도경찰청장의 '조건부 허가처분'이다. 따라서 평상시 일률적으로 금지되어 있는 자동차 운전 행위를 「도로교통법」이 규정한 절차에 따른 운전면허 시험 합격자에 한하여 「도로교통법」에 규정되어 있는 제반 의무를 이행할 것을 조건으로 일단 허용하되, 만일 자동차 운전 중 교통사고 야기 또는 동법 위반 시에는 법정 요건에 해당할 경우 그 운전면허의 효과를 일정 기간 정지시키거나 취소시킬 수 있다.

후술하는 '벌점제도'를 기초로 한 '운전면허 행정처분'의 목적은 크게 세 가지로 요약할 수 있다.[5)]

첫째, 상습적 교통법규 위반자를 파악, 이에 대한 적정하고 효과적인 행정처분을 통해 법규 위반과 이를 원인으로 하는 교통사고를 미연에 방지한다.

둘째, 각 교통법규 위반행위에 대한 처벌기준을 사전에 규정하고 이를 널리 공지해 놓음으로써 일반 운전자들이 그런 위반행위를 하지 않도록 하는 경고적·예방적 기능을 수행한다. 즉 운전자가 각 위반 행위별 벌점의 기준을 사전에 인지하여 해당 법규를 위반할 경우 자신이 받게 될 불이익을 예견할 수 있도록 함으로써 평상시 교통법규 준수 의식을 제고토록 하기 위한 것이다.

셋째, 모든 교통법규 위반자에 대하여 각 사안별로 구체적인 위험성을 평가하는 것은 현실적으로 어렵고, 설령 이런 평가를 한다고 하더라도 객관성·형평성을 잃을 수 있기 때문에 개별 교통법규 위반행위에 대한 정형적·일관적 기준을 미리 제시해 놓음으로써 처분의 공평성을 확보하기 위한 것이다.

Ⅱ. 제도 연혁

1962년 1월, 최초로 제정·시행된 「도로교통법」에서는 현행과 같은 별도의 벌점제도 없이 자동차 운전자가 다음 사유에 해당하는 경우 관할 시도 경찰청장이 그 운전면허를 정지시키거나 취소시킬 수 있도록 규정하고 있었다. 첫째, 정신병자·정신미약자·간질자·맹자·농자·아자·색맹자 및 사지 활동이 정상이 아닌 자, 둘째 정기 적성검사를 받지 아니하였을 때, 셋째 운전 중 고의 또는 과실로 교통사고를 야기하였을 때, 넷째 정당한 이유 없이 운전면허세를 납부하지 아니하였을 때, 다섯째 도로교통법령에 규정된 명령이나 처분에 위반하였을 때 등이다. 이와 같이 최초의 운전면허 행정처분 사유는 다섯 가지였으나, 이후 현재까지 수차례에 걸친 개정 과정을 거치면서 그 사유는 대폭 증가하였다.

'운전면허 벌점제도'는 1969년 「도로교통법」 개정 시 운전면허 행정처분의 근거자료로 활용하기 위해 도입되었다. 초기의 벌점제도는 행정처분의 획일성과 처

5) 명묘희. (2008). 「교통안전 규제정책의 불응요인과 순응확보 수단에 대한 연구」, 박사학위 논문, 성균관대학교.

분 양정의 형평성이라는 차원에서 교통법규 위반행위 또는 교통사고 결과의 경중과 피해 정도 등을 고려하여 사전에 기준점수를 부과하고, 사안이 발생하면 그때 때마다 '벌점 1점이면 면허정지 1일'이라는 기준으로 행정처분을 결정·집행하였다. 또한 매 1년마다 누적된 벌점의 합계가 240점 이상이면 운전면허를 취소하고, 240점 미만이면 그 다음 해에 자동적으로 누적벌점이 소멸하도록 되어 있었다. 참고로 그 당시에는 총 69개 교통법규 위반행위를 총 4개 유형으로 구분하여 일반위반 행위는 5점, 사고요인 행위는 10점, 교통폭력 행위는 15점, 사고직결 행위는 20점의 벌점을 각각 부과하였다.

위 기준에 따라 경찰공무원의 수작업으로 이루어지던 운전면허 벌점관리는 1981년에 경찰청 교통국 소속 운전면허 전산실과 전국 시도경찰청 소속 운전면허시험장에 운전면허 행정처리를 위한 컴퓨터(NEC)가 설치된 후, 1986년부터 전국에 걸쳐 On-Line 전산시스템에 의한 벌점 관리가 시작되었다. 아울러 이때부터는 국내 모든 운전면허 소지자의 벌점은 최종 법규 위반이나 교통사고 발생일을 기점으로 향후 3년간 누적적으로 관련 기록을 개인별로 보관·관리하고, 이전까지 교통법규 위반 시마다 그때그때 해당 벌점의 수치만큼 정지처분을 집행하던 것을 '1년 내 부과된 개별 벌점이 30점'에 도달하면 그때부터 30일간(벌점 1점이면 면허정지 1일)의 면허정지 행정처분을 집행하도록 변경하였다.

Ⅲ. 현행 운전면허 점수제 행정처분의 내용

현행 「도로교통법」 제93조, 시행규칙 제91조 및 [별표 28]에 의거한 현행 '자동차운전면허 행정처분'의 주요 절차 및 기준은 아래와 같다.

1. 누산점수 관리

법규위반 또는 교통사고로 인한 벌점은 운전면허 행정처분 기준을 적용하고자 하는 당해 위반 또는 사고가 발생한 날을 기준으로 하여 과거 3년간의 모든 벌점을 누산하여 관리한다.

2. 벌점 소멸 및 공제

운전면허 소지자의 처분벌점(누산점수에서 이미 정지처분이 집행된 벌점의 합계치를 뺀 점수)이 40점 미만인 경우에 최종 위반일 또는 사고일로부터 아무런 법규 위반이나 교통사고 없이 1년이 경과한 경우 그 처분벌점은 자동적으로 소멸한다. 또한 인적 피해(사망 또는 부상) 있는 교통사고를 야기하고 도주하는 차량의 운전자를 검거 또는 신고하여 경찰공무원으로 하여금 검거하게 한 운전자(당해 교통사고의 피해자가 아닌 경우로 한정)에게는 검거 또는 신고할 때마다 40점의 특혜 점수를 부여하여 기간에 관계없이 그 사람이 운전면허 정지 또는 취소 처분을 받게 될 경우 누산점수에서 이를 공제한다.

3. 벌점 등 초과로 인한 운전면허 취소 · 정지

(1) 벌점 · 처분 벌점 초과로 인한 면허 정지

운전면허 정지처분은 1회의 법규 위반이나 교통사고로 인한 벌점 또는 처분벌점이 40점 이상 된 때부터 '1점 1일'로 계산하여 집행한다.

(2) 벌점 · 누산점수 초과로 인한 면허 취소 · 정지

1회의 법규 위반이나 교통사고로 인한 취소 기준 벌점 초과 또는 연간 누산점수가 1년간 121점 이상, 2년간 201점 이상, 3년간 271점 이상에 도달한 때에는 그 운전면허를 취소한다.

4. 처분 벌점 및 정지처분 집행일수 감경제도 및 그 사유

(1) 특별 교통안전교육 수강에 따른 처분 벌점 또는 정지처분 일수 감경

처분 벌점이 40점 미만인 사람으로서 아직 면허정지 처분을 받지 않은 자가 「도로교통법」 제73조 제1항이 정하는 특별교통안전 권장교육 중 '벌점 감경교육' 또는 특별교통안전 의무교육중 '법규 준수교육(6시간)'을 마친 경우에는 관할 경찰서장에게 교육확인증을 제출한 날부터 '처분벌점'에서 20점을 감경한다. 아울러 운전면허 정지처분을 받게 되거나 이미 받은 사람이 특별교통안전 의무교육이나 특별교통안전 권장교육 중 '법규준수교육(6시간)'을 마친 경우에는 관할 경찰서장에게 교육확인증을 제출한 날로부터 '정지처분 기간'에서 20일을 감경하고, 법규준수 교육 이수 후 특별교통안전 권장교육 중 '현장 참여교육(8시간)'을 마친 경우에는 30일을 추가로 감경하여 최대 50일까지 감경한다.

(2) 모범운전자에 대한 처분 집행 일수 감경

모범운전자(「도로교통법」 제146조에 의거 경찰청장으로부터 '무사고 운전자' 또는 '유공 운전자'의 표시장을 받은 사람으로서 관할 경찰서장의 지시에 따라 출퇴근 시간 교통정리 등 교통안전 봉사활동에 종사하는 사람)에 대하여는 운전면허 정지처분의 집행기간을 1/2로 감경한다. 다만, 처분벌점에 교통사고 야기로 인한 벌점이 포함된 경우에는 그러하지 아니하다.

5. 운전면허 취소 또는 정지처분 개별기준

단 1회의 행위만으로 운전면허가 취소 또는 정지(40점 이상)되거나, 2개 이상 행위(40점 미만)가 누적되어 운전면허 정지처분이 집행되는 각 벌점 기준별 법규위반행위는 <표 3-10>과 같고, 교통사고 발생 시 그 결과에 따른 벌점 기준은 <표 3-11>과 같다.

〈표 3-10〉 운전면허 취소 또는 정지처분 개별기준

구분		행위수(개)	주요 법규위반 행위 사례
취소사유		19	인적 피해(사망, 부상) 교통사고 야기 후 구호 조치 없이 도주한 때 등
정지처분사유	100점	3	100km/h초과 속도위반, 혈중알콜농도 0.03%이상 0.08% 미만 주취운전 등
	80점	1	80km/h 초과 100km/h 이하 속도위반
	60점	1	60km/h 초과 80km/h 이하 속도위반
	40점	6	공동 위험행위 또는 난폭운전으로 형사입건 된 때 등
	30점	9	40km/h 초과 60km/h 이하 속도위반, 중앙선 침범 등
	15점	9	20km/h 초과 40km/h 이하 속도위반, 교통신호·경찰관의 지시 위반 등
	10점	12	안전거리 미확보, 보도 침범, 안전운전 의무 위반 등

〈표 3-11〉 교통사고 결과에 따른 벌점기준

구분		벌점	피 해 정 도
인적 피해 교통 사고	사망 1명마다	90	교통사고 발생일로부터 72시간 이내에 사망한 때
	중상 1명마다	15	3주 이상의 치료를 요하는 의사의 진단이 있을 때
	경상 1명마다	5	3주 미만 5일 이상의 치료를 요하는 의사의 진단이 있을 때
	부상신고 1명마다	2	5일 미만의 치료를 요하는 의사의 진단이 있을 때

Ⅳ. 평 가

「도로교통법」상 의무를 위반한 사람에 대한 제재 수단은 '행정형벌(제148조~제157조)'인 징역형·벌금형(20만원 이하 통고처분 포함)과 '행정질서벌'인 과태료(제160조) 이외에 소관업무 관장기관인 관할 시·도경찰청장이 「도로교통법」에 의거 '교통안전 및 원활한 소통 확보'라는 행정 목적을 달성하기 위하여 행하는 권력적 집행 작용으로서의 '운전면허행정처분(제93조)'이 있다.

운전면허를 취득한 사람이 자동차 운전 등 도로교통에 참여할 경우에는 모든 도로교통법규를 준수하면서 안전운전을 해야 할 의무를 진다. 그런데 만일 운전자가 그 의무를 위반할 경우엔 법적 제재수단으로서 그 행위의 종류와 정도에 따라 위에서 언급한 세 가지 종류의 처벌이 부과된다. 그런데 수많은 사람이 참여하는 도로교통에 있어서 법상 의무 위반자에 대한 행정벌(형벌과 질서벌)만으로는 '교통안전과 원활한 소통'이라는 소기의 목적을 달성하기가 어려운 게 사실이다.

왜냐하면 행정벌은 의무 위반자 개인에게 부과되는 형사법 및 행정법적 제재일 뿐 도로교통에 참여할 수 있는 당초의 운전면허 효력은 그대로 존속되기 때문이다. 즉 어떤 운전자가 「도로교통법」상 의무를 위반했을 때 경찰공무원에 의한 단속 및 조사 과정을 거쳐 행정벌이 부과되었을 경우, 그 위반 내용이 매우 중대하여 일정 기간 신체적 자유를 박탈당하는 '징역형'에 처해지지 않는 한 그 사람은 여전히 자신의 유효한 운전면허를 휴대한 채 자동차를 운전하면서 또다시 안전 의무를 위반하는 상항이 계속될 수 있는 것이다.

따라서 현행 「도로교통법」은 '운전면허행정처분 제도'를 두어, 그 대상자에게 부과된 행정벌과는 별도로 소정 절차에 따라 운전면허의 효력을 일정 기간 정지시키거나 아예 취소처분하고, 일정 기간(결격기간)이 지나야만 운전면허시험에 응시 · 합격하여 새로운 운전면허를 취득할 수 있도록 하고 있다.

즉 일정 기준 이상의 교통법규 위반행위나 중대 교통사고를 야기한 운전자에게는 일정 기간 도로교통에 참여할 수 있는 권리를 박탈하고 그 기간 중 소정의 교통안전교육을 수강토록 함으로써 결과적으로 '교통안전과 원활한 소통'이라는 소기의 목적을 효과적으로 달성하도록 한 것이다.

앞의 <표 1-1>에서 보는 바와 같이 2023년 현재 국내 총인구 대비 약 66.6%가 자동차운전면허를 소지하고 있고 총인구 대비 차량 소유율이 약 50.2%라는 수치로 미루어 볼 때 자동차는 현재 일상생활의 필수적 수단이다. 이런 여건하에서 일단 운전면허 행정처분을 받은 사람은 일정 기간 자동차 운전이 강제적으로 금지되어 자칫 일상생활에 큰 지장이 초래될 수도 있기 때문에 운전면허 소지자는 현실적으로 징역이나 벌금 등 '행정벌'보다는 운전면허 취소나 정지 등 '행정처분'을 받게 되는 것을 더욱 두려워하게 된다.

결론적으로 「도로교통법」상 의무 위반자에 대한 제재수단으로서의 운전면허 행정처분제도는 여타 행정형벌이나 행정질서벌에 비해 '교통안전 확보'라는 소기의 목적을 달성하는 데에 상대적으로 더욱더 탁월한 행정적 효과가 있는 것으로 평가된다.

한편 전술한 바와 같이 현재 「도로교통법」에서는 운전면허 정지처분을 받을 예정이거나 이미 받은 사람이 만일 '법규 준수교육(6시간)'과 '현장 참여교육(8시간)'을 마친 경우 정지처분 일수를 최대 50일까지 감경하도록 규정하고 있다. 이 규정에 따르면 50일을 초과하는 정지처분을 받지 않는 한 설령 처분 대상자라고 하더라도 이틀간 '총 14시간의 안전교육'을 수강하면 결과적으로 50일을 감경받아 실제로는 면허정지 처분을 단 하루도 받지 않을 수 있게 되는 것이다.

이 제도는 비록 교통안전교육의 중요성으로 인해 관할 행정청이 운전자들에게 안전교육을 받도록 적극 유도하기 위한 방편이긴 하나, 결과적으로 당초 운전면허 행정처분 제도의 본질적인 효과를 반감시키는 부작용을 초래하는 측면이 없지 않다. 따라서 이 제도는 면허정지처분 대상자가 교통안전교육 수강 시 감경해주는 정지처분 일수를 다소 축소하는 방향으로 개선하는 것이 바람직하다.

제3절 '사업용 차량' 운전자의 교통안전성 제고 관련 제도

Ⅰ. 의 의

2024년도 국토교통부에 등록된 용도별 국내 차량등록 현황은 <표 3-12>와 같다.

〈표 3-12〉 용도별 국내 차량등록 현황(2024년도)

구분	계(대)	사업용	자가용	관용
계	26,297,919	1,960,558(7.5%)	24,236,626(92.2%)	100,735(0.4%)
승용차	21,7771,120	1,308,888	20,425,766	36,466
승합차	666,166	114,199	527,105	24,862
화물차	3,716,743	469,261	3,211,951	35,531
특수차	143,890	68,210	71,804	3,876

출처: KOSIS 국가통계포털, 국내 주제별 통계 일부 편집.

한편 2023년도 국내에서 발생한 자동차 교통사고를 '가해운전자의 차량 용도별'로 구분한 현황은 <표 3-13>과 같다. 표에서 '사업용'으로 분류된 차량의 구체적인 종류는 노선버스(시외 · 고속 · 마을), 전세버스, 특수여객(장의차량 등), 택시(법인 · 개인), 화물차, 렌터카, 콘크리트믹서, 덤프트럭, 기타(건설기계 등)이다. 비사업용 차량은 개인 · 법인이 소유한 승용차, 버스, 어린이통학버스, 콘크리트믹서, 화물차, 덤프트럭, 기타(건설기계 등) 및 관공서 보유 차량이다. '기타'로 분류된 차량은 이륜차, 사륜오토바이(ATV), 원동기장치자전거, 자전거, 개인형 이동장치(PM), 농기계 및 기타 불명 차량이다.

〈표 3-13〉 가해 운전자의 차량 용도별 교통사고 현황(2023년도)

구분	계	사업용	비사업용 (자가용, 관용)	기타
사고발생(건)	198,296	39,346(19.8%)	132,101(66.6%)	26,849(13.5%)
사망자 수(명)	2,551	473(18.5%)	1,549(60.7%)	529(20.7%)
부상자 수(명)	283,799	58,407(20.6%)	192,835(67.9%)	32,557(11.5%)

출처: 한국도로교통공단 교통사고분석시스템(TAAS) 자료 일부 편집.

<표 3-12>와 <표 3-13>에서 보는 바와 같이 2024년도 현재 공식 등록된 국내 전체 차량의 7.5%를 점유하는 '사업용 차량'에 의한 교통사고 발생 건수는 19.8%, 사망자 수는 18.5%, 부상자 수는 20.6%다. 이에 비해 전체의 92.6%를 점유하는 '비사업용 차량(자가용·관용)' 차량에 의한 교통사고 발생 건수는 66.6%, 사망자 수는 60.7%, 부상자 수는 67.9%이다.

결국 연간 '교통사고 발생 건수'를 기준으로 양자를 비교할 때 '비사업용 차량'은 점유율(92.6%) 대비 교통사고(66.6%)가 약 0.71배에 불과하지만, '사업용 차량'은 점유율(7.5%) 대비 교통사고(19.8%)가 약 2.64배로서 '비사업용 차량'에 비해 약 3.72배 많이 발생하고 있는 것으로 나타났다.

따라서 한국 정부는 위와 같은 통계 분석 결과를 토대로 사업용 자동차 교통사고를 감소시키기 위한 특단의 대책이 필요함을 인식하고, 근거 법령인 「여객자동차 운수사업법」과 「화물자동차 운수사업법」을 개정, 1991년 이후 순차적으로 아래와 같이 다양한 교통안전성 제고 시책을 강구·시행하고 있다.

참고로 '여객자동차운수사업'은 여객자동차운송사업, 자동차대여사업, 여객자동차터미널사업 및 여객 자동차운송플랫폼사업으로 구분된다. 또한 '화물자동차운수사업'은 화물자동차운송사업, 화물자동차운송주선사업 및 화물자동차운송가맹사업으로 구분된다. 사업용 자동차의 안전성 제고를 위한 세부 대책의 내용은 다음과 같다.

Ⅱ. 사업용 자동차 운전자 관리 방식의 고도화

1. 운전자격 시험 실시

(1) 택시 운전 자격시험

1991년 최초 도입 당시에는 전국택시운송사업조합연합회에 위탁되어 실시되다가, 2021년부터는 한국교통안전공단(전국 18개 지부) 주관하에 실시 중이다. 응시자격 요건은 20세 이상, 사업용자동차를 운전하기에 적합한 운전면허 소지, 과거 1년 이상의 운전 경력 및 소정의 운전정밀적성검사 기준에 적합해야 한다. 필기시험 과목은 운수법규·안전운행·지역지리 및 운송서비스(운전자 예절 포함) 등 4개다.

(2) 화물운송 종사자 자격시험

화물자동차 운전자의 전문성 확보를 통한 운송 서비스 개선, 안전 운행 및 화물운송업의 건전한 육성을 도모하기 위해 지난 2004년에 도입되었다. 본 자격시험 제도 실시 이전에는 누구나 일정한 운전경력만 있으면 화물자동차 운전업무에 종사할 수 있었으나, 본 제도 도입 이후부터는 반드시 '화물운송종사자' 자격증을 취득한 사람만이 운전업무에 종사할 수 있다. 한국도로교통공단 각 시도지부에서 실시하는 자격시험에 합격한 후 총 8시간의 법정교육을 이수해야만 자격증을 취득하게 된다. 응시자격은 택시운전자격 시험과 동일하나, 다만 운전경력 기준에 있어서 사업용 자동차 운전경력 1년 이상 또는 자가용자동차 운전경력 2년 이상(운전면허 취소 또는 정지기간 제외)이 충족되어야 한다. 한편 필기시험 응시가 어려운 사람인 경우에는 지난 2013년부터 현장실습 위주의 '교통안전 체험교육'을 이수하는 방법을 통해서도 '화물운송종사자자격증'을 취득할 수 있도록 하고 있다.

(3) 버스운전 자격시험

버스운전자의 전문성 제고를 통한 교통사고 예방 및 승객안전 확보를 위해 지난 2012년부터 시행되고 있다. 응시 자격요건은 택시와 동일하며, 시험과목은 교통·운수 관련 법규 및 교통사고 유형, 자동차관리 요령, 안전운행 요령, 운송서비스 등 4개다. 화물운송 종사자 자격과 마찬가지로 지난 2015년부터는 현장실습 위주의 '교통안전체험교육' 이수를 통해서도 자격을 취득할 수 있다.

2. 사업용 자동차 운전자 대상 정밀 적성검사 실시

(1) 검사 목적 및 대상자

운전정밀적성검사는 자동차 운전과 관련된 인성·습관 및 행동 등을 과학적으로 측정하는 심리검사다. 전방·좌우 상황 인지-판단-조작에 따른 운전 적성상의 결함 요인을 평가하고 필요시 이에 대한 교정 및 교육기회를 제공함으로써 운전자의 적성상 결함으로 인한 교통사고를 미연에 방지하기 위한 것이다. 이 검사의 시행 취지는 사업용 자동차 운전자에 대하여 안전운전이 절대적으로 어려운 사람인지 여부에 대한 선별 기능과 함께 운전자 개개인의 운전 적성상 취약 요인을 평가하고, 그 결과를 해당 운송사업자에게 피드백함으로써 대상자가 그 업체에 취업할 경우 안전운전을 유도하기 위한 것이다. 검사 대상자는 현재 사업용 자동차를 운전하고 있는 운전자와 향후 운전하고자 하는 예비 운전자가 모두 포함된다.

(2) 검사 종류 및 항목

정밀적성검사는 그 목적과 대상에 따라 다음 세 가지 종류로 구분되어 실시된다.

첫째, 신규(유지)검사. 대상자는 향후 사업용 자동차를 운전할 목적으로 화물운송종사자 자격증을 취득하려는 사람, 제1차 검사를 받은 이후 3년 이내 취업을 하지 못한 사람(무사고 운전자는 제외), 수검일로부터 3년 이상 경과되어 다시 취업하려고 하는 사람(재취업일까지 무사고 운전자는 제외)이다. 검사 항목은 속도예측검사, 정지거리예측검사, 주의력검사, 인지능력검사, 지각성향검사, 인성검사 등 총 6개이다.

둘째, 특별검사. 이 검사는 사업용 자동차 운전자 중에서 안전운전 취약자에 대하여 별도의 검사를 실시하고 필요시 교정교육 등을 통하여 안전운전을 유도하기 위한 것이다. 대상자는 3주 이상의 진료를 요하는 의사의 진단이 있는 중상(화물업종은 5주) 이상의 인명 피해 교통사고 사고를 유발한 사람, 과거 1년간 운전면허행정처분 누산벌점이 81점 이상인 사람, 안전운전이 우려되어 운송사업자가 검사를 신청한 사람이다. 검사 항목은 상황인식검사, 운전행동검사, 동체시력검사, 야간시력검사, 인성검사 등 5개이다.

셋째, 자격유지검사. 이 검사는 근래 한국 사회에 고령화 시대가 도래하면서 사업용 자동차 운전자 역시 급속한 고령화가 진행됨에 따라 발생하는 대상자의 인지 및 신체적 기능변화에 따른 운전 적성상 결함 여부를 세부적으로 평가, 고령 운전자에 의한 교통사고를 예방하기 위한 것이다. 대상자는 현재 사업용 자동차를 운전하는 사람으로서 만 65세 이상 만 70세 미만은 매 3년마다, 만 70세 이상인 사람은 매 1년마다 의무적으로 검사를 받아야 한다. 검사 항목은 시야각검사, 신호등검사, 화살표검사, 도로찾기검사, 표지판검사, 추적검사, 복합기능검사 등 총 7개이다.

3. 운수종사자 정보 관리시스템 구축 · 운영

본 시스템은 사업용 자동차 운전자의 운수회사 입 · 퇴사 자료, 교통사고 · 법규위반 자료, 운전적성검사 결과 등 대상자의 자동차 운전과 관련한 모든 자료를 통합 관리하는 종합 정보시스템이다.

지난 2011년 한국교통안전공단이 여객자동차 · 화물자동차 운수종사자의 교통사고 등 자료를 체계적·지속적으로 취합·분석하고 그 결과를 소속 운수회사 및 관련 행정기관에 제공, 사업용 자동차에 의한 교통사고를 예방하고 관련 교통안전 정책 수립의 기초자료로 활용토록 하기위해 구축하였다.

지난 2013년에는 부적격 운수종사자에 대한 '행정처분 모니터링시스템'을 구축, 이를 기반으로 매주 부적격 운수종사자 관련 정보를 소속 운수회사에 제공하고, 매월 관할 행정관청에 그 현황을 통보하고 있으며, 2021년 말 현재 본 관리시스템에 등록된 국내 운수종사자 현황은 <표 3-14>와 같다.

전술한 바와 같이 사업용 차량 운전자에 의한 교통사고는 자가용 차량 운전자 사고 대비 약 3배 이상 많은 실정인바, 본 운수종사자 정보 관리시스템은 평상시 연중 사업용 자동차 운전자에 대한 철저한 관리·감독을 가능토록 함으로써 관련 교통사고 감소에 매우 큰 효과를 거두고 있는 것으로 평가된다.

〈표 3-14〉 국내 운수종사자 현황(2023. 12. 현재)

종별	계	고속버스	시내외버스	마을버스	전세버스	특수여객	법인택시	개인택시	용달화물
인원(명)	795,928	2,073	85,724	9,216	37,910	1,555	71,642	164,334	145,411

출처: 2024 교통안전연차보고서 자료 일부 편집.

Ⅲ. 운수종사자 등 대상 교통안전교육 실시

운수종사자에 대한 교육은 사업용 자동차 운전자, 운수회사 소속 교통안전 담당자 및 관할 지방자치단체에서 운수업무를 담당하는 현직 공무원을 대상으로 실시하고 있다.

1. 운전자교육

사업용 자동차 운전 자격을 취득하고 실제로 운수회사에 취직하여 현업에 종사하고 있는 운전자에 대하여 실시하는 교통안전교육은 다음과 같이 세 가지로 구분된다.

첫째, 신규교육. 이는 각 운수사업자가 운전자를 채용한 뒤 실제로 승무시키기 전에 실시하는 교육이다. 법정 인가기관(운수종사자 연수기관, 한국교통안전공단, 각 운수업 연합회 또는 조합)이 주관하여 실시하며 16시간 과정으로 이루어져 있다. 교육내용은 여객자동차운수사업 관계 법령 및 도로교통 관계 법령, 운송서비스의 자세 및 운송질서 확립, 교통안전 수칙, 응급처치 방법, 차량 화재 발생시 대응방법, 그 밖에 운전업무에 필요한 사항이다.

둘째, 보수교육. 현업에 종사하는 여객자동차 운전자는 무사고 여부 등에 따라 격년 또는 매년 4시간, 화물자동차 운전자는 관할 행정관청의 계획에 따라 연간 4시간의 보수교육을 받아야 한다.

셋째, 수시교육. 「여객자동차운수사업법」에 의거, 국토교통부장관 또는 관할 시도지사는 국제행사 등에 대비한 운행 서비스 및 교통안전 증진 등을 위하여 필요하다고 인정하는 경우에는 관련 운수종사자에게 4시간의 수시교육을 받도록 할 수 있다.

수시교육은 한국교통안전공단 산하에 설치·운영되고 있는 교통안전체험교육센터에서 실시된다. 2025년 현재 국내 운용중인 곳은 2개소(경상북도 상주, 경기도 화성)이며, 2027년도에는 전북 익산에 추가로 1개소가 설치될 예정이다. 센터에서는 기본적인 안전운전 과정과 관계 법령에 규정된 체험교육 과정을 운영하고 있고, 1개 반 교육인원은 30명을 기본단위로 하되 교육 효율성 및 서비스 수준을 감안, 사정에 따라 탄력적 운영이 가능하다. 체험교육 시설은 [그림 3-3]에서 보는 바와 같이 고속주행코스, 일반주행코스(일반주행, 딜레마주행, 에코주행), 위험회피코스, 곡선제동코스, 직전제동코스, 다목적코스, 자유훈련코스, 기초훈련코스, 대형차 다목적코스(차체제어, 수막현상, 직선제동) 등으로 이루어져 있다.

[그림 3-3] 상주 교통안전체험 교육센터 전경

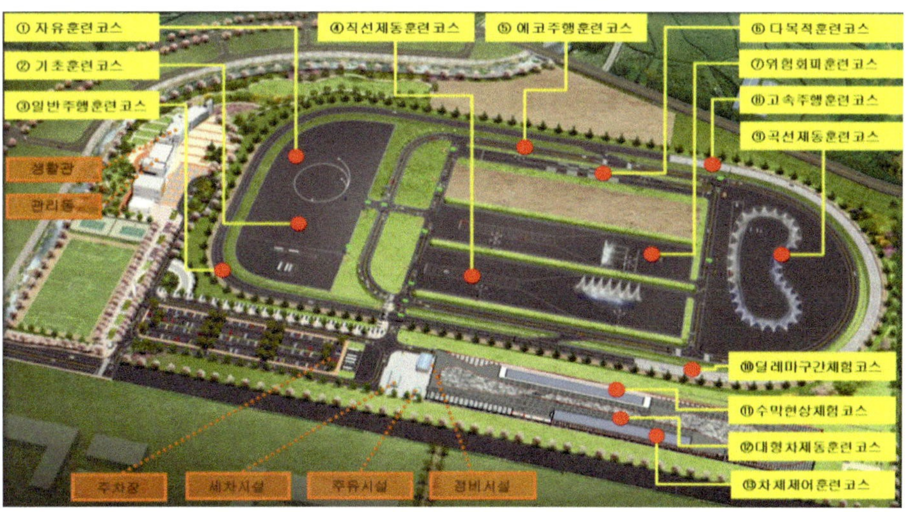

이러한 교통안전체험교육은 운전자들이 교통사고 발생 개연성이 높은 각종 예상 위험 상황을 실제 상황과 같이 직접 체험하고, 각 상황별 대처능력 배양과 아울러 안전의식을 높이기 위한 실습 위주의 교육이며, 2017년부터 「교통안전법」 제56조에 의거 한국교통안전공단 주관하에 실시되고 있다.

2. 운수회사 교통안전담당자 교육

(1) 교통안전관리자 일부시험 면제자 교육

「교통안전법」 제53조~제54조의2, 같은 법 시행령 제41조의2~제44조의3 및 [별표 8의2], 같은 법 시행규칙 제24조 등에 의거, 도로시설 설치·관리자(도로공사 시행·유지업체 등) 및 교통수단 운영자(20대 이상의 사업용 자동차를 둔 운수사업자 등)은 「교통안전법」에 따른 '교통안전관리자' 또는 「산업안전보건법」에 따른 '안전관리자' 등 소정 자격을 갖춘 1명의 전문인력을 해당 업체의 '교통안전담당자'로 지정하여 직무를 수행토록 하여야 한다.

이와 관련 「교통안전법」 제53조 제4항에 의거, '교통안전관리자' 자격을 부여함에 있어서 「국가기술자격법」 등에 따라 운수업체나 운수사업자 단체에서 3년이상 교통안전 업무를 담당한 자격이 있는 사람이나 도로교통 분야에서 3년 이상 근무 경력이 있는 일반직 또는 경찰공무원 등에 대하여는 「국토교통부령」이 정하는 소정의 훈련 과정을 이수할 경우 '교통안전관리자' 자격시험 과목(교통법규, 교통안전관리론, 자동차정비, 교통사고조사 분석개론 등) 중 일부를 면제할 수 있도록 허용하고 있다.

'교통안전관리자' 일부시험 면제자 교육은 위와 같은 법적 근거에 따라 한국도로교통안전공단이 실시한다. 종래 일부 운수회사에서는 회사내 교통안전 관리업무를 담당하고는 있으나 법정 자격이 없는 경우가 많았기 때문에 이들이 소정의 '면제자 교육' 수강 후 법정 자격을 취득할 수 있도록 허용함으로써 해당 운수회사 안전관리 체계 강화 및 사업용 자동차 사고 예방에도 크게 기여하고 있다.

(2) 도로교통사고분석사 교육

「자격기본법」 제17조에 의거 국가 이외의 법인·단체 또는 개인은 누구든지 다른 법령이나 대통령령이 금지하는 일정 분야를 제외하고는 해당 분야 주무부장관에게 등록할 경우 '민간자격'을 신설하여 관리·운영할 수 있다. 도로교통사고 조사 업무와 관련해서는 지난 2008년부터 한국교통안전공단이 국토교통부에 등록 후 '교통사고분석사' 자격을, 지난 2009년부터 한국도로교통공단이 경찰청에 등록 후 '도로교통사고 감정사' 자격을 각각 신설·운영하고 있다.

'교통사고분석사(감정사)' 교육은 한국교통안전공단(한국도로교통공단)이 발급하는 '교통사고분석사(감정사)' 자격 취득의 기회를 제공하는 교육 과정으로써 도로교통사고 원인조사, 교통사고 재현 등에 관한 교육 프로그램을 운영하고 있다.

(3) 교통안전담당자 교육

「교통안전법」 시행령 제44조의3에 의거 한국교통안전공단이 주관하여 실시하는 교육으로써 국내 운수회사에서 현업에 근무하는 '교통안전담당자'를 대상으로 한다. 이 교육은 신규교육과 보수교육으로 구분되며, 운수회사 교통안전 관리 실무자의 전문적·실무적 능력을 향상시킴으로써 당해 운수회사의 효율적인 교통안전 관리 도모 및 사업용 자동차에 의한 교통사고를 예방하기 위한 것이다.

3. 지방자치단체 자동차 운수 및 도로교통 담당 공무원 교육

일반직 공무원들은 통상 일정 기간마다 순환 보직하는 관행으로 인해 설령 현재 각 지방자치단체에서 자동차 운수 및 교통안전 업무를 담당하고 있다고 하더라도 실제로는 그 업무에 정통하지 못해 해당 분야 종사자들을 제대로 관리·감독하지 못하는 사례가 종종 발생한다. 이런 점을 감안, 한국교통안전공단은 2007년도부터 지자체 관련 공무원들을 대상으로 운수 관계 법령 및 교통안전 등에 관한 연수 교육을 실시함으로써 담당 공무원들의 실무능력과 전문성을 향상시키고, 교통안전 정책 수립·추진의 효율성을 도모하는데 기여하고 있다.

Ⅳ. 사업용 자동차 운행 관리 강화 대책 강구

통상 사업용 차량은 관련 운수업계의 비정상적 관행등으로 인해 자가용 차량에 비해 상대적으로 1회 연속 운행 시간은 길고 휴식시간은 짧은 경향이 있다. 그 결과 운전자의 피로 누적으로 인해 교통사고 발생률이 상대적으로 더 높다. 따라서 주무 관청인 국토교통부는 지난 2017년 이후 아래와 같이 관련 법령을 순차적으로 개정, 사업용 자동차 운행에 대한 관리·감독을 강화함으로써 운전자 피로에 따른 교통사고 발생을 감소시키기 위한 제도적 대책을 강구하였다.

1. 버스운송 종사자 적정 휴식시간 보장

버스 운전자가 주행 도중 졸음운전 교통사고로 인한 인명 피해를 감소시키기 위해 「여객자동차운수사업법」을 개정, 2019년 7월부터 버스운송 사업자로 하여금 <표 3-15>와 같이 운수종사자의 휴게시간을 반드시 보장하도록 의무화시켰다.

〈표 3-15〉 버스운송 종사자 휴식시간 보장 내역

<table>
<tr><th rowspan="2">구분</th><th colspan="2">기본 휴게시간</th><th colspan="2">추가로 연장된 휴게시간</th></tr>
<tr><th>노선 운행
종료 후</th><th>노선 운행 중</th><th>노선 운행 2시간
이상 연장 시</th><th>노선 운행 4시간
이상 연장 시</th></tr>
<tr><td>시내·농어촌
·마을버스</td><td>10분 이상</td><td>–</td><td>15분 이상</td><td>30분 이상</td></tr>
<tr><td>시외(고속)
버스</td><td>15분 이상</td><td rowspan="2">15분 이상
(2시간 이상
연속 운전시)</td><td></td><td></td></tr>
<tr><td>전세버스</td><td>15분 이상
(목적지도착 시)</td><td colspan="2">30분 이상(1시간 연장 운행 시)</td></tr>
</table>

또한 종래 아무런 시간제한 없이 근로가 가능하던 노선버스 운수종사자의 적정시간 근로를 확보를 통한 교통사고 예방을 위해 「근로기준법」 제58조 제3항 및 같은 법 시행령 제31조에 따른 특례업종(사용자가 근로자 대표와 서면으로 합의할 경우 법정 1일 근로시간 결정에 재량 허용)에서 노선버스를 제외하도록 개정하여 2021년 7월부터는 '5인 이상' 모든 노선버스 업체 운수종사자에 대하여 주 52시간 근무제도를 적용하고 있다.

2. 화물운송 종사자의 교통안전 대책 강화

(1) '휴식시간' 확대 유도를 위한 적정운임 보장책 강구

종래 국내 화물운송 시장에서는 화주(화물운송 의뢰자)와 화물차주(화물차 운전자) 간 '자율 운임제도' 하에서 화물차 공급과잉, 다단계 화물거래 구조 및 대형화주의 우월적 지위 등으로 인해 현실적으로 매우 낮은 수준의 운임이 강요되어 왔다. 그 결과 화물차 운전자들의 과로·과적 운행이 일상화됨으로써 교통사고 발생 위험은 물론 화물차주들의 불만이 증폭되었고, 급기야 화물차 운전자들의 협의체인 '화물 연대'가 주도하는 집단 운송거부 사태가 거의 매년 1회 이상 발생함으로써 그 기간 중 국·내외 수·출입 물동량이 제때 도착하지 못하는 등 많은 문제가 반복되었다. 이에 국토교통부는 「화물자동차운수사업법」과 하위법령을 개정, 2019년 7월부터 국토교통부에 '안전운임위원회(총 13명: 화물차주 대표 3, 운수사업자 대표 3, 화주대표 3, 공익대표 4)'를 구성·운영하여 적정운임을 보장하고, '화물자동차 안전운임 고시' 및 '안전운임 위반 신고센터'를 설치·운영하는 등 과거 국내 화물운송업계의 고질적 문제를 제도적으로 해소함으로써 화물자동차의 무리한 운행으로 인한 도로교통사고 감소에 적지 않은 기여를 하고 있다.

(2) 화물운송 종사자 휴게 시설 확충

화물운송 종사자는 버스나 택시 운송 종사자에 비해 상대적으로 장거리 운전에 따른 피로 누적으로 과로나 졸음운전 등으로 인한 대형 교통사고 야기 가능성이 높은 편이다. 따라서 정부는 고속도로 휴게소나 졸음 쉼터 등과 별개로 단기 취침룸 및 샤워룸, 세차장, 경정비소 및 브랜드 매장 등 다양한 휴게 편의시설을 갖춘 화물차 휴게소를 운영하고 있다.

1997년에 경부고속도로 입장휴게소 인근에 화물차전용 휴게소를 최초로 준공·운영하기 시작하여, 2023년 현재 전국에 걸쳐 고속도로 21개소, 국도 4개소, 항만 10개소 등 총 35개소가 운영되고 있다.

Ⅴ. 운수회사 등 안전관리 강화 대책 강구

1. 사업용 자동차 운행기록분석시스템(e-TAS) 구축 · 운영

(1) 운행기록장치(Tachograph) 장착 의무화

운행기록장치는 자동차의 순간속도, 분당 엔진 회전수(RPM), 브레이크 신호, 방위각, 가속도, GPS(Global Positioning System) 등 자동차의 제반 운행 정보가 자체적으로 기록되는 장치이다.

국토교통부는 「교통안전법」 제55조 및 「국토부고시」를 통해 운행기록장치의 구조·성능·기능 및 데이터 저장형식 등에 대한 표준 규격을 법제화하여 지난 2011년 1월부터 국내의 모든 운송 사업용 및 어린이통학버스로 신규 등록하는 자동차에 표준화된 운행기록장치를 장착하도록 의무화하였다. 아울러 2013년까지 개인용달차량을 제외한 모든 사업용 자동차에 장착하도록 의무화하고, 그 운행기록자료는 소속 운송사업자가 6개월간 보관하는 동시에, 운전자는 매 6개월마다 한국교통안전공단에 직접 제출토록 하였다.

이러한 운행기록 자료는 해당 운전자들의 잘못된 운전 습관을 교정하고 교통사고 발생 시 과속이나 급제동 등 사고 원인에 대한 객관적인 증거자료로 활용 가능하다.

그런데 기존 운행기록장치는 장비 자체가 다소 크고 운전자가 매 6개월마다 그 운행기록을 종이로 출력하여 직접 공단에 제출하는 것이 매우 번거로운 문제가 있었다. 이에 한국교통안전공단은 최근 [그림 3-4]에서 보는 바와 같이 운전자 개인의 모바일(Mobile)을 활용한 저가 보급형 디지털운행기록계(DTG: Digital Tachograph) 및 애플리케이션(App)을 개발·보급함으로써 운전자가 자신의 운행기록을 보다 쉽게 On-Line으로 제출하는 동시에 스스로 과속·휴게시간·최고속도제한 초과 등 위험운전 행동 등을 개선할 수 있는 '운전 습관 피드백' 서비스를 제공함으로써 평상시 사업용 운전자들의 안전운전 습관 정착을 지원하고 하고 있다.

[그림 3-4] Mobile을 활용한 자동차 운행기록장치(DTG: Digital Tachograph)

(2) 운행기록 분석시스템(e-TAS: Digital Tachograph Analysis System) 개발·운영

한국교통안전공단은 지난 2009년부터 2017년까지 약 8년간에 걸쳐 사업용 자동차에 장착된 운행기록장치를 효과적으로 분석·활용할 수 있도록 하기 위한 '사업용자동차 운행기록 분석기록시스템'을 개발·구축하여 활용 중이다. 이 시스템은 사업용 자동차의 운행기록 중 GPS 자료를 국내 전자지도에 매칭시켜 자동차의 과속·급제동 등 위험 운전 행위의 유형을 전자지도에 표출할 수 있다.

공단은 이 시스템을 기반으로 각 운수회사 소속 각 운송 종사자별 운행기록 정보를 체계적으로 분석하여 업체별 특성에 맞는 교통안전 컨설팅을 제공하고, 이와 함께 소속 위험 운전자를 특별히 집중 분석·관리토록 하고 있다. 특히 안전운전 교육 모델에 의한 운수종사자 개인별·회사별 '운행기록분석 종합진단표'를 작성하여 각 운수회사에 정기적으로 제공하고, 전자지도 분석기반 서비스를 더욱 고도화하여 운수종사자의 위험 운전 행동을 전국 도로 공간 및 시간별로 다양한 교차분석을 통해 각 운수회사로 하여금 종합적인 안전관리 대책을 강구토록 함으로써 사업용 자동차에 의한 교통사고 감소에 크게 기여하고 있다.

2. 사업용 택시 운행정보관리시스템(TIMS) 구축·운영

종래에는 사업용자동차 교통사고의 상당 비율을 차지하는 택시운행정보에 대한 통합관리가 이루어지지 않아 복잡한 문제가 많은 택시 정책 수립에 애로가 있었다. 이에 국토교통부는 지난 2014년부터 「택시운송사업의 발전에 관한 법률」 제13조 및 제21조에 의거 국내의 모든 법인택시와 개인택시를 대상으로 한 '택시운행정보 관리시스템'을 구축·운영하고 있다.

이 시스템은 다음 두 가지 목적을 달성하기 위한 것이다. 첫째, 택시요금 미터기 및 운행기록장치에 수록된 운행 정보 등을 수집·관리함으로써 택시 운전자들의 무리한 운행을 차단함으로써 그로 인한 교통사고 발생을 예방하기 위한 것이다. 둘째, 택시 운행기록 데이터 외에도 앱미터 검정, 택시 운행 플랫폼 가맹 중개사업 인허가 및 플랫폼 자체 데이터 등의 수집·관리를 통해 국내 택시산업 발전, 종사자 근무 여건 개선, 운수회사 경영환경 개선, 관련 범죄 예방 등을 위한 정부 및 관할 지방자치단체의 택시 관련 정책 수립을 지원하기 위한 것이다.

참고로 2024년 5월말 현재, 법인택시 6.4만대 중 5.9만대(92.2%), 개인택시 16.5만대 중 15.1만대(91.5%)에 대해 운행기록데이터와 영업 정보를 실시간으로 수집하고 있으며, 빅데이터 분석을 통한 택시 이용현황 분석, 차량별·업체별 영업현황 분석, 택시면허 관리, 택시안심정보 제공 및 택시 서비스 품질평가 등 서비스를 제공하고 있다.

3. 위험물질 운송 안전관리시스템(HMTS) 구축·운영

지난 2012년 9월, 경상북도 구미공단의 한 공장에서 불산가스가 누출되어 무려 23명의 사상자가 발생하였다. 이에 당시 정부의 국가정책조정회의에서는 '국내 화학물질 안전 관리 종합대책'을 수립, 종래에 각 중앙 부처별로 분산된 위험물질 운송에 관한 안전 기능을 통합·운영하기로 방침을 세웠다.

이에 따라 정부는 지난 2017년 3월, 「물류정책기본법」을 개정하여 향후 위험물질 운송 차량에는 차량의 위치정보 수집 등이 가능한 '무선 이동통신 단말기' 부착토록 하고, 2018년 3월부터는 도로운송이 시작되기 전에 위험물질명과 적재량 등이 포함된 운송계획 정보를 한국교통안전공단에 설치된 '위험물질운송안전관리센터'에 제출하도록 의무화하였다.

또한 위험물질(유류등 위험물, 유해 화학물질, 고압가스, 지정 폐기물 등) 종류별로 환경부·산업통상자원부 및 소방청 등 관계 부처와의 협의를 통해 연차별 단말기 장착을 독려한바, 2023년 현재 총 13,420대의 위험물 운송차량에 단말기가 장착되어 있다. 아울러 공단은 위험물질 운송 및 교통사고의 예방·대응을 위한 정책 수립에 따른 의사결정 지원을 위한 운전자 안전운전 행태분석 및 데이터 처리를 위한 Big-Data 분석을 통해 교통사고 예측모델 구현, 사고감지 알고리즘 개선, 휴식시간 및 졸음운전 차량에 대한 교통안전정보 알림 서비스, 교통사고 발생에 따른 실시간 대응(e-Call) 서비스시스템을 구축하였다.

예를 들어 현재 구축·운영되고 있는 HMTS에 따라 [그림 3-5]와 같이 만일

[그림 3-5] 위험물질 운송 안전관리시스템(HMTS)

경기도 팔당댐 주변의 상수원보호구역 도로상에 위험물질 운송차량이 통과하고 있을 경우 공단 관리센터에서는 매 1분마다 그 이동정보를 관할 경찰서와 경기도 수자원 본부 등 관계기관 담당자에게 실시간 문자로 전송하는 서비스를 제공한다.

앞으로 관리시스템 및 차량 단말기의 성능을 지속적으로 개선하고, 신속한 사고감지 및 전파기능을 더욱 충실히 수행할 경우 위험물질 차량에 의한 교통사고 및 피해가 대폭 감소할 것으로 기대된다.

4. 운수회사 교통안전수단 점검 실시

이는 국내 모든 운수회사가 보유한 사업용 자동차 및 그 운영에 관한 사항에 대하여 교통안전실태를 파악하고 위험 요인 제거 및 교통안전 확보를 통한 교통사고 예방에 기여하기 위한 제도다.

지난 2017년 개정된 「교통안전법」 제33조에 의거 관할 교통행정기관의 위탁을 받아 한국교통안전공단이 주관하며, 평소 1건의 교통사고로 사망자 1명 또는 중상자 2명 이상의 피해를 유발한 운수회사를 대상으로 연간 및 분기별 세부 계획에 따라 실시된다.

운송사업자는 중대 교통사고(사망자 2명 이상, 사망자 1명과 중상자 3명 이상 또는 중상자 6명 이상)가 발생한 경우 지체 없이 국토교통부장관이나 관할 시도지사에게 보고하여야 하며, 한국교통안전공단 각 시도지부는 관할 지방자치단체 및 경찰서 담당 요원과 합동점검을 실시하게 된다.

제4절 자동차 좌석 안전띠 착용 의무화

Ⅰ. 개 요

후술하는 바와 같이 자동차의 운전자·승차자가 좌석 안전띠(이하 '안전띠'라 함)를 착용할 경우 교통사고 발생 시 그 피해가 대폭 감소된다는 연구 결과가 대부분이다.

한국에서는 1962년 「도로교통법」 제정 당시 안전띠 관련 규정이 아예 없었고, 1981년 4월 개정·시행된 법령에 비로소 '고속도로'에서 차량을 운행하는 운전자에 한하여 안전띠 착용 의무가 부과되었다. 이후 몇 차례에 걸친 대상자 확대 과정을 거쳐 지난 2018년 9월 개정·시행된 법령에 의거 고속도로, 자동차 전용도로 및 일반도로 등 모든 도로에서 운행하는 자동차의 운전자와 승차자에 대하여 안전띠 착용 의무가 부과되었다.

Ⅱ. 안전띠 착용 효과에 대한 국·내외 연구 결과

지난 2008년 경찰청이 성균관대학교에 연구 용역 의뢰한 결과에 따르면 안전띠 착용 의무화 규제가 운전자의 부주의를 불러일으켜 보행자 등 사망자 수는 오히려 증가한다는 이른바 "규제의 역설"을 주장한 학자도 있으나, 교통안전에는 긍정적 효과가 있다는 주장이 거의 대부분이다.[6]

미국 시카고대학교 경제학 교수였던 Peltzman(1975)은 좌석 안전띠 착용 의무화가 교통안전에 역효과를 나타낸다는 연구 결과를 발표함으로써 '규제의 역설'에 관한 이른바 'Peltzman 이론'을 제시하였다. 그는 1960년대 말부터 미국 전역에 도입된 안전띠 착용 의무화 조치 전후 일정 기간 발생한 교통사고를 분석한 결과, 안전띠 규제로 인해 자동차 운전자의 사망률은 실제로 크게 낮아졌지만, 보행자나 자전거 운전자 등의 사망률은 오히려 증가했다는 사실을 밝혀냈다. 즉 자동차 운전자들이 안전띠를 매면 설령 교통사고가 발생하더라도 당연히 중상이나 사망 가능성은 감소되지만, 한편으로 이런 이유로 인해 일단 안전띠를 매면 매지 않았을 때에 비해 상대적으로 부주의한 운전이 늘게 됨으로써 결과적으로 보행자 등의 사고가 증가하게 됨으로써 결국 국가 전체적인 교통사고 사망자 수는 크게 변동이 없다는 것이다.

그러나 Bhattacharyya & Layton(1979)·Rock(1993)·Cohen(2001)·Koushki 등(2002)의 연구에서는 안전띠 착용 의무화 법률이 교통사고 사망자 수 감소에 효과가 있다고 주장하였다. 또한 미국 미시건대 부설 교통조사연구소의 연구(2000)에 의하면 유아 보호용 장구를 올바로 착용한 상태에서 교통사고가 발생하였을 때의 사망 또는 부상률은 착용하지 않았을 때에 비해 약 70% 감소했다고 한다.

한편 영국 교통부는 안전띠 착용시에는 사망 사고율을 약 40-50% 감소시킬 수 있다고 발표한 바 있고, 1989년 일본 경찰청 발표에 의하면 안전띠 비장착자의 치사율(사상자 100명당 사망자 수)은 2.59로써 장착자 치사율(0.36)의 약 7.2배나

6) 김광식. (2008).「좌석 안전띠 착용률 제고를 위한 정책 개선 연구」, 경찰청 연구용역 결과, 성균관대학교.

높은 것으로 나타났다. 역시 일본에서 발표된 연구에 의하면 뒷좌석 승객이 안전띠를 착용했을 경우에는 안전띠를 착용한 앞좌석 승객의 사망률 대비 약 80%나 감소한다고 한다.

아울러 한국 보험개발원과 소비자보호원의 공동연구(2008) 결과에 따르면 '안전띠 착용 효과 분석을 위한 충동 실험' 결과, 안전띠를 매고 사고가 나면 머리 상해치가 723으로 측정됐지만 매지 않으면 머리 상해치가 1,950까지 올라갔고, 6시간 이상 의식불명에 빠질 확률도 60%~90%로 높아진다고 하였다.

또한 삼성교통안전문화연구소(2002)의 자체 실험 결과에 의하면 안전띠를 사용하지 않은 경우 '머리 상해지수'는 사망 추정이 가능한 1,340으로써 안전띠와 보조좌석을 사용한 상해치에 비해 3배가 높았으며, 안전띠만 장착한 경우 보조 좌석을 함께 사용한 어린이에 비하여 머리와 목부위의 상해율이 각각 15%, 30% 높아지는 것으로 나타났다고 발표한 바 있다.

한편 Houston과 Richardson(2002)은 운전자 등의 안전띠 착용이 교통사고 발생시 부상자 수 감소에는 효과가 있으나 사망자 수 감소에는 그다지 유의하지 않았다는 연구 결과를 밝히기도 하였다.

Ⅲ. 「도로교통법」상 안전띠 착용 의무화 대상 확대 조치

경찰청은 위와 같은 연구 결과 및 국내 각급 도로 연장의 확장 추세 등을 감안, 사전에 충분한 시간을 두고 대국민 공청회 개최, 언론 홍보 자료 제공 등을 통해 많은 국민들의 공감대를 형성해 가면서 <표 3-16>과 같이 연차적으로 자동차(이륜차는 제외)운전자 안전띠 착용 의무 대상을 확대 하였다.

〈표 3-16〉 연도별, 운전자 · 승차자별, 도로 종류별 안전띠 착용 의무 대상자 확대 조치

<table>
<tr><th rowspan="3">구분</th><th rowspan="3">도로교통법 개정·시행</th><th rowspan="3">도로 종류별</th><th colspan="4">안전띠 착용 의무 대상자별</th></tr>
<tr><th rowspan="2">운전자</th><th colspan="2">승차자</th><th rowspan="2">유아</th></tr>
<tr><th>앞좌석</th><th>뒷좌석</th></tr>
<tr><td rowspan="2">1</td><td rowspan="2">1981.04.01</td><td>고속도로</td><td>착용 의무</td><td colspan="2">착용토록 운전자가 노력해야</td><td>의무 없음</td></tr>
<tr><td>일반도로</td><td>의무 없음</td><td colspan="2">의무 없음</td><td>의무 없음</td></tr>
</table>

<table>
<tr><td rowspan="2">2</td><td rowspan="2">1990.11.02</td><td>고속도로 등</td><td>착용 의무</td><td>착용 의무</td><td>착용 의무</td><td>의무 없음</td></tr>
<tr><td>일반도로</td><td>착용 의무</td><td>착용 의무</td><td>주의환기시킬의무</td><td>의무 없음</td></tr>
<tr><td rowspan="2">3</td><td rowspan="2">1997.08.30</td><td>고속도로 등</td><td>착용 의무</td><td>착용 의무</td><td>착용 의무</td><td rowspan="2">조수석, 유아보호용구에 장착된 안전띠 착용 의무</td></tr>
<tr><td>일반도로</td><td>착용 의무</td><td>착용 의무</td><td>주의환기시킬의무</td></tr>
<tr><td rowspan="2">4</td><td rowspan="2">2011.01.08</td><td>고속도로 등</td><td>착용 의무</td><td>착용 의무</td><td>착용 의무</td><td rowspan="2">뒷좌석, 유아보호용구에 장착된 안전띠 착용 의무</td></tr>
<tr><td>일반도로</td><td>착용 의무</td><td>착용 의무</td><td>주의환기시킬의무</td></tr>
<tr><td rowspan="2">5</td><td rowspan="2">2018.09.28</td><td>고속도로 등</td><td>착용 의무</td><td>착용 의무</td><td>착용 의무</td><td>착용 의무</td></tr>
<tr><td>일반도로</td><td>착용 의무</td><td>착용 의무</td><td>착용 의무</td><td>착용 의무</td></tr>
</table>

주: '고속도로 등'이란 고속도로와 자동차전용도로를 포함.

Ⅳ. 현행 규정 내용

「도로교통법」 제50조 제1항 및 같은 법 시행규칙 제31조에 의거 자동차(이륜자동차는 제외) 운전자는 국내 도로의 종류를 불문하고 안전띠를 매어야 하며, 모든 좌석의 동승자에게도 안전띠(6세 미만의 영·유아인 경우에는 유아보호용 장구를 장착한 상태에서의 안전띠)를 매도록 하여야 한다. 다만, 질병 등으로 인하여 안전띠를 매는 것이 곤란하거나, 시내버스·마을버스·농어촌버스 등과 같이 자동차 내부에 안전띠가 장착되어 있지 않은 경우, 그 밖에 아래와 같은 사유가 있는 경우에는 안전띠를 매지 않아도 된다.

첫째, 부상·질병·장애 또는 임신 등으로 인해 안전띠 착용이 부적당한 때, 둘째 자동차를 후진시키는 때, 셋째 신장·비만 기타 신체 상태에 의하여 안전띠 착용이 부적당한 때, 넷째 긴급자동차가 그 본래의 용도로 운행되고 있는 때, 다섯째 요인 경호 등을 위한 경찰용 자동차에 의하여 호위되고 있거나 유도되고 있는 자동차를 운전하거나 승차한 때, 여섯째 선거 관계 법령에 따라 국민투표운동·선거운동 및 선거관리 업무에 사용되는 자동차를 운전하거나 승차한 때,

일곱째 우편물 집배, 폐기물 수집, 그 밖에 빈번히 승강하는 것을 필요로 하는 업무에 종사하는 자가 해당 업무를 위하여 자동차를 운전하거나 승차한 때, 여덟째 「여객자동차운수사업법」에 의한 사업용 자동차(관광버스 등)의 운전자가 승객의 주취 및 약물 복용 등으로 인해 안전띠를 매게 할 수 없을 때이다.

아울러 의무자 본인이 안전띠를 매지 않았을 경우에는 행정형벌인 20만원 이하의 벌금(범칙금)·구류 또는 과료에 처할 수 있고, 「여객자동차운수사업법」의 적용을 받는 관광버스·택시 등 사업용 자동차에 승차한 승객이 안전띠를 매지 않은 경우엔 원칙적으로 행정질서벌인 과태료를 부과해야 한다. 다만, 운전자가 안전띠를 매도록 적극 안내하였음에도 불구하고 승객이 이에 불응하여 매지 않은 사실이 확인된 경우에는 과태료를 부과할 수 없다.

V. 평 가

위의 <표 3-16>에서 보는 바와 같이 한국은 지난 1990년에 비로소 「도로교통법」을 개정, 고속도로 및 자동차 전용도로를 운행하는 자동차의 뒷좌석 승차자에게까지 안전띠 착용의무를 부과하였다. 이에 비해 2017년도 OECD-IRTARD (세계경제협력개발기구-국제도로교통사고 DB) 연차 보고서에 따르면 교통선진국에 속하는 뉴질랜드는 1979년, 독일은 1984년, 스웨덴은 1986년, 핀란드는 1987년에 이미 고속도로와 자동차전용도로를 운행하는 자동차의 뒷좌석 승차자까지 안전띠 착용을 의무화시킨 바 있다. 이렇게 볼 때, 한국은 비록 여러 해외 교통선진국에 비해 좌석 안전띠 착용과 관련한 규제가 다소 늦은 감이 없지 않으나, 지난 2018년부터 국내 모든 도로에서 운행하는 자동차의 운전자 및 모든 승차자에게 안전띠 착용 의무를 부과함으로써 그 이전에 비해 교통사고로 인한 사망자 및 부상자수를 최소화하는 데 크게 기여하고 있다.

실제로 지난 2022년 5월 19일, 20명의 승객을 태우고 충남 부여에서 출발, 경북 영주 부석사 관광여행을 위해 운행하던 관광버스가 고속도로의 굽은 나들목(IC)을 완전히 빠져나가기 직전에 갑자기 중심을 잃으면서 순식간에 전복되는 교통사고가 발생하였다. 버스는 안전표지판을 밀어 버린 뒤에도 약 10미터를 더 진행한 뒤 멈춰섰고, 운전석 쪽 앞바퀴는 무언가에 뜯겨져 나간 듯 심하게 부서진 엄청난 사고였다. 그런데 정작 승객들은 대부분이 60대-80대 고령자임에도 불구하고 비록 18명이 부상은 입었지만 사망자는 단 1명도 없었다. 그 이유는 바로 승객 전원이 버스에 탑승 직후 안전띠를 착용했기 때문이었던 것으로 분석되었다.

또한 지난 2023년 6월 16일, 강원도 홍천군 화촌면 성산리 국도 제44호선 서울 방향 동홍천 나들목(IC) 입구에서 모 중학교 2학년 학생들이 타고 있던 관광버스 3대와 승용차 1대, 화물차 3대 간 추돌 사고가 발생하였다. 사고 원인은 세 번째 관광버스 운전자의 졸음운전으로 밝혀졌고, 이 사고로 인해 학생 72명, 교사 4명, 운전자 1명 등 총 77명의 부상자가 발생했으나 다행히 운전자와 학생 3명 이외에는 모두 경상자로 분류되었다. 당시 학생들의 진술에 의하면 각 관광버스별로 담임선생님들이 학교를 출발하기 전부터 버스 안을 일일이 돌면서 학생들이 안전띠를 착용하도록 독려하였고, 운행 도중에도 학생들은 전원 안전띠를 착용하고 있었던 것으로 조사되었다.

제5절 주취 운전자 등 단속 및 처벌 기준 강화

Ⅰ. 근래 주취운전으로 인한 교통사고 피해 추이

<표 3-17>에서 보는 바와 같이 지난 2009년도부터 2023년까지 연간 국내에서 발생한 도로교통사고 현황을 살펴보면 주취운전으로 인한 교통사고 발생 건수의 평균 점유율은 약 6.1%이다.

〈표 3-17〉 전체 교통사고 중 주취운전으로 인한 연도별 사고 피해 점유율 현황

사고별	구분	2009	2014	2019	2023
전체 교통 사고	발생(건)	231,990	223,552	229,600	198,296
	사망자 수(명)	5,838	4,762	3,349	2,551
	부상자 수(명)	361,875	337,497	337,497	283,799
주취 운전 교통 사고	발생(건)/점유율	28,207(12.2%)	24,043(10.8%)	15,708(6.8%)	13,042(6.6%)
	사망자 수(명)/점유율	898(15.4%)	592(12.4%)	295(8.8%)	159(6.2%)
	부상자 수(명)/점유율	50,797(14.0%)	42,722(12.7%)	25,961(7.7%)	20,628(7.3%)

그런데 해당기간 중 주취운전으로 인하여 발생한 교통사고로 인한 사망자 수는 평균 10.7%, 부상자 수는 평균 10.42%로서 두 가지 모두 사고 발생 건수에

비해 약 4% 정도 높은 점유율을 차지하고 있음을 알 수 있다.

이것은 일단 주취 교통사고가 발생하면 여타 법규 위반으로 인한 사고에 비해 다치거나 사망할 가능성이 높다는 점을 나타내는 것이다. 자동차 교통사고의 치명적 원인인 주취운전으로 인한 피해는 운전자 자신뿐만 아니라 다른 사람의 생명과 재산에까지 영향을 미치는 이른바 '외부효과'가 있어 일단 발생하면 사회 전체에 영향을 주고 국민 건강에도 위협을 주는 중요한 보건 문제로도 볼 수 있다. 따라서 이는 다른 그 어떤 것보다도 정부와 국회가 한층 더 높은 관심을 가지고 입법 정책적으로 접근해야 할 사안이다.

한국 정부는 그동안 주취운전의 위험성 등에 관한 대국민 홍보를 통해 각종 주취운전 예방 대책을 강구함과 동시에 국회와 적극 협조하면서 「도로교통법」 등 관련 법령상 규제를 단계적으로 강화해 왔다.

특히 지난 2018년 9월 25일 야간, 부산 해운대구 도로상에서 운전자 박 모씨가 만취 상태에서 자신의 승용차를 몰다가 횡단보도를 지나가던 행인 2명을 치었는데 그중 1명인 윤창호 씨(모대학 재학 중 군에 입대하여 당시 휴가 기간 중)가 사고 직후 뇌사상태로 병원으로 실려가 입원 중 결국 사망하였다.

당시 국내 언론에 이 사건이 대대적으로 보도되어 사회적으로 큰 반향을 불러일으켰고, 이를 계기로 국회에서는 「도로교통법」상 주취운전의 기준 자체를 대폭 높이고, 주취운전으로 인명 피해를 야기한 운전자에 대한 형사처벌의 수위를 대폭 강화하는 내용의 「특정범죄가중처벌법(특가법)」 개정안을 상정, 소위 '윤창호법'이라는 이름으로 신속하게 통과시켜서 2019년 6월 25일부터 현재까지 시행되고 있다.

Ⅱ. 「도로교통법」상 '주취운전'의 의의, 종류 및 처벌 기준

1. '주취운전'의 주체 · 객체 및 장소

(1) 운전 주체

「도로교통법」 제44조 제1항에는 '누구든지 술에 취한 상태에서 자동차 등, 노면전차 또는 자전거를 운전하여서는 아니 된다' 라고 규정되어 있다.

여기서 '누구든지'라는 의미는 같은 법 제80조에 의거 관할 시 · 도경찰청장으로부터 적법하게 운전면허를 받은 사람은 물론이고, 아직 면허를 받지 않아 처음부터 무면허인 사람이나, 설령 면허가 있었더라도 교통법규 위반 또는 교통사고 등으로 인한 행정처분을 받아 면허의 효력이 정지되거나 취소 상태에 있는 사람도 그 대상이 된다는 뜻이다. 후술하는 바와 같이 운전면허가 있는 가해 운전자에 대하여는 「도로교통법」, 「교통사고처리특례법」 및 「특정범죄 가중처벌 등에 관한 법률」 등 관련 규정에 의거 소정의 형사처벌과 함께 관할 시 · 도경찰청장에 의한 운전면허 행정처분이 부과되고, 운전면허가 없는 운전자라면 별도의 운전면허 행정처분 없이 관련 규정(무면허 운전 및 교통사고)에 의한 형사처벌만 내려진다.

(2) 운전 객체

「도로교통법」 제2조에 따르면 '자동차'란 철길이나 가설된 선을 이용하지 아니하고 원동기(Moter)를 사용하여 운전되는 차(앞쪽 자동차에 '견인되는 차'도 자동차의 일부로 본다)로서 「자동차관리법」 제3조에 따른 다섯 가지 종류의 차량(승용 · 승합 · 화물 · 특수 · 이륜차, 다만, 이륜차 중에서 원동기장치자전거는 제외)과 「건설기계관리법」 제26조 제1항 단서에 따른 건설기계를 의미한다.

여기서 '건설기계'는 「건설기계관리법」 제26조에 의거 원칙적으로 관할 시장 · 군수 · 구청장이 발급하는 '건설기계조종사면허'만 있으면 건설 현장을 벗어나지 않을 경우 조종이 가능하다. 하지만 같은 법 제26조 제1항 단서 및 같은 법 시행규칙 제73조 제1항에 의거 덤프트럭 · 콘크리트믹서트럭 · 천공기 등 6종의 건설기계와 도로보수트럭 등 3종의 특수건설기계 및 소형건설기계(3톤 미만의 지게차) 등 총 10종의 건설기계는 현실적으로 일반도로를 통해 차고지에서 각 건설현장까지 이동하기 때문에 「도로교통법」은 이러한 건설기계를 운전하려면 반드시 관할 시 · 도경찰청장이 발행하는 '자동차운전면허'를 별도로 취득하여 운전시 '건설기계조종사면허'와 함께 소지하도록 의무화하고 있다.

'자동차 등'이란 위의 '자동차'와 '원동기장치자전거'를 의미하는데, 여기서 '원동기장치자전거'란 「자동차관리법」 제3조에 따른 이륜자동차 가운데 '배기량 125cc 이하의 이륜자동차'와 '배기량 125cc 이하의 원동기를 단 차'로서 「자전거 이용 활성화에 관한 법률」에 따른 전기자전거와 실외 이용 로봇은 제외되나, 「도로교통법」 제2조에 따른 '개인형 이동장치'는 포함된다.

여기서 '개인형 이동장치'란 위의 원동기장치 자전거 중에서 25km/h 이상으로 운행할 경우 전동기가 작동하지 아니하고, 차체의 중량이 30kg 미만인 것으로써 전동킥보드 · 전동이륜 평행차 및 기타 전동기의 동력만으로 움직일 수 있는 자전거를 말한다.

'노면전차'란 「도시철도법」 제2조 제2호에 따른 전차로서 도시 교통의 원활한 소통을 위하여 도시교통 권역에서 건설・운영하는 철도・모노레일・노면전차・선형유도전동기・자기부상열차 등 궤도를 이용하여 운행되는 교통시설 및 수단을 말한다.

'자전거'란 「자전거 이용 활성화에 관한 법률」 제2조 제1호에 규정되어 있는 '자전거'와 '전기자전거'를 포함하는 개념이다. 여기서 '자전거'는 사람의 힘으로 페달이나 손 페달을 이용하여 움직이는 구동장치와 조향장치 및 제동장치가 있으며 두 개 이상의 바퀴가 달린 차로서 행정안전부령이 정하는 크기와 구조를 갖춘 것이고, '전기자전거'란 사람의 힘을 보충하기 위하여 전동기(Moter)를 장착하고 전체 중량이 30Kg 미만인 것으로써 만일 25km/h 이상으로 움직일 경우 전동기가 작동하지 않아야 한다.

이상 위에서 기술한 내용을 종합할 때 현행 「도로교통법」상 주취운전이 금지된 사람은 관할 시・도경찰청장이 발급한 운전면허 소지 여부를 불문하고 자동차・개인형 이동장치를 포함한 원동기장치자전거・총 10종의 건설기계・노면전차 및 자전거의 운전자다.

(3) 운전 장소

이것은 '도로 외의 곳'에서 주취운전한 경우 처벌할 것 인가의 문제이다. 종래 주취운전과 관련, 아파트나 대학의 구내도로 등 「도로교통법」상 불특정 다수의 사람이나 차마가 이용하는 '도로' 이외의 장소에서 이루어진 경우 이를 주취운전으로 볼 수 있는가에 대하여 학계의 대립이 있었다.

그때까지 다수설은 이를 주취운전으로 볼 수 없다는 것이었고, 실무상으로도 처벌 대상에서 제외되었다. 당시의 논거는 「도로교통법」의 입법 취지가 '공공의 위험'을 보호법익으로 하고 있다는 점, 기존 「도로교통법」 제2조 제24호가 '운전'의 개념을 '도로에서 차마 또는 노면전차를 그 본래의 사용 방법에 따라 사용하는 것으로써 조종 또는 자율주행시스템을 사용하는 것을 말한다'라고 규정하고 있는데, 같은 법 제2조 제1호에서 '도로'는 현실적으로 불특정 다수의 사람 또는 차마가 통행할 수 있도록 공개된 장소로서 안전하고 원활한 교통을 확보할 필요가 있는 장소'라고 규정하고 있다는 점 등이었다.

한국에서는 1990년대 이후 자동차 대수가 급속히 증가하면서 주취운전 사고도 더불어 급증하였고, 그중 '도로 외의 곳'에서 발생한 사고로 인한 피해는 위와 같은 규정으로 인해 법적 보호를 제대로 받지 못하고 있다는 내용이 당시 언론에 수시로 보도되면서 큰 사회적 문제로 대두되었다.

그런데 사실상 자동차 운행에 따른 '공공 위험'은 '도로 외의 곳'에서도 얼마든지 발생할 수 있는 것이기 때문에 당시 정부와 국회는 이 문제를 입법적으로 해결하기로 하고, 2011. 1. 1. 개정·시행된 「도로교통법」 제2조 제24호에서 '운전' 개념의 적용 범위를 대폭 확장시켰다.

그 결과 현행 「도로교통법」 제2조 제26호는 같은 법 제27조(보행자 보호), 제44조(주취운전 금지), 제45조(과로한 때의 운전금지), 제54조 제1항(교통사고 발생 시 사상자 구호 조치), 제148조 및 제148조의2(벌칙), 제156조 제10호(주·정차된 차만 손괴한 것이 분명한 경우 피해자에게 인적 사항을 제공하지 아니한 사람에 대한 벌칙) 등 행위에 대하여는 '도로 외의 곳'을 포함하도록 명확히 규정하고 있다.

2. '주취운전'에 해당하는 혈중알콜농도의 법정 기준

'주취운전'은 단순한 '음주운전'과 그 의미가 다르다. 즉 약간의 술을 마신 상태에서 자동차 등을 운전한다고 해서 그것이 모두 '주취운전'은 아니다. '주취운전'이란 술을 마시고 자신을 제대로 통제하기 곤란할 정도로 만취한 상태에서 자동차 등을 운전하는 것을 의미하는데, 문제는 사람에 따라 술을 마신 후 취하는 정도가 너무나 천차만별이라는 점이다.

따라서 「도로교통법」에서는 이런 문제를 해결하기 위해 술을 마신 상태에서 자동차 등 운전을 금지하는 기준을 수치로 명확하게 제시하고 있다. 현행 「도로교통법」 제44조 제4항에 따라 운전이 금지되는 '술에 취한 상태'의 기준은 운전자의 혈중알콜농도가 '0.03% 이상'인 경우이다. 종래에는 그 기준이 '0.05% 이상'이었으나, 2019년 6월 개정·시행된 소위 '윤창호법'에 따라 그 기준이 한층 강화되었다.

3. 경찰공무원의 '주취운전' 여부 측정 요구 및 운전자의 의무

「도로교통법」 제44조 제2항에 의거, 경찰공무원은 교통안전과 위험방지를 위하여 필요하다고 인정하거나, 운전자가 술에 취한 상태에서 '자동차 등·노면전차 또는 자전거'를 운전하였다고 인정할 만한 상당한 이유가 있는 경우에는 운전자가 술에 취했는지 여부를 '호흡 조사' 방식으로 측정할 수 있으며, 운전자는 경찰공무원의 측정 요구에 응해야 할 의무가 있다.

같은 법 시행규칙 제27조의2에 의거, 경찰공무원이 '호흡조사' 방식으로 주취여부를 측정하려는 경우에는 입안에 남아있는 잔류 알코올을 헹궈낼 수 있도록 운전자에게 음용수를 제공하여야 한다. 또한 대법원 판례에 따르면 경찰공무원이 법정에서 주취운전 여부에 대한 호흡 조사 결과수치의 증명력을 인정받기 위해서는 당해 운전자가 술을 마신 이후 최소 '20분 이상' 경과 된 시점에 측정해야 하고, 매 호흡 측정시마다 호흡 측정기에 삽입하는 '불대'를 교체하여야 한다.

현재 한국에서 교통경찰관이 사용 중인 주취운전 측정용 장비는 [그림 3-6] 및 [그림 3-7]과 같으며, 도로상에서 주취운전 의심 차량이 발견되면 해당 차량을 정지시키고 운전자 측 유리창 문을 내리도록 한 후 우선 '음주 감지기'를 이용하여 주취운전 가능 여부를 검토하고, 만일 가능성이 높다고 판단되면 운전자를

[그림 3-6] 현행 주취운전 여부 측정 장비

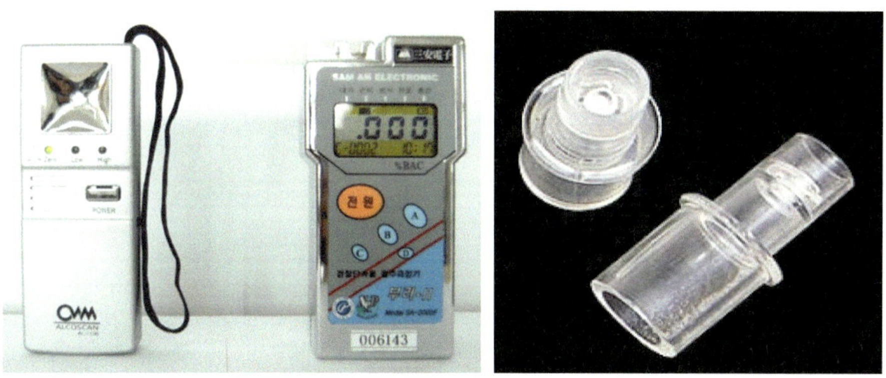

▪ 음주 감지기 ▪ 음주 측정기 ▪ 음주 측정용 불대

[그림 3-7] 주취운전 여부 측정 장면

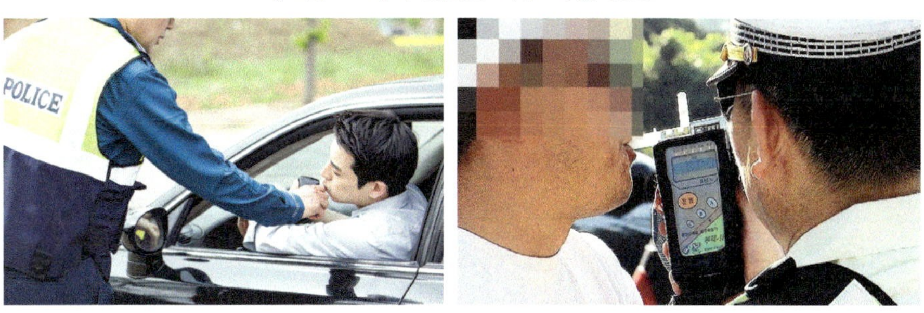

하차시키고 나서 '불대'를 음주 측정기에 삽입하고 몇 차례 길게 호흡하도록 하는 방식으로 측정한다.

만일 당해 운전자가 처음부터 '혈액채취' 방식의 측정을 요구하거나, 일단 호흡 조사 측정에 응했더라도 결과에 불복하면 그 운전자의 동의를 받아 가까운 병원이나 의료기관으로 동행, 비알콜성 소독약을 사용하여 채혈토록 한 후 가급적 신속히 전문기관에 송부하여 혈중알콜농도를 측정 회신토록 요청해야 한다.

한편 종래에 일단 주취운전 상태에서 운전 중 경찰공무원의 단속을 피해 그대로 도주하거나, 교통사고 야기 후 별다른 신고 없이 현장을 떠나 도주한 후 자신의 주취운전 행위를 위장할 목적으로 자택이나 여타 장소에서 또다시 술을 마시고 일정 시간 경과 후 경찰관서에 자진 출두함으로써 '음주 측정'이라는 경찰공무원의 공무집행 행위를 사실상 무력화시키는 사례가 종종 발생한 바 있다.

그러던 중 2024년 5월, 국내 유명 가수였던 김○○이 서울 강남구 압구정동의 한 도로에서 주취 상태로 자신의 차량을 몰다가 건너편에 있는 택시를 들이받고 신고 없이 현장을 떠나 도주한 후 약 17시간 지나 관할 경찰서에 출석하여 자신의 혐의를 부인했으나, 경찰의 CCTV 수사 등으로 주취운전 및 운전자 바꿔치기 사실이 드러나자 결국 사고발생 10일 만에 자신의 혐의를 시인하는 사건이 발생했다. 당시 이 내용이 언론에 보도되자 그 가수는 엄청난 사회적 비난과 함께 결국 구속 수감되었고, 1심 법정에서 징역 2년 6개월의 형을 선고받아 현재 구치소에 수감 중이다.

당시 국회에서는 위와 같은 사례를 방지하기 위하여 2024년 12월 3일 자 「도로교통법」 제44조 제5항에 '술에 취한 상태에 있다고 인정할 만한 상당한 이유가 있는 사람은 자동차등 · 노면전차 또는 자전거를 운전한 후 경찰공무원의 음주 측정을 곤란하게 할 목적으로 추가로 술을 마시거나 혈중알콜농도에 영향을 줄 수 있는 의약품 등 물품을 사용하는 행위를 하여서는 아니 된다'라는 내용의 규정(경찰관의 음주측정방해행위 금지 의무)을 신설 · 의결하였다.

4. 주취운전, 음주측정 거부 및 방해 행위에 따른 처벌 기준

「도로교통법」 제148조 제1항, 제2항 및 제3항에 의거, 자동차 등 또는 노면전차를 주취 상태에서 운전하다가 단속되거나, 주취운전으로 의심할 만한 상태에서 운전하다가 경찰공무원의 측정 요구에 불응하거나 음주측정 방해행위를 한 사람에 대해서는 <표 3-18>과 같이 당해인의 혈중알콜농도 기준 및 위반 횟수 등에 따라 징역형 또는 벌금형 등 형사처벌과 함께 관할 시·도경찰청장에 의한 운전면허 행정처분인 면허정지·취소 후 일정 기간 신규 면허시험 응시 제한(결격 기간) 등 규제가 가해진다.

〈표 3-18〉 주취운전, 음주측정 거부 및 방해 행위 처벌 기준

<table>
<tr><th colspan="2" rowspan="2">위반 내용
및 횟수</th><th rowspan="2">혈중 알콜농도</th><th colspan="2">형사처벌 양형기준</th><th rowspan="2">운전면허
행정처분</th></tr>
<tr><th>징역형</th><th>벌금형</th></tr>
<tr><td rowspan="5">주취
운전</td><td rowspan="3">1회</td><td>0.2% 이상</td><td>2년~5년 이하</td><td>1,000만원~2,000만원 이하</td><td rowspan="2">면허 취소
결격 1년</td></tr>
<tr><td>0.08%~0.2% 미만</td><td>1년~2년 이하</td><td>500만원~1,000만원 이하</td></tr>
<tr><td>0.03%~0.08% 미만</td><td>1년 이하</td><td>500만원 이하</td><td>면허 정지
100일</td></tr>
<tr><td rowspan="2">2회
이상</td><td>0.2% 이상</td><td>2년~6년 이하</td><td>1,000만원~3,000만원 이하</td><td rowspan="2">면허 취소
결격 2년</td></tr>
<tr><td>0.03%~0.2% 미만</td><td>1년~5년 이하</td><td>500만원~2,000만원 이하</td></tr>
<tr><td rowspan="2">측정거부
측정방해</td><td colspan="2">1회</td><td>1년~2년 이하</td><td>500만원~1,000만원 이하</td><td>면허 취소
결격 1년</td></tr>
<tr><td colspan="2">2회 이상</td><td>1년~6년 이하</td><td>500만원~3,000만원 이하</td><td>면허 취소
결격 2년</td></tr>
</table>

특히 제1회차 주취운전, 측정 불응 또는 측정 방해 등 위법행위로 경찰공무원에게 단속되어 법원으로부터 '벌금' 이상의 형을 선고받고 그 형이 확정된 날로부터 '10년 이내'에 또다시 제2회차 이상 주취운전, 측정 불응 또는 방해 행위를 한 사람에 대하여는 동 불법행위의 상습범으로 간주, 한층 더 가중하여 처벌한다.

아울러 「도로교통법」 제156조 제11호 및 제12호에 의거, 자전거 등(자전거, 개인형 이동장치)을 주취 상태에서 운전하거나 경찰공무원의 측정 요구에 불응한 사람은 통고처분(20만원 이하의 벌금)이나 구류 또는 과료의 형에 처하여진다. 참고로 '자전거 등(자전거+개인형 이동장치)' 운전자에 대해서는 '주취운전 행위'에 대한 처벌 규정은 있으나, 경찰공무원의 '음주측정 방해행위'에 대한 처벌 규정은 없다.

1961년 12월 31일 「도로교통법」 제정 당시 주취 운전자 처벌 기준은 '6월 이하의 징역 또는 20만원 이하의 벌금이나 구류 또는 과료'였고 이후 시대 변화에

따라 수차례 개정을 거듭하였다.

그런데 현행 「형사소송법」 제200조의3에 의거, 사형 · 무기 또는 '장기 3년 이상'의 징역이나 금고에 해당하는 죄를 범하였다고 의심할 만한 상당한 이유가 있고 소정의 법정 요건에 해당되는 경우에는 영장 없이 피의자를 '긴급 체포'할 수 있다.

이와 관련, 2009년 4월 1일 자 개정된 「도로교통법」에서는 주취 운전자 처벌 기준이 '3년 이하' 징역 또는 1,000만원 이하의 벌금으로 상향조정 되었는데, 이는 당시 우리 사회가 주취운전의 위험성을 크게 인식하고 국회가 그 경각심을 제고시키려는 목적하에 주취 운전자에 대해서는 법정 요건 충족 시, 경찰공무원이 '긴급 체포'할 수 있는 '중범죄자'의 범주에 포함시켰다는 점에서 상당한 의미를 가진다.[7]

한편 2025년 6월 4일부터 시행되는 「도로교통법」 개정법령에는 새로운 형태의 '음주측정 방해행위' 처벌 규정이 신설되었다. 이에 따라 만일 운전자가 교통사고를 내고 현장에서 일단 도주한 뒤 추후 교통사고 조사과정에서 교통경찰관의 주취운전 여부 측정을 곤란하게 하기 위해 일부러 다른 장소에서 술을 추가로 마신 사실이 적발되면 1년 이상 5년 이하의 징역이나 500만원 이상 2,000만원 이하의 벌금에 처해진다.

이 규정은 2024년 5월, 주취운전 교통사고 야기후 처벌을 피하기 위해 이른바 '술타기 수법'으로 다른 장소에서 추가로 술을 마시고 나서 경찰서에 자진 출두했던 가수 김○○ 사건을 계기로 신설된 것이다.

Ⅲ. 주취운전으로 인한 교통사고 야기 시 처벌 기준

주취운전 중 교통사고를 야기하거나, 교통사고 야기 후 현장 구호조치 및 신고를 하지 않거나, 경찰공무원의 음주측정을 방해한 사람은 아래와 같이 세 가지 법령에 의거 처벌된다.

1. 도로교통법(제82조 제2항)

자동차 등을 주취운전하거나 음주 측정에 불응하거나 측정을 방해한 사람에

---

7) 박찬걸. (2011). "주취운전죄와 관련된 최근의 입법과 판례의 동향", 「법학논총」. 28(3): 101－125.

대하여는 법 제82조 제2항에 의거 <표 3-19>의 기준에 따라 관할 시·도경찰청장이 그의 운전면허를 취소하고, 취소된 날로부터 일정 기간(결격기간) 신규 운전면허시험 응시 자격이 박탈된다.

〈표 3-19〉 운전면허 행정처분(취소) 및 시험 응시제한(결격)기간

결격기간	법규 위반행위 내용
2년	- 주취운전 중 교통사고를 일으킨 경우 - 주취운전 상태에 있다고 인정할만한 상당한 이유가 있는 사람이 자동차 등을 운전하여 교통사고를 일으키고 음주측정 방해행위를 한 경우
3년	- 주취 운전하다가 2회차 이상 교통사고 야기 또는 음주측정 방해행위를 한 경우
5년	- 주취운전 중 교통사고를 일으켜 사람을 다치거나 죽게 한 후 현장 구호조치 및 신고를 하지 아니한 경우 - 주취운전 중 교통사고를 일으켜 사람을 사망에 이르게 한 경우 - 주취운전 상태에 있다고 인정할만한 상당한 이유가 있는 사람이 자동차 등을 운전하다가 현장 구호조치 및 신고를 하지 아니하고 음주측정 방해행위를 한 경우 - 주취운전 상태에 있다고 인정할 만한 상당한 이유가 있는 사람이 자동차 등을 운전하다가 사람을 사망에 이르게 하고 음주측정 방해행위를 한 경우

2. 교통사고처리특례법(제3조 제2항 제8호)

「교통사고처리특례법」 제3조 제2항에 의거, 차의 교통으로 인하여 「형법」 제268조의 죄중 업무상 과실치상죄 또는 중과실 치상죄를 범한 경우와 과실 또는 중과실로 인해 다른 사람의 건조물이나 그 밖의 재물을 손괴한 경우(과실 재물손괴죄)에는 상호 합의로 피해자가 가해 운전자에 대한 명시적인 처벌 반대 의사가 있거나, 가해 운전자가 「보험업법」에 따른 '종합보험', 「여객자동차운수사업법」이나 「화물자동차운수사업법」에 의한 '공제'에 가입된 경우 검사는 그 차의 운전자에 대해서는 공소를 제기할 수 없다.

다만, 차의 운전자가 업무상 또는 중과실 치상죄를 범하고도 피해자에 현장 구호 조치를 하지 아니하고 도주하거나, 피해자를 사고 장소에서 다른 장소로 유기하고 도주한 경우, 경찰공무원의 음주측정 요구에 불응한 경우(다만, 운전자가 채혈을 요구한 경우는 제외), 주취 상태에서 운전하다가 경찰공무원으로부터 단속되거나, 교통사고로 인하여 사람을 다치거나 죽게 한 경우에는 설령 피해자가 명시적으로 가해 운전자에 대한 처벌을 반대하거나, 가해 운전자가 '종합보험' 또는

'공제'에 가입하고 있다고 하더라도 검사는 공소를 제기해야 하며, 피해 정도에 따라 5년 이하의 금고 또는 2천만원 이하의 벌금에 처할 수 있다.

3. 특정범죄 가중처벌 등에 관한 법률(제5조의11)

1966.3.26., 정부는 「형법」, 「관세법」, 「조세범처벌법」, 「산림법」, 「임산물단속에 관한 법률」, 「외국환관리법」 및 「마약법」에 규정된 특정 범죄에 대한 가중처벌 등을 규정함으로써 건전한 사회질서 유지와 국민경제의 발전에 기여할 목적으로 「특정범죄 가중처벌 등에 관한 법률」을 제정하였다.

한편 위에서 언급한 소위 '윤창호법'의 취지에 따라 지난 2019년 6월 25일부터 「특정범죄가중처벌법」상 관련 규정이 <표 3-20>에서 보는 바와 같이 개정·시행되어 주취운전 중 교통사고로 사람을 다치거나 죽게 한 가해 운전자에 대해서는 그 처벌 기준이 대폭 강화되었다.

〈표 3-20〉 주취운전으로 인한 치사·상 교통사고 발생 시 처벌 기준 변경 내역

구분		기존 기준	개정 기준
형사 처벌 기준	치상사고	- 징역: 10년 이하 - 벌금: 500만원~3천만원 이하	-징역: 1년~15년이하 -벌금: 1천만원~3천만원 이하
	치사사고	- 징역: 1년 이상 징역	-징역: 무기 또는 3년 이상

Ⅳ. '상습 주취 운전자'에 대한 규제 및 처벌 규정 신설

2023년도 주취운전 교통사고로 인한 사망자는 214명으로써 이는 전체 교통사고사망자의 7.8%에 해당하며 교통사고 사망자 중 여전히 높은 비율을 차지하고 있다. 또 지난 2019년부터 2013년까지 5년간 주취 운전자의 재범률은 평균 44.5%인 것으로 나타났다.

이런 사실은 그동안 「도로교통법」 등 국내 관련 법상 주취 운전자 처벌 기준과 경찰의 단속이 지속적으로 확대·강화되었음에도 불구하고 일부 운전자들의 주취운전 습관은 여전히 변함없다는 점을 반증한다. 정부는 이러한 상습 주취운전 행위를 근절하기 위하여 해외 선진국에서 운영 중인 '음주운전방지장치'를 도입·활용하는 내용의 「도로교통법」 개정안을 마련하여 2024년 10월 25일부터 시행 중이다.

1. '음주운전 방지장치' 부착 조건부 운전면허 제도 신설 · 시행

'음주운전 방지장치'(이하 '방지장치'라 한다)는 [그림 3-8]에서 보는 바와 같은 형태로써 운전자가 자동차의 시동을 걸기 전에 자신의 호흡을 측정해 알코올이 검출되지 않는 경우에만 시동이 걸리도록 하는 장치다.

「도로교통법」 제80조의2 제1항에 의거, 주취 상태에서 운전하거나, 경찰공무원의 음주 측정 요구에 불응하거나, 음주 측정을 방해하는 행위로 1회차 단속 · 처벌받은 사람이 처벌된 날로부터 5년 이내에 위와 동일한 위반행위로 재차 운전면허가 취소된 경우에는 각 위반 행위에 따른 운전면허 결격기간이 경과된 이후 신규 운전면허시험에 응시할 수 있다. 이 규정은 자동차 등(자동차와 원동기장치자전거) 또는 노면전차 운전자에게만 적용되고 원동기장치자전거의 일종인 '개인형 이동장치'(킥보드 등) 운전자에게는 적용되지 않는다.

만일 위 요건에 해당되어 운전면허가 취소되었던 사람이 새로운 운전면허시험에 응시 · 합격한 경우, 관할 시 · 도경찰청장은 당해인의 기존 결격 기간과 동일한 기간 동안 소정 규격의 '음주운전 방지장치'를 부착하고 운행할 것을 조건으로 한 '조건부 운전면허'를 발급 · 교부하여야 한다.

예를 들어 주취운전으로 운전면허가 취소된 날부터 2년간(결격기간) 운전면허를 받을 수 없었던 사람이 면허를 새롭게 취득한 경우에는 향후 2년간 '방지장치'를 의무적으로 부착한 상태에서 운전해야 하는 것이다.

[그림 3-8] 음주운전 방지장치

2. '방지장치' 부착 조건부 운전면허 소지자의 준수사항

「도로교통법」 제50조의3에 의거, '방지장치' 부착을 조건으로 자동차 등 운전면허를 받은 사람은 아래 의무를 준수하여야 한다.

(1) 등록 및 운행기록 제출 등

위의 조건부 운전면허를 받은 사람이 자신이 운행할 자동차 등을 운전하려는 경우에는 '방지장치'를 설치하고 그 내용을 관할 시·도경찰청장에게 등록하여야 한다. 같은 법 시행규칙 33조의3부터 33조의13 규정에 따라 기이 등록한 사항 중 '형식모델' 등 중요한 사항을 변경하는 때에는 이를 다시 등록해야 한다. 또한 「여객자동차운수사업법」 및 「화물자동차운수사업법」에 따른 운수사업자가 사업용 자동차에 '방지장치'를 설치하려는 경우에도 위와 동일하다. 아울러 '방지장치' 설치사항을 관할 시·도경찰청장에게 등록한 자는 '연 2회 이상' 해당 자동차의 운행기록을 관할 시·도경찰청장에게 제출하여 '방지장치'의 정상 작동 여부 등을 점검받아야 한다.

(2) '방지장치' 미부착 자동차 등 운전 금지, '방지장치'의 효용 저해 등 부정행위 금지

「도로교통법」 제80조의2에 의거 '방지장치' 부착 조건부 운전면허를 받은 사람은 '방지장치'가 설치되지 않거나 법정 기준에 적합하지 않은 '방지장치'가 설치된 자동차 등을 운전하여서는 아니된다. 아울러 누구든지 '방지장치'를 점검·정비 또는 폐차하거나, 교육·연구 목적으로 사용하거나, '방지장치' 부착 기간이 경과한 경우 등 몇 가지 법정 사유에 해당하는 사유 외에는 자동차 등에 설치된 '방지장치'를 해체하거나 조작 또는 그 밖의 방법으로 본래의 효용을 해치는 행위를 하여서는 아니 된다.

또한 누구든지 '방지장치' 부착 조건부 운전면허를 받은 사람을 대신하여 '방지장치'가 설치된 자동차 등을 운전할 수 있도록 자신의 호흡을 불어 넣거나 다른 부정한 방법으로 '방지장치'가 설치된 자동차 등에 시동을 거는 행위를 해서는 아니 된다.

3. 법정 준수사항 위반 시 처벌

「도로교통법」 제48조의3 규정에 의거, 만일 '방지장치' 부착 조건부 운전면허를 받은 사람이 관할 시・도경찰청장에게 등록하지 않고 '방지장치' 부착 자동차를 운전하는 경우에는 별도의 형사처벌 없이 조건부 운전면허가 취소된다.

또한 '방지장치' 부착 조건부 운전면허를 받은 사람이 '방지장치'를 설치하지 않고 자동차 등을 운전하거나, '방지장치'가 해체・조작되었거나, 효용이 떨어진 것을 알면서 해당 장치가 설치된 자동차 등을 운전한 경우에는 1년 이하의 징역 또는 300만원 이하의 벌금에 처하고, 그 사람의 조건부 운전면허도 취소한다. 아울러 조건부 운전면허를 받은 사람을 대신하여 '방지장치'가 설치된 자동차 등을 운전할 수 있도록 해당 장치에 호흡을 불어넣거나 다른 부정한 방법으로 '방지장치'가 설치된 자동차 등에 시동을 걸어 운전할 수 있도록 한 사람에 대하여는 별도의 행정처분 없이 형사처벌인 1년 이하의 징역 또는 300만원 이하의 벌금에 처한다. 그리고 '방지장치'를 해체・조작하거나 그 밖의 방법으로 효용을 해친 사람에 대해서는 3년 이하의 징역 또는 3천만원 이하의 벌금에 처한다.

Ⅴ. 평 가

위에서 살펴본 바와 같이 '주취운전'은 자신의 생명은 물론 타인의 삶까지 빼앗아 갈 수 있는 매우 중대한 범죄로써 주취운전 사고로 인해 피해를 입은 시민과 그의 가족이 겪게 될 고통을 생각한다면 운전자 스스로의 인식 변화가 절실하다.

이런 점을 감안, 한국 정부와 국회는 그동안 단순 주취운전 행위, 경찰공무원의 음주측정 불응 및 방해행위, 2회차 이상 상습 주취 운전자에 대한 음주운전 방지장치 부착 조건부 운전면허제도 시행, 주취운전으로 인한 교통사고 발생 시 처벌 형량 가중 등 관련 범죄의 양태 및 형량을 지속적으로 강화시켜 왔다.

그런데 최근 경찰청 통계에 따르면 주취 운전자의 재범률은 42%로서 마약류 사범의 재범률(30%)보다 높은 것으로 나타났다. 이러한 수치는 그간 한국에서 시행된 법적・제도적 대책만으로는 아직도 주취 운전자를 감소시키기에 미흡하다는 반증이고, 그래서 무언가 또 다른 획기적 대책이 강구되어야 한다는 여론도 적지 않다.

이와 관련 지난 2024년 11월 29일, 제22대 국회의 더불어민주당 박정현 국회의원은 운전자가 술에 취한 상태임을 알면서 그 차량에 함께 탄 사람도 처벌하는 '음주운전 방조죄'를 「도로교통법」 제44조의2에 신설하고 이를 위반한 사람에 대하여는 3년 이하의 징역이나 1,000만원 이하의 벌금에 처하도록 하겠다는 내용의 개정 법률안을 대표 발의하여 향후 귀추가 주목된다.

참고로 일본은 지난 2007년에 「도로교통법」을 개정, 주취운전을 방조한 차량 제공자, 동승자, 주류제공자 등을 처벌하고 있다. 그중 운전자에게 자동차 키를 빌려준 그 자동차의 주인은 5년 이하의 징역 또는 1,000만엔 이하의 벌금, 동승자에게는 3년 이하의 징역 또는 50만엔 이하의 벌금을 부과하고 있고, 운전면허 행정처분도 주취 운전자와 동일한 수준으로 적용하고 있다.

관련 보고서에 따르면 2007년 위와 같은 내용의 「도로교통법」 개정법률이 시행된 이후 2009년에 292명이었던 일본의 주취운전 교통사고로 인한 사망자 수는 2022년도에 120명으로 대폭 감소하는 효과를 거두었다고 한다.

그런데 현재 한국은 일반 「형법」 제32조(종범) 규정에 따라 주취운전 자동차에 동승한 사람의 경우 주취운전을 적극적으로 권유하는 '교사행위' 또는 주취운전임을 알았지만 적극적으로 그것을 막지 않은 '방조행위'가 구체적으로 입증되어야만 처벌이 이루어지고 있어, 설령 경찰공무원에 의해 주취운전 방조혐의로 단속되고 검찰이 기소하더라도 법원에 의해 실형이 선고되는 이르는 경우는 거의 없는 실정이다.

실제로 지난 2020년 9월, 인천 을왕리 해수욕장 인근 도로에서 술을 마시고 벤츠승용차를 몰다가 치킨 배달을 하던 50대 가장을 치어 사망케한 30대 운전자의 주취운전 사망교통사고 당시에도 '자신보다 술을 덜 마셨다'고 하면서 자신의 회사 법인 자동차의 키를 넘겨주었던 동승자의 교사·방조행위가 명확하게 입증되지 않아 당시 인천지방법원은 동승자에게 집행유예를 선고했다.

2024년 8월, 주취운전 방조 혐의로 기소된 동승자에게 광주지방법원은 '만취한 상태에서 운전자 등에게 이끌려 차량에 탑승한 동승자에게 운전자의 주취운전 실행을 돕거나 방조하는 행위를 하지 않은 것으로 보여 방조행위의 고의는 보이지 않는다'라고 하면서 결국 무죄를 선고한 바 있다.

'주취운전 금지'는 아무리 강조해도 지나치지 않고, '주취운전 처벌 기준'은 아무리 강화되어도 그에 대한 국민들의 저항감은 여타 규제에 비해 상대적으로 매우 적은 게 사실이다.

따라서 이번 22대(2024.5~2028.5) 국회에서는 「도로교통법」상에 '주취운전 방조죄' 및 그 처벌 규정을 반드시 신설하여, 동승자에게 강력한 경각심을 심어줄 필요가 있다. 또한 위와 같은 법령 신설 여부와 관계없이 운전자가 술에 취한 상태임을 알게 되면 본인이 그 차에 동승하지 않은 것은 물론이고, 해당 운전자에게도 절대로 주취운전을 하지 말도록 적극 만류하는 분위기가 정착됨으로써 앞으로 주취운전 행위는 조속히 근절되도록 해야 한다.

제6절 중요 교통법규 위반자 단속 방식의 다양화 · 고도화

'주취운전' 이상으로 중요한 문제가 바로 과속(제한속도 초과) · 교통신호 위반 및 난폭운전 등이며, 이런 위반행위는 매년 발생하는 교통사고 요인 중 많은 비율을 점유하고 있다.

경찰청은 중요한 교통법규 위반행위에 대하여 교통경찰관이 관내 도로 순찰 중 육안으로 법규 위반차량 발견 시 차량을 정지시키고 운전자와 직접 대면 접촉하여 단속하는 기존 방식에서 벗어나, 최근에는 점차 무인 카메라 시스템에 의한 단속과 암행 순찰차 활용 비노출 단속 및 시민들의 공익신고에 의한 단속 등 점차 그 방식을 다양화 · 고도화하고 있다.

Ⅰ. 무인 카메라 시스템에 의한 단속

1. 교통단속 자동화 처리시스템 도입 · 운영(고정식, 이동식)[8]

한국 경찰은 과거 교통경찰관의 법규위반자 단속 과정에서 발생하는 운전자와의 마찰이나 뇌물수수 등 부조리 문제를 근절하고, 보다 공정하고 효율적인 단속관행을 정착시키기 위해 [그림 3-9]와 같은 '무인 교통단속 자동화 처리시스템'을 도입 · 운영하고 있다.

이는 도로상에 설치된 고정식 또는 이동식 단속카메라가 과속이나 신호위반 등 법규위반자를 적발하면 사전 구축된 운영프로그램을 통해 On-Line으로 각 시 · 도경찰청 교통용 전산시스템 서버에 단속한 영상자료를 전송, 시스템상에서 자동적으로 법규위반 내용과 현장 사진을 첨부한 봉함 우편엽서를 작성하고, 관련 기관이 보유하고 있는 해당 차량의 차적조회를 통해 확보한 주소지로 「범칙금

---

8) 경찰청. (1996.10), 「도로교통안전백서」.

납부 통고서」를 송부하는 방식으로서 관련 업무의 효율성을 극대화한 장치이다.

경찰청은 1995년에 최초로 전산 자동화시스템에 연결된 무인단속장비 4대를 도입·설치한 이후 이를 계속 확대함으로써 기존 '인력에 의한 현장 단속 방식'에서 '과학 장비에 의한 비접촉 무인 단속 방식'으로의 질적 전환을 지속적으로 추진하고 있다. 무인 카메라 시스템으로 단속 가능한 항목은 과속운전·신호위반·교차로 내 정차금지 위반·버스전용차로 통행금지 위반 등이며, 2023년 현재 전국에 설치된 수량은 <표 3-21>과 같다.

이 표에서 '고정식'은 평상시 과속 운전 빈발 지점에 연중 고정적으로 설치하는 장비이고, 그중 '탑재형 이동식'은 교통순찰차 상단 지붕에 24시간 고정시키고 순찰(이동)하면서 단속하는 장비이다.

'일반형 이동식'은 교통경찰관이 순찰차 트렁크에 휴대하고 다니다가 그때그때 필요하다고 판단하는 지점에 일정 시간 설치해 놓고 단속하는 장비이다.

[그림 3-9] 무인 교통단속 자동화 처리시스템 구성도

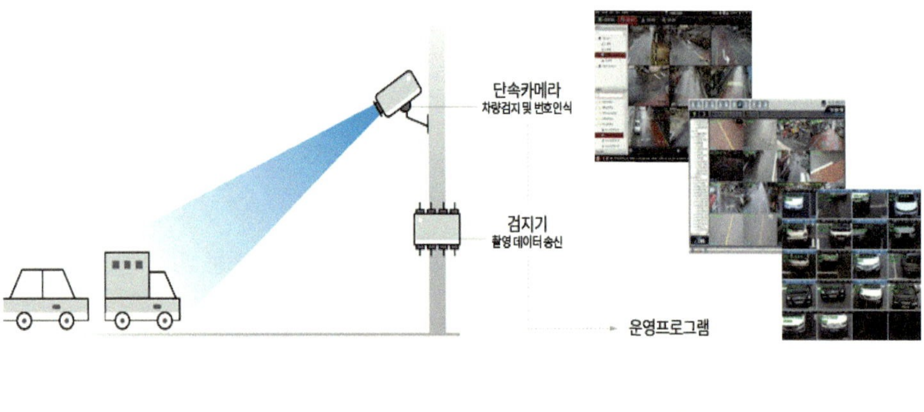

〈표 3-21〉 연도별 무인 교통단속 장비 설치 현황

(단위: 대)

구분	2020	2021	2022	2023
계	10,164	14,315	20,262	24,407
고정식	9,741	13,860	19,675	23,809
일반형 이동식	423	435	523	513
탑재형 이동식	–	20	64	85

출처: 경찰청 내부 자료.

2. 구간단속 시스템 운영

기존의 고정식(특정 지점) 무인단속 장비는 그 효율성에도 불구하고 운전자가 설치 지점 직전에서만 잠깐 속도를 줄이고 그곳만 지나면 또다시 과속을 반복하는 이른바 '캥거루 운전'이 이루어지는 단점이 있었다. 경찰청은 이런 문제를 해소하기 위해 [그림 3-10]에서 보는 바와 같이 일정 구간의 시점과 종점에만 단속카메라를 설치하고 그 구간의 평균속도를 측정, 운전자의 과속 여부를 판정하는 '구간단속 시스템'을 점차 확대 설치·운영하고 있다.

최근 연구 결과 '구간단속 방식'은 '지점단속 방식'에 비해 운전자에게 보다 큰 경각심을 주고, 그에 따라 교통사고 발생률을 최대 30%까지 감소시키는 등의 장점도 있으나, 시스템 구축·유지 비용 과다 및 현실적으로 과속 운전자를 100% 완벽하게 포착하지 못하는 등의 단점도 있는 것으로 보고되고 있다.

[그림 3-10] 무인 구간단속 시스템

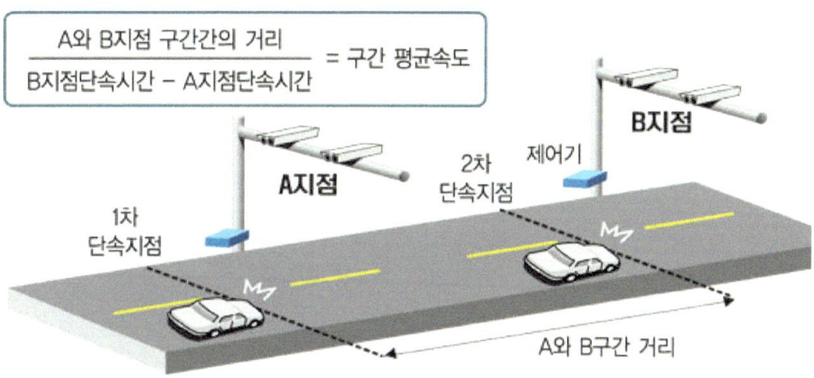

3. 후면 단속 시스템 개발·운영

기존 무인 교통단속 장비는 차량 전면 번호판만을 카메라로 촬영하여 위반 여부를 판별하기 때문에 오토바이(「도로교통법」상 배기량 125CC 이하는 원동기장치자전거, 125CC 초과는 이륜차)처럼 차체의 후면에 번호판을 부착하는 차량에 대해서는 속수무책이었다.

특히 지난 2019년부터 전 세계적으로 확산되기 시작한 '코로나바이러스감염증-19'으로 인해 국내에서는 배달 문화가 정착되어 2020년 이후부터는 배달용 이륜차의 교통법규 위반 사례 및 그에 따른 교통사고가 증가하기 시작했다.

이런 문제점을 감안, 경찰청에서는 전문기관의 연구 용역 및 시범 실시기간을 거쳐 2023년 4월부터 [그림 3-11]과 같이 카메라가 차량의 후면에 부착된 번호판도 판독 가능한 '후면 교통단속 장비'를 확대 설치하고 있다.

[그림 3-11] 후면 교통단속 장비

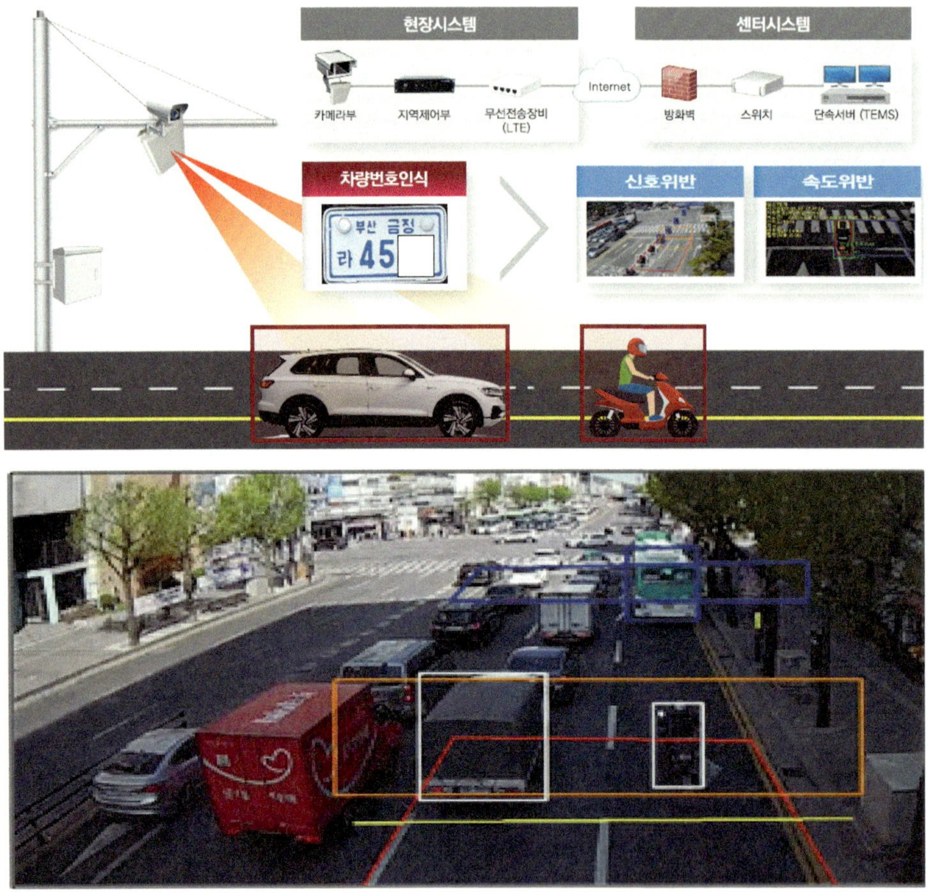

4. 무인 교통단속장비 설치 · 운영에 따른 교통사고 및 사망자 감소 효과

경찰청이 2018~2023(6년)간 무인 단속장비 설치 효과를 분석한 결과, <표 3-22>에서 보는 바와 같이 연평균 교통사고 발생건수는 16.7%, 사망자 수는 53.0% 감소한 것으로 나타났다.

〈표 3-22〉 무인 교통단속장비 설치 전후 교통사고 및 사망자 수 감소 효과

설치 연도	설치 대수	교통사고 발생건수(건)				교통사고 사망자 수(명)			
		설치 전 1년	설치 후 1년	감소(건)	감소율 (평균: %)	설치 전 1년	설치 후 1년	감소(명)	감소율 (평균: %)
총계	21,263	56,219	46,804	−9,415	−16.7	696	327	−369	−53.0
2018	1,347	6,058	5,236	−822	−13.6	109	41	−68	−62.4
2019	1,386	6,190	5,226	−964	−15.6	143	57	−86	−60.1
2020	2,027	9,201	7,341	−1,860	−20.2	68	28	−40	−58.8
2021	4,961	10,970	9,034	−1,936	−17.6	137	72	−65	−47.4
2022	6,119	13,329	11,691	−1,638	−12.3	157	97	−60	−38.2
2023	5,423	10,471	8,276	−2,195	−17.1	82	32	−50	−61.0

출처: 경찰청 내부 자료.

Ⅱ. 암행 순찰차 활용 '비노출 단속'

암행 순찰차는 교통경찰관이 외관상 일반승용차와 동일한 차량으로 평상시 정상적인 순찰 활동을 하다가 만일 법규위반 차량이 나타나면 즉시 차량의 앞유리나 뒷유리 또는 그릴이나 지붕 등에 숨겨놨던 경광등을 점등하고 싸이렌을 울리면서 대상 차량을 추적, 일정 구간 진행 후 정차시키고 통상 절차에 따라 단속업무를 수행하는 차량으로서 일명 '위장 차량(Unmarked Traffic Police Vehicle)'이라고도 불린다.

경찰청은 지난 1999년, 비노출 암행 순찰차를 활용한 교통법규 위반자 제1차 시범 단속을 추진했으나, 당시 제반 여건 및 사회적 분위기 미성숙 등으로 인해 본격적인 시행은 하지 못한 바 있다.

그러다가 2016년에 과속·중앙선 침범 및 난폭운전 등 근절을 통한 '교통사고 감소 대책'의 일환으로 다시 제2차 시범 단속을 실시하였다. 다행히 제2차 시범 운용 기간에는 제1차 시범 당시에 비해 경찰에 대한 국민들의 신뢰성 제고 및 여러 가지 사회적 여건의 성숙 등으로 별다른 부정적 여론이나 비판적 언론기사가 보도 되지 않았고, 암행 순찰차 활용 '비노출 단속'은 현행 교통경찰의 단속 방식 중 하나로 확실히 자리를 잡아 그 활용범위가 점차 확대되고 있는 중이다.

2016년도 경찰 발표에 따르면 당시에는 국제경제협력개발기구(OECD) 회원국

중 미국 · 일본 등 약 20여개 국가의 경찰이 이미 비노출 암행 순찰차에 의한 교통 단속을 실시하고 있었다.

미국은 각 주마다 다소 다르지만 뉴욕시에서는 유명 택시인 옐로우캡(Yellow Cab)으로 위장한 암행 경찰차량이 도로를 순찰하다가 교통법규 위반 차량을 발견하면 즉시 경광등과 싸이렌을 울리면서 튀어나와 단속하며, 일본 경찰에서는 일명 '복면 패트롤 카'라고 불리는 암행 교통순찰차가 운용되고 있다.

1. 제1차 시범 실시

과거 교통경찰관에 의한 대면 접촉 단속이나 특정 지점에 설치되 무인 카메라 단속은 일반 국민들로 하여금 교통경찰관이나 무인 카메라가 설치된 지점만 회피하면 된다는 안이한 사고방식에 빠질 수 있도록 하는 문제가 있었다.

이에 1999년 5월, 경찰청에서는 설령 교통경찰관이 보이지 않아도 언제 어디서나 운전자가 자율적으로 도로교통 법규를 준수하는 선진 교통문화가 정착되도록 하겠다는 취지하에 일단 한시적으로 전국 고속도로상에 기존 교통순찰차 대신 일반승용차를 투입, 이른바 '암행 순찰차' 단속을 시범적으로 실시하였다.

그러나 당시까지만 해도 한국에서는 교통경찰관이 법규 위반자 단속 과정에서 금품을 수수하기도 했던 기존의 부정적인 이미지가 남아 있었다. 그 결과 많은 국민들이 경찰의 새로운 단속 방식을 지지하지 않았고, 언론에서도 부정적인 내용의 비난 기사를 보도하는 등 분위기가 제대로 성숙되지 않아 제1차 시범 실시는 약 3개월여 만에 종료되었다.

2. 제2차 시범 실시 후 본격 실시

제1차 시범 실시 후 약 17년이 지난 2016년 1월, 경찰청(교통국)은 당시 일부 OECD 회원국에서 운영 중인 '암행 순찰차 활용 비노출 단속 제도'를 국내에 도입할 예정이라고 발표했다.

아울러 국민들의 공감대를 형성하기 위해 1단계로 3월 1일부터 6월 30일까지 4개월간 경부고속도로에서 단속을 실시하고, 제2단계로 7월 1일부터 10월 31일까지 4개월간 주요 교통축과 통행량을 고려해 서울외곽순환고속도로 · 영동고속도로 및 서해안고속도로까지 확대한 후, 그해 연말에는 전국 고속도로순찰지구대(2025년 현재 12개소)별로 해당 차량을 1~2대씩 보급해 점차 전국 도로에 확대 · 운영하기로 하였다.

당시 고속도로상 암행 순찰차의 주요 단속 대상 항목은 버스전용차로 위반, 갓길 운행 등 노출 단속이 어려운 이른바 '얌체 운전'과 사고 위험성이 높은 급차선 변경·급제동 등 '난폭운전'이었다.

아울러 암행순찰 단속은 주간에만 실시하고, 평소 비노출 순찰 중 법규위반 차량을 발견하면 경광등·사이렌·안내판 등을 활용 경찰순찰차임을 표시한 후 단속하고, 경찰의 단속과정은 자체 블랙박스를 활용하여 모두 녹화하기로 하였다.

참고로 경찰청은 제1차 시범실시 기간과는 달리 제2차 시범운영 개시 이전 단계에서 매우 특별한 관심을 가지고 적극적인 대국민 홍보를 실시했는데 그 내용은 다음과 같다.

> 경찰의 암행 순찰차를 활용한 '비노출 단속'은 향후 두 차례에 걸친 시범 실시 후 그 효과를 면밀히 평가한뒤 성과가 좋으면 그 다음 해부터 전국으로 확대할 예정입니다. 암행 순찰차는 일반 순찰차와 달리 겉으로는 일반승용차와 똑같은 모양을 하고 있으며, '중형 세단형 차량'에 경광등 3개와 사이렌 및 경찰 마크가 장착되어 있습니다. 만일 도로상에서 법규위반 차량이 발견되면 차량 후면 유리창 안쪽에 설치된 전광판에 '정차하세요'라는 문구가 현출되면서 담당 교통경찰관이 스피커를 통해 구두로 정차를 지시할 것이니, 대상 차량 운전자는 절대로 도주하지 말고 경찰 지시에 따라 차도 우측에 안전하게 정차하기 바랍니다.

위와 같은 단계적 홍보와 함께 대략 2000년부터는 한국 경찰의 청렴성·공정성 등에 대한 국민들의 평가가 매우 긍정적으로 변화되면서 경찰의 교통단속 과정에 대한 신뢰도 역시 매우 높아져 있었기 때문에 암행 순찰차를 활용한 비노출 단속 계획은 2017년부터 당초 일정에 따라 점차 확대되기 시작하였다.

2020년 2월부터는 고속도로와 자동차 전용도로에서만 이루어지던 암행 순찰차 단속이 주요 도시내 도로에서도 이루어졌다. 또한 이때부터는 종전보다 더욱 다양한 기종과 색상의 차량이 경찰의 암행 순찰차로 활용되기 시작했다.

한편 무인 단속 카메라에 번호판이 찍힌 과속 차량에 대하여는 차적 조회를 통해 차주의 주소를 확인, 80km/h 이하로 과속한 경우에는 「도로교통법」 제17조 제3항, 제156조 및 제160조에 의거 통고처분(20만원 이하 벌금 부과)하는 내용의 범칙금 고지서 발부 및 벌점을 부과하고, 80km/h를 초과한 경우에는 같은 법 제

151조의2, 제153조 제2항, 제154조, 제156조에 따라 추후 경찰관서에 출석시켜 소정의 수사 과정을 거친 뒤, 제한속도 위반 정도를 기준으로 그에 따른 형사처벌과 행정처분이 이루어진다.

2020년 12월 10일부터는 자동차 등의 과속운전 처벌 규정이 대폭 강화·개정된 「도로교통법」상 위 관련 규정에 따라 <표 3-23>과 같은 기준으로 형사처벌과 함께 운전면허 행정처분이 집행된다.

〈표 3-23〉 제한속도 초과(과속) 운전에 따른 형사처벌 및 행정처분 기준

연번	위반 내용	형사처벌	벌점 부과 등 행정처분
1	20km/h 이하	범칙금 3만원	벌점 없음
2	20km/h 초과 ~ 40Km/h 이하	범칙금 6만원	15점
3	40Km/h 초과 ~ 60Km/h 이하	범칙금 9만원	30점
4	60Km/h 초과 ~ 80km/h 이하	범칙금 12만원	60점
5	80km/h 초과 ~ 100km/h 이하	30만원 이하 벌금 또는 구류	80점
6	100km/h 초과	100만원 이하 벌금 또는 구류	100점
7	3회 이상 100km/h 초과	1년 이하 징역 또는 500만원 이하 벌금	운전면허 취소

3. 암행(비노출) 단속 방식의 고도화 및 효과

2021년 11월부터는 교통경찰관이 순찰차량을 타고 이동하다가 무인 단속 카메라가 있는 지점이나 구간에서는 잠시 제한속도를 준수하고 해당 구간을 벗어나면 또다시 과속 운전을 일삼는 일명 '캥커루 운전자'들을 보다 효과적으로 단속할 수 있도록 하기 위해 일반 교통순찰차 및 암행 순찰차에도 아래 [그림 3-12]와 같은 형태의 '이동식 과속단속 카메라가 포함된 장비' 일체가 탑재되었다.

한편 2024년 3월 15일부터 개정·시행된 「개인정보보호법」 제2조, 제25조의2 및 같은 법 시행령 제27조의2에 의거, 개인이나 공공기관 등이 업무 수행 등 필요에 따라 영상 촬영을 하려면 반드시 사전에 정보 주체에게 이를 알리도록 의무화되었다.

이 규정에 따라 기존 고정형 CCTV는 물론 드론(Drone) 등 '이동형 영상정보처리기기'를 이용하여 공개된 장소에서 업무를 목적으로 사람 또는 그 사람과 관

련된 사물의 영상을 촬영하는 경우에도 불빛·소리·안내판·서면·방송 또는 그 밖에 이에 준하는 수단이나 방법으로 정보 주체가 촬영 사실을 쉽게 알 수 있도록 표시하여 알려야 하며, 만일 촬영 방법의 특수성 등으로 인해 위와 같은 방법으로 정보 주체에게 촬영 사실을 알리기 어려운 경우에는 같은 법 제7조에 의거 국무총리 소속 '개인정보보호위원회'가 구축·운영하는 인터넷사이트에 공지하는 방법을 통해서라도 반드시 알려야 한다.

이 규정상, 기존 경찰순찰차에 장착된 '이동식(탑재형) 단속 카메라' 역시 '이동형 영상정보처리기기'에 해당되므로 교통경찰관이 순찰차를 타고 이동하면서 과속 등 교통법규 위반자 단속 업무를 수행하는 경우에도 반드시 촬영 사실을 상대방에게 알려야 할 의무가 생긴 것이다.

그런데 평상시 암행 순찰차가 관내 도로를 순행하면서 평소 '교통법규 위반자 단속중'이라는 문구를 항상 전광판 등에 표시하고 다닌다면 암행 순찰차를 운용하는 본래 의미가 거의 상실될 수밖에 없다.

따라서 현재 경찰은 전국 각 경찰관서 및 고속도로순찰대 관할 도로상의 가변안내전광판(VMS: Variable Message Sign)이나 별도 표지판 등에 [그림 3-12]와 같이 '이동식 단속 중' 또는 '암행순찰 단속 중'이라는 내용의 안내 문구를 게시하는 방식으로 위 법령을 준수하고 있다.

[그림 3-12] 암행 순찰차 형태 및 암행 순찰 단속 표시 문구

지난 2017년 고속도로상 암행 순찰차를 활용한 비노출 단속이 본격적으로 시행된 이후 약 5년이 지난 2021년도 기준 통계에 의하면 그해 한 달 평균 과속이나 난폭운전으로 적발된 운전자 수는 660건인데, 이는 과거 3년 전에 비해 오히려 3배 이상 증가한 수치라는 보도가 있었다.

그런데 당시 이런 현상은 종래에 경찰에 단속되지 않았던 이른바 '캥거루족'들

이 암행 순찰차가 등장한 이후 비로소 표면화되어 대거 단속되었기 때문이라는 것이 대체적인 평가였고, 과거 한국보다 더 이른 시기에 암행 순찰차 단속을 실시했던 해외 여러 국가에서도 시행 초기 약 5~6년 이내에는 유사한 현상이 초래되었다고 한다.

Ⅲ. 일반 시민들의 공익신고 활용 단속

어느 나라나 교통법규 위반 운전자들을 교통경찰관의 힘만으로 단속하는 데에는 한계가 있다. 2023년도 경찰청이 발간한 「경찰통계연보(제67호)」에 따르면 현직 경찰공무원의 총정원은 약 13만 1천명으로써 경찰관 1명이 담당하는 인구수는 전국 평균 393명이다. 아울러 경찰의 총 18개 세부 기능 중 '도로교통' 업무에만 전종하는 교통경찰관 수는 7,013명으로 전체의 약 5.4%에 불과하다.

따라서 앞으로 한국의 도로교통사고 피해를 더욱 획기적으로 감소시키기 위해서는 교통경찰관만으로는 턱없이 부족하고, 평상시 정의감과 준법 의식을 가진 일반 국민들의 지원과 도움이 절실하다.

이러한 차원에서 한국 경찰은 지난 1980년대 초부터 우편엽서에 의한 국민들의 교통법규 위반자 신고가 있을 경우 당사자를 경찰서에 출석시켜 사실관계 조사 후 통고처분하는 제도를 시행했었다.

그런데 이러한 '우편엽서 신고 제도'는 여러 가지 여건상 지지부진한 상태를 면치 못했고, 후술하는 바와 같이 지난 2001년에 손해보험협회의 지원을 받아 '교통법규 위반차량 신고 보상금' 지급 제도를 시행했으나 이 제도 역시 여러 가지 여건상 약 22개월간 운영하다 폐지하였다.

그 후 2000대 초, 한국 경찰청은 인터넷을 통한 사이버경찰청(www.police.go.ke)을 개설, 민원접수 등 여러 경찰 활동을 인터넷을 통해서도 진행하기 시작했고, 2015년 4월에는 '교통법규 위반자'를 On-Line으로 제보받아 '공익신고' 방식으로 처리하는 '스마트 국민제보 서비스'를 개시하였다.

그런데 지난 약 9년간 경찰청 주관하에 운영되어 오던 '스마트 국민제보 서비스'는 신고 과정상 국민들의 혼동과 불편이 초래됨을 감안, 2024년 4월부터는 행정안전부가 주관하는 '안전신문고'에 통합하여 운영 중이다.

1. 교통법규 위반차량 신고 보상금(일명 '카파라치') 제도 시행

지난 2001년 3월부터 '교통사고 줄이기' 정책 관련 세부 시책의 하나로 만일 일반시민이 교통법규 위반차량을 발견하여 본인이 직접 카메라로 찍은 사진 증거물과 함께 위반차량의 번호를 관할 경찰서에 신고하면 손해보험협회가 조성한 기금에서 일정 액수의 보상금을 지급하는 제도를 새롭게 시행하였다.

초기에는 중앙선 침범, 교통신호 위반, 고속도로상 갓길 운행, 버스전용차로 통행 위반 등 4개 항목 위반 차량에 대해서만 실시했다. 이 시책은 평상시 제복을 입은 교통경찰관이나 교통순찰차가 보이지 않더라도 일반 시민들이 24시간 언제든지 자신의 교통법규 위반행위를 촬영할 수 있다고 생각하면 평상시 운전자들이 함부로 교통법규를 위반할 수 없어 결국 자연스럽게 국민들의 준법정신이 정착될 것이라는 아이디어에서 시작됐다. 그런데 이 제도는 시행한 지 약 22개월째 되는 2002년 12월 말에 폐지되었다.

그 첫 번째 이유는 고급 망원렌즈가 부착된 카메라를 들고 평상시 교통법규 위반 가능성이 높은 장소에 온종일 머무르면서 거의 직업적·전문적으로 1일 수백 장씩 법규위반 차량의 사진을 찍어 관할 경찰서에 제출하고 그에 따른 거액의 보상금을 받아 가는 이른바 카파라치[9]가 많이 생겨났고, 이로 인해 국민 상호 간 불신감이 조장된다는 사회적 비난이 있었기 때문이다.

2002년 5월 경찰청 발표에 의하면 카파라치 제도가 처음 시행된 2001년 3월부터 1년 동안 전국 경찰에 접수된 교통법규 위반 신고건수는 총 357만 5천17건으로 이는 당시 전체 자동차 등록대수의 4분의 1에 해당되는 수치다. 아울러 1년 동안 100만원 이상의 포상금을 받은 사람은 전국적으로 총 2,393명이었고 서울 강남경찰서는 카파라치 김모 씨에게 6개월간 총 7,517만원을 지급했다고 한다.

두 번째 이유는 자동차 운전자의 잘못보다는 그 장소의 교통신호 체계나 안전표지 등 교통안전 시설이 매우 불합리한데도 불구하고, 경찰이 이런 안전시설을 신속하게 개선·보완하지 않은 상태에서 카파라치들이 몰래 촬영한 사진을 근거로 단속하는 것은 일종의 '함정 단속'으로서 윤리적으로도 용납할 수 없다는 비판도 있었다.

당시 상당 액수의 기금을 조성하여 보상금을 지급하면서 이 제도를 적극 지원

---

9) '몰래 사진 찍는 제보꾼'이라는 의미의 이탈리아어 Paparazzi에 Car를 접두어로 붙인 일종의 조어로서, '교통법규 위반 전문 신고꾼'이라는 의미의 비난성 한국어.

했던 손해보험협회 분석에 따르면 신고보상금 제도 시행 이후 전국적으로 가장 신고가 많았던 100개 지역을 임의 선정하여 조사한 결과, 신고 보상금 제도 시행 전후 1년간의 수치를 비교할 때 교통사고 발생률은 46%, 사상자수는 48% 각각 감소한 것으로 나타났다.

이렇게 볼 때 당시 '신고보상금' 제도의 교통사고 감소 효과는 분명히 긍정적이었다.

그럼에도 불구하고 시행 한지 불과 22개월 만에 그 제도가 폐지되었다는 것은 설령 어떤 행정목적 달성 효과가 높은 제도라고 하더라도 일반 국민들에 의해 윤리적·사회적 비난이 생기는 경우에는 결코 이를 오랫동안 지속시킬 수 없다는 값진 교훈을 남겼다.

여담으로는 위와 같은 문제로 인해 교통법규 위반차량 신고보상금 제도가 2002년 12월 말에 전격적으로 폐지되자, 카파라치들은 담파라치(담배꽁초 투기 전문), 노파라치(노래방 불법영업 전문), 팜파라치(불법약품 판매행위 전문), 슈파라치(불량식품 및 유통기간 경과 식품 판매 슈퍼마켓 전문) 및 쓰파라치(불법 쓰레기 투기 전문) 등 정부와 지자체 주관하는 다른 분야의 신고보상금을 노리는 신종 파파라치로 전업했다고 한다.

한편 2006년 3월에는 한국 교통시민협회, 안전생활실천연합, 교통문화운동본부, 녹색어머니회 등 전국의 127개 시민단체들이 연합하여 구성한 '교통사고 예방 시민연대'가 발족되었다. 이들은 과거 카파라치들과 달리 별도의 신고보상금 없이 전국 교통사고 다발지역에서 4인 1조로 교통법규 준수 캠페인과 함께 일정기간 계도 후 교통법규 위반 차량을 카메라로 찍어 관할 경찰서에 신고하는 활동을 상당기간 이어갔고, 손해보험협회는 시민봉사대원들에게 필요한 홍보용 프래카드, 피켓, 단체 유니폼 등을 지원하였다.

2. '스마트 국민제보(공익신고)' 제도 시행

2015년 4월, 경찰청은 일반 시민들이 자기가 찍은 법규 위반행위의 사진이나 동영상을 직접 온라인 사이트에 올려 신고할 수 있는 '스마트 국민제보 서비스'를 개시했다.

이는 그 당시 이미 국내 많은 사람이 자신의 핸드폰을 이용한 동영상 촬영이 보편화되어 있었고, 많은 차량에 자기방어용 블랙박스가 설치되어 있었기 때문에 경찰청에서는 이러한 점에 착안, 자체 전산시스템 메인 서버의 저장용량을 대폭 증설하는 선결 조치 후 새로운 '공익신고' 제도를 신설한 것이다.

또 다른 배경으로는 과거에 비해 자가용 자동차를 보유한 젊은 층이 많아졌고, 운전자들의 교통법규 준수 의식도 훨씬 높아져 있었기 때문에 비록 보상금이 전혀 없음에도 불구하고, 도로상에서 교통법규 위반차량을 발견하면 순수한 시민의식에 기반한 자발적 공익신고가 많을 것이라는 기대도 있었다.

2017년도 경찰청 발표에 의하면 그해 12월 말 현재 최근 6개월간 전국적으로 무려 50만 197건의 공익신고가 들어왔다고 한다.

이러한 공익신고는 휴대폰전용 APP이나 사이버경찰청 내 누리집 사이트(www.onetouch.police.go.kr)를 이용하여 촬영된 사진이나 동영상을 Up-Road시키면 되는데 파일 용량은 최대 120MB까지만 허용된다.

교통법규 위반차량 신고는 형법상 '증거주의 원칙'에 따라 신고인이 제출한 증거자료(사진, 동영상)에 의해 피신고자의 위반 내용이 명백히 증명되어야만 그에 따른 형사처벌이나 행정처분이 이루어질 수 있다. 따라서 신고할 때 반드시 입력해야 할 내용은 차량번호, 위반항목, 위반일자, 위반시간, 위반장소, 간단히 요약한 위반 내용이며, 신고 대상 항목은 과속, 신호 위반, 중앙선 침범, 불법 유턴, 난폭・보복 운전 등 각종 「도로교통법」 위반 행위이다.

위와 같은 절차에 따라 경찰청 전산서버에 신고가 접수 완료되면, 해당 위반행위가 발생한 관할 경찰서(교통과)로 그 내용이 송부되어 해당 경찰서에서는 위반행위 내용에 따라 범칙금이나 과태료 납부용지를 발송하고, 중대한 위법 사안인 때에는 대상자를 경찰서에 출석시켜 조사한 후 그 결과에 따라 조치한다. 참고로 경찰청에서는 위반일로부터 2일(48시간)경과 후 신고된 사안은 설령 그 위반행위가 확인되더라도 피신고자에 대해서 단순 경고 또는 계도 조치토록 하고 있다.

3. 기존 '스마트 국민제보 폐지', '안전신문고'로 통합 운영

2024년 4월부터는 그간 경찰청이 독자적으로 운영하던 '스마트 국민제보' 서비스를 폐지하고, 행정안전부가 운영 중인 '안전신문고'로 동 서비스를 이관하여 통합・운영하고 있다.

'안전신문고'는 행정안전부가 지난 2014년에 최초로 출시하여 시민들의 생활 속에서 발생하는 모든 안전 위험 요소를 사진이나 동영상으로 찍어 휴대폰전용 APP이나 누리집사이트(www.safetyreport.go.kr)를 통해 신고할 수 있도록 한 공익신고 시스템으로서 '스마트 국민제보'에 비해 서비스 영역이 다소 넓었다.

'안전신문고'의 주요 신고 대상 항목은 도로시설물 파손이나 건설공사장 위험, 수질 환경 오염 등 '안전' 분야, 불법 광고물, 불법 쓰레기 투기, 불법 숙박 등 '생활 불편' 분야, '자동차 또는 교통법규 위반' 분야이다. 그중에서 교통법규 위반 분야는 '경찰청' 소관인 일반자동차·이륜자동차 위반 사항과 '지방자치단체' 소관인 시내 도로상 버스전용차로 위반, 자동차등록번호판 규정 위반, 불법 튜닝·해체, 기타 자동차 안전기준 위반 등이었다.

그러다 보니 양쪽 공익제보 서비스의 신고 대상별 차이를 명확히 구분하지 못한 시민들은 그동안 경찰청 소관사항을 안전신문고에 제보하는 경우가 많았고, 그에 따른 행정 절차 지연 등으로 인한 민원 및 항의가 빈번하게 발생되었다. 참고로 2023년 상반기 안전신문고에 접수된 교통법규 위반 신고는 하루 평균 약 2,800건 이었고, 이를 경찰청 교통안전과 등 소관부서와 전국 18개 시·도 경찰청을 거쳐 관할 경찰서까지 수작업으로 일일이 분류하여 이송하는 데에는 통상 3~4일이 걸릴 정도로 그 업무량이 과중한 상황이었다.

이런 점을 감안, 지난 2023년 양 기관 간 협의과정을 거쳐 경찰청의 기존 '스마트 국민제보 시스템'을 상대적으로 규모가 큰 행정안전부 '안전신문고'에 통합·운영하기로 결정하였다.

안전신문고의 '안전'에 포함되어 있던 교통법규 위반 신고 기능을 '자동차·교통위반'으로 확대 개편하여 일단 접수된 신고는 소관 사항별로 자동 분류하여 관할 경찰관서와 각 지방자치단체 등 처리 기관까지 자동 이관되도록 관련 서비스 시스템을 대폭 개선·보완하였다. 그 결과 일련의 행정 처리 업무가 상당히 간소화되고 행정처분 기간도 그만큼 단축됨으로써 한층 더 신속한 공익신고 업무 처리가 가능해졌다.

Ⅳ. 평 가

대략 1980년대 후반까지 한국 행정기관의 공무원들은 자신의 업무를 처리하는 과정에서 대상 민원인들로부터 부정한 금품을 수수하는 사례가 적지 않았다. 특히 세무·건축·환경·교통 등 분야에서 민원인을 직접 접촉하는 최일선 공무원들의 뇌물수수 사례가 언론에 적나라하게 보도되어 국민들의 눈살을 찌푸리게 하는 사례가 종종 발생했다. 일부 교통경찰관들은 운전자의 법규 위반행위를 적발하고도 얼마 되지 않는 금품을 뇌물로 받아 챙기고 그 위반행위를 눈감아 주는 등 공직윤리 위반 사례가 종종 발생했다.[10] 또한 일단 어렵게 적발하고도 그 운전자가 자신과 같은 경찰공무원이나 경찰관서 유관 단체 회원이거나 관내 유력자가 선처해달라고 간청하면 경우에 따라 단속하지 않고 멋대로 훈방하는 사례도 없지 않았다. 당시에는 그러한 교통경찰관들의 비리가 종종 TV 등 언론 매체를 통해 방송되었고 그때마다 전체 경찰조직의 명예가 크게 실추되곤 했다.

그러나 제14대(1993~1998) 김영삼 대통령 정부가 출범하면서부터 일선 행정기관 공무원들의 금품 수수관행 등 부조리 행태는 점차 사라지기 시작했다. 비록 임기 말년에 금융위기 사태로 국제통화기금(IMF)에 구제금융을 요청하는 불상사가 있었지만, 김 대통령은 임기 시작 첫해에 「공직윤리법」을 개정, 일정 직급 이상 공직자를 대상으로 한 '재산등록제' 실시하였다. 또한 오로지 자신의 실명 예금만을 허용하는 '금융실명제'를 실시하여 종래 공무원들의 뇌물창고 역할을 했던 '차명계좌' 예금을 일체 금지시켰다.

특히 제5대~제9대(1963~1979) 박정희 대통령 서거 이후 12.12 쿠데타로 정권을 차지한 제11대 전두환 대통령과 제13대 노태우 대통령을 전격적으로 구속·수감시킴으로써 과거 한국 사회의 부조리하고 구태의연했던 여러 분야의 관행과 분위기를 일신시키기 위해 적극 노력하였다.

교통경찰관의 경우, 종래에는 관내 순찰 중 육안으로 법규위반 차량을 발견하면 현장에서 정차시켜 운전자와 직접 접촉·대화하면서 단속했기 때문에 만일 운전자가 선처를 요구하면서 금품을 내밀면 이를 슬쩍 호주머니에 넣고 그대로 보내거나, 자신의 지인인 경우에는 단속하지 않고 선처하는 사례가 적발되는 등 공정성도 미흡했다. 또한 설령 단속했더라도 일련의 행정 절차가 모두 수작업으로 이루어지다 보니 효율성과 능률성도 매우 떨어질 수밖에 없었다.

그러나 1995년에 최초로 무인 카메라 시스템에 의한 단속 장비가 도입되고 매년 그 수량이 확대되면서 위와 같은 부조리 사례가 점차 근절되고 단속 이후의 행정처리 절차도 자동화되면서 해당 업무의 효율성과 능률성도 함께 높아졌다. 무인 카메라 전산시스템에 의한 단속 방식은 운전자와 교통경찰관이 직접 접촉하지 않기 때문에 대상자가 누구든지 일단 교통법규를 위반하면 남녀 노소 및 사회적 지위 고하를 불문하고 단 한명의 예외도 없이 엄격하게 이루어짐으로써 당연히 '공정성'도 확보되었다.

---

10) 「한국경제신문」, '비리 교통경찰 15명 해직, 경찰청, 489명 적발'(1993.4.24).

아울러 1998년 취임한 제7대 김세옥 경찰청장은 경찰공무원의 부조리 행태를 일소하고 공직윤리와 청렴성 제고 차원에서 교통경찰관을 포함한 모든 경찰공무원의 근무복 우측 가슴 상단에 자기 이름표를 부착하라는 직무명령을 발동했다. 또한 경찰청(교통국)에서는 일선 교통경찰관이 법규위반자 단속업무 수행과정에서 만일 피단속자가 선처를 요구하며 금품을 제공하면 즉시 '뇌물 제공죄'로 입건·형사처벌토록 하는 이른바 '역 부조리 단속'제도를 시행, 매년 말 전국 경찰관서를 대상으로 '역 부조리 단속 실적 우수자'를 선발하여 경찰청장 표창과 함께 1계급 특진까지 시키는 매우 획기적인 시책도 추진하였다.

위와 같은 여러 가지 혁신적인 조치 덕분에 대체로 2000년 이후부터는 TV 등 언론에 교통경찰관의 금품수수 비리가 폭로되는 사례는 거의 찾아보기 힘들었다. 게다가 2015년부터 시작된 시민들의 공익신고에 따른 스마트 국민 제보(현재는 안전신문고) 단속, 2017년부터 시작된 암행순찰차에 의한 비노출 단속 등 경찰의 단속 방식이 다양화·고도화되면서 교통법규 위반자도 상당히 감소되었고, 결과 필연적으로 도로교통사고 피해 감소에 크게 기여하는 효과를 거두고 있다.

한편, 경찰의 '교통지도·단속 활동'과 '도로교통사고 증감률'의 상관관계에 대한 국내외 학자들의 연구 결과를 살펴보면 아래와 같다.

Chen & Wilson Meckle & Cooper(1992)는 캐나다 브리티시콜롬비아 주 정부가 설치·운영했던 '무인 교통단속 카메라'의 효과를 분석한 결과, 과속으로 인한 교통사고는 25%, 사망자 수는 17%, 부상자 수는 11% 각각 감소시키는 효과를 거두었다고 발표했다.

이영인(1996)은 경찰의 교통법규 위반자 단속 활동이 교통안전에 미치는 효과를 분석한 바, 경찰 차량의 노출 단속 활동은 도로에서 운행되는 자동차의 평균 주행속도, 과속 차량 대수, 안전거리 미확보 차량 대수를 각각 감소시킴으로써 교통안전 제고 효과가 있다고 하였다.

Houston & Richardson(2002)은 1988년부터 1997년까지 약 10년간, 미국캘리포니아 주정부 경찰의 교통법규 위반자 단속 활동 중 1993년 이후 '시계열 분석 기법'을 통해 연구한 결과, 운전자의 '안전띠 미착용'을 '부차적' 단속 사항에서 '우선적' 단속 사항으로 단속 강도를 높임에 따라 교통사고 사망자 수에는 유의미한 영향을 주지 않았으나, 교통사고 부상자수에 있어서는 약 4.9% 감소하는 효과를 보인 것으로 나타났다고 하였다.

Rune Elvik & Truls Vaa(2004)는 무인 교통단속 카메라에 의한 과속 차량 단속, 주취운전 및 안전띠 미착용자 단속, 교통경찰의 순찰 활동에 따른 교통법규 위반자에 대한 경고장 발부 및 벌금 부과 등 일련의 정책이 자동차 교통사고 감소에 유의미한 효과가 있다고 하였다.

한편 한국 경찰청에서는 지난 2001~2002(2년)간 안전띠 착용 의무화, 택시·화물차 등 사업용 자동차에 대한 운행기록계(타코메타) 확대 설치, 주취 운전자 단속 강화 등 교통법규 위반자에 대한 강력한 단속 정책을 집중적으로 시행한 직후 한국도로교통안전공단에 효과 분석을 용역 의뢰한 바 있다.

그 결과 명묘희와 김광식(2003)은 '개입분석 기법'을 활용, 위와 같이 2년 동안 강력하게 추진했던 경찰의 집중 교통단속 활동은 적어도 당해연도의 경우에는 자동차 교통사고율 증감에 그다지 유의미한 효과가 없는 것으로 나타났다고 보고하였다.

그 뒤 임선호 외 1명(2009)은 2003년 1월부터 2008년 6월까지 5년 6개월 동안 대전광역시 내에서 발생한 교통사고 자료를 입수하여 같은 기간 대전 경찰의 교통법규 위반자 단속자료를 근거로 연구·분석하였다. 그 결과, 경찰의 '교통법규 위반자 단속 활동'과 그 지역 내 '자동차 교통사고 발생 건수'는 서로 일정한 상관관계가 있으나, 다만 경찰 단속 활동으로 인한 교통사고 감소 효과는 어느 정도의 '시간적 간격(시간차)'를 두고 나타난다고 발표하였다.

위 학자들의 연구 결과를 종합할 때, 교통안전의 '3E 원칙' 중 하나인 경찰의 법규 위반자 단속 활동(Enforcement) 및 안전띠 착용 의무화 등 여타 교통규제 강화 정책은 서로 상관관계가 있다. 그렇지만 그런 정책 시행의 긍정적 효과 즉 '교통사고 감소 효과'는 곧바로 나타나는 것이 아니라 어느 정도 시간이 경과한 이후 서서히 나타나는 것임을 알 수 있다.

제4장

도로 환경 정비 및 교통안전성 제고

제4장

도로 환경 정비 및 교통안전성 제고

제1절 개 요

도로교통안전 정책과 관련, '도로 환경'이란 단순히 도로 자체와 주변의 풍경 또는 여건등을 의미하는 게 아니다. 자동차 운전자와 보행자가 도로를 이용하면서 발생할 수 있는 교통사고를 미연에 방지하기 위한 「도로법」상 도로 자체의 구조 · 도로안전시설 및 「도로교통법」상 교통신호기 · 안전표지 등 각종 규제를 모두 포함하는 것이며, 교통안전의 3E원칙 중 'Engineering'에 해당하는 개념이다.

따라서 도로상에서 발생하는 자동차 교통사고를 미연에 예방하기 위해서는 최초 도로 설계, 도로안전시설, 도로교통 규제 및 그에 따른 교통안전시설이 합법적 · 합리적으로 설치되어야 하고, 아울러 그 이후에도 도로상 각종 안전시설이 연중 365일 최상의 상태로 유지 · 관리되어야 한다.

특히 최근 국내의 여러 도시에서 종종 발생하는 싱크홀(Sinkhole), 자연재해 또는 대형 교통사고 등으로 인해 도로와 교통안전시설물이 훼손된 경우에는 가능한 한 신속하게 해당 도로에 대한 접근을 차단하고 원상복구 조치해야만 도로 이용자의 교통안전이 확보될 수 있다.

도로교통안전 정책적 차원에서 국내 관련 주무 부처 및 공공기관이 시행하고 있는 역대 '도로 환경 정비 및 교통안전성 제고'를 위한 주요 사업의 내용은 아래와 같다.

제2절 도로 환경(안전성) 개선 · 정비 사업 추진

Ⅰ. 교통사고 잦은 곳 개선 사업

1. 개요(사업 배경 및 연혁)[1]

지난 1987년도에 한국도로교통안전공단이 전국 도로교통사고 통계를 기준으로 조사 · 분석한 결과, 사망 · 부상 등 연간 전체 인적피해 교통사고의 33%가 총 5,233개소에서 발생한 것으로 나타났다. 총 5,233개소를 대상으로 분석한 결과, 56.9%인 2,978개소는 교차로, 22.6%인 1,183개소는 횡단보도, 기타 20.5%가 단일로상 커브길, 굴곡지점, 마을 통과 지점 등에서 발생한 것으로 조사되었다.

결론적으로 도로교통사고는 교차로와 횡단보도 등 도로의 환경이 구조적으로 취약한 특정 지점에 편중하여 발생하는 경향이 있는 것으로 파악되었다.

과거 교통 선진국의 경험상, '교통사고 잦은 지점' 개선 사업은 교통사고 감소 효과가 매우 커서 개선 이전에 비해 일본은 60.5%, 스웨덴은 8.9%의 감소 효과를 가져온 것으로 분석된 바 있다.

<표 4-1>에서 보는 바와 같이 한국에서도 1986년도 이전에 한국도로교통공단이 일정 기간 전국의 '사고 잦은 지점' 25개소를 무작위로 선정하여 시범 개선 사업을 실시했다. 그 결과 해당 지점에서의 단순 교통사고 발생 건수는 47% 감소, 사업 진행 기간 중 증가 교통량 고려 시 50%가 감소한 것으로 나타났으며, 특히 사상자 수는 53.4%가 감소하여 개선 사업의 효과가 매우 높은 것으로 분석되었다. 또한 동 사업의 경제성에 있어서도 투입비용 대비 산출 효과(B/C)는 7.2, 내부수익률(IRR)은 133.4%로써 국가 예산 투자 우선순위가 매우 높은 사업으로 평가되었다.

〈표 4-1〉 교통사고 잦은 지점(전국 표본 25개소) 개선 사업 효과 분석

교통사고 감소 효과			경제성 분석	
교통사고 감소율	차량 100만 대 진입당 사고감소율	사망자 감소율	B/C 분석 결과	내부 수익률IRR (%)
47.0%	50.0%	53.4%	7.2	133.4

1) 국토교통부(1989.9), 「교통안전연차보고서」.

위와 같은 분석 결과를 토대로 1987년 7월, 국무총리실에서는 1987년도 교통안전종합대책에 '교통사고 잦은 곳 개선 사업을' 최우선 정책과제로 선정하고 향후 개선 운영 체계를 수립하여 지속 추진하기로 기본 방침을 세웠다.

2. 사업 내용[2)]

(1) 대상지 선정 기준

이 사업은 전국 도로상 특정지점 및 구간에서 빈발하는 도로교통 사고 원인을 도로공학・교통공학 및 인간공학적 측면에서 심층 분석・개선함으로써 교통사고로 인한 국민의 소중한 생명과 재산을 보호하기 위한 것이다. 제1차~2차(1988~2001) 사업 기간 중 선정된 대상지는 교통사고 발생 건수가 동일지점 또는 구간에서 과거 1년간 <표 4-2>의 기준 이상으로 발생한 곳이었다.

그런데 2002년부터 시작된 제3차 사업 기간부터는 교통 사망사고의 심각성을 고려, 기존 선정 기준보다 각 1건씩 낮게 적용하고 있다.

〈표 4-2 〉 교통사고 잦은 곳 선정 기준

구분			선정 기준
지역	특별시, 광역시		교통사고 5건 이상 발생
	일반시 및 기타 지역		교통사고 3건 이상 발생
도로 형태	교차로 및 횡단보도		차량 정지선에서 후방으로 30m 이내
	기타 단일로	시가지	반경 100m 이내
		기타, 고속도로	반경 200m 이내
대상 사고			인적 피해 사고

(2) 사업 추진체계

이 사업은 <표 4-3>에서 보는 바와 같이 총리실 소속 국무조정실(사회조정실) 주관하에 국토교통부・행정안전부 및 전국 지방자치단체・경찰청・한국도로교통공단이 상호 유기적 협조체제를 구축하여 추진 중이다.

국무조정실은 사업 총괄 및 조정・관리, 경찰청은 교통사고 조사 및 사고통계 관리, 한국도로교통공단은 사업 대상지점 선정, 사고자료 분석, 개선안 설계, 개선 공사 전후 효과 분석 등 업무를 각각 수행하고 있다. 아울러 일반국도의 경우

2) 국토교통부(2022.8), 「교통안전연차보고서」.

국토교통부, 특별시도·광역시도 및 지방도는 행정안전부가 각각 관장하여 개선 공사를 시행하고 있다.

또한 전국 고속도로상의 교통사고 잦은 지점에 대하여는 한국도로공사 및 민자고속도로 관리 기관에서 한국도로교통공단의 교통사고 분석 자료를 활용, 기본적인 개선계획을 자체적으로 수립하고 개선 공사도 직접 수행한다.

〈표 4-3 〉 교통사고 잦은 곳 개선 사업 추진 체계

담당 기관	주요 업무	세부 내역	비고
국무조정실(사회조정실), 경찰청, 관할 도로관리청, 한국 도로교통공단	① 사업추진계획 수립 및 선정	◦사업 계획 수립·추진 ◦사업 대상지 선정·관리	
경찰청(시·도경찰청), 한국도로교통공단	② 지점별 기본 개선계획 수립	◦교통사고 조사·분석 ◦지점별 현장 조사 ◦기본 개선계획 수립 ◦개략 공사비 산출 등	
국토교통부(국토관리청), 행정안전부(시·도청), 경찰청(시·도 경찰청)	③ 각 시도 교통안전종합대책 ◦교통사고 잦은 곳 개선 계획 종합 조정 ◦종합 투자계획 수립 ◦개선 대책 확정(투자)	◦교통안전투자 종합계획 –TSM[3] 및 도로개량 (관할 도로관리청) – 교통안전시설 (관할 시도 경찰청)	각 시도 교통안전대책위원회 및 국토관리청 심의(협의)
	④ 설계안 심의	◦설계 심사위원회 ◦교통안전 심의 의무화	
	⑤ 시공(종합) 준공 확인	◦도로 구조(도로관리청) ◦안전시설(시도경찰청)	
한국도로교통공단	⑥ 평가 및 보완 대책 수립	◦개선공사 전·후 효과 분석 및 평가	Feedback→ ②

(3) 사업 추진 현황

1988년에 최초로 시작된 본 개선 사업은 약 37년이 지난 2025년 현재까지도 꾸준히 계속되고 있다. 제1차 사업기간('88~'95) 중에는 4,412개소, 제2차 사업기

3) TSM 기법은 교통통제, 소규모 도로 시설 공급, 요금정책 등 '저투자 체계 관리기법'을 이용하여 수요와 공급의 최적화를 달성하기 위해 교통체계 운영을 계속적·종합적으로 점검하고 조정하는 단기 계획 위주의 교통운영 개선사업이다. 넓은 의미에서는 자동차 위주에서 사람 위주로, 승용차 위주에서 대중교통수단 위주로, 도로공급 위주에서 도로관리 위주로의 정책 전환을 의미한다. '교통사고 잦은 곳 개선 사업'에 있어서 TSM은 위험 교차로의 가각정리 등 개선 사업을 의미한다.

간('02~'06) 중에는 4,289개소, 제3차 사업기간('02~'06) 중에는 2,767개소, 제4차 사업기간('07~'11) 중에는 2,397개소, 제5차 사업기간('12~'16) 중에는 특정 지점 1,524개소, 특정 구간 251개소, 제6차 사업기간('17~'21) 중에는 특정 지점 1,503개소, 특정 구간 251개소, 제7차 사업기간('22~'26) 중에는 주취운전이 원인이 된 교통사고 발생 지점인 경우 당초 개선 대상에서 제외하였고, 특정 지점 2,000개소와 특정 구간 80개소를 대상으로 선정, 매년 400개 지점과 16개 구간을 대상으로 개선 공사를 진행하고 있다.

참고로 2021년도에는 일반국도 62개소, 지방도 294개소 등 '교통사고 잦은 곳' 총 356개소에 대한 개선 공사를 완료하였고, 각 도로 종류별 개선 실적과 소요 예산은 <표 4-4>와 같다.

개선 경비는 국도가 지방도보다 상대적으로 더욱 많이 소요되며, 전체적으로 1개소당 평균 1억 1천2백만원 정도의 예산이 투입된다.

〈표 4-4〉 2021년도 각 도로 종류별 교통사고 잦은 곳 개선 실적 및 소요 예산

구분	개선 실적(개소)	소요 예산(억원)	1개소당 평균 소요 예산
계	356	398	1억 1천 2백만원
국도	62	179	2억 9천만원
지방도	294	219	7천 4백만원

3. 개선 사업 효과 분석 및 평가

개선 공사 완료 후 2년 뒤 시점에는 한국도로교통공단이 개선 공사 효과에 대한 분석·평가를 실시한다. 참고로 제6차 사업 기간인 1991~2021년에 공사가 완료된 총 15,154개소에 대해 효과 분석을 실시한 결과, 개선 사업 이전에 비해 교통사고 발생 건수는 28.7%. 사망자 수는 45.1% 각각 감소한 것으로 나타났다.

이렇게 볼 때 '교통사고 잦은 곳 개선 사업'은 교통사고 예방 및 감소에 실증적인 효과가 매우 큰 정책사업이며, 1988년 최초 시작 당시 분석한 것처럼 투자액 대비 산출 효과인 B/C 분석 결과나 내부수익률(IRR)에 있어서도 매우 우수한 사업이다. 따라서 앞으로 특별한 사정이 없는 한, '교통사고 잦은 곳 개선 사업'은 한국의 도로교통사고가 OECD 선진국 수준으로 대폭 감소될 때까지 지속되어야 할 것이다.

Ⅱ. 위험도로 개량 사업[4)]

1. 개 요

이 사업은 1989년부터 범정부 차원의 교통사고 감소 대책의 일환으로서 '교통사고 예방 및 차량 정체 해소' 등의 목적으로 추진하고 있다. 위에서 기술한 '교통사고 잦은 곳 개선 사업'은 이미 교통사고가 많이 발생했던 지점을 대상으로 하는데 비해, '위험도로 개선 사업'은 아직 교통사고가 많이 발생하지는 않았지만 여러 측면에서 볼 때 앞으로 교통사고 발생 위험성이 점점 높아지고 있는 지점을 대상으로 하는 사업이다. 행정안전부와 관할 지방자치단체에서는 급커브, 급경사, 노폭 협소구간 등 구조적 개선이 시급한 국도와 지방도를 대상으로 도로선형 개량, 경사 완화 등과 같은 개선 공사를 시행하고 있다. 2004년부터는 10개년에 걸친 중장기 사업계획을 수립, 1차년도('04~'13)에는 전국 1,694개소의 위험한 지방도로에 총 1조 7,484억원을 투자하여 개선 사업을 완료했고, 2차년도('14~'22)에는 총 715개소에 1조 3,856억원을 투자하여 개선사업을 완료하였다.

한국도로공사는 전국 고속도로를 대상으로 당초 건설 당시에는 법정 설계기준에 적합하였으나, 자동차의 성능 향상 및 고속화, 대형화 등에 따라 안전에 취약해진 고속도로 구간의 선형 개량 및 정지시거 개선 등 공사를 매년 지속적으로 진행하고 있다.

2. 개선 사업 효과 분석 및 평가

2021년도의 경우, 지방도로에 대한 위험도로 개량(구조개선) 사업 시행 전후 교통사고 감소 효과를 분석한 결과, 2019년에 완료된 사업 17개소 전체에서 사업 이전에 비해 교통사고 발생 건수는 46% 감소, 부상자 수는 63% 감소하였고, 사망자는 1명도 발생하지 않은 것으로 나타났다.

한국도로교통공단이 분석한 자료에 의하면 2020년도의 경우 도로교통사고의 89.0%가 시도・군도 등 지방도로에서 발생하고 있다. 게다가 근래에는 자동차 성능의 향상 및 대형화, 교통량 증가, 도로안전 시설 노후화 등 교통 환경 변화에 따라 위험성이 점점 높아지고 있는 실정이다.

따라서 앞으로 한국의 도로교통사고가 OECD 선진국 수준으로 도약하려면 이

4) 국토교통부(2022.8), 「교통안전연차보고서」.

역시 지속적인 정부 예산 지원 확대를 통해 장기적으로 추진해야 할 사업으로 사료된다.

Ⅲ. 철길건널목 안전대책 강구

1. 철길건널목의 종별 구분

2024년 말 기준 국내 총철도연장거리는 106개 노선에 4,223.7km(고속선로 657.4Km, 기존선로 3,566.3km)이며, 그중 2,998.2km(71.0%)는 복선화, 3,385.2km (80.1%)는 전철화되어 있다. 「건널목개량촉진법」 제2조에 따른 '건널목'이란 철도와 도로가 평면 교차되는 곳이라고 정의하고 있고, 「도로교통법」 제24조에는 '철길 건널목'(이하 '건널목'이라 함)이라는 용어를 사용하고 있다.

이러한 건널목은 차단기 경보기와 건널목 안전표지를 설치하고 지정시간 동안 건널목 안내원이 근무하는 제1종, 경보기와 건널목 안전표지를 설치하고 필요시에만 안내원이 근무하는 제2종, 건널목 안전표지만 설치해 놓은 제3종 건널목으로 각각 구분된다.

지난 2014~2023(10년) 간 각 종별 건널목의 수는 <표 4-5>와 같으며, 후술하는 바와 같이 그동안 정부의 지속적인 '건널목 입체 교차화' 정책에 따라 국내 총철도연장거리는 계속 늘어나고 있지만 각 종별 건널목 수는 점차 줄어들고 있다.

〈표 4-5〉 국내 종별 철길건널목 현황

연도	계(개소)	제1종	제2종	제3종
2014	1,508	952	8	98
2018	959	861	5	93
2023	808	688	2	81

출처: 한국교통안전공단 철도안전정보 종합관리시스템.

2. 건널목 교통사고 개요

「도로교통법」 제24조에 의거 모든 차 또는 노면전차 운전자가 건널목을 통과하려면 반드시 건널목 앞에서 일시 정지하여 안전 여부를 확인해야 하며, 건널목의 차단기가 내려져 있거나 내려지려고 하는 경우 또는 경보기가 울리고 있는 동안에는 그 건널목으로 들어가서는 안된다.

<표 4-6>에서 보는 바와 같이 최근 10년간 '건널목 사고'는 총 94건 발생하였고 그 수치는 특별한 증감이 없다. 그럼에도 불구하고 만일 육중한 무게의 기차와 상대적으로 가벼운 무게의 자동차가 평면 도로상 건널목에서 충돌하는 교통사고가 발생할 경우 그 피해가 대단히 크기 때문에, 정부는 그런 사고예방 대책의 일환으로 아래와 같이 '건널목 입체 교차화' 사업을 지속적으로 추진하고 있다.

〈표 4-6〉 최근 10년간 건널목 교통사고 현황

연도별	계	2014	2015	2016	2017	2018	2019	2020	2021	2022	2023
사고(건)	94	7	12	9	11	8	15	8	7	13	4

출처: 한국교통안전공단 철도안전정보 종합관리시스템.

3. 건널목 교통사고 예방 대책 추진

1970년대 초부터 국내 도로 교통량의 급격한 증가, 열차 운행횟수 증가, 일부 구간 전철화 및 열차속도의 고속화 등으로 인해 건널목에서 열차와 차량이 충돌하는 대형교통사고가 종종 발생했다.

이에 정부는 열차와 차량간 충돌사고를 미연에 방지하고 교통 소통을 원활하게 할 목적으로 1973년 2월, 「건널목개량촉진법」을 제정, 이를 근거로 연차적 우선순위에 따라 소요 예산을 확보, 기존 평면 도로상 건널목을 가급적 '입체 교차화'시키는 공사를 지속 추진해 오고 있다. 여기서 '입체 교차화'란 건널목 구간에 지하도 또는 철도 상부를 통과하는 도로를 설치하는 것을 말한다.

「건널목개량촉진법」의 주요 내용을 살펴보면 제4조에 의거, 국토교통부장관 또는 관할 시・도지사는 건널목 교통사고 예방 및 원활한 교통 소통을 위해 기존 건널목의 입체 교차화나 구조를 개량하는 것이 필요하다고 인정하는 경우에는 관계 행정기관과 협의를 거쳐 '개량 대상 건널목'으로 지정・고시해야 한다.

같은 법 제6조에 의거, 철도시설 관리자 또는 도로관리청은 국토교통부장관 또는 관할 시・도지사의 승인을 받은 '건널목 개량계획'에 따라 기존 건널목을 '입체 교차화' 하거나 그 구조를 개량하여야 한다.

같은 법 제8조에 의거, 만일 '입체 교차화'하는 경우 그 공사에 필요한 예산은 고속국도・일반국도・특별시도・광역시도일 때에는 해당 도로관리청이 부담한다.

그 외 지방도・시도・군도・구도 또는 「농어촌도로정비법」에 따른 면도・리도・농도일 때에는 「건널목 입체 교차화 비용 부담에 관한 규칙(국토교통부-행정안전부 공동부령) 제3조에 따른 비율로 해당 도로관리청과 철도시설 관리자가 공동으로 소요 비용을 부담한다. 여기서 '철도시설 관리자'라 함은 「철도산업발전기본법」 제3조 제9호에 의거, 철도시설의 건설・관리 등에 관한 업무를 수행하는 기관으로서 실질적으로는 「국가철도공단법」에 의거 설치된 국가철도공단, 같은 법 제26조 제1항에 의거 국토교통부장관으로부터 철도시설 관리권을 설정받은 자, 기타 철도공단으로부터 철도시설의 관리를 대행・위임 또는 위탁받은 자를 의미한다.

'철도시설 관리자'는 연간 계획에 따라 건널목 이용자들의 안전성을 높이기 위한 공사를 지속적으로 추진하고 있는데 그 몇 가지 내용을 구체적으로 살펴보면 다음과 같다.

첫째, 건널목 내에서 갑자기 정차한 고장차량 또는 기타 열차 운행에 지장을 주는 물체를 미리 검지하여 건널목에 접근하는 열차의 기관사에게 그 내용을 통보함으로써 건널목에 특이 상황 발생시 열차를 안전하게 정지시킬 수 있도록 하는 '지장물 검지장치' 설치한다.

둘째, 건널목 전방의 주의표지, 건널목 차단기, 경보장치, 지장물 검지장치, 집중 감시장치 등 각종 건널목 보안설비(Protection Device for Railway Crossing)의 동작 내용을 자동으로 저장・분석・활용할 수 있도록 함으로써 예기치 않은 장애 및 사고를 예방토록 하기 위한 '철도신호 분석장치'를 개량・설치한다.

셋째, 건널목 제어와 관련된 여러 가지 안전설비를 전자식 제어방식으로 통합, 자기 진단기능을 구현한 '전자식 건널목 제어장치'를 확대・설치한다.

참고로 지난 2004년 1월, 국토교통부 소속 철도청의 건설 부문 조직과 한국고속철도건설공단이 통합되어 '한국철도시설공단'이 출범했다. 그러나 기관의 명칭에 포함된 '시설'이 지나치게 강조되어 '국가철도망 구축'이라는 공단의 주요 기능을 명확하게 전달하지 못한다는 지적이 있었고, 이미 '시설'이라는 용어를 사용하고 있는 각 지방자치단체의 '시설관리공단'과 유사하여 혼동을 유발하는 측면이 있었다.

국토교통부는 이런 점을 감안, 공단의 역할에 대한 정체성 확보 및 대국민 인식 개선 등을 위해 2020년 6월, 「국가철도공단법」을 개정, 현재의 '국가철도공단'으로 명칭을 변경하여 현재에 이르고 있다.

제3절 전국 도로의 교통안전성 개선사업 시행(도로안전시설 및 구조물 등 정비 확충)

Ⅰ. 개 요

「도로법」, 「도로의 구조시설 기준에 관한 규칙」, 「국도노선계획 설계지침」, 「도로안전시설 설치 및 관리지침」 등 관련 규정에 의거, 후술하는 바와 같이 각 도로 종류별 관리청에서는 도로의 선형 개량, 교량 및 터널 신축, 졸음 쉼터 확충, 노면색깔 유도선 확충, 기타 중앙분리대 · 방호울타리 · 충격흡수시설 등 도로 구조물과 도로부속물 및 교통안전시설을 지속적으로 개선 · 보강하는 등 교통사고 예방을 위한 도로안전 대책을 수립 · 추진하고 있다.

1. 현행법상 '도로'의 개념 및 종류

「도로법」 제2조 제1호 및 같은 법 시행령 제2조에 의거, '도로'란 차도 · 보도 · 자전거도로 · 측도 · 터널 · 교량 · 지하도 · 육교 · 궤도 · 옹벽 · 배수로 · 지하통로 및 도선장과 도선의 교통을 위하여 수면에 설치하는 시설 등으로 구성된 것으로서 같은 법 제10조에 열거된 것을 말하며, '도로부속물'을 포함한다.

「도로법」 제10조 의거, 국내 도로의 종류는 등급에 따라 고속국도 · 일반국도 · 특별시도 및 광역시도 · 지방도 · 시도 · 구도 · 군도 등 총 7개로 구분된다.

위 도로의 종별 지정 · 고시권자이면서 동시에 해당 도로의 관리청은 고속국도 · 일반국도 및 그 지선의 경우 국토교통부장관, 특별시도 · 광역시도는 특별시장 · 광역시장, 지방도는 도지사 또는 특별자치도지사이며, 그 외 시도 · 군도 및 구도는 각각 시장 또는 특별자치시장 · 군수 · 구청장이다. 다만, 특별시 · 광역시 특별자치시 · 특별자치도 또는 시의 관할구역에 있는 일반국도(우회국도 및 지정국도는 제외)와 지방도는 각각 해당 시도지사 또는 시장이 도로관리청이다.

같은 법 제31조에 의거, 도로공사와 도로의 유지 · 관리는 「도로법」이나 다른 법률에 특별한 규정이 없는 한 해당 도로관리청이 이를 시행한다. 다만, 국토교통부장관은 일반국도의 일부 구간에 대한 도로공사와 도로의 유지 · 관리에 관한 업무를 미리 관할 도지사 또는 특별자치도지사와 협의하여 관할 자치단체장으로 하여금 수행토록 할 수 있다.

또한 「유료도로법」 제2조에 의거, ‘유료도로’란 같은 법 및 「사회기반시설에 대한 민간투자법」에 따라 통행료 또는 사용료를 받는 도로(이른바 ‘민자도로’)를 말한다.

그 밖에 「농어촌도로정비법」 제4조에 의한 ‘농어촌도로’의 종류는 다음 3개로 구분된다.

첫째, 면도(面道)는 군도 및 그 상위 등급의 도로와 연결되는 읍·면지역의 기간도로.

둘째, 이도(里道)는 군도 이상의 도로 및 면도와 갈라져 마을 간 또는 산업단지와 연결된 도로.

셋째, 농도(農道)는 경작지 등과 연결되어 농어민의 생산활동에 직접 공용되는 도로.

같은 법 제5조에 의거, 다른 법률에 특별한 규정이 없는 한 이런 농어촌도로의 정비는 관할 군수의 부책하에 수행한다.

한편 「도로교통법」 제2조 제1호에 의거, ‘도로’란 「도로법」·「유료도로법」·「농어촌도로정비법」에 따른 도로와 그 밖에 현실적으로 ‘불특정 다수의 사람 또는 차마’[5]가 통행할 수 있도록 공개된 장소로서 안전하고 원활한 교통을 확보할 필요가 있는 장소이다.

따라서 위 법령에 근거한 도로관리청이 아닌 민간인 소유 도로라고 하더라도 법령의 취지에 따라 현실적으로 불특정 다수의 사람 또는 차마가 통행하고 있는 장소는 ‘도로’로 간주되어 그 도로 이용자는 「도로교통법」의 보호를 받는다.

또한 같은 법 제2조 제2호~제3호에 의거, ‘자동차전용도로’란 자동차만 다닐 수 있도록 설치된 도로이며, ‘고속도로’란 자동차의 고속 운행에만 사용하기 위하여 지정된 도로를 말한다.

2. 국내 도로 종류별 연장거리 및 교통사고 사망자 수

2023년 12월 기준, 국내 도로 종류별 총연장거리는 <표 4-7>과 같은바, 도로 연장거리 자체의 점유율은 시도>군도>지방도>구도>일반국도>특별·광역시도>고속국도 순이다.

---

5) 「도로교통법」상 ‘차마’란 자동차·건설기계·원동기장치자전거(배기량 125cc 이하의 원동기를 단 차 및 킥보드 등 개인형 이동장치), 자전거·인력거 등 기타 차를 의미하는 ‘차(車)’와 교통·운수에 사용되는 가축을 의미하는 ‘우마(牛馬)’를 포함하는 개념이다.

〈표 4-7〉 국내 도로의 종류별 연장거리 및 점유율(2023.12)

도로 종별	총계	고속국도	일반국도	특별·광역시도	지방도	시도	군도	구도
거리(Km)	115,878	4,973	14,220	5,281	18,349	33,935	22,241	16,879
점유율(%)	100	4.3	12.3	4.6	15.8	29.3	19.2	14.7

출처: KOSIS 국가통계 포털(국내통계>주제별통계>교통·물류>도로현황).

지난 2023년도 각 종별 도로상에서 발생한 교통사고 사망자 수는 <표 4-8>과 같은바, 통계 수치상 사망자의 절대 인원수 점유율은 시도>특별·광역시도>일반국도>지방도>군도>고속국도>기타 순이다. 기타는 아파트나 대학교 구내 등 「도로법」상 도로가 아닌 곳에서 발생한 사고로 인한 사망자 수이다. 이렇게 볼 때 교통사고로 인한 사망자는 일정 도로구간내 '인구 밀집도'가 높은 도시지역에서 상대적으로 많이 발생하고 있음을 알 수 있다.

〈표 4-8〉 국내 도로 종류별 연간 교통사고 사망자 수 현황(2023)

구분	총계	고속국도	일반국도	특별·광역시도	지방도	시도	군도	기타
사망자 수(명)	2,551	186	467	561	271	725	242	99
점유율(%)	100	7.3	18.3	22.0	10.6	28.4	9.9	3.9

출처: 한국도로교통공단(소식·정보>교통통계정보>TASS교통사고분석시스템).

Ⅱ. 고속국도의 안전성 개선사업 추진

앞의 <표 4-7>에서 보는 바와 같이 2023년 12월 기준, 국내 고속국도의 연장거리는 총 43개 노선에 4,972.71Km이다. 그중 왕복 10차로 이상은 50.93Km, 8차로는 501.28Km, 6차로는 673.40Km, 4차로는 3,742.52Km, 2차로는 4.58Km이다.[6]

1. 경부고속도로상 대형 교통사고 및 후속 조치

(1) 경부고속도로 건설사

한국에서 최초로 건설된 고속국도는 단일노선의 총연장거리가 416.4Km로써

6) 국토교통통계누리(https://stat.molit.go.kr portal cate statMetaView.do.)

서울과 부산을 연결하는 국도 1호선 '경부고속도로'이다.

박정희 대통령(제5대~제9대) 재임기간 중 당시 김대중 · 김영삼 등 야권 정치인들의 맹렬한 반발을 무릅쓰고 1968년 2월 1일 착공하여 불과 2년 5개월(29개월) 만인 1970년 7월 7일 자 최종 완공 · 개통되었다.

국내외 총 16개 건설회사와 3개의 현역 군대 건설공병단이 구간을 나눠 공사를 진행했고, 연인원 829만 8천명, 총 165만대의 건설장비가 투입되어 마치 군사작전을 방불하듯 강력하게 추진함으로써 세계적으로 유례가 없을 만큼 최단기간에 완공되었다.

총공사비(429억원)는 당초 국제부흥개발은행(IBRD) 차관 자금으로 충당할 계획이었으나, 당시 유진 로트버그(Eugene Rotberg) 총재가 개발도상국이 고속도로를 건설하는데 국제자금을 투입할 필요가 없다고 제동을 거는 바람에 한국 정부는 결국 1968년 2월 29일 자로 인상한 휘발유세 수입과 1965년 12월 18일 체결 · 발효된 「한일기본조약」[7]에 의거 당시 일본으로부터 받은 보상청구금 중 일부를 활용하였다.

1968년 12월 30일 1차로 오산-수원 구간(13.8Km) 부분 통행 허용 후 1970년 7월 7일 대구-대전 구간(152Km)을 끝으로 전 구간 완전 개통되었고, 총연장거리가 20,557Km인 아시안 하이웨이 제1호선(일본-대한민국-북한-중국-동남아시아-인도-튀르키예와 불가리아의 국경선) 구간의 일부이다.

차로는 구간에 따라 왕복 4차로(영동군 동이면 소도교-영동1터널)~10차로(양재나들목-판교 나들목 등)로 구성되어 있고, 지하 터널은 총연장거리가 1,200M로 가장 긴 경기도 화성시 동탄동 소재 터널등 총 10개소이다. 최고 제한속도는 부산구서나들목-천안나들목 구간 100Km/h, 천안나들목-양재나들목 구간 110Km/h이며, 최저 제한속도는 전 구간 50Km/h이다. 원래 경부고속도로에 속했던 서울 양재나들목~한남대교 구간은 2002년 12월, 고속도로 구간에서 해제되어 현재는 단순히 자동차 전용도로로 지정되어 있다. 경부고속도로는 이른바 '한강의 기적'이라고 불리는 한국의 고도성장기를 대변하는 도로이며, 대전 · 대구 · 울산 · 부산 등 4개 광역시와 수도권 대도시 및 여타 많은 거점 도시들을 거치기 때문에 '국토의 대동맥'으로 부르기도 한다.

---

7) 1965년 6월 22일 조인되고 12월 18일 성립 · 발효된 대한민국과 일본국 간의 기본관계에 관한 조약과 이에 부속하는 4개 협정의 총칭.

(2) 경부고속도로 추풍령 구간 대형 교통사고, 원인 분석 및 사후 조치

2000년 7월 14일 14시 45분경, 경부고속도로 부산 방향 추풍령 휴게소를 지난 고갯길에서 부산 부일외국어고등학교 수행여행단을 태운 버스 2대와 고속버스 1대, 5톤 트럭 1대, 승용차 3대 등 총 8대 차량이 연쇄적으로 추돌하면서 엄청난 대형 참사가 발생했다.

사고가 발생한 추풍령(해발 221M) 고갯길 중 휴게소를 지나 김천시 경계로 접어드는 구간은 S자 급커브 내리막길로써 1970년 경부고속도로 개통 이래 이미 여러 건 발생했던 교통사고로 인해 악명이 높았고, 특히 사고 당일 오전에는 비가 내렸던 탓에 노면은 평소보다 더욱 미끄러웠던 상황이었다.

당일 사고 차량 중 가장 앞쪽에서 진행하던 5톤 트럭이 위의 구간에서 빗길에 과속으로 운행하다가 미끄러지면서 중앙분리대를 들이받고 1차로와 2차로에 걸친 상태로 정지했다.

그 직전 바로 뒤에서 따라오던 승용차 1대와 수학여행단 버스 2대가 전방 상황을 보고 급히 정지하려고 했지만 빗길에서 버스가 승용차를 들이받았고 그 충격으로 승용차의 연료 탱크가 파열되면서 화재가 발생했다. 사고 차량 중 맨 뒤에서 따라오던 수학여행단 버스 1대는 불바다가 된 사고 현장을 목격하고 이를 피하려다가 우측 15m 아래 경사로로 추락했다. 결국 이 사고로 18명은 현장에서 사망, 100여명은 부상을 입고 인근 병원으로 후송되었다.

사고발생 직후 현장에 급파된 김천경찰서 교통사고 조사 전담 경찰관과 국립과학수사연구원의 감식 결과에 의하면, 그 교통사고의 원인은 빗길에서의 과속운행과 차량간 안전거리 미확보로 밝혀졌고 아울러 노면 덧씌우기 공사로 인해 그 전까지 있었던 '과속 방지턱'도 사라졌던 것으로 나타났다. 또한 사고 버스 내에서 학생들의 탈출을 불가능하게 한 대형 버스의 '통유리 형태' 창문도 인명 피해를 더 크게 한 원인으로 지적되었다.

(3) 사고 원인 분석 결과에 따른 후속 조치

정부는 위 조사 결과에 따라 아래와 같은 단기 및 중장기 개선 대책을 수립・추진했다.

우선 단기 대책으로는 '전세버스' 운행과 관련된 안전 규정을 대폭 강화하였다.

첫째, 수학여행 등 2대 이상 단체차량 운행 시, 앞뒤 차량간 충분한 안전거리 확보를 위해 기존의 '대열운행'이 전면 금지되었다.

둘째, 대형 버스 내에는 빨간색 비상 탈출 망치를 비치하여 교통사고 등 비상 상황 발생시 승객들이 이를 쉽게 인식 · 사용할 수 있도록 했다.

셋째, 200명 이상의 단체 또는 5대 이상의 버스가 동일한 목적지를 향하여 함께 이동하는 경우, 주최측 요청이 있으면 가능한 한 관할 경찰서 교통경찰관이 해당 구간을 에스코트할 수 있도록 하였다.

그 밖에도 중 · 장기 대책으로서 경부고속도로의 위험 구간을 점검, 소요 예산을 확보, 위의 사고 구간이 포함된 경부고속도로 영동나들목-구미 간 총 47.2Km 구간을 기존 왕복 4차로에서 왕복 6차로로 확장, 2006년 12월 13일 자 개통식을 가졌다.

당시 정부의 특별 대책에 힘입어 총사업비 6,312억원을 투입, 2000년 7월 사고가 발생한 지 5년 만에 매우 어려웠던 공사가 완료된 것이다. 특히 그동안 대형 교통사고가 빈발하여 마(魔)의 구간으로 불리던 경북 김천시 봉산면 광천리 일대 추풍령 고갯길에는 [그림 4-1]에서 보는 바와 같은 높이 42m-길이 974m의 '추풍령 대교'가 신축되었다.

기존 도로의 경사도(종단 선형)는 최고 6.5%였지만 신축 교량의 경사도는 3% 미만으로 매우 낮아졌고, 커브(평면 선형) 역시 매우 완만해짐으로써 종전에 비해 훨씬 더 안전한 도로로 탈바꿈하였다. 그 외에도 전체 공사 구간 내에서 경사도나 커브가 심하던 연장거리 12Km의 7개 구간 내 낡은 구조물 총 47개소가 대폭 개량되어 그만큼 안전성이 향상되었다.

[그림 4-1] 경부고속도로 추풍령 고갯길 구간 확장 개통 전경

■ 신설구간(좌측) 및 기존 구간(우측)

■ 신축 추풍령 대교

2. 평상시 고속도로상 교통사고 예방 대책 수립 · 추진

「도로법」 제31조 「한국도로공사법」 제13조 등에 의거, 전국 고속도로 건설 및 유지 · 보수 등 관리업무는 도로관리청인 국토교통부장관의 위탁을 받은 한국도로공사[8]가 주관한다.

한국도로공사는 연중 정밀 안전진단을 통해 고속국도 교량 전면 개량, 방호울타리 성능 개선 · 보수 · 보강, 비탈면 보완, 도로포장 개선 등 각종 도로 시설 개선 공사를 지속적으로 시행하고 있다.

우선 전국 고속도로상에 설치되어 있는 기존 교량 중 현행 설계기준과 여름철 홍수 발생 시 침수 방지 기준에 미달하는 교량을 선별하여 개축 우선순위를 정해 연차적으로 전면 개량 공사를 실시, 교통사고 및 재해 · 재난사고를 미연에 방지하고 있다.

교량의 교통안전성을 향상시키고 운전자의 불안심리를 해소하기 위해 현행 설계기준(높이 : 1M)에 못 미치는 방호울타리를 선별, 우선순위에 따라 연차적으로 성능 향상 공사를 시행한다.

또한 장기간 지속적 풍화작용으로 인해 발생한 절토사면(비탈면) 중 유실 우려 구간을 보완하고, 아스팔트에 비해 내구성이 미흡한 콘크리트 포장 구간에 대해서는 정기적인 정밀 조사를 통해 단면 보수, 절삭 덧씌우기 등 공사를 시행한다. 아스팔트 포장 구간 중에서도 노후화로 인한 파손, 침하 및 소성 변형된 지점에 덧씌우기 등 공사를 실시, 교통사고 예방과 동시에 통행 차량의 주행 안전 및 쾌적성을 확보하기 위해 노력하고 있다.

고속도로에서는 대향차로 승월사고(중앙분리대를 타고 반대편 차로로 넘어가는 교통사고)가 발생하거나, 2004년 3월 5일 새벽 05시 40분경 경부고속도로 옥천 나들목 부근 서울 방향 상행선 구간에서 발생했던 겨울철 눈길 미끄럼 사고,[9] 사례

---

8) 1969년 2월 15일 「한국도로공사법」에 의거 설치되었으며, 현재 한국 내 전국 고속도로 건설 및 운영, 개 · 보수 공사 등을 담당하는 국토교통부 산하의 준시장형 공기업이다(ex.co.kr).

9) 2004년 3월 5일 새벽 05시 40분경, 경부고속도로 옥천 나들목 서울 방향 상행선 구간에서 차량 6대가 눈길에 미끌어 지면서 연쇄 추돌하는 교통사고가 발생했다. 이 사고로 인해 화물차 운전자 1명이 사망 2명이 중 · 경상을 입는 피해가 발생했다. 그런데 문제는 이 사고로 인해 경부고속도로는 물론 인근 중부고속도로 영동－청주 약 100Km 구간의 상하행선이 모두 10시간 넘게 완전 불통 마비되어 주차장을 방불케 하는 상황이 벌어졌다는 사실이다.

근본 원인은 전날 밤부터 내리기 시작한 폭설이었지만, 새벽 시간이다 보니 제설작업이 전혀 되어 있지 않았고, 관할 경찰서 사고 조사 담당 경찰관이 도착한 이후에도 사고 지점의 중앙분리대의 부분

에서 보는 것처럼 대형 교통사고 발생 시에는 경찰의 교통사고 처리업무와 함께 사고 여파로 인한 지·정체 차량 우회조치 등을 위해 사고 발생 지점의 중앙분리대 일부를 신속하게 잠정적으로 철거할 필요성이 있다.

이런 점을 감안, 한국도로공사는 2004년 3월 발생한 설해(雪害) 사고 이후 '설해 방지 종합대책'을 수립, <표 4-9>에서 보는 바와 같이 고속도로 중앙분리대 상에 설치되어 있는 개구부(開口部)의 간격을 조정하여 겨울철 폭설에 따른 비상상황 발생 시는 물론 여타 대형 교통사고 발생 시, 개구부를 신속 해체, 교통류 우회가 가능토록 하고, 인접 차량이 장기 고립되는 상황을 방지하기 위해 종전에 매우 무거운 콘크리트 재질로 되어 있던 개구부를 필요시 간단한 차량공구를 이용하여 인력으로도 해체 가능한 경량 구조물로 점차 개선하고 있다.

〈표 4-9〉 고속도로상 중앙분리대 개구부 설계기준 개선

연번	구분	기존 설계 기준	개선된 기준
1	설치 간격 조정	1) IC간격 5~20Km: 1개소 2) IC간격 20Km 이상: 2개소	1) 평시 교통 우회용: 1개소 / 5.0Km 2) 긴급 상황 우회용: 1개소 / 2.5Km
2	인력철거 가능구조로 개선	1) PC콘크리트방호벽: 별도장비 필요 2) 가드레일 지주 매입부: 이물질을 매입시켜 완전 고착 3) 가드레일 해체 시: 별도장비 필요	1) 가드레일 형식으로 변경 2) 지주 자체 매입 방식으로 개선 3) 가드레일 해체 시: 차량 공구로 직접 해체 가능토록 연결 볼트 형식으로 변경

그 밖에도 최근에는 짙은 안개로 인한 교통사고 방지를 위해 가변형 교통정보판(VMS)과 안개 차단시설(방무벽)을 증설하고, 기타 도로안전시설(시선 유도시설, 시선 유도등, 안개 잦은지역 예고 및 주의 표지)과 운전자의 졸음운전이나 부주의 예방을 위한 노면요철 포장(Rumble Strip)구간을 지속적으로 확대하고 있다.

아울러 매년 정기적으로 실시하는 정밀안전진단 결과를 기초로 전국 고속도로상 교량 및 터널의 구조적 안전성과 결함 원인 등을 조사·측정·평가하여 만일 결함이 발생하거나 노후화된 교량이나 터널은 지속적인 보수·보강 공사를 시행

철거가 이루어지지 않아 차량 우회조치가 불가능했다. 또한 사고 지점 후행 구간에 차량 지체가 계속되고 있었음에도 불구하고 상행선상 여러 톨게이트에서 진입 차단 조치가 없어 오전까지 많은 차량이 지속 유입되다 보니 결과적으로 사고 지점 양 방향 수백 대의 차량이 엉키면서 수십 킬로에 걸친 고속도로 구간에 주차장 상황이 벌어지게 되었던 것이다.

함으로써 교통사고는 물론 일반 재해 · 재난사고도 예방하고 있다.

3. 졸음 교통사고 예방 대책 추진(노면요철 포장 및 졸음 쉼터 확충)

지난 2009년~2011년(3년) 간 고속도로에서 졸음운전으로 인해 발생한 교통사고는 전체의 20.0%, 사망자는 전체의 30.6%를 차지하고 있는 것으로 분석되었다. 이런 점을 감안, 한국도로공사는 졸음운전으로 인한 교통사고 방지대책의 일환으로 아래와 같은 기존의 '노면요철 포장(Rumble Strip)'과 함께 2011년부터 고속도로휴게소 상호간 설치 간격이 표준기준을 초과한 구간을 대상으로 '졸음 쉼터'를 확대 설치하고 있다.

(1) 노면요철 포장

「도로안전시설 설치 및 관리지침(국토교통부 예규 제413호)」 제4편(기타 안전시설) 제9호에 의거 '노면요철 포장'이라 함은 잠재적 위험성이 있는 구간의 노면에 인위적인 요철을 만들어 차량이 그 위를 통과할 때 타이어에서 발생하는 마찰음과 차체의 진동을 통해 운전자의 경각심을 높임으로써 차량이 안전하게 주행할 수 있도록 유도하는 시설이다.

다시 말하면 졸음운전이나 기타 운전자의 부주의 등으로 인해 차량이 정상 차로를 이탈할 경우 소음 및 진동을 발생시켜 운전자의 주의를 환기시킴으로써 차량이 원래의 정상 차로로 돌아오도록 유도하여 교통사고를 미연에 방지하는 기능을 수행한다.

「도로법」 제10조에서 정하고 있는 일곱 가지 종류의 도로 중 '일반국도'에 설치함을 원칙으로 하되, 고속국도나 특별시도 · 광역시도 등 여타 도로에도 준용할 수 있다.

1) 종 류

미국 연방도로청(FHWA: Federal Highway Administration)의 노면요철 포장 기술권고안(Technical Advisory)에서는 노면요철 포장의 종류를 아래와 같이 4가지로 구분하여 제시하고 있으나, 현재 국내에서는 [그림 4-2]와 같은 '절삭형'과 '다짐형' 노면요철 포장이 시공되고 있다.

첫째, '절삭형(Milled-in Type)'은 포장면을 지름 600mm의 회전드럼에 부착된 절삭장비로 깍아서 만드는 방식으로써 아스팔트 포장이나 시멘트콘크리트 포장 등 사용 재료에 관계없이 포장면이 견고하다면 얼마든지 설치할 수 있다.

둘째, '다짐형(Rolled-in Type)'은 아스팔트 포장에 사용되며 원형이나 사각형의 강봉을 길이 방향으로 잘라 부착한 롤러를 사용하여 고온의 아스팔트 표면을 다짐으로써 반원형 모양의 홈을 만드는 방식이다.

셋째, '틀형(Formed Type)'은 콘크리트 포장에 사용되며 콘크리트 타설 및 표면 마무리 작업 후 길어깨 표면을 일정한 모양의 틀로 눌러서 만드는 방식이다.

넷째, '부착형(Raised Type)'은 6~13mm 높이의 다양한 제품이 있고 요철의 규격 및 설치 간격 등은 각 제품에 따라 다르다.

[그림 4-2] 절삭형 및 다짐형 노면요철 포장

▪ 절삭형

▪ 다짐형

2) 설치 장소, 위치 및 간격

도로 종류와 차로 수 등에 관계없이 연속적인 주행으로 인해 운전자의 주의력 저하가 예상되는 구간에 설치한다. 교량 및 터널 구간은 길어깨가 충분히 확보되지 않은 곳이나, 중앙선을 노면표시(복선)로만 설치하여 차량의 중앙선 침범 사고 우려가 있는 구간에 설치할 수 있다.

요철 포장의 설치 위치는 최대한 바깥 차선에 가깝게 설치하거나, 중앙선(복선) 내에 설치하고, 간격은 연속적으로 설치하는 것을 원칙으로 한다.

3) 기대효과 및 유의 사항

노면요철 포장이 되어 있는 도로 구간에서는 졸음운전으로 인한 추락사고나 가드레일 충돌사고 등을 대부분 예방할 수 있다. 그러나 과속이나 주취운전 시에는 운전자의 인지 반응시간 부족으로 인해 그만큼 교통사고 예방효과가 저하될 수 있다.

또한 차량이 노면요철 구간을 통과하면 소음·진동이 발생하여 민원이 야기될 수 있으므로 도시 지역이나 취락 지역 등 도로상에는 가급적 설치하지 않는 것이 바람직하다.

(2) 졸음 쉼터 확충

1) '휴게시설'과 '졸음 쉼터'의 정의

「졸음 쉼터 설치 및 관리지침(국토교통부 예규)」 제2조에 따르면 '휴게시설'이란 일반도로나 출입이 제한된 고속국도 또는 자동차전용도로에서 안전하고 쾌적한 여행을 위해 장시간 연속주행으로 인한 운전자의 생리적 욕구 및 피로 해소와 동시에 자동차의 주유·정비 및 기타 서비스를 제공하는 장소이다. 이러한 휴게소는 규모에 따라 일반휴게소, 화물차휴게소, 간이휴게소 및 졸음 쉼터로 구분되며, 각 휴게시설의 유형별 특성은 <표 4-10>과 같다.

〈표 4-10〉 고속도로 휴게시설의 유형별 특성

종류		특성
일반 휴게소	대형	-본선 전체의 편측 교통량이 35,000대/1일 이상인 곳 -운전자를 위한 휴게·편의·자동차 관리기능 등 충족
	중형	-본선 전체의 편측 교통량이 35,000대/1일 미만인 곳 -휴게실, 식당, 주유소 등 중심으로 운영
	소형	-본선 전체의 편측 교통량이 20,000대/1일 이하인 곳 -식당, 화장실 등 기본적 기능만 충족(*주유소는 선택적으로 설치)
화물차 휴게소	대형	-본선 전체의 편측 화물차 교통량이 24,000대/1일 이상인 곳 -화물차 운전자를 위한 휴게·편의·자동차 관리·비즈니스 기능 등 충족
	중형	-본선 전체의 편측 화물차 교통량이 24,000대/1일 미만인 곳 -화물차 운전자를 위한 휴게·편의·자동차 관리 기능 등 충족
	소형	-본선 전체의 편측 화물차 교통량이 15,000대/1일 이하인 곳 -숙박, 화물정보센터, 자동차 관리기능 일부를 제외한 중규모 휴게시설
간이휴게소		-주차면 16~60면 정도의 주차 규모를 갖는 휴게소 -화장실, 파고라(*Pergola: 벤치가 있는 곳에 기둥을 세우고 들보를 올린 후 덩굴식물로 지붕을 덮어 햇볕을 가려주는 조경시설) 등 소규모 편의시설 설치 -편의점, 주유소 등 필요에 따라 선택적으로 영업시설 설치·운영 가능
졸음 쉼터		-쉼터의 규모에 따라 주차면 7면 이상의 주차 규모를 갖는 휴게소 -화장실, 파고라 등 최소한의 휴식 및 졸음 예방 기능만 설치·운영

출처: 국토교통부 「도로의 구조·시설 기준에 관한 규칙」 해설집(2023) 일부 발췌 재편집.

위 표에서 살펴본 바와 같이 '졸음 쉼터'란 '휴게시설'의 일종으로서 「도로법」

제2조 및 「도로법 시행령」 제3조 및 「도로의 구조·시설 기준에 관한 규칙(국토교통부령)」 제38조의2 규정에 따라 휴게소의 간격이 비교적 먼 구간에서 운전자의 피로나 졸음으로 인한 교통사고 예방 및 도로 안전 기능을 강화하고 기타 운전자의 생리적 욕구를 해소할 수 있는 휴식 공간으로 제공하기 위해 설치한 시설이다.

2) 졸음 쉼터의 구성요소 및 설치 장소

졸음 쉼터는 [그림 4-3]에서 보는 바와 같이 진입부, 진출부, 졸음 쉼터 내 주행로, 주차장, 편의시설(화장실, 자판기 등) 및 기타 도로안전시설 등으로 구성되며, 기존 휴게시설 배치 간격, 도로의 기하구조 등을 종합적으로 검토, 이용객들에게 적절한 휴식 공간을 제공할 수 있도록 설치되어야 한다.

현행 규정상 휴게시설 간 표준 간격 기준은 15Km이며 최대 간격 기준은 25Km이므로 졸음 쉼터를 포함한 휴게시설 간 간격이 25Km를 초과하는 구간에는 졸음 쉼터나 간이휴게소를 추가로 설치할 수 있다.

다만 일반국도상에는 졸음 쉼터 포함 휴게시설 간 간격이 25Km를 초과하더라도 교차로 등이 위치하여 차량의 유·출입이 가능하거나 구조물 등으로 설치가 어려운 경우 졸음 쉼터를 설치하지 않을 수 있다.

[그림 4-3] 고속도로상 졸음 쉼터의 평면도(사례)

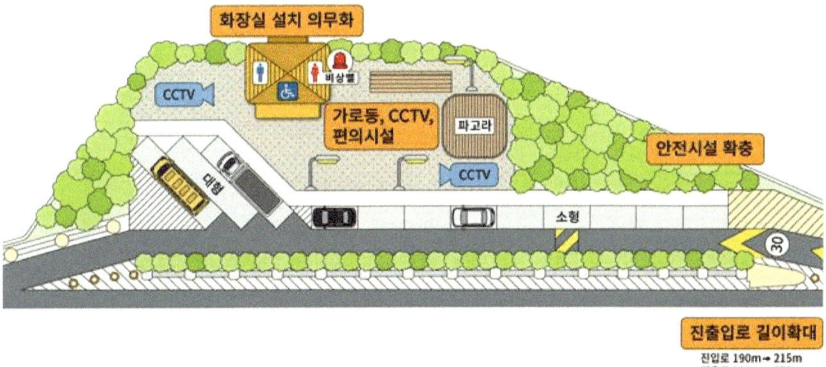

3) 주요 구성요소의 설계기준

졸음 쉼터 진·출입부 감속차로의 설계속도는 고속국도 40km/h, 일반국도 30Km/h를 기준으로 하며, 진·출입부의 형식은 평행식이나 직접식으로 설치한다.

졸음 쉼터 내부의 주행로는 진입 차량이 졸음 쉼터를 이용하기 위해 차량을 주차하고 졸음 쉼터 이용 후 진출로 진입 전까지 차량 이용을 위해 필요한 시설이다. 주행차로의 폭은 3.5m 이상으로 하되, 일반국도 양방향 2차로 이하는 도로의 설계속도를 고려하여 최소 3.25m 이상으로 하여야 한다.

주차장의 주차면수는 기본적으로 교통량 및 시설의 이용률을 고려하여 소형차 주차면과 대형차 주차면을 각각 산정해야 하며, 쉼터 입지 구간의 예상 이용률, 혼잡률, 회전율 등을 산출하여 적정한 주차 면수를 산정하되, 최소 7면 이상 확보하여야 한다.

졸음 쉼터 내 편의시설은 화장실(여성 화장실에는 비상벨 설치), 방범용 CCTV, 조명시설, 벤치, 파고라, 차양 시설(수목 식재), 운동시설, 자동판매기, 사고 발생 시 대처 안내판 중에서 쉼터의 규모에 따라 소형(주차 10면 이하), 중형(주차 11~29면), 대형(주차 30면 이상)으로 구분하여 적절히 설치하여야 한다.

4) 졸음 쉼터 설치 전후 교통사고 감소 효과

한국도로공사에서 지난 2012년 1월~8월(8개월)간 고속도로상 졸음 쉼터가 설치된 구간의 교통사고 현황을 비교한 결과, 교통사고 발생 건수가 설치 전 340건에서 설치 후 188건으로 약 44% 감소하는 효과가 있었던 것으로 나타났다.[10)]

4. '노면 색깔 유도선 표시' 도입 · 설치

(1) 도입 배경

우리나라에 '노면 색깔 유도선 표시'가 맨 처음 등장한 것은 2011년 5월 3일, 서해안 고속도로 서울에서 목포 방향 하행선의 안산 분기점이다.

당시 한국도로공사 군포지사에서 근무 중이던 윤○○ 차장의 아이디어를 해당 구간 관할 인천경찰청 소속 고속도로순찰대 제11지구대장이었던 임○○ 경감이 적극 수용, 경찰청으로부터 시범 설치 허가를 받았다.

윤 차장은 2011년 3월 안산 분기점에서 승용차와 화물차가 서로 엇갈리며 급차선 변경 중 발생한 사망교통사고를 목격했고, 향후 유사 사고 예방을 위해서는 고속도로에서 운행 중인 운전자가 자신의 목적지로 향하는 분기점 위치를 전방에서 정확히 파악, 미리 차선을 변경하도록 유도할 필요가 있다고 생각했다.

이를 위해서는 기존 「도로교통법」상 도로 표면에 허용된 차선의 색깔(백색, 황색, 청색, 적색) 이외에 다른 색깔의 유도선을 분기점 전방 차로의 중간 부분에 명

---

10) 졸음쉼터 설치 및 운영 개선 방안 연구, 국토교통부(2017.1)

확하게 도색하는 것이 좋겠다고 판단했다.

그런데 문제는 당시 「도로교통법」 제68조와 제149조에 의거, 누구든지 도로상에 함부로 법령상 허용되지 않은 다른 색깔의 유도선(노면표시) 등 교통안전시설을 설치하는 행위는 3년 이하의 징역이나 700만원 이하의 벌금에 처해진다는 사실이었다. 이에 윤 차장은 평소 업무상 알고 지내던 임 경감에게 자기 아이디어를 설명했고, 임 경감은 그 타당성을 인정하여 소속 인천경찰청을 통해 상급기관인 경찰청(교통국)에 건의했다.

경찰청에서는 자체 '교통규제심의위원회'를 개최, 교통사고 예방효과가 있을 것으로 판단된다는 심의 위원들의 의견을 토대로 당시 정부의 '적극행정 면책제도'에 입각, 우선 일정 기간 시범적으로 설치토록 허가함으로써 마침내 국내 최초의 '노면 색깔 유도선 표시'가 안산 분기점에 등장할 수 있었던 것이다.

국토교통부 발표 자료에 따르면 세계 최초 '노면색깔 유도선 표시'는 2008년 일본 센다이 시내 아라마치 교차로에 설치되었다고 하는데, 여하튼 위 두 사람의 적극적인 의지와 노력이 없었으면 아마 아직까지도 국내 도로상에서는 '노면 색깔 유도선 표시'를 볼 수 없었을지도 모른다. 평상시 자신의 업무에 충실하게 임하면서 교통사고 예방에 큰 효과를 발휘할 수 있는 아이디어를 내고, 그것이 공식적으로 법제화되기까지 수고를 아끼지 않은 두 사람의 노고에 진심으로 칭찬을 보내는 바이다.

(2) 교통사고 감소 효과 및 관련 규정 신설

2011년 5월 3일 안산 분기점에 '노면 색깔 유도선 표시'가 시범 설치된 이후 해당 장소에서 발생한 교통사고 현황을 비교한 결과, 설치 이전에는 연평균 25건의 교통사고가 발생했지만, 설치 이후엔 단 3건으로써 약 88% 대폭 감소 효과가 있는 것으로 나타났다.

이에 한국도로공사는 2012년 6월부터 전국 고속도로 모든 분기점에 '노면 색깔 유도선 표시'를 확대 설치하기 시작했고, 2017년 12월, 국토교통부는 「노면 색깔 유도선 설치 및 관리 매뉴얼」을 제작, 표준화된 '노면 색깔 유도선 표시'가 전국에 설치될 수 있도록 조치했다. 아울러 운전자가 더욱 쉽게 자신의 진행 방향을 미리 미리 확인하여 차선을 변경할 수 있도록 내비게이션과 도로표지판과도 '노면 색깔 유도선 표시'를 연계시켰다.

또한 2021년 5월 17일, 정부 기관 간 협의를 통해 교통안전시설 설치 근거인

「도로교통법시행규칙」 [별표 6]의 '안전표지의 종류, 만드는 방식 및 설치·관리 기준' 제5호의 일련번호 525의3에 '노면 색깔 유도선 표시'의 뜻과 설치 기준 및 장소가 구체적으로 법제화되어 현재에 이르고 있다.

(3) 「도로교통법시행규칙」상 '노면 색깔 유도선 표시'의 뜻과 설치 방법

1) '노면 색깔 유도선 표시'의 뜻

교차로 나들목 분기점에서 통행해야 하는 방향을 유도하는 분홍색·녹색 또는 연한 녹색의 선을 표시하는 것이다.

2) 설치 방법

경찰청에서 제작 발간한 「교통 노면표시 설치·관리 업무 편람(2022.12)」에 따르면 '노면 색깔 유도선 표시'는 운전자에게 혼란을 초래하는 도로의 구간에서 명확한 경로 안내가 필요한 지점에 분홍색·녹색 또는 연한 녹색의 실선과 백색의 갈매기 표시를 혼용하여 설치한다.

'노면 색깔 유도선 표시' 내에 일정 간격으로 표시되는 '갈매기 표시'는 당해 도로의 제한속도를 고려하여 그 간격을 조정한다. 1개 방향 안내 유도선의 색상은 분홍색, 2개 방향 안내 유도선의 색상은 분홍색과 녹색 또는 연한 녹색, 3개 방향 안내 유도선의 색상은 분홍색·녹색·연한 녹색으로 각각 설치한다.

2011년 5월에 최초로 서해안고속도로에 등장한 '노면 색깔 유도선 표시'는 그간 교통사고 감소 효과는 물론 차량 운전자들의 좋은 호응에 힘입어 최근에는 [그림 4-4]와 같은 자동차 전용도로는 물론 시내 도로의 복잡한 교차로 전방에

[그림 4-4] 자동차 전용도로(전남 광주 무진로)상 노면 색깔 유도선 표시(2018)

도 점차 확대 설치되고 있다.

(4) 기대효과

한국도로공사는 2017년부터 전국의 모든 고속도로상 분기점에 '노면 색깔 유도선 표시'를 확대 설치하기 시작했고 각 지점별로 설치 전후 교통사고 현황을 비교 분석한바, 약 27%의 교통사고 감소 효과가 있는 것으로 나타났다. 또한 서울특별시에서도 2017년도에 도시고속도로 분기점 20개소에 '노면 색깔 유도선 표시'를 설치하고 실험한 결과, 급차로 변경에 따른 충돌 교통사고가 약 45% 감소한 것으로 나타났다.

참고로 지난 2023년 4월, 행정안전부는 「제1회 정부혁신 최초·최고」 선정 결과를 한국행정연구원과 공동으로 발표했다. 여기에는 행정기관과 공공기관이 창의적 아이디어로 국민의 편의와 안전을 높인 다양한 사례들이 포함되었는데, 그 중에서 위의 '노면 색깔 유도선 표시'가 여기에 포함되었다.

2023년 3월 현재 고속도로상 총 905개소에 '노면 색깔 유도선 표시'가 설치되어 있으며, 최근 각 도로관리청별로 우선순위를 선정하여 계속 확대 설치해 가고 있다. 따라서 앞으로 광폭 도로의 분기점 전방에서 운전자의 판단 착오에 따른 급차선 변경 충돌 교통사고는 획기적으로 감소될 것으로 전망된다.

Ⅲ. 일반국도의 안전성 개선사업 추진

1. 회전교차로 확충

(1) 연 혁

회전교차로(Roundabout)는 둥근 형태의 교통섬을 중심으로 차량이 천천히 회전하면서 통과하도록 설치된 교차로이다. 현대식 회전교차로는 1960년대 최초로 영국에서 고안된 것으로 알려져 있고, 프랑스 등 유럽 국가에서는 1980년대부터 본격적으로 확대 설치하기 시작했다.

우리나라에는 1980년대 일부 대도시권 대형 교차로에 기존 교통신호등을 철거하고 원형로타리(Rotary)를 설치했지만 당시 명확한 통행원칙의 불비 등으로 인해 교통정체 및 사고가 빈발, 다시 신호등 교차로로 회귀하기도 했다.

그러다가 2009.4.29. 개최된 제12차 국가경쟁력강화위원회(2008년~2013년)[11)]에서 논의된 '교통운영체계 선진화 방안'의 여러 안건 중 하나로 '회전교차로 확대 설치 방안'이 최종 확정되었다.

이를 계기로 2009년도 말 서울시 종로구 종로소방서 앞에 최초로 회전교차로가 시범 설치·운영되었고, 이후 서울 및 지방 대도시권 도로에도 설치되었다. 또한 해당 교차로에서 원활한 교통소통 및 교통사고 감소 효과가 분석·발표되면서 2014년부터는 전국 주요 간선도로인 국도 및 지방도는 물론 시도 및 생활도로에도 계속 확충되고 있다.

(2) 정의, 통행원칙

「도로교통법」 제2조 제13의2호에 따르면 '회전교차로'란 교차로 중에서 차마가 원형의 교통섬(차마의 안전하고 원활한 교통 처리나 보행자 도로 횡단의 안전을 확보하기 위하여 교차로 또는 차도의 분기점 등에 설치하는 섬 모양의 시설)을 중심으로 '반시계 방향'으로 통행하도록 한 원형의 도로를 말한다.

또한 같은 법 제25조의2에 따르면 도로상 회전교차로에서 모든 차의 운전자는 '반 시계 방향'으로 통행해야 하며, 회전교차로에 진입하려는 경우에는 '서행'하거나 '일시 정지'하여야 하며, 만일 회전교차로 내부에 이미 진행하고 있는 다른 차가 있는 때에는 반드시 그 차에 진로를 양보하여야 한다.

또한 회전교차로로 통행하기 위해 손이나 방향지시기 또는 등화(좌·우측 방향 지시등)로 신호를 하는 차가 있는 경우에 그 뒤차의 운전자는 위와 같이 신호를 한 앞차의 진행을 방해하여서는 아니 된다.

(3) 운영 원리 및 특징

1) 운영 원리

회전교차로의 가장 기본적인 운영 원리는 무엇보다도 '운전자의 양보'이다. 교차로에 새로 진입하는 차량은 이미 교차로 내에서 회전하고 있는 차량에게 반드시 양보해야 한다. 즉 회전차로 내부로 들어와 이미 주행 중인 차량을 방해해서는 안 되므로 결코 무리하게 진입하지 말고 회전차로 내부에 여유 공간이 생길 때까지 도로 표면의 양보선상에서 일시 정지하여 기다려야 한다. 그로 인해 결과적으로 교차로의 접근차로상에는 일시적 교통 지체가 생길 수 있으나 교차로 내부 회전차로상에 정체는 생기지 않는다.

---

11) 제17대 이명박 대통령 취임 직후인 2008년 초에 설치, 2013년 2월에 폐지된 대통령 자문기구(역대 위원장: 1대 사공일, 2대 강만수, 3대 손경식).

평소 대국민 홍보나 안전교육을 통해 회전교차로 진입 시에는 우선 충분히 속도를 줄이면서 진입하도록 유도하고, 회전교차로 통과 시에는 모든 자동차가 교통섬을 중심으로 반시계 방향으로 회전하면서 통행하도록 해야 적극 주지시켜야 한다.

2) 특 징

일반적으로 회전교차로는 교통신호등으로 운영되는 평면 교차로에 비해 저속 운행이 요구되므로 차량간 상충할 가능성이 상대적으로 적고, 운전자의 의사결정 과정이 단순하여 운전 피로감을 줄일 수 있다. 또한 신호 교차로에 비해 유지·관리 비용이 저렴하고 교통안전 수준을 향상시키며 교차로 통과 차량의 지체 시간 감소로 인해 연료 소모와 배기가스를 줄이는 효과도 있다.

참고로 현행 회전교차로와 기존 로터리의 특징과 형태를 상호 비교하면 <표 4-11> 및 [그림 4-5]와 같다.

〈표 4-11〉 회전교차로와 로터리의 특징 비교

구분	회전교차로(Round-about)	로터리(Rotary)
진입 방식	회전 자동차 우선 (진입 자동차가 양보)	진입 자동차 우선(회전 자동차가 양보)
진입부	가급적 저속으로 진입 유도	회전교차로 대비, 상대적으로 고속 진입
회전부	회전교차로 내 고속 주행 방지를 위한 설계(대규모 회전 반지름 설계 지양)	회전교차로 대비, 상대적으로 고속 회전
분리교통섬	감속 및 방향 분리를 위해 반드시 설치	필요시 선택적으로 설치
중앙교통섬	-지름이 대부분 50m 이내 -지름이 최소 5m인 초소형 회전교차로도 설치 가능	설치 시 별도의 지름 거리 제한 없음

[그림 4-5] 회전교차로와 로터리의 형태 비교

▪ 회전교차로　　▪ 교통서클(로터리)

(4) 유형 구분

국토교통부 발간 「회전교차로 설계지침(2022.8)」에 따르면 회전교차로는 크게 '기본형'과 '특수형'으로 구분된다. 기본형은 설계기준 자동차 및 회전차로의 규모에 따라 초소형 · 소형 · 1차로형 · 2차로형 등 4개로 구분된다. 특수형은 설치 형태에 따라 나선형 · 평면형 · 입체형 등 3가지로 구분된다.

1) 기본형

가) 초소형 및 소형 회전교차로

초소형 및 소형 회전교차로의 설계기준 자동차는 각각 승용자동차와 소형 자동차이다. 이 두 개의 교차로는 1차로형 회전교차로 보다 작은 규모로 설계 가능하며 자동차의 평균 주행속도가 50km/h 미만인 지역에서 도로 부지의 확장이 더 이상 곤란한 경우, 기존 교차로 도로부지를 크게 벗어나지 않고 최소한의 설계 제원과 저렴한 비용으로 건설할 수 있다.

또한 승용자동차 및 소형 자동차는 교차로 내부의 중앙교통섬을 침범하지 않고 통행할 수 있지만, 긴급 자동차를 포함한 대형자동차는 현실적으로 교통섬 바깥의 회전차로만 이용하여 통행할 수 없다. 따라서 대형자동차의 회전교차로 통행이 가능토록 하려면 결국 중앙교통섬 전체를 사면돋움 또는 연석을 이용한 돌출 형태로 설치하여 대형자동차가 중앙교통섬을 횡단하거나 일정 부분 침범하여 통행할 수 있도록 해야 한다.

참고로 노면표시 형태의 중앙교통섬은 차량이 이를 침범하여 교차로 안전을 위협할 수 있으므로 가급적 지양해야 한다.

나) 1차로형 및 2차로형 회전교차로

1차로형 및 2차로형 회전교차로는 진입 · 진출 차로 수 및 회전차로의 수에 따라 구분되며 설계기준 자동차는 대형자동차 또는 세미트레일러다. 중앙교통섬은 회전하는 차량이 횡단할 수 없으며 화물차 턱(Truck Apron)[12]이 있어 대체로 설계기준 자동차의 원활한 통행이 가능하다.

---

12) '화물차 턱(Truck Apron)'이란 중앙교통섬의 가장자리에 대형자동차 또는 세미트레일러의 뒷바퀴가 밟고 지나갈 수 있도록 만들어 놓은 부분이다.

2) 특수형

가) 나선형 회전교차로

나선형 회전교차로는 2차로 회전교차로 내 회전차로의 각 방향별 주행 차량 간 상충 가능성을 해소하고 2차로 회전교차로의 운영 효율성 및 교통안전성을 높이기 위해 1998년 네덜란드에서 최초로 개발된 것으로 알려져 있다. 이 교차로는 진입부 도로의 규모와 주·부도로 교통량 및 회전 교통량의 비율에 따라 다양한 유형으로 적용되며, 그로 인해 나선형 중앙교통섬의 형태 중 일부가 다르게 설계된다.

나) 평면형 회전교차로

여기에는 기본형 외에도 직결형과 쌍구형 회전교차로가 있다.

'직결형 회전교차로'는 특정 접근로에 도로용량이 과포화되어 분산처리가 바람직한 교차로로써 직진 교통량이 특히 많은 교차로에 설치할 경우 더욱 효율적으로 해당 교차로를 운영할 수 있다.

'쌍구형 회전교차로'는 비대칭 교차로, 네 갈래 길 이상의 교차로 및 두 개의 교차로가 매우 가깝게 인접한 경우에 적용할 수 있다.

다) 입체형 회전교차로

입체형 회전교차로는 간선도로와 접속되는 고속도로 연결로 입체시설에 설치할 수 있으며, 도로용량이나 교통안전 측면에서 다이아몬드 입체교차로의 상부 및 하부 교차로의 좋은 대안이 될 수 있다. 특히 좌회전 교통량이 많은 연결로에 설치할 경우 진·출입 자동차의 원활한 처리가 가능하고 주변 접근성에 상대적으로 유리하다.

(5) 설치 기준

국토교통부의 「국도의 노선계획·설계지침(2012.12)」 제5조(교차 방법) 제7호에 따르면 「도로법」 제8조에 규정된 도로 중 설계속도가 70km/h 이하인 도로에서 교통 지체나 교통사고의 잦은 발생 등 문제가 예상되는 평면 교차로의 경우에는 효과적인 도로운영을 위해 「회전교차로 설계지침」에 따른 회전교차로의 설치를 검토해야 한다.

특히 다이아몬드형 입체교차 구조에 있어서 규격이 낮은 다른 도로와 평면 교차부에는 회전교차로 설치를 검토해야 한다.

회전교차로의 유형은 <표 4-12>에서 보는 바와 같이 신호 및 비신호 교차로 등 이미 운영되고 있는 교차로 및 신설 예정 교차로의 '교통량'을 기준으로 설치 여부를 결정한다. 만일 해당 교차로가 아래 표의 설치 기준 교통량(각 접근로의 교통량을 모두 합한 교차로 전체의 교통량)을 초과하는 경우에는 '신호 교차로'로 설치하는 게 바람직하다.

〈표 4-12〉 회전교차로 유형별 설치 기준 교통량

(단위: 대/시)

교차로 유형	초소형	소형	1차로형	2차로형	
				나선형	기본형
설치 기준 교통량	800	1,200	2,000	2,600	3,200

출처: 회전교차로 설치 지침(국토교통부, 2022.8).

(6) 평 가

2024년 6월, 한국도로교통공단 분석 결과에 따르면 전국 도로상에 설치된 회전교차로는 2010년 시범 사업 실시 당시 108개소에서 2023년 말 현재 총 2,225개소로써 불과 12년 만에 20.6배나 증가했다.

그로 인해 2013~2022(10년)간 전국 회전교차로(기존 교통신호가 설치된 교차로)상 교통사고 발생건수는 593건에서 1,402건으로 2.36배 증가했고, 부상자 수는 913명에서 1,970명으로써 2.16배 각각 증가했다. 이에 비해 해당 지점의 사망자 수는 2013년 12명, 2018년 11명, 2022년 12명으로써 거의 동일하다.

결국 2013년 이후 10년간 회전교차로 수가 4배 이상 증가한 것을 감안하면 회전교차로 100개소당 교통사망자 수는 약 75.8%(2.4명 → 0.6명) 감소한 것으로 분석되어 회전교차로의 교통안전성 향상 효과는 명확히 검증된 것으로 평가된다.

하지만 현실적으로 아직까지 회전교차로 통행방법에 익숙하지 않아 회전교차로 전방이나 교차로 내에서 판단 미숙으로 인해 추돌 또는 충돌하는 교통사고가 적지 않은 것도 사실이므로 정부 당국에서는 앞으로 꾸준히 올바른 통행 방법에 관한 대국민 홍보 및 교육을 전개해 나갈 필요가 있다.

2. 국도상 도로안전시설 확충

국토교통부는 「국도 노선계획 설계지침」 및 「도로안전시설 설치 및 관리지침」

등에 의거, 지난 1997년 이후 4차로 이상 국도에 중앙분리대, 방호울타리 및 충격흡수시설 등 도로안전시설을 계속 확충하고 있다.

(1) 중앙분리대

1) 정 의

「도로의 구조·시설 기준에 관한 규칙(국토교통부령)」 제2조 제28호에 따르면 '중앙분리대'란 차도를 차량 통행 방향에 따라 분리하고 진행 방향 차로 옆 부분의 여유 공간을 확보하기 위해 도로의 중앙에 설치하는 '분리대'와 '측대'를 말한다. 여기서 '분리대(제2조 제27호)'란 차도를 차량 진행 방향에 따라 분리하거나 성질이 다른 방향의 교통을 분리하기 위하여 설치하는 도로의 부분이나 시설을 말한다. 아울러 '측대(제2조 제26호)'란 운전자의 시선을 유도하고 진행 방향 차로 옆 부분의 여유 공간을 확보하기 위해 '중앙분리대' 또는 '길어깨'에 차로와 동일한 구조로 차로와 접속하여 설치하는 부분을 말한다. 또한 '길어깨(제2조 제29호)'란 도로를 보호하고 비상시나 도로 유지·관리 시에 이용하기 위하여 차로에 접속하여 설치하는 도로의 부분을 말한다.

2) 설치 기준

「도로의 구조·시설 기준에 관한 규칙」 제11조(차로의 분리등) 제1항~제5항에 의거, 도로에는 차로를 차량의 통행 방향별로 분리하기 위하여 도로의 표면에 '중앙선'을 표시하거나 '중앙분리대'를 설치하여야 한다. 다만, 왕복 4차로 이상 도로에는 해당 도로의 기능과 교통상황에 따라 안전하고 원활한 교통을 확보하기 위해 필요한 경우 중앙분리대를 설치하여야 한다.

중앙분리대 내에는 '노상 시설'을 설치할 수 있으며 이때 분리대의 폭은 '설계속도' 및 설치하는 지역에 따라 <표 4-13>의 값 이상으로 해야 하며, 일정 기준의 '시설한계'가 추가로 필요하다.

〈표 4-13〉 도로의 설계속도별 중앙분리대의 최소 폭 기준

설계속도(km/시간)	중앙분리대의 최소 폭(m)		
	지방지역	도시지역	소형차 도로
100 이상	3.0	2.0	2.0
100 미만	1.5	1.0	1.0

여기서 '노상시설(제2조 제31호)'이라 함은 보도, 자전거도로, 중앙분리대, 길어깨 또는 환경시설대 등에 설치하는 표지판 및 방호울타리, 가로등, 가로수 등 '도로 부속물'이다. 또한 '설계속도(제2조 제18호)'란 특정 도로 설계의 기초가 되는 자동차의 속도를 말한다. 아울러 '시설한계(제2조 제36호)'라 함은 자동차나 보행자 등의 교통안전을 확보하기 위하여 일정한 폭과 높이의 안쪽에는 어떠한 시설물로 설치할 수 없는 도로상 공간 확보의 한계를 말한다.

중앙분리대에는 '측대'를 설치해야 하며, 측대의 폭은 설계속도가 시속 80km 이상이면 0.5m 이상, 시속 80km 미만이면 0.25m 이상으로 한다.

만일 차로를 서로 다른 왕복 방향별로 분리하기 위하여 황색중앙선을 두 줄로 표시하는 경우, 각 중앙선의 중심 사이 간격은 0.5m로 설정해야 한다.

3) 설치 효과 등 평가

'고속국도'에는 최초 설계단계부터 시점에서 종점까지 모든 구간에 '중앙분리대'를 시공하지만, 전국의 '일반국도' 상에는 재정 부족과 도로 인근의 여유 부지 부족 등 이유로 중앙분리대가 설치되지 않은 구간이 대부분이었다.

그 결과 일반국도상에서는 중앙선을 가운데 두고 서로 다른 방향으로 접근하던 차량이 갑자기 중앙선을 침범하여 교통사고를 야기하는 사례가 많았고, 또 중앙선 침범으로 인한 충돌사고는 치사율이 여타 다른 법규 위반으로 인한 사고에 비해 상대적으로 높아 인적 피해가 컸다.

이에 심각성을 느낀 국토교통부는 '교통사고 줄이기 대책'의 일환으로 지난 1997년부터 2011년까지 총 3,477억원을 투입, 전국 왕복 4차로 이상 기존 일반국도에 '중앙분리대' 설치 공사를 완료하였고, 이후 신규 건설되는 왕복 4차로 이상 국도상에는 '고속국도'와 같이 최초 설계단계부터 '중앙분리대' 설치계획을 반영하고 있다.

역대 교통사고로 인한 사망자 수가 가장 많았던 1991년 이후 2023년까지 연간 운전자의 법규위반 내용별 교통사고 사망자 수 추이는 <표 4-14>와 같다.

1991년의 경우 교통사고 사망자 발생의 첫 번째 원인행위는 '중앙선 침범', 두 번째는 '과속', 세 번째는 '신호 위반'으로써 중앙선 침범(9.5%)의 점유율이 과속(3.5%) 및 신호 위반(1.4%)의 점유율에 비해 월등히 높고, 특히 '중앙선 침범'과 '신호 위반' 격차는 무려 6.78배에 달한다.

그런데 1997년부터 일반국도상에 본격적으로 중앙분리대를 적극적으로 확충하고 신설 국도상에는 반드시 중앙분리대로 설치하면서 '중앙선 침범'으로 인한 교통사고는 점차 감소하는 추세를 보이고 있다.

즉 '중앙선 침범'과 '신호 위반' 이라는 두 가지 교통사고 원인행위의 점유율 격차는 2005년에는 2.16배(중앙선 침범 12.1% / 신호 위반 5.6%), 2010년에는 1.37배, 2015년에는 1.09배로 점차 감축되었다.

그러다가 2016년과 2017년에는 상호 순위가 뒤바뀌었다가 2018년에 중앙선 침범이 7.6%, 신호 위반이 7.8%로써 그 순위가 확실히 역전되었고, 2020년에는 중앙선 침범이 6.4%, 신호 위반이 8.7%로서 중앙선 침범으로 인한 사고가 신호 위반으로 인한 사고에 비해 1/1.36 수준으로 감축되었는데 2023년 현재까지도 점유율의 순위는 그대로 유지되고 있다.

<표 4-14>의 수치는 고속국도나 일반국도 외에도 도로 종별에 관계없이 국내 모든 도로상에서 발생한 교통사고 사망자를 포함한 것이다. 2010년 이후에는 후술하는 바와 같이 일반국도 외 여타 지방도로 상에도 각 도로관리청별 자체 계획에 따라 콘크리트 재질의 '중앙분리대'를 확대 설치하고 있으며, 해당 도로 여건상 이것이 어려운 경우에는 철제나 플라스틱 탄력봉 형태의 '간이 중앙분리대'를 적극적으로 확대 설치하고 있기 때문에 앞으로도 '중앙선 침범'으로 인한 교통사고 사망자 수의 점유율은 점차 감소될 것으로 예상된다.

〈표 4-14〉 연간 운전자의 '법규 위반 내용별' 교통사고 사망자 수 변화 추이

연도별		계	중앙선침범	신호위반	과속	기타
1991	사망(명)	13,429	1,280	187	476	11,486
	점유(%)/(순위)	100	9.5/(1)	1.4/(3)	3.5/(2)	
1995	사망(명)	10,323	1,265	223	416	8,419
	점유(%)/(순위)	100	12.3/(1)	2.2/(3)	4.0/(2)	
2005	사망(명)	6,376	769	356	165	5,086
	점유(%)/(순위)	100	12.1/(1)	5.6/(2)	2.6/(3)	
2010	사망(명)	5,505	563	409	138	5,394
	점유(%)/(순위)	100	10.2/(1)	7.4/(2)	2.5/(3)	
2015	사망(명)	4,621	421	382	166	3,652
	점유(%)/(순위)	100	9.1/(1)	8.3/(2)	3.6/(3)	

2016	사망(명)	4,292	338	352	194	3,408
	점유(%)/(순위)	100	8.1/(2)	8.2/(1)	4.5/(3)	
2017	사망(명)	4,185	338	317	206	3,324
	점유(%)/(순위)	100	8.1/(1)	7.6/(2)	4.9/(3)	
2018	사망(명)	3,781	288	294	237	2,962
	점유(%)/(순위)	100	7.6/(2)	7.8/(1)	6.3/(3)	
2019	사망(명)	3,349	246	315	228	2,560
	점유(%)/(순위)	100	7.31/(2)	9.4/(1)	6.8/(3)	
2020	사망(명)	3,081	196	267	277	2,341
	점유(%)/(순위)	100	6.4/(3)	8.7(2)	9.0(1)	
2023	사망(명)	2,251	169	199	별도 항목	2,183
	점유(%)/(순위)	100	7.5/(2)	8.8/(1)		

출처: 한국도로교통공단 교통사고 통계(TAAS).

주: 1. 위의 표 좌측 두 번째 항목의 (순위)는 평소 가장 중요한 교통사고 원인행위인 중앙선 침범, 신호위반, 과속 등 3가지 법규위반 행위 중에서 당해년도 사망자 수의 점유율이 높은 항목의 순서를 표시한 것임.

2. 한국도로교통공단 교통사고분석시스템(TAAS)에 따르면 '과속'의 경우 2020년까지는 1개 사고 원인행위가 여러 개인 경우 그중 가장 크게 영향을 미친 법규위반 행위가 '과속'이면 이를 다른 위반행위와 함께 병렬 항목으로 표시. 그러나 2021년부터는 1개 사고 원인행위에 '과속'이 포함되어 경우에는 이를 모두 집계하여 '부문별 교통사고'라는 별도 항목(2023년도: 과속피해 사망자 수 260명)으로 표시. 따라서 2021년 이후 통계에서 별도 항목에 표시된 '과속'은 그 이전에 비해 과다 계상되기 때문에 중앙선 침범이나 신호위반 등 여타 사고 원인행위와 동일한 차원에서 비교 불가능함.

(2) 방호울타리

일반국도상에는 '중앙분리대' 외에도 차량이 도로를 주행하다가 도로 외부로 이탈하는 사고를 방지하기 위한 '방호울타리'를 계속 확충하고 있다.

「도로안전시설 설치 및 관리 지침(국토교통부 예규)」 제3편 제1-3호에 의하면 '차량 방호안전시설'이란 주행 중 진행 방향을 잘못 잡은 차량이 길 밖 또는 반대편 차로 등으로 이탈하는 것을 방지하거나 차량이 도로구조물과의 직접 충돌하는 것을 방지하여 차량 내 탑승자, 차량 자체, 보행자 또는 도로변의 주요 시설을 안전하게 보호하기 위해 설치하는 시설로써 여기에는 노측이나 중앙분리대 또는 교량 등에 설치하는 '방호울타리'와 고정된 구조물의 전면에 설치하는 '충격흡수시설'이 있다.

아울러 같은 규정 제3편 제2호에 따르면 '방호울타리'는 정상 주행 경로를 벗어난 차량이 길 바깥이나 반대 방향 또는 보도 등으로 이탈하는 것을 방지하는 동시에 탑승자의 상해 및 차량의 파손을 최소화시키고, 차량을 원래의 정상 진행 방향으로 복귀시키는 것을 주된 목적으로 하며, 부수적으로는 운전자의 시선을 유도하고 보행자의 무단횡단을 억제하는 등의 기능도 한다.

국토교통부는 기존 일반국도상 '중앙분리대' 설치사업이 마무리된 지난 2011년부터 2024년까지 약 14년간 총사업비 9,396억원을 투자, 전국 일반국도 총연장거리 10,452Km 구간에 '방호울타리'를 설치하였다. 이러한 수치는 2023.12. 현재 국내 일반국도 총연장거리(14,220Km)의 약 73.5%에 해당하는 것이다.

1) 종류 및 시공상 유의 사항

방호울타리의 종류(형식)는 '설치 위치 및 기능'에 따라 [그림 4-6]에서 보는 바와 같이 노측용·분리대용·보도용 및 교량용 등 4가지로 구분되며, '강도(强度)'를 기준으로 연성 방호울타리와 강성 방호울타리 등 2가지로 구분된다.

[그림 4-6] 방호울타리의 종류(기능별)

▪ 노측용 방호울타리

▪ 분리대용 방호울타리

▪ 보도용 방호울타리

▪ 교량용 방호울타리

특정 도로 구간에 방호울타리를 선정·시공함에 있어서는 사전에 울타리의 성능, 경제성, 주행상 안전감, 시선유도 효과, 운전자 입장에서의 전망 및 쾌적성, 주위 도로 환경과의 조화, 시공 조건, 분리대의 폭, 향후 유지·보수 용이성 등을 충분히 고려하여야 한다.

2) 설치 장소

가) 도로 측면에 위험성이 있는 구간

비탈면의 경사 바로 위에 있는 도로, 비탈면 및 비탈 기슭에 바위 등이 돌출되어 있는 도로, 도로가 바다·호수·하천·늪지·수로 등에 인접한 경우 등 도로 측면에 위험성이 잠재하고 있는 경우 필요한 구간에 설치한다. 또한 도로변에 철도가 인접해 있거나 도로 폭이나 선형 등과 관련하여 위험성이 있는 구간, 교량이나 터널 등 도로구조물이나 도로상 장애물, 도로변의 주택지역에 차량 돌진 사고 우려가 있는 구간 및 기타 기상 상황 등에 의하여 특히 필요한 구간에 설치할 수 있다.

나) 분리대 구간

도로의 양쪽 방향 분리대 중 다음 각 항에 해당하는 구간에는 진행 차량이 대향차로로 갑자기 이탈하는 것을 방지하기 위하여 방호울타리를 설치하는 것이 원칙이다.

- 4차로 이상인 고속국도 및 자동차 전용도로 구간
- 일반국도 구간 중 신호 교차로 간격이 짧아 분리대의 단부(斷部) 처리가 어려운 구간 등 불가피하게 설치하지 못하는 곳을 제외한 전 구간
- 지방지역 도로에서 선형 조건이 위험하여 분리대 설치가 필요하다고 인정되는 구간
- 도시지역 내 도로에서 차량의 주행속도가 높거나 중앙선 침범이 우려되는 위험 구간 또는 불법 U턴 등을 막기 위해 필요한 구간

다) 보도 등 구간

보행자와 자전거 이용자의 보호를 위해 다음 각 항에 해당하는 구간에 대하여는 도로 및 교통상황에 따라 원칙적으로 보도용 차량 방호울타리 또는 보행자용 방호울타리를 설치한다.

- 보도용 차량 방호울타리: 차량이 길 밖으로 벗어나는 것을 방지하고 보행자

등을 차량으로부터 보호하기 위해 필요한 구간
- 보행자용 방호울타리: 간이보도 신설 또는 보행자의 횡단 방지를 위해 필요한 구간, 보행자나 자전거 등이 길 밖으로 추락하는 것을 방지하기 위해 필요한 구간

라) 교량 구간

교량 위에는 차량이 차도로부터 교량 바깥이나 보도 등으로부터 벗어나는 것을 방지하는 차량 방호울타리와 보행자와 자전거가 교량 바깥으로 떨어지는 것을 방지하기 위한 난간을 설치한다.

3) 구조 및 재료 등

방호울타리의 구조는 설치 장소의 도로 교통조건 · 경제성 · 미관 · 유지관리의 용이성 등을 충분히 고려하여 선택해야 하며, 충분한 강도를 가지고 내구성이 우수하여 유지 · 관리가 쉬운 재료를 사용해야 한다. 또한 방호울타리의 색채는 운전자의 시선유도 효과를 감안, 백색 또는 회색을 원칙으로 하나 아연으로 도금된 재료는 그대로 사용해도 된다. 만일 특히 주변 환경과의 조화가 필요한 구간에는 목재의 자연색이나 밤색 등도 가능하다.

4) 기타 설치 · 관리 시 고려 사항

만일 도로 및 교통상황이 동일한 구간이 둘 이상이고 해당 구간들이 서로 가까운 경우, 해당 구간의 방호울타리는 원칙적으로 그 형식이나 종류 등을 동일한 것으로 선정하고 부득이한 경우를 제외하고는 연속하여 설치해야 한다.

방호울타리의 바람직한 설치 최소 연장거리는 100m이고 부득이 연장거리를 줄여야 하는 경우에도 최소 60m가 바람직하다. 도로 양쪽 방향 분리대에 설치할 때에는 원칙적으로 분리대의 중앙에 설치해야 하며, 이 경우 울타리의 윗면에는 야간에 반대편 차도에서 다가오는 차량의 전조등으로 인한 운전자의 눈부심을 막을 수 있도록 별도의 '현광(顯光) 방지시설'을 설치한다.

자동차 전용도로 등에서는 도로 보수공사나 교통사고 등 긴급상황 처리 등을 위해 중앙분리대 상 적의 지점에 '개구부(開口部)'를 설치한다. 또한 일반도로 상 교통처리 등을 위해 좌회전이나 유턴을 허용하는 경우에도 중앙분리대 상 필요한 지점에 개구부를 설치할 수 있다.

방호울타리는 매연이나 접촉사고 및 기타 재해등 사유로 인해 최초 설치 당시

의 상태가 변화될 가능성이 높고, 특히 도시부 도로에 설치된 울타리의 경우 이를 그대로 방치하면 도시미관에 큰 저해 요인이 된다.

따라서 해당 도로관리청에서는 해당 부서 담당자의 일상 순회점검시 방호울타리의 외관도 함께 관찰하여 이상 유무를 확인해야 하며, 월 1회 이상 정기 점검하고, 호우·강설 등 재해 직후에도 도로 점검과 함께 방호울타리의 상태도 점검하여야 한다. 특히 겨울에 눈이 많이 오는 지역에 설치된 방호울타리는 차량을 이용한 제설 작업 과정에서 손상을 입기 쉬우므로 더욱 주의해야 한다. 또한 교통사고 또는 재해 등으로 인해 변형이나 파손이 생겨 그 기능을 충분히 발휘할 수 없게 되었을 때에는 신속하게 복구해야 한다.

이동 차량과의 단순 접촉 등으로 재료 표면의 도장이 떨어지면 그로 인해 녹이 생기게 되고 도막 떨어짐 현상이 심하게 발생하므로 역시 신속하게 재도장해야 한다. 방호울타리의 정기 세척 작업은 포장도로의 경우 연 1~2회, 비포장도로인 경우에는 월 1회 정도 시행하는 것이 바람직하다.

[그림 4-7] 중앙분리대와 방호울타리가 설치된 국도(21번~29번 연결 구간)

3. 국도상 보도 설치(보행자 통행시설 정비)

(1) 보행 중 사망자 현황

경찰청에서 집계하는 연간 사고 유형별 교통사고 통계는 [차 대 사람], [차 대차], [차량 단독], [철길 건널목] 등 크게 4가지로 구분하며, 그중 [차 대 사람] 사고의 유형은 다시 [횡단 중], [차도 통행 중], [길 가장자리 구역 통행 중], [보도 통행 중] 및 [기타 통행 중] 등 크게 5가지로 구분한다.

그런데 이 중에서 [횡단 중] 사고는 대부분이 보도로 걸어가던 보행자가 차도를 무리하게 횡단하여 반대편 보도로 건너가다가 발생한 것으로써 이는 '도로 자체'의 문제가 아니라 '보행자' 자신의 문제(무단횡단)이다.

그러나 [차도]와 [길 가장자리 구역][13] 교통사고는 해당 사고가 발생한 도로 구간에 별도 [보행자 전용 보도]가 설치되어 있지 않아 보행자가 [길 가장자리 구역]으로 통행하다가 [차도]로 올라오거나, 처음부터 [차도]를 이용하여 통행하다가 진행 차량과 충돌하면서 발생하는 경우가 많다. 또한 [보도 통행 중] 교통사고는 해당 구간에 보행자 전용 보도는 있지만 차도와 보도 사이에 안전한 도로시설물이 설치되어 있지 않아 차도로 통행하던 차량이 갑자기 보도로 돌진하여 발생하는 경우가 많다. 즉 이러한 3가지 유형의 교통사고는 도로시설물의 문제로 인하여 발생하는 경우가 대부분으로 이런 유형의 교통사고에 있어서는 정부(도로관리청)의 책임이 적지 않다.

특히 일반국도는 전국 주요 도시·항만·비행장 또는 관광지 등을 연결하는 국가 간선 도로망 역할을 하고 있어 차량의 원활한 소통이 중요시되다 보니, 국도 주변에 형성된 취락지 주민들의 안전한 보행권이 제대로 확보되지 않고 있는 경우가 많다. 또한 종래의 자연부락을 관통하는 일반국도의 경우 지역 주민들이 관공서 등 주요 시설이나 버스 등 대중교통을 이용하기 위해서 불가피하게 해당 도로를 이용해야 하나, 해당 도로에 보행자 전용 [보도]가 설치되지 않은 구간에서는 보행자의 교통안전성이 매우 취약한 실정이었다.

만일 어떤 도로에 보행자 전용 [보도]가 설치되어 있지 않다면 보행자는 [길 가장자리 구역]을 이용해야 하나, 해당 [길 가장자리]의 폭이 최소 1.5미터 이상 충분히 확보되지 않은 경우에는 고속 주행 차량으로 인한 위험을 감수하면서까지 부득이 [차도]를 이용하여 통행할 수밖에 없는 상황이 초래되는 것이다.

<표 4-15>에서 보는 것처럼 지난 2005년 이후 최근까지도 많은 보행자가 [차도]나 [길 가장자리 구역]을 통행하다가 차량과 충돌하여 사망했는데, 기존 도

---

13) '길가장자리(구역)'란 「도로교통법」 제2조 제11호에 의거, 보도가 차도가 구분되지 아니한 도로에서 보행자의 안전을 확보하기 위하여 안전표지(노면표시 포함) 등으로 경계를 표시한 도로의 가장자리 부분을 말한다.

로에 [차도]와 다른 별도의 보행자 전용 [보도]를 설치할 경우 이러한 두 가지 유형의 [차 대 사람] 교통사고는 상당 부분 예방할 수 있다.

〈표 4-15〉 [차 대 사람] 교통사고의 세부 유형별 분석

구 분		계	횡단중	차도 통행중	길 가장자리 구역 통행중	보도 통행중	기타
2005	발생(건)	46,594	20,758	5,162	2,713	2,346	15,615
	사망(명)/(%)	2,457(100)	1,323(54.1)	296(12.0)	129(5.3)	81(3.3)	628
2012	발생(건)	50,056	19,537	3,904	3,577	2,399	20,694
	사망(명)/(%)	1,977(100)	1,003(50.7)	174(8.8)	94(4.8)	83(4.2)	623
2018	발생(건)	45,248	18,390	4,742	3,196	2,194	16,726
	사망(명)/(%)	1,443(100)	794(55.0)	205(14.2)	69(4.8)	41(2.8)	334
2023	발생(건)	36,996	13,081	4,507	1,985	2,632	14,791
	사망(명)/(%)	859(100)	419(48.7)	135(15.7)	28(3.3)	24(2.8)	253

이런 현실을 감안, 국토교통부에서는 2004년부터 '국도상 보도 설치 기본계획(1단계)'을 수립 · 시행하고 있으며, 2019년까지 기존 3단계 계획이 종료됨에 따라 현재는 2020년부터 2025년까지 총 6년간에 걸친 제4단계 기본계획에 따라 전국 5개 지방국토관리청(도로 및 하천관리를 담당하는 국토교통부 소속 특별 지방행정기관; 서울, 원주, 대전, 부산, 익산 등 5개소) 감독하에 예하 국토관리사무소별로 매년 일반 국도변 [보도] 신설 공사를 시행하고 있다.

(2) 국도상 [보도] 설치 기본계획 수립 등 사업 절차

참고로 지난 2019년 12월, 국토교통부의 의뢰로 전문기관인 한국 건설연구원(KICT)이 작성 제출한 '국도상 보도 설치 제4단계 기본계획'을 근거로 전국의 일반 국도변에 '보도 설치 공사'가 시행되기까지의 과정을 살펴보면 다음과 같다.

1) 시공 수요 파악, 현장 의견 수렴 및 검증

대개 수십 킬로미터 이상의 긴 구간을 대상으로 하는 신설도로 건설 사업과는 달리, 국도상 [보도] 설치 공사는 통상 취락지 주변 100미터 내외 또는 취락지를 연결하는 3킬로미터 이내의 비교적 짧은 구간을 대상으로 한다. 또한 매년 시공 대상 구간이 300개 이상의 전국적으로 넓게 분포된 이른바 '점 단위' 계획이고,

각 구간별 기하구조의 특성이나 교통사고 발생 가능성 등이 매우 상이하기 때문에 [보도] 설치 공사 장소를 최종 확정하려면 사전에 대상 구간에 대한 정확하고 세밀한 현장 정보의 수집이 필수적으로 요망된다.

따라서 통상 실제 공사 개시 약 1년 전에 시작되는 기본계획 수립을 위한 용역 수행 기관에서는 사전에 국도변 [보도] 설치를 요청한 해당 도로관리청 소속 담당자들을 소집하여 기본계획 수립에 따른 취지 설명 및 관할 도로상 후보 구간 선정을 요청하게 된다. 이후 약 6개월간에 걸쳐 시공이 필요한 대상 구간에 대한 기하학적 특성 및 [보도] 설치 필요성 등 각종 데이터에 대한 상세한 검증을 실시한다.

2) 국도상 [보도] 설치 요망 사유(주요 사례)

평소 관할 도로관리청이 해당 지역 주민들의 건의 등을 참작하여 파악한 국도상 [보도] 설치를 요망하는 사유는 매우 다양하나 그중 중요한 사례 몇 가지를 살펴보면 다음과 같다.

① 평상시 다수인 민원 발생 구간 및 보행자 사망사고 발생 지역, 인근 숙박시설, 관광시설 밀집 지역 및 주거지 일원 보행자에 대한 안전조치 필요
② 초등학교 인접 야간 교통 취약 구간 개선 필요
③ 마을 주거지에서 군청·경찰서·보건소·병원 등 공공시설로의 주민 이동편의 증대 보도 미연결 구간에 대한 연결 필요
④ 마을 통과 구간에 대한 교통사고 예방 및 주민 불편 해소 방안 강구 필요
⑤ 대중교통시설, 특히 버스정류장 부근의 교통안전성 확보를 위한 보도 확대 및 면 소재지의 주요 도로 구간 내 보도 설치 필요
⑥ 마을 진입로의 보도 확보 또는 확충 필요
⑦ 도로 신설에 따른 기존 보행통로 단절, 주거지역 및 과속차량 빈발 구간 내 보행자 안전성 확보 필요
⑧ 연례축제 개최 지역 내 국도변 보행자 사고 위험 예방 조치 필요 등

3) 신규 [보도] 시공 사업비 산출 및 최종 후보 구간 선정

일반적으로 '도로 부문' 사업비는 공사비·부대비·용지보상비 및 예비비로 구성되며 유지관리비는 별도로 책정된다. 이 중 부대비는 공사비 요율에 따라 책정되고 예비비는 공사비와 부대비 및 용지보상비 전체 합계의 10%를 책정하는 게 원칙이다.

이중 '용지보상비'는 용지 매수비와 지장물 보상비를 추정하여 책정하며, 용역 수행기관이 직접 감정평가를 실시하거나 약식 감정평가, 보상 배율 등을 적용하는데, 이는 해당 노선의 위치에 따라 매우 다르다.

「국도상 보도 설치 기본계획」을 수립하는 과정에서 향후 예상 소요 사업비 산출은 필수적이며, 사전에 파악한 각 후보 구간별 기하구조의 특성, 교통사고 발생 가능성, 개략적인 시공 사업비 등을 종합적으로 고려해야 한다. 마지막 단계에서는 전국 국도변 [보도] 시공 후보 구간 관할 도로관리청 소속 담당자들과 협의 과정을 거쳐 '차기 [보도] 설치 예정 구간'을 최종 선정하고, 매년 말 익년도 시공 사업의 우선순위에 따라 각 도로관리청별 대상 구간을 선정하여 연차적으로 보도 설치 공사를 시행한다.

(3) 평 가

국토교통부 내부 자료에 의하면 '국도상 보도 설치 사업'은 [그림 4-8]에서 보는 바와 같은 방식의 1~3단계(2004~2019) 사업을 이미 완료하였고, 현재 4단계 사업(2020~2025)을 추진 중인바, 지난 2004년부터 2023년 말 현재 시공 완료된 구간의 총연장거리는 1,162.1Km이다.

[그림 4-8] 제7번 국도상 보도 설치 공사 사례(2017.12)

■ 강원도 동해시 효가4거리~동해 IC 2.5 Km 구간 / 사업비 총 43억원 중 국비 50% 보조

지난 2005년도 이후 전체 교통사고 사망자 중 '보행 중 사망자'의 변화 추이는 <표 4-16>과 같다.

〈표 4-16〉 연도별 '보행자 교통사고' 사망자 수 변화 추이

구분	2005	2010	2015	2020	2023
전체 사망자(명)	6,376	5,505	4,621	3,081	2,551
보행 사망자(명)	2,548	2,082	1,795	1,093	886
보행사망자 점유율(%)	40.0	37.8	38.8	35.5	34.7

출처: 한국도로교통공단 교통통계정보(TAAS), 일부 재구성.

<표 4-16>에서 살펴보면 전체 연간 교통사고 사망자 중 '보행 중 사망자'의 점유율은 2005년도에 약 40.0%에서 2015년에 38.8%, 2020년도에 35.5%, 2023년도에 34.7%로써 점차 감소하는 추세임을 알 수 있다.

이와 같이 [차 대 사람] 사고 즉 보행 중 사망자가 감소 추세에 있는 이유로는 여러 가지 복합적인 요인이 작용하고 있겠지만, 아무래도 지난 2004년에 시작하여 지금도 계속 진행 중인 「국도상 보도 설치 사업」과 후술하는 「지방도상 보도 설치 및 길 어깨 확장·포장 사업」 등 도로 자체의 구조 및 안전시설 확충·개선 사업의 효과가 가장 크다는 점을 높이 평가할 수 있다.

Ⅳ. 기타 도로안전시설 확충

1. 지방도 상 [보도] 신설 및 [길 어깨] 확·포장 공사

앞의 <표 4-7>에서 보는 바와 같이 2023년도 현재 국내 도로 종별 연장거리의 점유율은 '고속국도·일반국도 및 특별·광역시도'가 약 21%이고, '지방도·시도·군도·기타 도로'가 약 79%이다.

아울러 <표 4-8>에서 보는 바와 같이 같은 해 도로 종별 연간 교통사고 사망자의 점유율을 살펴보면 '고속국도·일반국도 및 특별·광역시도'는 약 48%이고, '지방도·시도·군도·기타 도로'의 점유율은 약 52% 이다.

이 두 가지 표를 비교하면 '도로 연장거리'의 점유율은 후자(지방도·시도·군도·기타: 78%)가 전자(고속국도·일반국도 및 특별·광역시도: 21%)에 비해 3.76배 많은데도 불구하고, '교통사고 사망자 수'의 점유율은 후자가 전자에 비해 1.08배

많은 수준으로써 그 격차가 상대적으로 크지 않다는 사실을 알 수 있다.

이러한 수치는 세 가지 사고 유형인[차 대 차]·[차 대 사람]·[차량 자체]에 관계없이 교통사고로 인한 사망자는 후자(지방도 이하)보다 전자(차량의 주행속도가 높은 고속도로, 일반국도 및 인구밀도가 높은 특별·광역시도)에서 발생할 가능성이 상대적으로 높다는 것을 나타내는 것이다.

그런데 '사고 유형' 중 [차 대 사람] 사고만 떼어서 살펴본다면 오히려 전자에서보다 후자에서 상대적으로 더 많은 사망자가 발생하고 있는 게 현실이다. 그 이유는 위 '국도변 보도 설치' 부문에서 언급한 내용과 동일하다. 즉 전자에 비해 후자에서는 비록 상대적으로 차량의 주행속도가 낮지만 도로변에 '보행자 전용 보도'가 거의 없고, 설령 보도가 있다고 하더라고 보행자용 '방호울타리'가 미설치되어 있으며, 차도와 인접한 [길어깨]의 폭이 너무 좁아 보행자는 부득이 차도를 통해 이동하다가 진행 차량과 충돌하는 사고가 빈번하게 발생하는 것이다.

따라서 지방도·시도·군도 및 기타 도로에는 [그림 4-9]에서 보는 바와 같이 각 도로관리청 주관하에 '안전한 보행환경 조성사업'의 일환으로 매년 소요 예산을 확보, 시급한 구간부터 연차적으로 도로변에 보행자 전용 [보도]를 신설하거나 사정이 여의치 않은 구간에는 기존의 [길어깨]를 확·포장하는 공사를 시행하고 있으며, 이는 당연히 해당 도로상 [차 대 사람] 교통사고 감소에 매우 큰 효과를 거두고 있다.

[그림 4-9] 지방도상 보행자 전용 보도 신설(동해시/2017), 길어깨 확충(서천읍/2011) 사례

■ 지방도: 강원도 동해시 송정동 당말재길

■ 군도 5호선: 충남 서천읍 신송리~종천면 장구리

제17대 이명박 대통령(2008~2013)은 선거공약 중 하나로 '교통사고 사상자 절반 줄이기'를 제시하였다. 그는 취임 직후 '국가 경제 활성화'를 목표로 민간 전문가와 장관급 위원으로 구성된 '국가경쟁력강화위원회'를 설치·운영하고 이 회

의에 직접 참여하면서 당시 국가·사회적으로 시급한 정부 정책을 논의·선정하도록 했다.

'교통사고 사상자 절반 줄이기' 프로젝트도 이 회의에서 기본 방침이 확정된 뒤, 2008년도 7월에는 대통령실 주관 관계부처(국토교통부, 법무부, 행정안전부, 보건복지부, 경찰청) 주무 국장급 공무원 참석 리에 대책 회의를 개최, 세부 시행계획(2008~2012)이 최종 확정되었다. 이 계획은 곧 전국 지방자치단체에 하달되어 향후 관련 주무 부처 지원 하에 적극 추진토록 독려하였으며, 이에 따른 '교통사고 줄이기' 관련 사업은 2025년 3월 현재 지금도 지속적으로 추진되고 있다.

당시 위 정책(사업계획)의 비전 및 목표는 2007년도 3.1명이었던 '자동차 1만대당 교통사고 사망자 수'를 5년 뒤인 2012년에 1.3명으로 감소시켜 한국의 교통사고 발생률을 OECD 회원국의 평균 수준 이하로 낮추는 것이었다. 구체적으로는 2007년에 6,166명이었던 국내 교통사고 사망자 수를 2012년에는 3,000명 수준(거의 절반 이하)으로 감소시키는 것이었다.

사업계획의 중점 추진 과제는 보행자·노인·사업용 자동차·이륜차·주취운전 등 당시 교통사고 발생의 가장 큰 요인이었던 5가지 주제를 대상으로 선정하였고, 그중 보행자 관련 사업은 그 첫 번째가 [차 대 사람] 즉 보행자 사고 감소를 위해 도로상 '보행자 안전시설'을 대폭 개선·확충하는 것이었다.

전국의 국도나 지방도 중 보행자 통행시설이 미비하여 [차 대 사람] 교통사고가 많이 발생하는 지역을 선정하고 사고 빈도별·지역별 우선순위를 결정한 후 해당 도로의 여건에 따라 약 2~3m의 보도 폭을 확보하고 여기에 보도·차도 분리시설(보행자용 방호울타리) 설치, 길어깨 확·포장 등 보행자 안전을 확보하기 위한 공사를 '국가 예산 보조 사업'으로 지정, 각 도로관리청별 주관하에 적극 추진토록 한 것이다.

이에 전국 광역자치단체에서는 '국가 보조 공모사업 계획'에 의거, 지방도는 도비로 지원하고 시군도·농어촌도로·도시계획도로는 시군비로 지원하면서 매년 연차적으로 해당 사업 예산을 확보, 시급한 지역부터 우선순위를 선정하여 연차적으로 '안전한 보행환경 조성 사업'을 지속적으로 추진·시행하고 있다.

실제 사례로써 정부 정책에 따라 지난 2015년도 충청남도(건설교통국 교통정책과)에서 수립한 '보행환경 개선사업'의 내용을 살펴보면 위험도로 구조 개선사업, 교통사고 잦은 곳 개선사업, 회전교차로 설치 사업 및 안전한 보행환경 개선사업 등 4가지 세부 사업계획이 포함되어 있다. 그중에서 '안전한 보행환경 조성 사업'

으로는 지방도 제609호선(충남 홍성읍 내법리~홍북면 봉신리)에 사업비 30억원(국비 10억원+지방비 20억원)을 확보하여 보행자 안전을 위한 보차도 분리시설(보행자용 방호울타리) 설치, 전용차로 지정 등 공사를 시행하기로 결정했는데, 그 세부 사업의 내용은 <표 4-17>과 같다.

〈표 4-17〉 생활권 보행환경 종합 정비 사업 내용 예시(2015 충청남도)

사업 목적	주요 사업 내용(예시)
보행 안전 및 편의 증진	-보도 신설, 단절 보도 연결, 보도폭 확보(보행량 기초) -도로다이어트, 일방통행 전환 및 과속방지턱 등 안전시설 설치 -보행 약자의 이동권 및 활용성 확대를 위한 유니버설디자인(UD) 적용 -대중교통 및 친환경 개인용 이동 수단(자전거, PM 등) 연계 보행환경 조성 -보행 친화형 신호체계 도입(선행 보행신호기법, 보행우선 및 신호시간 개선 등)
도시미관 개선 및 주차 공간 확보	-전선 지중화 도입(전력 및 통신케이블 지하 매립) -합리적 주차 공간·시설 설치 및 정비(주차 문제 해결) -보행 친화적 포장, 휴게 편의시설, 보행광장, 조경시설 확충
도시 방재 기능 강화	-재해 예방을 위한 저영향 개발(LID: Low Impact Development)기법 도입 -식생형 시설, 침투시설, 빗물이용시설 등 설치 -범죄예방설계(CPTED)기법을 연계한 보행환경 정비 및 주소정보시설 정비 추진

2. 시선 유도시설 및 시인성 증진 안전시설 확충

(1) 의 의

「도로안전시설 설치 및 관리지침(국토교통부 예규)」 제1편에 따르면, '시선(視線) 유도시설'이란 「도로법」 제2조에 의거한 '도로부속물' 중 하나로써 해당 도로의 끝과 도로의 선형을 명시하여 주간 및 야간에 운전자의 시선을 올바른 방향으로 유도하기 위해 설치하는 시설물로써 여기에는 시선유도표지, 갈매기 표지, 표지병 등이 있다.

또한 '시인성(視認性) 증진 안전시설'이란 도로상에 위치한 각종 구조물로부터 차량을 안전하게 유도할 목적으로 설치하는 시설물로써 여기에는 장애물 표적 표지, 구조물 도색 및 빗금표지, 시선유도봉 등이 있다.

이 밖에도 위에서 설명한 '노면 색깔 유도선' 표시는 2017년 12월에 국토교통부가 관련 매뉴얼을 제작·배포한 이후 고속도로 및 일반국도는 물론 최근 특별시도·광역시도 및 여타 지방도에까지 확대 설치되면서 매우 효과적인 '시선 유도시설'로서의 기능을 하고 있다.

(2) 시선 유도시설의 종류 및 종별 설치 기준 및 방법

1) 시선유도표지

'시선유도표지'는 [그림 4-10]에서 보는 바와 같이 주·야간에 걸쳐 직선 및 곡선부 도로상에서 운전자에게 전방의 도로선형이나 기하조건이 변화되는 상황을 안내함으로써 차량의 안전하고 원활한 주행을 유도하는 시설물이다.

이 표지는 도로의 구조나 교통상황 등을 종합적으로 검토하여 안전하고 원활한 교통을 확보할 수 있도록 i) 설계 속도가 시속 50킬로미터 이상인 구간, ii) 도로선형이 급격하게 변하는 구간, iii) 차로의 수나 차도폭이 변화하는 구간에 설치하는 것이 원칙이다. 아울러 자동차 전용도로 및 주요 간선도로 등에는 원칙적으로 전체 구간에 연속적으로 설치해야 해야 하나, 다만, 해당 도로 조명시설이 충분한 구간에는 설치를 생략해도 무방하다.

'시선유도표지'는 '반사체'와 반사체를 고정하는 '지주'로 구성되며 반사체의 형상은 직경 10센티미터의 원형으로 제작한다. 반사체의 색깔은 백색과 황색을 사용하며 반사체의 색도와 반사 성능은 「도로안전시설 설치 및 관리지침」에 규정된 소정 기준에 따라야 한다. 또한 '시선유도표지'는 차도 시설한계의 바깥쪽 가장 가까운 곳에 설치하며 일반적으로 길 어깨 가장자리로부터 0~200센티미터 되는 곳에 해당 지형에 적합하도록 설치한다. 표지의 설치 높이는 노면으로부터 반사체의 중심까지 90센티미터가 되도록 하는 게 표준이며, 연속적으로 설치하여 원활한 시선유도 효과를 거양하도록 해야 한다. 각 표지의 간격은 도로곡선 반경에 따른 소정 기준에 적합해야 하고, 직선 구간의 최대 설치 간격은 일반도로의 경우 40미터, 고속도로는 50미터이다.

관할 도로관리청은 평소 시선유도표지가 원래의 기능을 제대로 발휘하고 있는지 수시로 점검·관리해야 하며, 오염된 반사체는 청소하고 훼손된 반사체는 가능한 한 신속하게 보수해야 한다. 교체 주기는 원칙적으로 '5년'으로 하되 존치 또는 교체 여부는 표지의 상태를 점검하여 최종적으로 결정해야 한다.

[그림 4-10] 시선유도표지가 설치된 곡선도로

2) 갈매기 표지

'갈매기 표지'는 도로의 급한 평면 곡선부 등 시거(視距)[14]가 불량한 장소에 갈매기 형태로 된 기호의 표지판을 설치하여 [그림 4-11]에서 보는 바와 같이 운전자들이 주·야간에 걸쳐 도로의 선형 및 굴곡 정도를 명확하게 알 수 있도록 함으로써 차량의 안전 주행을 도모하는 시설물이다.

특히 노폭이 좁은 도로의 평면선형이 급격히 변화하는 구간 등 운전자에게 해당 도로 상황에 관한 사전 정보의 제공이 특히 강조되는 구간에 설치한다.

'갈매기 표지'는 지주·표지판 및 갈매기 기호체 등 세 가지 요소로 구성된다. 표지판의 표준규격은 가로 45cm 세로 60cm이나, 중앙분리대·교량 등 도로구조물에 의해 표준 규격으로 설치하기 어려운 경우에는 그 규격을 다소 축소할 수도 있다. 표지의 바탕색은 황색, 꺾음 표시는 검정색으로 각각 도색하며 반사체의 색도와 반사 성능은 소정 규격에 적합해야 한다.

지주는 노면으로부터 표지판 하단까지의 높이를 120cm가 표준이고, 차도 시설한계의 바깥쪽 가장 가까운 곳에 설치하는 것이 원칙이며, 일반적으로 길어깨의 가장자리로부터 0~20cm되는 장소에 해당 장소의 지형에 맞도록 설치한다. 아울러 곡선구간에서는 연속으로 설치하여 원활한 시선유도 효과를 높일 수 있도록 해야 하며 이때의 설치 간격은 소정 기준에 적합해야 한다.

14) 운전자의 시야가 다른 교통으로부터 방해받지 않는 상태에서 차도 상의 한점으로부터 무리 없이 볼 수 있는 차도의 거리.

[그림 4-11] 갈매기 표지(주간 및 야간)

3) 표지병

'표지병'은 [그림 4-12]에서 보는 바와 같이 도로상에 설치된 노면표시 선형을 보완하여 야간 또는 우천 시에 운전자의 시선을 명확히 유도함으로써 교통안전 및 원활한 소통을 도모하기 위해 도로 표면에 설치하는 시설물이다.

일반적으로 도로의 중앙선·차로경계선·전용차로·노상장애물·안전지대 등 노면표시 기능을 보완해야 할 필요가 있는 곳에 설치한다. 횡단보도 및 교차로 앞 일시 정지선 등 표지병의 설치로 인해 차량의 안전주행을 해칠 우려가 있는 지점에는 설치하지 않는 게 원칙이나, 다만 예외적으로 각종 보호구역 또는 운전자의 인식을 높일 필요가 있는 횡단보도에 한해서는 매립 형태의 '점등형 표지병'을 설치할 수 있다.

표지병의 종류는 반사체와 몸체로 구성되는 '반사형 표지병'과 발광체와 몸체로 구성되는 '점등형 표지병'으로 구분된다. 전자는 야간에 도로상 운행차량의 전조등 불빛 등에 의해 빛이 반사되는 형식이고, 후자는 도로 바닥에 전선을 매입하여 연결하거나 내장된 건전지 등 자체 동력에 의해 스스로 발광하는 형식이다.

표지병의 형상은 통상 사각형이지만 제 기능을 잘 발휘할 수 있다면 다양한 모양으로 제작될 수 있는데, 연속되는 도로 구간에는 동일한 형상의 표지병으로 통일성을 확보해야 하며, 설치된 높이는 지면으로부터 표지병 윗면까지 최대 30밀리미터 이하여야 한다.

표지병의 재료는 이동하는 차량의 타이어가 역과(歷過)하더라도 충분히 견딜 수 있는 정도의 강도 및 내구성을 가져야 하며 계절에 관계없이 평상시 유지·관리가 용이한 것으로 하여야 한다.

표지병 지면의 모양은 평면 형태여야 하고, 전·후면 요철부의 두께는 2밀리

미터 이하여야 한다.

표지병 전면에 부착된 반사체의 색상은 백색이나 황색인바, 백색은 동일 방향 교통류의 분리 및 경계, 황색은 반대 방향 교통류의 분리·제한 및 지시를 표시하는데 사용한다.

반사형 표지병의 반사체 및 점등형 표지병 광원의 색도는 소정 색도 좌표 범위 내에 들어와야 한다.

표지병은 도로 바닥에 설치되는 시설물이기 때문에 평상시 차량의 배기가스나 여타 퇴적물 등으로 인해 오염되어 최초 설치 당시의 성능과 기능이 훼손될 가능성이 훨씬 높다.

따라서 각 도로관리청에서는 관할 도로상에 설치되어 있는 표지병이 항상 제 기능을 발휘할 수 있도록 정기 또는 수시 점검하고, 점검 결과에 따라 오염된 표지병은 청소하고, 훼손되거나 점등되지 않는 표지병은 신속히 교체하여야 한다. 교체 주기는 '3년'을 기준으로 하되 존치 및 교체 여부는 표지병의 상태를 점검하여 최종 결정해야 한다.

[그림 4-12] 표지병 (황색 / 백색)

(3) 운전자의 '시인성 증진'을 위한 안전시설의 종류 및 용도

운전자의 시인성 증진을 위한 시설물에는 [그림 4-13]과 같이 세 가지 종류가 있다.

'장애물 표적 표지'는 반사체로 구성된 표지를 부착, 중앙분리대의 시점부 또는 지하도 입구의 기둥 앞 등 지점에 설치하여 만일 차량 운행 중 부딪치면 매우 위험한 물체가 있다는 정보를 운전자에게 전달할 목적으로 설치하는 시설이다.

[그림 4-13] 운전자의 시인성 증진 시설

▪ 장애물 표적 표지

▪ 구조물 도색 및 빗금 표지

▪ 시선 유도봉

'구조물 도색 및 빗금 표지'는 구조물의 외벽에 도색하거나 별도의 빗금 표지를 통해 차량이 부딪치면 위험한 구조물이 위치해 있다는 정보를 운전자에게 전달하기 위해 설치하는 시설이다.

'시선 유도봉'은 교통사고 발생 위험이 높은 곳으로써 운전자의 주의가 현저히 요구되는 장소에 동일방향 또는 반대 방향 교통류를 공간적으로 분리하고 위험 구간임을 예고할 목적으로 운전자의 시선을 유도함으로써 교통안전을 확보하는 시설이다.

도로의 폭이 좁아 중앙선 부분에 시멘트 재질의 '중앙분리대'를 설치할 수 없어 그 대신 '시선 유도봉'을 설치한 경우, 이는 사실상 '간이 중앙분리대'로서 보행자의 무단횡단 감행 의지를 저하시키는 기능을 하기도 한다.

3. 도심지 내 도로상 보행자의 '무단횡단 방지시설' 확충

(1) 개 요

앞의 <표 4-15> '연간 [차 대 사람] 교통사고의 세부 유형별 분석'에서 보는 바와 같이 보행자가 도로를 횡단하다가 자동차와 충돌하여 사망한 [횡단 중 사망자]의 수는 2023년도의 경우 전체 사고의 약 48.7%였으나, 그 이전인 2005년도에는 54.1%, 2021년도에는 50.7%, 2018년도에는 55.0%로써 전체 사고의 약 50%가 넘는 점유율을 보이고 있었다.

그런데 이러한 [횡단 중 사망자] 중에는 보행자가 정상적으로 횡단보도를 건너가다가 운전자 과실로 인해 차량과 충돌한 교통사고도 있으나, 보행자가 정상적 횡단보도가 아닌 횡단보도 부근이나 육교 부근 또는 기타 구간에서 무단으로 도로를 횡단하다가 정상 진행 차량과 충돌하여 발생한 교통사고가 적지 않다.

아래에서 기술하는 바와 같이 국내외 학자들의 연구 결과, 보행자들은 자신의 위치에서 가급적 편리하고 짧은 거리의 이동로를 선택하는 심리를 가지고 있다고 한다. 결국 이런 보행심리로 인해 주로 교차로와 교차로 사이의 중간 구간에서 무단횡단이 이루어지는 것이며, 그러한 교통사고를 예방하기 위해서는 도심지의 도로상 취약 구간에 '무단횡단 방지시설'을 설치하는 것이 가장 큰 효과가 있다고 하였다.

(2) 보행자의 무단횡단(보행) 심리 및 무단횡단 방지시설 설치 필요성 관련 연구 결과

1) 보행자의 무단횡단(보행) 심리 관련

기경문(2009)은 총 120명을 대상으로 한 설문 조사 결과, 보행자의 본능적인 보행습성은 가능한 한 짧은 시간 내에 가급적 힘을 덜 들이고 보행하려는 것이고, 보행자는 대개 가장 짧은 거리의 이동로를 선택하고 가능한 한 편리한 도로와 장소를 선택하는 경향이 있다고 하였다. 또한 횡단보도나 육교·지하도 등 횡단용 보행 시설물이 설치된 위치까지의 거리 이동이나 이용상 번거로움, 시간적 조급함 등으로 인해 가급적 평지 도로에서 단거리 직선이동을 위해 무단횡단을 감행하고 있는 것으로 분석했다.

김창모(2009)는 미국 시카고 등 보행자의 교통 사상 사고가 많은 세계 4개 도시의 경우, [차 대 사람] 사고는 대부분 도심지 도로상 중간 부분(Midblock)이었고, 보행자들이 교차로 상에 위치한 횡단보도를 이용해야 함에도 불구하고 자신의 보행거리를 가급적 짧게 하기 위해 양개 교차로의 중간 부분(단일로)에서 부적절한 횡단을 시도하다가 발생하게 된다고 하였다.

이순철(1993)은 보행자의 '무단횡단 중 교통사고'는 보행자는 건너갈 수 있다고 판단하는 반면, 운전자는 보행자가 횡단보도가 아닌 곳에서 건너오지 않을 것이라고 생각하면서 주행하다가 발생하기 때문에 이런 유형의 교통사고를 방지하기 위해서는 우선 무엇보다 보행자의 무단횡단을 방지시킬 수 있는 안전시설의 설치가 시급하다고 하였다.

Mark J. King(2009)은 보행자는 자신에게 편리하거나 가급적이면 기다릴 필요가 없는 장소에서 도로를 건너가고 싶어 하고, 평상시 보행자에 대한 교통경찰관들의 법규 위반행위 단속은 그다지 빈번하지 않으며, 일반 시민들의 입장에서는 보행 법규 위반자를 단속하는 것을 매우 부당하게 느낀다고 하였다. 또한 보행자를 대상으로 한 교통안전교육과 캠페인은 그다지 성공적이지 않으며, 단지 교통 신호기가 설치되는 등 어떠한 교통 환경의 변화가 있는 경우에만 제한적으로 효과가 있다고 분석하였다.

2) 보행자 교통사고 빈발 장소 관련

Victoria Gitelman(2010)은 이스라엘에서 2006~2007(2년)간 보행자들의 교통 사망사고 원인을 교통 기반시설 측면에서 분석한 결과, 사망자의 약 75%와 부상자의 약 95%가 도심지에서 발생하였고, 대부분 교차로상 횡단보도 보다는 횡단보도가 없는 교차로와 교차로의 중간 부근에서 발생했다. 또한 교통사고의 약 80%는 보행자가 도로를 횡단할 때 발생했고, 발생 장소는 대개 횡단보도가 아예 없는 도로나 교통신호기가 설치되어 있지 않은 횡단보도에서 발생한 것으로 나타났다.

또한 이스라엘에서 발생한 보행자 사고의 특징은 아랍계 주민들의 거주 비율이 더 높은 지역이 사고 비율도 높다는 것인데, 그 이유는 유대계 주민들이 사는 지역과 비교할 때 아랍계 주민들이 주로 살고 있는 지역의 교통 기반시설이 상대적으로 취약하기 때문이라고 분석하였다.

A. Lasmini(2010)는 인도네시아 말랑시에서 '안전한 보행시설과 교통관리의 최적화 방안'을 연구한 결과 나타난 가장 큰 두 가지 요소는 '보도의 넓이'와 '도로의 형태'라고 하였다. 또한 보행자 교통사고의 위험성은 중앙분리대가 없는 도로, 폭이 좁은 도로, 차선이 없는 도로에서 특히 높아졌다고 분석하였다.

3)「무단횡단 방지시설」 설치 필요성 관련

안병민(1991)은 무단횡단 교통사고를 방지하기 위해서는 평상시 도로상 무단횡단이 빈발하는 구간, 즉 횡단보도 전후, 지하철 출구 전후, 도로 폭이 좁고 보행 교통량이 많은 구간에 '무단횡단 방지용 가드레일'을 설치할 필요가 있다고 주장했다. 또한 보행자와 차량의 충돌사고 및 양 방향 차량의 정면 충돌사고를 미연에 방지하기 위해서는 도로의 중앙에 화단이나 가드레일 등 '무단횡단 방지용 분리대'를 설치해야 한다고 주장했다.

임선호(2009)는 2003~2008(6년)간 대전광역시 지역의 교통사고 통계를 기반으로 한 회귀분석 결과, 교통경찰관에 의한 법규위반자 단속과 교통안전교육은 교통사고 예방에 그다지 높은 기여를 하지 않고 있으므로 기존 교통사고 사망자 감소 정책은 새롭게 전환되어야 한다고 주장하였다. 또한 그동안 기초 자료 부족으로 인해 정확한 분석이 불가능했던 중앙분리대와 보행자용 방호울타리 등 안전 시설 확충이 그 무엇보다도 교통사고 사망자 감소에 기여한다고 하였다. 특히 중앙분리대는 차량의 중앙선 침범 사고뿐만 아니라 보행자의 무단횡단 교통사고도 예방할 수 있다는 측면에서 교통사고 감소 효과가 매우 크다고 주장하였다.

설재훈(1990)은 보행자의 무단횡단 교통사고를 방지하려면 다음 다섯 가지 대책을 강구해야 한다고 주장하였다. 첫째, 횡단보도 정비(보행 동선상 횡단보도 확충, 보도의 연장선상 이면도로 출입부에 횡단보도 노면표시 설치), 둘째 평소 무단횡단 빈발구간에 「무단횡단 방지시설(차도-보도 사이의 가드레일, 중앙분리대)」 설치, 셋째 부주의한 운전자 책임 강화(「교통사고처리특례법」상 중요 12개 인적피해 교통사고 시 전원 기소 원칙, 교통안전교육 강화), 넷째 무단횡단 보행자 책임 강화(범칙금 인상, 보험금 지급시 과실 상계율 인상 등), 다섯째, 도심지 차량 속도 제한규제 강화 등이다.

(3) [차 대 사람(보행중)] 교통사고의 보행자 행동유형 및 발생지점별 안전시설 관련 사고 분석

<표 4-18>에서 보는 바와 같이 지난 2011년도에 필자가 직접 서울경찰청의 교통경찰 업무 통합 전산운영프로그램(TCS)를 통해 분석한 2006~2010(5년)간 서울 시내 도로상 [차 대 사람] 교통사고 사망자의 행동 유형은 총 12개 종류로 구분되어 통계처리되고 있었다.[15)]

이 중에서 '횡단보도·횡단보도 부근·육교 부근·기타 횡단 중' 등 4개 항목은 '차도 횡단 중' 사고, '마주 보고 통행중·등지고 통행중' 등 2개 항목은 '차도 통행 중' 사고이며, '차도 횡단 중' 사고 중에서 '횡단보도 부근·육교 부근·기타 횡단 중' 사고(*굵은 글씨로 표시) 등 세 가지는 보행자의 '무단횡단(Jaywalking)'으로 인한 사고로 분류할 수 있다. 따라서 전체 보행 중 교통사고 사망자 중 '보행자의 무단횡단' 사고는 전체의 48.6%를 점유하고 있는 것으로 나타났다.

15) 백승엽. (2012). 「무단횡단 교통사고 예방 대책에 관한 연구」. 박사학위 논문, 서울시립대학교.

〈표 4-18〉 [차 대 사람] 교통사고(보행 중) 사망자의 행동유형별 현황(2006~2010: 서울 시내)

연도	계(명)	횡단 보도	횡단보도 부근	육교 부근	기타 횡단중	마주보고 통행중	등지고 통행중	기타
2006	218	53	18	1	81	5	10	50
2007	224	51	10	0	103	7	6	47
2008	257	56	17	11	106	7	4	56
2009	241	49	16	7	98	6	8	57
2010	227	59	27	3	70	7	4	57
총계(명)	1,167	268	88	22	458	32	32	267
점유율(%)	100	23.0	7.5	1.9	39.2	2.7	2.7	22.9

주: 기타-놀이기구 사용중, 기타 노상유희중, 노상 작업중, 길가장자리구역통행중, 보도통행중, 기타 보행중.

또한 <표 4-19>에서 보는 바와 같이 위와 동기간 서울 시내 도로상에서 [보행중 교통사고]가 발생한 지점에 설치된 안전시설(교통안전시설 및 도로부속물) 현황을 살펴보면 여러 형태의 방호울타리·표지병·화단 및 기타 시선유도봉 등 시설이 설치된 구간에서 사망한 사람이 총 230명(19.3%)이고, 단지 노면표시(중앙선, 차선 경계선, 길 가장자리선)만 바닥에 도색해 놓았거나 안전시설이 전혀 없는 곳에서 사망한 사람이 937명(80.3%)이다. 결론적으로 보행 중 사망자(무단횡단 사망자 포함)는 도로상에 아무런 안전시설도 설치되어 있지 않는 구간에서 발생할 가능성이 절대적으로 높다는 점을 알 수 있다.

〈표 4-19〉 [차 대 사람] 교통사고 사망자(보행 중) 발생지점별 안전시설 설치현황(2006~2010: 서울)

연도	계(명)	방호울타리등	표지병	화단등	기타시설	노면표시	시설 없음
2006	218	4	2	5	22	151	34
2007	224	26	1	7	8	146	36
2008	257	13	0	14	20	168	42
2009	241	27	0	8	22	144	40
2010	227	13	2	8	28	125	51
총계(명)	1,167	83	5	42	100	734	203
점유율(%)	100	7.1	0.4	3.6	8.6	62.9	17.4

위의 두 가지 표의 통계를 종합하면 연간 [차 대 사람] 교통사고 사망자 중 '보행자의 무단횡단'으로 인한 사망자는 전체의 약 절반인 48.6%이고, 이런 교통사고는 방호울타리 등 안전시설이 전혀 없고, 단지 노면표시만 되어 있거나 여타 아무런 시설이 없는 구간에서 발생할 가능성이 무려 80.3%나 되는 것으로 분석된다.

(4)「무단횡단 방지용 방호울타리」의 설치 위치 및 효과

보행자의 무단횡단을 방지하기 위한 시설에는 양방향 차도의 중앙선 부분에 설치된 시설물과 차도와 보도의 경계석(연석) 부분에 설치된 시설물이 있다. 이와 관련된 국내 규정은 「도로의 구조·시설 기준에 관한 규칙(국토교통부령/2024.7.10.)」 제2조 제26호~제28호 및 제36호와 제11조(차로의 분리) 「도로안전시설 설치 및 관리지침(국토교통부 예규/2024.12.13)」 제3편(차량방호안전시설) 제2(방호울타리)이다.

도로상 '분리대'에 설치하는 방호울타리는 원래 도시 내 도로에 있어서 차량의 주행속도가 높거나 중앙선 침범이 우려되는 위험한 구간 또는 불법 유턴 등을 막기 위한 것이 주된 목적이지만 부차적으로는 보행자의 무단횡단으로 인한 [차 대 사람] 교통사고를 예방하는 효과도 매우 크다.

도로상 차도와 보도를 구분하는 '연석(보도 등)'에 설치하는 방호울타리는 원래 차량이 차도 밖으로 벗어나는 것을 방지함으로써 보행자 등을 차량으로부터 보호하는 것이 주된 목적이지만 부차적으로는 보행자의 무단횡단 의지를 차단, 정상적인 횡단보도를 이용하여 도로를 건너도록 유도함으로써 역시 [차 대 사람] 교통사고를 예방하는 효과도 크다.

다만, 도심지 도로의 '연석'에 설치되는 방호울타리의 경우, 현실적으로 해당 도로변에는 버스 승강장이나 기타 상업시설 등으로 인해 방호울타리가 빠짐없이 연속적으로 설치되지 못하고 중간 중간 미설치 구간이 발생하게 되기 때문에 '무단횡단 방지용' 도로 시설물로서 방호울타리의 효과는 양쪽 방향 차도의 중앙에 설치하는 것이 상대적으로 교통사고 감소 효과가 좀 더 클 수밖에 없다.

(5) 서울 시내「무단횡단 방지용 방호울타리」설치 사례 및 효과 분석 결과

위와 같은 국내외 학자들의 연구 결과와 종래 국내의 [차 대 사람(보행중)] 교통사고 통계를 근거로 한국에서는 지난 1990년대 후반부터 전국 시급 이상 도시에 [그림 4-14]와 같은 '보행자 무단횡단 방지용 방호울타리'가 본격적으로 설치되기 시작하였다.

[그림 4-14] 보행자 무단횡단 방지용 방호울타리

■ 양방향 차도의 중앙에 설치된 방호울타리　　■ 연석에 설치된 방호울타리

서울특별시에서도 '보행자 교통사고 방지 대책'의 하나로 2007~2008(2년)간 양방향 차도의 중앙에 '분리대'에 방호울타리를 대대적으로 확충했다. 그 결과 <표 4-20>에서 보는 것처럼 2009~2010년에는 [차 대 사람(보행 중)] 사고와 [무단횡단 중] 사고로 인한 사망자 수가 2009년도의 경우 2008년 대비 전자는 6.3% 감소, 후자는 5.8% 감소했으며, 2010년도의 경우 2009년 대비 전자는 5.8% 감소, 후자는 20.4% 감소하는 매우 큰 긍정적 효과를 거두었다.

물론 이러한 '보행 중 교통사고 사망자 수'의 감소가 오로지 위와 같은 '방호울타리'를 대폭 확충했기 때문이라고는 단정해서 말할 수는 없다. 그러나 해당 기간 중 운전자의 준법 의식이 획기적으로 높아졌다거나, 교통경찰관들의 법규위반자 단속 건수가 종전에 비해 훨씬 증가했다는 등의 사실이 명확히 입증되지 않는 한, 위와 같은 무단횡단 방지용 '방호울타리'의 확충이 보행 중 교통사고 사망자 수의 감소에 상당히 큰 기여를 했다고 판단하는 데에는 큰 무리가 없을 것이다.

〈표 4-20〉 2007~2010(4년) 간 서울 시내 설치된 방호울타리 및 교통사고 사망자 수 추이

구분	2007.12	2008.12	2009.12	2010.12
방호울타리 연장(미터)	24,982	37,690(+12,708)	48,882(+11,192)	54,178(+5,296)
총 사망자 수(명)	445	477(+32)	495(+18)	424(−71)
보행중 사망자 수(명)	224	257(+33)	241(−16)	227(−14)
무단횡단중 사망자(명)	108	120(+12)	113(−7)	90(−23)

(6) 평 가

위의 연구 결과에서 살펴본 바와 같이 보행자들의 일반적인 심리는 자신의 현재 위치에서 가급적 빠르고 편리하게 도로를 건너가고 싶다는 것이다. 교차로상에 횡단보도가 있긴 하지만 보행자의 입장에서는 거리가 다소 멀다고 느껴지고, 자기가 현재 서 있는 곳 앞쪽의 도로상에 일응 진행 차량이 별로 없어 위험하지 않다는 착오로 인해 순간적으로 횡단보도가 아닌 구간에서 도로를 건너다가 갑자기 나타난 차량과 충돌하는 교통사고가 발생하게 되는 것이다.

지난 2006-2010(5년)간 서울시내 도로상에서 발생한 [차 대 사람] 교통사고 사망자 통계로 미루어 볼 때, 위와 같은 보행자의 무단횡단으로 인한 교통사고 사망자 수는 전체 보행중 사망자 수의 48.6%를 점유할 정도로 많은 실정이다. 국내외 학자들의 연구 결과, 교통경찰관의 단속이나 교통안전교육은 이러한 사고를 예방하는 데 그다지 큰 효과가 없는 것으로 나타났다.

따라서 이러한 보행자의 무단횡단 교통사고 예방효과를 거두기 위해서는 소요예산 확보 등 여건이 허락하는 한 가급적 양방향 차도의 중앙에 '방호울타리'를 대폭 설치해 나가는 것이 매우 바람직하다.

4. '바닥형 보행신호등' 신설 확충

(1) 도입 배경

지난 2019년 7월, 미국 물류회사인 페덱스(FedEx)코리아와 한국 시민단체인 세이프키즈코리아(Safe Kids Korea)가 서울시내 7개 초등학교 어린이 937명을 대상으로 평소 '보행 중 전자기기 사용 실태'에 대한 공동 설문조사 결과를 발표했다.

당시 초등학생 10명 중 8명(79%)이 보행 중 스마트폰 등 전자기기를 사용하고 있으며, 약 33%는 보행 중 전자기기를 사용하다가 교통사고를 경험했거나 교통사고가 날 뻔한 경험을 한 적이 있다고 답변했다. 또한 응답자 중 52%는 걸으면서 스마트폰 등 전자기기를 항상 또는 빈번하게 사용한다고 응답했으며, 그중 27%는 스마트폰으로 문자 메시지를 보내고, 21%는 게임까지 하는 것으로 나타났다.

이와 관련, 한국교통안전공단은 보행 중 스마트폰을 사용하면 교통사고 발생 위험이 76%나 증가한다는 연구결과를 발표한 바 있다.

이처럼 도로상에서 걸어가면서 고개를 푹 숙이고 스마트폰 보기에 열중하는 사람들을 일컬어 스마트폰(Smartphone)과 살아 있는 시체라는 의미의 좀비(Zombi)를 합하여 만들어진 조어가 '스몸비(Smombie)족'이다. 이런 스몸비족들은 횡단보도 앞에서 대기하면서 스마트폰에서 눈을 떼지 않아 횡단보도 건너편 에 설치되어 있는 보행자용 신호등과 주변 차량의 움직임을 제대로 살피지 않기 때문에 횡단보도에 들어서는 순간 빠르게 달려온 자동차와 충돌하는 교통사고가 발생할 가능성이 매우 높다.

이런 점에 착안하여 한국에서는 최초로 경기도 과천시 문원초등학교 앞 횡단보도 앞에 [그림 4-15]와 같은 형태의 '바닥형 보행신호등'이 시범적으로 설치되었고, 보행자 교통사고 예방 효과가 높다는 점을 인정한 경찰청이 지난 2019년 3월 「바닥형 보행신호등 보조장치 표준지침」을 수립 · 시행한 이후 현재는 전국의 주요 대도시 도로상 주요 횡단보도 앞 대기선에 대폭 확충되고 있는 실정이다.

[그림 4-15] 바닥형 보행신호등의 형태

■ 보행신호등 녹색 점등

■ 보행신호등 적색 점등

(2) 설치 목적, 적용 범위 및 신호의 표출 형상

1) 목 적

'바닥형 보행신호등'은 횡단보도 대기선 바로 앞쪽 보도의 바닥에 '긴 직사각형 형태'의 새로운 보행신호등을 매립하고, 횡단보도 건너편의 '지주식 보행신호등'과 동일한 색상과 시간 범위 내에서 바닥에서도 보행신호가 점등되도록 하여 스마트폰 등 전자기기를 사용하느라 고개를 숙이고 있는 보행자에게 추가적인 교통신호 정보를 제공함으로써 보행자의 편의와 교통사고를 방지하기 위한 것이다.

'바닥형 보행신호등'은 모든 횡단보도에 반드시 설치해야 하는 것은 아니고 보행신호등이 설치된 횡단보도에 필요한 경우 관할 도로관리청이나 경찰관서에서

판단하여 선택적으로 설치하는 '보행 보조장치'이다

2) 신호의 표출 형상

'바닥형 보행신호등'은 교통신호제어기에 옵션보드를 설치하여 지주형 보행신호등의 신호시간 정보를 실시간으로 수집하고 다음과 같은 방식으로 연동되어 표출되어야 한다.

① 보행신호등 녹색 점등: 바닥형 보행신호등은 녹색 상태로 표출
② 보행신호등 녹색 점멸: 바닥형 보행신호등은 보행신호등과 동일한 점등·소등 시간간격으로 녹색 점멸 상태 유지
③ 보행신호등 적색 점등: 바닥형 보행신호등은 적색 상태로 표출

3) 설치 기준, 위치 및 배열 방식

'바닥형 보행신호등'은 원칙적으로 왕복 4차로 이상 도로중에서 보행자 통행이 빈번하고 보행자의 '횡단 중 교통사고'가 비교적 잦은 보호구역(어린이·노인·장애인)에 설치할 수 있다.

그 이외 지역 중에서 교통안전 확보를 위해 부득이 설치할 필요가 있는 경우에는 위의 기준을 고려하여 관할 시도경찰청 또는 경찰서 소속 '교통안전시설 심의위원회'의 결정에 따라 설치할 수 있다.

아울러 '바닥형 보행신호등'은 횡단보도 앞 보행자 대기선인 연석과 시각장애인용 유도블록 사이에 설치하는 것을 원칙으로 하며, 설치 방식에는 전체 배열식(횡단보도 폭에 맞춰 전부 설치), 우측 배열식(횡단보도폭의 1/2을 우측에 설치) 및 부분 배열식(불연속적으로 설치 또는 중앙 일부에만 설치) 등 세 가지다.

(3) 평 가

'바닥형 보행신호등'은 지난 2019년 이후 국내 주요 도시 내 중심부에 위치한 횡단보도 및 어린이보호구역등에 대폭 확대 설치되고 있는데, 시민들로부터 좋은 평가와 함께 보행자 교통사고 감소에 큰 효과를 거두고 있다. 지난 2020년 교통안전공단 조사 결과, '바닥형 보행신호등'이 설치된 이후 시민들의 교통신호 준수율은 약 90%대로 높아진 것으로 나타났다.

보행자 중 상당수가 횡단보도 대기선에서 스마트폰을 보느라 고개를 숙이고 있어 횡단보도 건너편에 설치되어 있는 기존 지주식 보행신호등에 제대로 주의를 기울이지 않는 현상은 오늘날 세계 어느 도시를 막론하고 거의 비슷한 실정일

것이다.

따라서 비록 고개를 숙이고 있더라도 도로 바닥에 횡단보도 건너편의 보행신호등과 실시간으로 동일한 색상의 보행신호가 표출될 경우 보행자들의 교통안전 효과가 높아지는 것은 매우 당연한 이치이다.

Ⅴ. 특별시·광역시도 및 지방도의 교통안전시설 개선에 따른 전문 기술 지원

전국의 국도와 고속국도 이외에 나머지 시도와 지방도를 관할하는 지방자치단체에서는 도로교통사고 위험성이 제기된 대상 도로구간에 대해 한국도로교통공단에 기술지원을 요청, 공단 전문가 그룹의 분석 결과를 토대로 자체적인 개·보수 공사를 실시하고 있다.

즉 한국도로교통공단에서는 <표 4-21>에서 보는 바와 같이 각 지방자치단체나 경찰관서 요청이 있을 경우, 특정 교차로나 그 밖에 사고 위험 예상 구간에 대하여 교통안전시설 설치·개선 사업 필요성 여부에 대하여 전문적이고 다각적인 분석·검토를 통해 기술 지원을 실시하고 있다.

〈표 4-21〉 한국도로교통공단의 각 지방자치단체 기술지원 내역(2022년도)[16]

구분	기술지원 업무 내역	실적
교통안전시설 설치 기술 지원	도로교통안전시설 관련	4,335건(18,226개소)
	교통신호체계 관련	1,146건(2,960개소)
	교통사고 잦은 곳 관련	1,350건(2,999개소)
교통약자 보호를 위한 교통안전시설 점검 및 개선안 통보	교통사고 다발 어린이보호구역 도로 및 교통안전시설 점검	40개소
	노인 보행사고 다발 지점 안전시설 점검	60개소
	노인보호구역 내 노인 보행사고 발생지 안전시설 점검	12개소
	우회전 교통사고 다발 지점	60개소
	국가재난 긴급 점검(태풍, 폭우, 산불)	6개소
	교통안전 취약지 인프라 점검	10개소
	군부대 도로교통안전 시설 진단 및 점검	14개소

16) 국토교통부(2023.8) 「교통안전연차보고서」.

제5장

자동차 안전성 제고 대책 추진

제5장

자동차 안전성 제고 대책 추진

제1절 개 요

도로교통사고의 원인은 일반적으로 '인적 요인', '도로 환경적 요인' 및 '차량적 요인' 등 세 가지 측면에서 분석하는데, 그중에서 약 95%는 '인적 요인'으로 인해 발생하는 것으로 나타났다.[1] 즉 차량적 요인과 도로 환경적 요인으로 발생하는 교통사고는 전체의 약 5%에 불과한 것이다. 근래 국내 언론에 자주 보도되는 '급발진' 의심 사고의 경우, 아직 사고 원인이 '급발진'이라고 명확히 밝혀진 사례가 없어 '차량 자체의 결함'이 해당 교통사고의 원인이라고 단정할 수는 없다.[2]

그러나 어떤 교통사고의 원인이 '차량 자체 결함'으로 명확히 밝혀진 경우라면 그런 사고에서는 운전자의 과실을 인정할 수 없을 것이며 해당 차량의 운전자는 오히려 피해자가 되는 것이다.

이처럼 비록 '차량 자체 결함'이 원인인 것으로 명백하게 밝혀진 도로교통사고는 사실상 그다지 많지는 않지만 어쨌든 정부는 그런 사고를 미연에 방지하기 위한 법적·제도적 대책을 강구해야 할 책무가 있다.

한국 정부는 1962년 3월에 최초로 국내에서 생산하는 자동차의 부품과 성능의 기준이 되는 「도로운송차량보안기준령(교통부령)」을 제정·공포한 이래 1976년 9월에는 이를 「도로운송차량 보안규칙」, 1987년 9월에는 「자동차안전기준에 관한 규칙」, 2014년 7월에는 다시 「자동차 및 자동차 부품의 성능과 기준에 관한 규

1) Shinar, David (1978), *Psychology on the road: The Human Factor in Traffic Safety*, Wiley and Sons, New York, NY.

2) 「헤럴드 경제」, '급발진 인정건수 '제로' ... '국과수 감정' 기피 현상 나타나'(2024.7.5) : 해당 기사에 의하면 2019년부터 2023까지 국립과학수사연구원에서 '급발진 의심 교통사고' 감정이 이루어진 총 364건 중에서 당해 사고의 원인이 '급발진'으로 명백하게 인정된 사례는 단 1건도 없었다.

칙(국토교통부령)」 등으로 그 명칭과 내용을 순차적으로 개정해 왔다. 이런 식으로 2024년 현재 총 129차례에 걸친 개정·보완 작업을 통해 만일 도로교통 사고가 발생하더라도 최소한의 안전성 확보를 위하여 필요한 국가 표준으로 정립함으로써 '차량 결함'으로 인한 교통사고를 미연에 방지하고, 설령 사고가 발생하더라도 그 피해 정도를 경감시키기 위한 노력을 기울여 왔다.[3)]

위 규칙에는 자동차 및 이륜자동차의 구조 및 장치에 적용할 안전기준, 자동차 자기인증 기준, 자동차 및 자동차의 부품 또는 장치의 안전 및 성능에 관한 시험에 적용할 기준 및 방법 등을 구체적으로 규정하고 있다. 주무 부처인 국토교통부는 위와 같은 '제작 자동차'뿐만 아니라 '운행 자동차'의 안전도 향상 대책 및 기타 '차량 안전도 향상'을 위한 다각적인 기술 개발 및 발전 시책을 추진하고 있다.

제2절 「제작 및 수입·판매 자동차」의 안전성 제고 대책

Ⅰ. 자동차 안전기준 정립

「자동차 안전기준」은 자동차 제작·운행 시 기본적인 안전을 확보하기 위한 것으로써 안전기준 충족 평가를 위한 전문적 시험 기술의 원칙을 법으로 규정해 놓은 것이다. 주무 부처인 국토교통부는 국제적인 신기술 발전, 국내 교통여건 및 도로환경 변화 등에 적극 대응하기 위해 국내 자동차 안전기준을 지속적으로 개선·개발해 나가고 있다.

현행 「자동차 및 자동차 부품의 성능과 기준에 관한 규칙」은 교통사고 발생 시 인명 피해를 최소화하고 자동차가 확보해야 하는 최소한의 안전도와 성능에 대한 평가 기준이다. 주요 내용으로는 국내 주행도로와 주차시설 등 사회기반시설에 대한 안전도 확보를 위해 각 자동차 종류별 길이·너비·높이·총중량 등 자동차 구조에 관한 7개 항목, 자동차의 자체 안전도 확보를 위한 원동기(Motor)·동력전달장치·등화장치·주행장치·조종장치 등 21개 항목, 자동차에 사용되는 교환 부품의 내구성 및 성능 기준 등 12개 항목으로 구성되어 있다.

아울러 2012년 1월부터는 EU 등 국제기준 적용 시점에 맞추어 신형 승용차와

3) 국가법령정보센터: https://www.law.go.kr.

차량 총중량 4.5t 이하인 승합·화물·특수자동차에 대해서는 차량 제작 당시부터 첨단 안전장치인 자동차 안전성 제어장치(ESC)의 장착을 의무화했다. 2013년 1월부터는 신규 제작 승용차와 차량 총중량 3.5t 이하인 승합·화물·특수자동차에 대해서는 차량 제작 시 타이어 공기압 경고장치(TPMS) 장착을 의무화했다.[4]

2017년 1월부터는 '사업용 차량 졸음운전 방지대책'의 일환으로 신형 대형 승합차와 화물차에 대하여 차로이탈경고장치(LDWS)와 비상자동제어장치(AEBS) 장착을 의무화하고, 자동차 국제교역에 따른 통상문제 해소 등을 위해 전조등·방향지시등 등 자동차 등화장치의 장착 기준을 신기술이 반영된 국제기준과 일치하도록 정비하였다.[5][6]

2019년 12월부터는 야간 시인성 확보를 위해 구난형 특수자동차(렉커차)의 일부 등화장치(후미등, 제동등, 방향지시등)를 추가로 설치할 수 있도록 하고, 화물차의 화물 적재 시 운전자의 추락사고 방지와 원활한 작업을 위해 화물자동차 물품 적재 장치의 덮개를 지면에서 작동시킬 수 있도록 개선하였다.

2020년 12월부터는 '전기 이륜차'에 대한 고전원 전기장치 및 구동 축전지 안전성 기준을 국제 수준으로 강화하였다. 그 밖에도 승차자를 보호하고 운전자의 편의성을 높이기 위한 성능 개선과 함께 실질적인 교통안전 확보에 초점을 맞추어 국내 자동차 안전기준을 국제기준에 맞추어 지속적으로 강화해 나가고 있다.

Ⅱ. 자동차 관리 및 안전기준 국제화 추진

어느 나라든 자국에서 생산된 자동차 및 자동차 부품의 수출입 등 원활한 국제 통상을 위해서는 자국의 기준이 국제기준에 적합한지 여부가 매우 중요하다. 국토교통부는 자동차 및 부품의 국제기준 제·개정과 관련한 원활하고 신속한 활동을 위해 UN 본부가 위치한 스위스 제네바에 국외 사무소를 설치하였다. 이를 통해 UN 유럽경제위원회(UNECE[7]) 산하 '차량 규정 조화 세계포럼(WP.29)의 UN

4) 「이데일리」, '2012년부터 승용차 첨단 안전장치 장착 의무화'(2010.7.12.).

5) 「디지털 타임스」, '내년 1월부터 화물차에 차로이탈 경고장치와 비상자동제어장치 장착 의무화'(2016.4.3.).

6) 「국토교통 뉴스」, '자동차 첨단안전장치 설치 의무화 대상 확대'(2017.10.19.).

7) 유엔유럽경제위원회(UNECE: United Nations Economic Commission for Europe)는 1948년 경제사회이사회(Economic and Social Council, ECOSOC)의 결의로 유럽 지역 회원국 간의 경제협력을 장려하기 위한 목적으로 창립되었으며 2024년 현재 회원국은 56개국이다.

기준 제·개정 논의에 적극적으로 참여하는 등 긴밀한 네트워크를 구축하면서 국제 흐름에 적극 대응하기 위한 다양한 활동을 진행하고 있다. 2020년 10월에는 「자동차 전문가 협의체 운영 가이드라인」을 제정, 국내 학계 및 산업계 전문가를 회원으로 한 협의체(2023 현재 143명)를 구성, 2021년에는 총 21건의 국제기준 개정안에 대해 협회 의견을 개진토록 하는 등 국제기준의 제·개정 흐름에 효과적으로 대응하고 있다. 아울러 '자동차 안전기준' 관련 법령에 대한 국민의 접근성 개선과 이해도 증진을 위해 「자동차 안전기준 종합 정보시스템」을 구축·운영하고 있다.

Ⅲ. 자동차 자기인증 제도 시행

자동차로 인한 도로교통 사고는 지난 2024년 7월에 발생한 서울 시청역 인근 사고처럼 운전자·승차자는 물론 경우에 따라 주변 보행자들의 안전에도 치명적인 위험과 손실을 초래했다.[8)]

따라서 정부는 이러한 사고 예방책의 하나로 '자동차 인증제도'를 운영하고 있다. 여기에는 '형식승인제'와 '자기인증제'가 있는데, 한국 정부는 「자동차관리법」을 개정, 2003년 1월부터 기존 '형식승인제'를 폐지하고 제작회사의 '자기인증제'를 도입·시행하고 있다.

기존 '형식승인제'는 국내에서 신규 제작하거나 외국산 수입 자동차의 구조 및 장치에 대하여 정부가 관계 법령에서 규정하고 있는 자동차 안전기준에 적합한지 여부를 소비자에게 판매되기 전단계에서 정부가 산하 기관을 통해 직접 확인토록 한 후 이를 승인함으로써 해당 자동차의 안전도를 확보하는 제도다.

이에 비해 '자기인증제'는 정부가 자동차 안전에 관한 최소한의 가이드라인을 규정하고, 각 자동차 제작회사가 자율적으로 이 기준에 적합하게 제작, 자동차의 성능 및 안전도를 스스로 확보토록 하는 제도다. 자동차를 자국에서 생산하고 있는 여러 국가의 경우 점차 그 수량이 많아지자 현실적으로 그 모든 자동차의 안전 규정 충족 여부를 정부가 직접 확인하는 것은 거의 불가능하기 때문에 현재 우리나라는 물론 미국·캐나다 등 북미지역의 여러 국가가 채택하고 있다.

---

8) 2024년 7월 1일 오후 9시 26분경, 서울특별시 중구 세종대로 18길에서 전직 버스운전 기사인 차모 씨(1955년생, 남자, 만 68세)가 운전한 회색 제네시스 G80 자동차가 역주행 도중 서울시청 건너편인 중구 태평로2가 54-1 보도로 돌진, 다수의 보행자와 차량을 치면서 9명이 사망하고 가해자와 동승자를 포함해 7명이 부상을 입는 교통사고가 발생하였다.

2013년 3월 개정 시행된 「자동차관리법」 제30조, 제30조의2, 제31조, 제31조의2 규정에 의거 도입된 '자기인증제'는 정부의 사전 확인 없이 제작회사가 스스로 법정 안전기준에 적합함을 인증한 후 일단 소비자에게 판매를 허용하되, 사후에 일정 절차에 따라 안전성 여부를 확인하는 제도이다. 이러한 사후 안전성 확인을 위해 운용되는 제도는 현재 두 가지다.

첫째, 일단 판매된 자동차에 대하여 법정 안전기준 적합 여부와 결함 여부를 확인하는 '제작 결함조사 제도'다. 만일 법정 안전기준에 부적합하거나 결함이 발견된 경우에는 해당 제작사에게 해당 차종에 대한 제작 결함을 신속히 시정조치(Recall)하도록 행정명령을 시달한다.

둘째, 제작회사가 일단 자기 인증하에 판매한 자동차 및 부품을 무작위로 일정량을 구매하여 법정 안전기준에 적합한지 여부를 스스로 확인토록 하는 '자기인증 적합 조사' 제도다. 이때 조사의 대상이 되는 자동차는 평소 소비자들이 다수의 불만을 제기한 자동차뿐만 아니라 제작회사별 판매 대수 등을 고려, 정부가 수립한 연간 계획에 따라 선정하며, 조사한 결과 안전기준에 부적합하다고 판정된 경우에는 '과징금' 부과와 '제작결함 시정명령(Recall)'을 동시에 진행한다.

Ⅳ. 자동차 제작결함 시정명령(Recall) 제도

'Recall'은 자동차가 자국의 법정 안전기준에 부적합하거나 안전 운행에 지장을 주는 결함으로 인해 소비자의 신체 또는 재산상의 피해가 발생하거나 발생할 가능성이 있는 경우, 자동차를 제작한 자 또는 수입·판매한 자로 하여금 해당 자동차의 결함 관련 사항을 소비자에게 통보하고 해당 자동차를 신속히 회수하여 수리·교환·환불 등 적절한 조치를 취하도록 함으로써 '도로교통안전'에 관한 사고와 소비자의 피해를 사전에 예방하는 등 소비자를 적극적으로 보호하기 위한 제도다.

특정 자동차의 구조나 장치에 결함이 있는 것으로 판단된 경우 그 자동차를 제작한 자 또는 수입·판매한 자는 소비자에 대한 시정·통지·공고 이전에 반드시 결함이 발생한 해당 자동차의 차명·형식·제작일자·구조·장치결함원인·제작대수·판매대수 및 향후 시정계획을 국토교통부장관에게 보고하고 자체적으로 시정해야 한다. 만일 제작자 또는 수입 판매자가 자발적으로 시정조치를 하지 않는 경우에는 국토교통부장관은 '제작결함 시정명령(Recall)'을 내리고, 만일 이에도 불응하는 경우에는 결함이 있는 자동차에 대해 제작·조립·수입 또는 판매의 중지를 명령할 수 있다.

2021년 2월부터는 개정된 「자동차관리법」 제74조에 의거, 자동차 제작 결함이 발생하였음에도 불구하고 그 결함을 은폐·축소 또는 거짓으로 공개하거나, 결함을 안 날부터 지체 없이 시정하지 아니한 자에게는 그 자동차나 자동차부품 매출액의 100분의 3을 초과하지 아니하는 범위에서 '과징금'을 부과할 수 있도록 하고, 「자동차 및 부품안전기준」에 부적합한 경우에도 그 매출액의 100분의 2(최대 100억원)를 초과하지 아니하는 범위에서 과징금을 부과할 수 있도록 하였다. 아울러 같은 법 제74조의2에 의거 자동차 결함의 은폐·축소로 인해 소비자에게 피해가 발생한 경우에는 그 피해액의 5배 이내에서 배상토록 하는 이른바 '징벌적 손해배상제도'를 도입·시행하고 있다.

Ⅴ. 자동차 성능시험 실시

'자동차 성능시험'이란 국가적인 차원에서 자동차의 안전도와 품질기준 등을 확보, 자동차 안전 운행에 필요한 최소한도의 기준을 법령으로 정하고, 그 적합성 여부를 확인하기 위해 실시하는 시험이다. 현행 관련 규정으로는 국토교통부령인 「자동차 및 자동차 부품의 성능과 기준에 관한 규칙」과 국토교통부 고시인 「자동차 및 자동차 부품의 성능과 기준 시행 세칙」이 있다. 1993년까지 총 6개였던 성능시험 항목은 1999년에 총 38개로 확대되었고, 2002년부터는 자동차 주행시험장[9]이 완공되어 현재 총 42개 항목에 대해 '주행 관련 실차시험(實車試驗)'을 실시하고 있다.

2011년에는 타이어 공기압 경고장치 안전성 확보를 위해 유럽 기준을 도입하였고, 2012년에는 이륜자동차 안전도 향상을 위해 이륜자동차의 연료 장치·차체 외부 돌기·원동기 출력시험 방법 및 절차 등을 마련하여 현재 총 158개의 안전기준 조문과 총 84개의 시험 항목을 규정하고 있다.

---

9) 2003년 6월, 국토교통부와 교통안전공단은 경기도 화성시 송산면 삼존리 '자동차 성능시험 연구소' 부지 내에 국내 최대 규모의 자동차 주행시험장을 완공하였다. 총 66만평의 부지에 순수 국내 설계 기술로 건설한 주행시험장에는 고속 주행로, 종합시험로 및 저마찰로 등 8개 시험로가 운영되고 있다. 여기서는 정부 정책의 연구 개발과 제작 결함 조사, 신차 평가 사업 등이 시행되며, 자체 주행시험장을 확보하지 못한 국내 자동차와 타이어 등 부품 제작 업체에도 사용 기회를 제공함으로써 국내 자동차 산업 발전에 기여하고 있다.

또한 2014년에는 수소연료 자동차의 안전성 평가를 위한 수소 연료장치 및 충돌 안전성 등 세부 기준과 시험 방법을 추가했고, 전기 자동차의 안전기준도 제·개정하였다. 2020년에는 이륜자동차에 대한 고전원 전기장치 및 구동 축전지의 안전성 기준을 국제 수준으로 상향 조정하였다.

제3절 「운행 자동차」의 안전성 제고 대책

최초 제작 및 수입·판매된 자동차의 안전성이 위와 같은 제도에 의해 일단 확보되었다고 하더라도, 일정 기간 도로상에서 자동차를 장기간 운행하다 보면 당연히 원래 안전성은 점차 약화되기 마련이고, 이를 그대로 방치하면 당연히 교통사고의 위험에 노출될 수밖에 없다. 따라서 정부는 「운행 자동차」에 대해서도 아래와 같은 안전성 확보 대책을 강구하고 있다.

Ⅰ. 자동차 종합검사

'자동차 종합검사'란 「자동차관리법」 제43조에 의거 자동차 소유자가 자동차를 신규 등록한 후 일정 기간마다 실시해야 하는 정기 검사 및 「대기환경보전법」 제62조와 「소음·진동 규제법」 제37조에 의거한 정기검사를 의미한다. 이 검사의 대상자동차와 검사 주기는 「자동차 종합검사의 시행 등에 관한 규칙(국토교통부령)」 [별표 1]에 규정되어 있고 그 세부 내역은 <표 5-1>과 같다.

〈표 5-1〉 자동차 종합검사의 대상과 검사 유효기간

검사 대상 차량		자동차의 적용 차령(운행기간)	검사 유효기간
승용자동차	비사업용	차령 4년 초과 자동차	2년
	사업용	차령 2년 초과 자동차	1년
경형·소형 승합 및 화물자동차	비사업용	차령 3년 초과 자동차	1년
	사업용	차령 2년 초과 자동차	1년
사업용 대형 화물차		차령 2년 초과 자동차	6개월
사업용 대형 승합자동차		차령 2년 초과 자동차	차령 8년까지 1년, 이후부터 6개월
중형	비사업용	차령 3년 초과 자동차	차령 8년까지 1년, 이후부터 6개월

승합자동차	사업용	차령 2년 초과 자동차	차령 8년까지 1년, 이후부터 6개월
그 밖의 자동차	비사업용	차령 3년 초과 자동차	차령 5년까지 1년, 이후부터 6개월
	사업용	차령 2년 초과 자동차	차령 5년까지 1년, 이후부터 6개월

검사 대상 자동차는 일정 차령(제작년도에 등록한 자동차는 신규 등록일 기준, 제작년도에 등록하지 않은 자동차는 제작년도 말일 기준)이 초과한 경우에 해당되면, 그 유효기간 이내에 필히 가까운 정기검사소를 방문하여 검사를 받아야 한다.

Ⅱ. 자동차 정기(종합)검사 시설 및 검사결과 부적합 현황

1. 정기검사 시설 확대 지정 · 운영

국토교통부 산하 한국교통안전공단에서는 전국 59개 직영 검사소에서 자동차 종합검사 실시 후 그 결과를 '자동차 기능종합 진단서'에 작성, 해당 자동차 소유자에게 교부한다.

그런데 이와 같은 직영 검사소만으로는 전국 자동차 검사 수요를 제대로 충족할 수 없는 점을 감안 「자동차관리법」 제44조의2와 같은 법 시행규칙 제86조 및 '별표18'에 의거, 국토교통부장관은 정기 검사를 효율적으로 수행하기 위하여 기존의 자동차 정비사업자 중 일정한 시설과 기술 인력을 갖춘 자를 '지정 정비사업자'로 지정하여 정기검사와 그 결과통지 업무를 대행시킬 수 있도록 하고 있는데 2022년 현재 전국 지정 정비사업자는 총 1,840개소가 있다.

2. 정기검사 결과 부적합 현황 및 교훈

현재 도로에서 운행되고 있는 자동차에 대해서도 그 안전성 여부를 엄격히 검사해야만 동 차량의 결함에 따른 교통사고가 예방될 수 있다는 것은 자명한 이치다. 전국 검사장에서 실시한 운행차 정기검사 결과를 살펴보면 2009년에는 11.6%, 2014년 14.3%, 2019년 21.50%, 2022년 21.52% 와 같이 매년 증가 추세다. 주요 결함 사항으로는 등화장치>주행장치>제동장치 순으로 나타났다.

이는 전국 자동차 대수가 점차 증가하면서 차령이 오래된 노후 자동차의 비율 역시 점차 높아지고 있기 때문인 것으로 사료되며, 향후 자동차 결함이나 정비불량으로 인한 도로교통사고를 감소시키기 위해서는 현행과 같이 기존 운행 자동차에 대한 정기검사 제도를 더욱 엄격하게 실시할 필요가 있다고 본다.

Ⅲ. 「불법 개조 자동차」 등 단속 강화

1. 불법 개조 등 자동차 단속

2005년부터 국토교통부 산하 한국교통안전공단은 자체적으로 불법자동차 단속반을 편성·운영하면서 「자동차안전기준」 위반, 불법 자동차 개조(튜닝 등), 허위 등록번호판 부착 등 위법 차량을 적발, 경찰 등 해당 관청에 통보함으로써 자동차 안전 확보 및 환경오염 방지에 기여하고 있다.

또한 차적조회 및 관리가 불가능한 차량(일명 대포차)과 무등록 차량 등 불법 운행차량을 전산으로 추적 조사하고, '튜닝 승인'을 받지 않고 임의로 자동차의 구조 등을 변경 운행하는 차량을 관할 관청과 합동으로 수시 단속하고 있다.

2. 「디지털 운행기록장치」 불법 해체 단속

정부는 2011년 8월부터 「자동차 및 자동차부품의 성능과 기준에 관한 규칙(국토교통부령)」 제56조, 「교통안전법」 제55조 제1항에 의거 여객자동차 운송사업자, 화물자동차 운송사업자 및 화물자동차 운송가맹 사업자, 어린이 통학버스 운영자는 단계적으로 [그림 5-1]과 같은 '디지털 운행기록장치'를 장착하도록 의무화시켰다. 아울러 국토교통부는 2021년 「자동차 운행기록 및 장치에 관한 관리지침(고시)」을 제정, 기록장치 장착, 운행기록의 보관·제출·점검·분석·활용에 관한 업무가 효율적으로 이루어지도록 관리·감독하고 있다. 이런 '디지털 운행기록장치'는 차량 속도, RPM, 브레이크, GPS를 통한 위치, 주행거리 및 교통사고 상황 등을 자동으로 저장하기 때문에 그 운행기록을 분석하면 과속이나 급감속 등 운전자의 평상시 운전 습관을 파악할 수 있다.

이런 과학적·실증적 분석 자료를 활용하면 운전자의 안전관리와 운전 습관을 개선토록 함으로써 과속이나 난폭운전 등으로 인한 교통사고의 위험성을 대폭 감소시킬 수 있는 것이다. 그런데 일부 몰지각한 운전자들은 '운행기록장치'를 고의로 해체하거나, 고장난 상태로 운행을 감행하는 경우가 있어 교통사고의 위험을 초래하고 있다. 이런 점을 감안, 국토교통부는 현재 경찰청·한국교통안전공단 등 관련 기관과 협의체를 구성, 연중 수시로 합동 단속을 전개하고 있다.

[그림 5-1] 디지털 운행기록장치

Ⅳ. 화물·특수자동차에 대한 '후부 반사판(반사지)' 설치 의무화 및 제작·보급

2018년 7월부터는 개정·시행된 「자동차 및 자동차 부품의 성능과 기준에 관한 규칙」 제49조 제6항 및 제112조의9 제1호에 의거, '차량 총중량 7.5t 이상'인 화물자동차와 특수자동차 뒷면에는 같은 규정 '별표 6의 28' 기준에 적합한 '후부 반사판' 또는 '후부 반사지'를 설치·부착토록 의무화되었다.

[그림 5-2]에서 보는 바와 같이 후부 반사판은 화물자동차 및 특수자동차 뒷면의 야간 시인성 제고를 통해 야간 및 심야 시간에 종종 발생하는 자동차 간 추돌 교통사고를 예방하기 위한 것이다.

[그림 5-2] 화물자동차 후부 반사판(반사지)

한국교통안전공단은 화물공제조합 등 화물 유관단체와 함께 후부 반사판 부착 캠페인을 전개하는 한편, 최근에는 간편하게 부착할 수 있는 스티커 형태의 반사지와 차량 측면에 부착할 수 있는 반사띠도 함께 제작·보급함으로써 부착 편의성 및 운전자의 호응도를 더욱 높이고 있다.

제4절 자동차 안전성 향상 기술 개발

Ⅰ. 첨단 안전차량 기능 평가

전 세계적인 소득수준 향상, 자동차 관련 기술 발전과 경쟁 등으로 인해 최근 자동차의 안전성 제고를 위한 국제적인 노력이 점점 가속화되고 있다. 한국 정부 역시 나날이 발전하고 있는 자동차 안전성 확보 및 안전성 평가 관련 기술 개발을 통해 교통사고로 인한 인적·물적·사회적 피해를 감소시키고자 노력하고 있다.

종전에는 '자동차 안전성'에 대한 관심이 주로 교통사고 발생 이후 야기되는 사상자를 감소시키는 이른바 '수동적 충돌 안전(Passive Safety)' 분야에 관한 기술에 집중되었다. 그러나 최근에는 교통사고를 미연에 방지하기 위한 이른바 '능동적 예방안전(Active Safety)' 분야에 좀 더 많은 관심이 집중되고 있다. 전자에 속하는 기술은 Airbag, 안전벨트, 좌석, 머리 지지대 및 정면·측면·후방 충돌시험에서 탑승자를 보호하기 위한 장치들에 관한 것이다.

이에 반해 후자에 속하는 기술은 자동차안전성 제어장치(ESC: Electric Stability Control), 제동보조장치(BAS: Break Assistant System), 비상 자동제어장치(AEBS: Advanced Emergency Breaking System), 타이어압력 감지장치(TPMS: Tire Pressure Monitoring System), 차로이탈경고장치(LDWS: Lane Departure Warning System), 졸음 방지장치(DDS: Drowsiness Detection System) 등이다.

물론 이러한 '첨단 안전성 제고장치'는 국내 자동차회사에서도 자체적으로 연구·개발하고 있지만, 정부는 보다 높은 국제 수준의 연구 성과를 거두도록 하기 위해 매년 국책사업으로 연구 용역을 실시, 국내 대학교수 등 해당 분야 전문가들의 참여를 적극 독려하고 있다.

2003년도 이후 수행된 주요 연구용역 과제로는 보행자 친화적 자동차모델 개발, 하이브리드자동차 안전성 평가기술 개발, 수소연료전지 자동차 안전성 평가기술 개발, 지능형 IT 기술을 융합한 첨단자동차 안전성 평가기술 개발, 고령자 친화형 자동차 안전성 평가기술 개발, 휠체어 사용자가 쉽게 탑승 가능한 고속/시외버스 개조차량 표준모델 및 운영기술 개발 등이 있다.

2013년에는 첨단 미래형자동차 안전성 평가 시험 설비를 한국교통안전공단 자동차안전연구원에 구축・완료하였고, 2019년에는 자율주행자동차 안전성 평가기술 및 테스트베드 개발 연구 결과를 토대로 [그림 5-3]과 같이 향후 자율주행자동차의 안전성을 종합적으로 실험・평가할 수 있는 전용 테스트 베드인 'K-City'를 구축하였다. 또한 2020년 1월 6일, 국토교통부는 UN산하 자동차안전기준국제조화포럼(UN/ECE/WP.29)에서 논의되고 있는 국제동향과 국내업계・학계 등 의견수렴을 거쳐 세계 최초로 「Level 3 부분자율주행자동차 안전기준」을 제정하였다고 발표하였다.10)

[그림 5-3] 자율주행 자동차 실험도시(K-City)

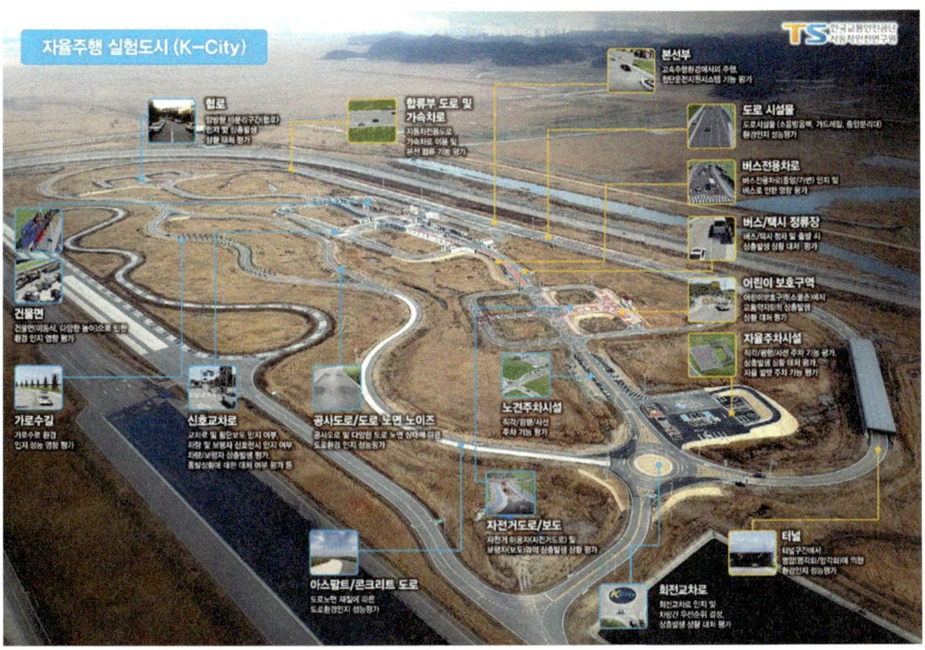

10) 국토교통부 보도자료(2020.1.3)

Ⅱ. '첨단 전자식 안전장치 안전도 검사기준' 개발 및 검사 강화

전술한 바와 같이 2017년 1월부터 '사업용차량 졸음운전 방지대책'의 일환으로 신규 출고되는 대형 승합차와 화물차에는 차로 이탈 경고장치(LDWS)와 비상 자동제어장치(AEBS) 장착이 의무화되어 이에 대한 정기적인 성능 평가 필요성이 제기되었다.

이에 국토교통부는 관련 규정을 개정, 2017년부터 자동차 제작사가 '안전성검사용 진단기(KADIS)' 개발에 필요한 자료를 자동차 검사 대행자인 한국교통안전공단에 제출토록 의무화했다.

2018년에는 검사용 진단기 개발을 완료하고 2019년부터 한국교통안전공단 산하 전국 차량검사소에 보급·운영 중이며, 2021년도부터는 민간 지정 정비사업자에게도 보급하고 있다.

이에 앞서 2020년에는 '첨단 안전장치 검사 테스트벤치' 구축을 완료하였고, 그곳에서 도로주행 상태를 재현하면서 첨단 안전장치의 정상 작동 여부 검사하는 기술을 개발 완료하였다.

제5절 평가 및 교훈

매년 발생하는 도로교통 사고 중에서 '차량 자체 결함'이 직접적 원인이 되어 발생하는 사례는 현실적으로 그다지 많다. 그러나 차량의 안전성에 관한 종래의 수동적 충돌 안전(Passive Safety) 분야뿐만 아니라 최근 더욱 확대되고 있는 이른바 능동적 예방안전(Active Safety) 분야의 안전성 기술은 향후「Level 5」수준의 완전한 자율주행차가 전면 등장하기 이전까지 차량결함으로 인한 도로교통사고를 사전에 예방하거나, 일단 발생한 교통사고의 피해를 현격히 줄이는 데에 매우 큰 도움이 될 것으로 기대된다.

제6장

교통약자 보호 강화 및 교통사고 피해 경감 대책 수립·시행

제6장

교통약자 보호 강화 및 교통사고 피해 경감 대책 수립·시행

제1절 어린이보호구역 및 노인·장애인 보호구역 지정·운영

Ⅰ. 개 요

도로교통에 있어서 대표적 교통약자인 어린이(13세 미만)들을 자동차 교통사고의 위험으로부터 더욱 두텁게 보호하기 위해 정부는 1995년 1월 5일 자 개정된 「도로교통법」 제11조의2에 '어린이보호구역의 지정 및 관리'에 관한 근거 규정을 신설하였고, 동 규정은 1995년 7월 1일부터 시행되었다.

2003년 5월 29일 자 개정 시행된 「자동차교통관리개선특별회계법(1992~2006; 한시법)」 제2조 제2항에서는 기존 세출예산 중 일반국도의 개선에 필요한 경비의 세출은 '국토교통부' 소관으로, 지방자치단체의 장이 관리하는 도로의 개선에 필요한 도로의 개선에 필요한 경비의 세출은 '행정안전부' 소관으로 각각 계상하도록 하여 이후 각 지역별 어린이보호구역 내 제반 시설 개선·보강사업에 필요한 예산을 보다 용이하게 확보할 수 있도록 재정적으로 뒷받침하였다.

2004년부터는 '보호구역 개선사업'의 시행 주체를 경찰청에서 행정안전부로 이관함으로써 행정안전부의 지도·감독하에 각 지방자치단체가 '보호구역 개선사업'에 보다 더 큰 관심을 가지고 적극적으로 추진하게 된 계기가 되었다.

2006년 6월 1일 자 개정·시행된 「도로교통법」에는 제12조의2에 '노인보호구역'이 추가되었다.

2011년 1월 24일 자 시행된 개정 법령에서는 어린이보호구역과 노인보호구역 지정 대상 확대, 장애인보호구역 규정 신설, 보호구역 지정·관리에 필요한 비용을 국고에서 보조할 수 있도록 하는 등 관련 규정이 대폭 수정·보강되었다.

1995년 최초 규정 신설 당시에는 「도로교통법」상 특별시장·광역시장·특별자치도지사 또는 시장·군수(광역시의 군은 제외, 이하 '시장 등'이라 함)의 보호구역 지정·관리 권한이 관할 시·도경찰청장에게 위임되어 있었으나, 2011년 1월 1일 자 개정 시행된 「도로교통법 시행령」에 의거 보호구역 지정·관리에 관한 권한은 다시 관할 시장 등에게 환원되었다. 아울러 각 보호구역의 효율적 관리를 위해 기존 「어린이보호구역의 지정 및 관리에 관한 규칙」과 「노인보호구역의 지정 및 관리에 관한 규칙」을 통합하여 2011년 1월 24일 자 「어린이·노인 및 장애인 보호구역의 지정 및 관리에 관한 규칙(국토교통부·교육부·보건복지부·행정안전부 공동부령: 2024.7.31.)」을 제정, 관할 시장 등이 관할 구역 내 각 보호구역을 보다 체계적이고 적극적으로 지정·관리하도록 조치하였다.

현재 보호구역 지정·관리 업무 소관 기관은 경찰청(교통기획과), 국토교통부(교통안전정책과), 교육부(교육안전정책과), 보건복지부(장애인권익지원과) 등 4개부터이며, 지난 2024년도 12월 현재 전국적으로 지정·관리되고 있는 각 종별 보호구역 현황은 <표 6-1>과 같다.

〈표 6-1〉 전국 보호구역 종류별 지정 현황(2024.12. 현재)

계 (개소)	어린이보호구역	노인보호구역	장애인보호구역
20,514	16,308 (초등학교: 6,280+유치원, 어린이집: 10,028)	4,042	164

출처: 경찰청 내부 자료.

Ⅱ. 보호구역 지정 대상 시설

1. 어린이보호구역(초등학교 등)

시장 등은 교통사고의 위험으로부터 어린이를 보호하기 위해 필요하다고 인정하는 경우에는 다음 각호의 어느 하나에 해당하는 시설이나 장소 주변 도로 가운데 일정 구간을 '어린이보호구역'으로 지정하여 [그림 6-1]에서 보는 바와 같이 자동차 등과 노면전차의 통행속도를 '시속 30킬로미터' 이내로 제한할 수 있다.

① 「유아교육법」 제2조 제2호에 따른 유치원
② 「초 · 중등교육법」 제38조 및 제55조에 따른 초등학교 및 특수학교
③ 「영유아보육법」 제10조에 따른 어린이집(「도로교통법 시행규칙」 제14조 제1항에 따라 어린이보호구역으로 지정할 수 있는 어린이집만 해당)
④ 「학원의 설립 · 운영 및 과외교습에 관한 법률」 제2조에 따른 학원(「도로교통법 시행규칙」제14조 제2항에 따라 어린이보호구역 지정이 필요하다고 인정한 학원만 해당)
⑤ 「초 · 중등교육법」 제60조의2 또는 제60조의3에 따른 외국인학교 또는 대안학교, 「대안교육기관에 관한 법률」 제2조 제2호에 따른 대안 교육기관, 「제주특별자치도 설치 및 국제자유도시 조성을 위한 특별법」 제223조에 따른 국제학교 및 「경제자유구역 및 제주국제자유도시의 외국교육기관 설치 · 운영에 관한 특별법」 제2조 제2호에 따른 외국교육기관 중 유치원 및 초등학교 교과과정이 있는 학교
⑥ 그 밖에 어린이가 자주 왕래하는 곳으로서 「조례」로 정하는 시설 또는 장소

[그림 6-1] 어린이보호구역

2. 노인보호구역(노인복지 시설 등)

'노인보호구역'은 다음 각호의 어느 하나에 해당하는 시설의 장이 요청한 경우 시장 등이 타당성 여부를 검토하여 지정 · 운영한다.

① 「노인복지법」 제31조에 따른 노인복지시설
② 「자연공원법」 제2조 제1호에 따른 자연공원
③ 「도시공원 및 녹지 등에 관한 법률」 제2조 제3호에 따른 도시공원

④ 「체육시설의 설치 · 이용에 관한 법률」 제6조에 따른 생활체육시설
⑤ 그 밖에 노인이 자주 왕래하는 곳으로서 「조례」로 정하는 시설 또는 장소

3. 장애인보호구역(장애인복지시설 등)

'장애인보호구역'은 「장애인복지법」 제58조에 따른 장애인복지시설의 장이 요청한 경우 시장 등이 타당성을 검토하여 지정 · 운영한다.

[그림 6-2] 노인보호구역 및 장애인보호구역

Ⅲ. 지정 절차

위의 '초등학교 등의 장'이나 '노인복지시설 또는 장애인복지시설 등을 설립 · 운영하는 자'는 소정 양식의 '지정 신청서'를 작성, 해당 초등학교 등이나 시설의 주변도로를 관할하는 시장 등에게 각각의 '보호구역'으로 지정하여 줄 것을 신청할 수 있다. 다만, 개교 또는 개원하기 이전의 '초등학교 등'인 경우에는 관할 교육감이나 구청장(자치구의 구청장만을 의미하며 어린이집만 해당)이 대신 신청할 수 있다.

아울러 시장 등은 위 시설장들의 지정신청이 없다고 하더라도 아래와 같은 '지정 전 조사' 결과를 토대로 교통사고 위험으로부터 어린이 · 노인 또는 장애인을 보호해야 할 필요성이 특별히 인정되는 경우에는 직접 보호구역 지정 대상 시설 · 장소의 주변 도로 중 일정 구간을 '보호구역'으로 지정할 수 있다.

1. 지정 전 조사 내용

① 보호구역 지정 대상 시설 · 장소 주변 도로의 자동차 통행량 및 주차 수요

② 대상 시설·장소 주변 도로의 신호기·안전표지(이하 "교통안전시설"이라 함) 및 도로부속물 설치 현황

③ 대상 시설·장소 주변 도로에서의 연간 교통사고 발생 현황

④ 대상 시설·장소 주변 도로를 통행하는 어린이·노인 또는 장애인의 수, 통행로의 체계 등

2. 지정 대상 도로의 범위

시장 등이 위와 같은 내용을 사전 조사한 결과 '보호구역'으로 지정·관리할 필요가 인정되는 경우에는 관할 시·도경찰청장 또는 경찰서장과 협의하여 각각의 보호구역 지정 대상 시설 또는 장소의 주된 출입문(출입문이 없는 경우에는 해당 장소)을 기준으로 '반경 300미터' 이내 도로 중 일정 구간을 보호구역으로 지정한다. 다만, 해당 지역의 교통 여건 및 효과성 등을 면밀히 검토한 결과 교통사고 예방에 필요하다고 인정되는 경우에는 보호구역 지정 대상 시설·장소의 주 출입문을 기준으로 '반경 500미터' 이내 도로에 대해서도 보호구역으로 지정할 수 있다.

Ⅳ. 보호구역 지정관리계획 수립 및 재정 조치

시장 등은 매년 3월 31일까지 다음 각호의 사항이 포함된 다음 해의 '보호구역 지정·관리계획'을 수립하고, 이를 매년 4월 30일까지 특별시·광역시·특별자치도의 경우에는 관할 시·도경찰청장을 거쳐, 시·군의 경우에는 관할 경찰서장을 거쳐 각각 경찰청장에게 통보하고, 매연도별 계획의 시행에 필요한 소요 예산을 우선적으로 편성하는 등 재정상 조치를 하여야 한다.

또한 시장 등은 연도별 계획을 효과적으로 수립하거나 보호구역을 효율적으로 지정·관리하기 위하여 필요하다고 인정하는 경우에는 관할 시·도경찰청 또는 경찰서 관계자, 도로관리청 관계자, 교육위원회 또는 교육청 관계자, 노인복지시설 등 또는 장애인복지시설 담당 공무원 등 시장 등이 지정하는 사람 및 보호구역 지정대상 시설의 장이나 장소의 관리자 등을 소집하여 회의를 개최할 수 있다.

① 보호구역 지정 대상 시설 또는 장소의 수

② 보호구역에 설치해야 할 교통안전시설의 종류 및 수량

③ 보호구역에 설치해야 할 도로부속물의 종류 및 수량
④ 보호구역에 설치한 노상주차장의 폐지 또는 이전계획
⑤ 보호구역에 설치해야 할 교통안전시설과 도로부속물의 종류별・도로관리청별 소요예산 총액(유지・보수비용 포함)

Ⅴ. 보호구역 내 무인 교통단속용 장비, 교통안전시설 및 도로부속물 등 설치 기준

1. 무인 교통단속용 장비 설치・운영

차마 또는 노면전차의 운전자는 각 보호구역별로 지정된 자동차등의 '최고속도' 기준을 준수하고 보행자의 안전에 유의하면서 운행하여야 한다. 아울러 관할 시・도경찰청장・경찰서장 또는 시장 등은 최고속도 제한 기준 위반 등 행위를 단속하기 위하여 '어린이보호구역'의 도로 중 행정안전부령(도로교통법 시행규칙 별표 6의 2)으로 정하는 곳에는 우선적으로 '무인 교통단속용 장비'를 설치하여야 한다.

2. 교통안전시설

「도로교통법」 제12조 제4항에 의거 관할 시・도경찰청장이나 경찰서장은 '보호구역'으로 지정한 시설・장소의 주된 출입문과 가장 가까운 거리에 위치한 도로상 횡단보도에는 '교통신호기'를 우선적으로 설치・관리해야 한다. 일반 횡단보도에 설치된 '보행 신호등'의 녹색신호 시간은 원칙적으로 보통 성인의 보행속도인 1.0m/sec를 기준으로 한다. 그러나 '보호구역' 내 설치된 횡단보도 보행신호등의 녹색신호는 어린이・노인 또는 장애인의 평균 보행속도인 0.7m/sec를 기준으로 설정해야 한다.[1] 또한 해당 보호구역의 종류에 따라 [그림 6-3]과 같은 모양의 안전표지를 설치해야 한다.

1) 경찰청, 「교통신호기 설치・운영 업무편람(2023년 판)」: 104.

[그림 6-3] 각 보호구역 종류별 안전표지의 종류

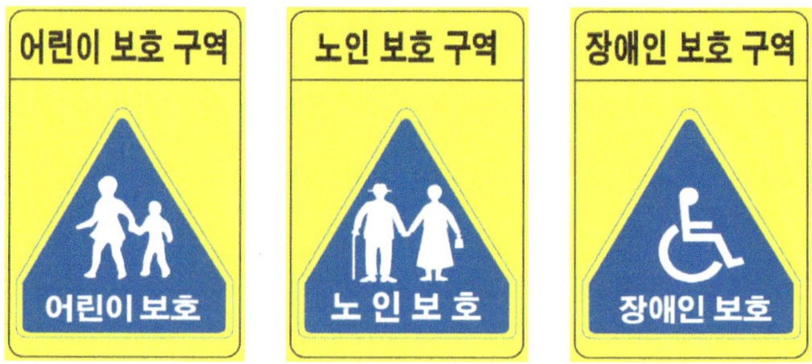

또한 같은 법 제34조의2(2021.1.12. 신설)에 의거 모든 차의 운전자는 어린이 보호구역 내에서 원칙적으로 주차와 정차가 금지되며, 다만 등하교 시간에 학부모가 자녀를 데려다 주는 경우에는 관할 시도경찰청장이 시간이나 방법 등을 안전표지로 허용한 구간에서는 주·정차할 수 있다.

같은 법 제27조 제7항(2022.1.11. 신설)에 의거 모든 차 또는 노면전차의 운전자는 어린이보호구역 내에 설치된 횡단보도 중 신호기가 설치되지 아니한 횡단보도 앞(정지선이 설치된 경우에는 그 정지선)에서는 보행자의 횡단 여부와 관계없이 일시 정지하여야 한다.

아울러 「도로교통법시행규칙」 제8조 제2항 별표 6(2023.10.19. 신설)에 의거 어린이보호구역 내에서 횡단보도를 나타내는 노면표시는 [그림 6-4]에서 보는 바와 같이 '황색'으로 도색해야 한다.

[그림 6-4] 어린이보호구역 내 횡단보도

3. 보도 및 도로부속물

시장 등은 어린이보호구역 내 어린이의 안전을 위하여 다음 각호에 따른 시설 또는 장비를 우선적으로 설치하거나 관할 도로관리청에 해당 시설 또는 장비의 설치를 요청하여야 한다.

① 어린이보호구역으로 지정한 시설의 주 출입문과 가장 가까운 거리에 있는 간선도로상 횡단보도의 신호기
② 속도 제한, 횡단보도, 기점 및 종점에 관한 안전표지
③ '도로부속물' 중 과속방지시설, 차마의 미끄럼 방지시설, 방호울타리, 도로반사경
④ 그 밖에 시장 등이 교통사고의 위험으로부터 어린이를 보호하기 위해 필요하다고 인정하는 '도로부속물'로서 「도로의 구조시설 기준에 관한 규칙(국토교통부령)」에 적합한 시설

Ⅵ. 보호구역 내 설치 금지 시설 및 필요 조치

1. 노상주차장 설치 금지

시장 등은 보호구역으로 지정된 시설·장소의 주된 출입문과 직접 연결되어 있는 도로에는 '노상주차장'을 설치해서는 안 된다. 만일 어린이보호구역에 이미 노상주차장이 설치되어 있는 경우에는 이를 지체 없이 이를 폐지해야 한다. 또한 노인보호구역 또는 장애인보호구역에 이미 노상주차장이 설치되어 있는 경우에는 특별한 사유가 없으면 이를 폐지하거나 노인 또는 장애인의 통행 및 안전에 지장이 없는 곳으로 이전해야 한다.

2. 보호구역에서의 필요 조치

관할 시·도경찰청장이나 경찰서장은 보호구역에서 구간별·시간대별로 다음 각 호의 조치를 할 수 있으며, 이때에는 그 뜻을 표시하는 안전표지를 설치하여야 한다.

① 차마의 통행을 금지하거나 제한하는 것

② 차마의 정차나 주차를 금지하는 것
③ 운행속도를 시속 30킬로미터 이내로 제한하는 것
④ 이면도로(도시지역에 있어서 간선도로가 아닌 도로로서 일반의 교통에 사용되는 도로)를 일방통행로로 지정·운영하는 것

Ⅶ. 「보호구역 통합관리시스템」 구축·운영

경찰청장은 전국에 설치·운영되고 있는 '어린이·노인·장애인 보호구역'에 대한 정보를 수집·관리 및 공개하기 위하여 「보호구역 통합관리시스템」을 구축·운영하여야 하며, 시장 등에게 기이 구축된 「보호구역 통합관리시스템」의 운영에 필요한 정보의 제공을 요청할 수 있다. 이때 제공요청을 받은 시장 등은 정당한 사유가 없으면 그 요청에 따라야 하며 해당 정보를 「보호구역 통합관리시스템」에 입력하거나 이를 통하여 제출하여야 한다. 또한 입력 또는 제출한 자료 내용이 변경된 경우(보호구역이 새로 지정된 경우 포함)에는 지체 없이 그 변경된 내용을 「보호구역 통합관리시스템」에 반영해야 한다.

경찰청장이 「보호구역 통합관리시스템」으로 수집·관리 및 공개할 수 있는 정보는 다음 각호와 같다.

① 보호구역 지정 대상 시설 또는 장소
② 보호구역 지정·관리 현황
③ 보호구역에 설치된 교통안전시설의 종류 및 수량
④ 보호구역에 설치된 무인 교통단속용 장비의 종류 및 수량
⑤ 보호구역에 설치된 도로부속물의 종류 및 수량
⑥ 시장 등이 연 1회 이상 실시하는 보호구역 실태 조사 결과
⑦ 그 밖에 경찰청장이 보호구역의 교통안전 확보를 위하여 필요하다고 인정하는 정보

Ⅷ. 보호구역에 대한 사후 관리 및 실태 조사

1. 사후 관리

시장 등이 보호구역을 지정하였을 때에는 소정 양식의 '보호구역 관리카드'를

작성하여 갖추어 두어야 하며, 여기에는 해당 보호구역에 설치된 교통신호기·안전표지 및 도로부속물 종류 및 수량을 기록하고, 교체·수리 등 변동 사항이 있는 경우에는 수시로 이를 기록·정리하여야 한다.

또한 매년 6월 30일과 12월 31일까지 연2회 소정 서식에 따라 '보호구역의 지정·관리 현황'을 작성하여 특별시·광역시·특별자치도의 경우에는 관할 시·도경찰청장을 거쳐, 시·군의 경우에는 관할 경찰서장을 거쳐 경찰청장에게 통보하여야 하며, 이때 위의 '보호구역 관리카드'와 '지정·관리 현황'은 「보호구역 통합관리시스템」을 통하여 작성·관리할 수도 있다.

아울러 보호구역에 설치된 교통신호기·안전표지 및 도로부속물이 훼손되거나 손괴된 것을 발견한 경우엔 지체 없이 그 사실을 관할 경찰서장 또는 도로관리청에 통보하여야 한다.

시장 등은 일단 보호구역으로 지정된 시설 또는 장소의 폐원·폐교 또는 주변 교통환경의 변화로 인하여 보호구역의 지정·관리가 필요하지 아니하다고 인정되는 경우에는 관할 시·도경찰청장 또는 경찰서장과 협의하여 보호구역의 지정을 해제할 수 있다.

한편 교육부장관·행정안전부장관 및 국토교통부장관은 보호구역의 지정·관리에 필요한 예산 편성 등을 위해 필요한 경우에는 위의 '보호구역 지정·관리 현황'과 향후 '연도별 지정계획'에 대한 자료를 경찰청장에게 요청할 수 있다.

2. 실태 조사

시장 등은 보호구역에서 발생한 교통사고 현황 등 아래 각호의 항목 등 교통환경에 대한 실태 조사를 '연 1회' 이상 현장 조사 또는 서면조사의 방법으로 실시하고, 그 결과를 보호구역의 지정·해제 및 관리에 반영하여야 한다. 이러한 실태 조사 업무의 일부는 「한국도로교통공단법」에 따른 한국도로교통공단 또는 여타 교통 관련 전문기관에 위탁할 수 있다.

① 보호구역 등에서의 자동차 통행량 및 주차 수요
② 보호구역 등에 설치된 교통안전시설 및 도로부속물의 설치 현황
③ 보호구역 등에 설치된 무인 교통단속용 장비의 설치 현황
④ 보호구역 등에서의 교통사고 발생 현황
⑤ 보호구역 등을 통행하는 어린이·노인 또는 장애인의 수, 통행로 체계 등

⑥ 그 밖에 시장 등이 보호구역의 교통안전을 위하여 필요하다고 인정하는 사항

Ⅸ. 평 가

1995년 7월 1일 자 「도로교통법」에 '어린이보호구역 지정 · 관리'에 관한 근거 규정이 최초로 신설된 이후, 한국 사회에는 '어른'이 사망하는 교통사고에 비해 '어린이'가 사망하는 교통사고가 발생하면 매번 너무 지나치다 싶을 정도로 국내 언론 매체에 크게 보도되었다.

아울러 그 때마다 사회적 관심이 매우 크게 집중되면서 지난 30여년간 어린이 교통사고 예방에 관한 각종 법령과 유관 행정기관의 대응책은 꾸준히 확대 · 강화되어 왔다.

그런 맥락 하에 지난 2004년부터는 보호구역 개선 사업의 시행 주체가 경찰청에서 행정안전부로 이관되었고, 2011년 1월 개정된 「도로교통법시행령」에 의거, 보호구역 지정 · 관리에 관한 권한이 종전 관할 시도경찰청장으로부터 관할 지방자치단체장(시장 등)에게 다시 환원되었다.

아울러 「어린이 · 노인 및 장애인 보호구역의 지정 및 관리에 관한 규칙(공동부령)」에 의거 시장 등은 매년 3월 31일까지 다음 해 '보호구역 지정관리 계획'을 수립하여 관할 시도경찰관청을 거쳐 최종적으로 경찰청장에게 통보한 후 매 연도별 관리계획의 시행에 필요한 재정상 조치를 하도록 의무화되었다.

특히 2020년 3월 25일부터 개정 · 시행된 이른바 '민식이법(후술)'에 의거 어린이보호구역 내 횡단보도에는 '무인 교통단속용 장비'를 우선적으로 설치하도록 의무화되었고, 어린이보호구역에서 자동차를 운전하다가 어린이를 죽거나 다치게 한 운전자는 「특정범죄가중처벌에 관한 법률」 신설 조항(제5조의13)에 의거 종전보다 매우 강력한 처벌이 이루어지고 있다. 후술하는 바와 같이 비록 해당 조항의 '위헌성 여부'에 대한 논란은 있지만, 어쨌든 현재 운전자 입장에서는 어린이보호구역에서 만큼은 절대로 교통사고를 내지 않기 위해서 극도의 긴장감을 유지한 채 자동차를 운전하고 있는 실정이다.

이와 같은 일련의 조치 덕분에 <표 6-2>에서 보는 바와 같이 국내 어린이(13세 미만)들의 교통사고 사망자 수는 최근까지 매우 낮은 수준을 유지하고 있다. 예를 들어 최근 2023년의 경우 연간 국민 전체 사망자 수 대비 어린이 사망자 수의 점유율(0.55%)은 11년 전인 2013년(1.61%)에 비해 약 1/3 수준으로 감소

되었고, 그중 전국 어린이보호구역 내에서 교통사고로 사망하는 어린이 수는 지난 11년 동안 '최소 2명~최다 8명'의 범위를 계속 유지하고 있다.

〈표 6-2〉 연도별 전체 교통사고 사망자 수 대비 '어린이 사망자 수' 점유율 변화 추이

구분		2013	2014	2015	2016	2017	2018	2019	2020	2011	2022	2023
연간 국민 전체 사망자 수(명)		5,092	4,762	4,621	4,292	4,185	3,781	3,349	3,081	2,916	2,735	2,551
연간 전체 어린이 사망	사망자 수(명)	82	52	65	71	54	34	28	24	23	18	14
	전체 대비 점유율(%)	1.61	1.10	1.16	1.65	1.30	0.90	0.84	0.78	0.79	0.66	0.55
어린이보호구역 내 어린이 사망자(명)		6	4	8	8	8	3	6	3	2	3	2

출처: 사이버경찰청(경찰통계자료 > 생활안전교통국 > 교통사고통계 현황: 2025.4 확인).

다만, 아쉬운 것은 국내 '어린이보호구역'에 관한 한 너무 지나친 과잉 규제가 고쳐지지 않고 있다는 점이다.

전술한 바와 같이 「도로교통법」 제12조 제1항 및 제5항에 의거 시장 등은 교통사고의 위험으로부터 어린이를 보호하기 위해 필요하다고 인정하는 경우에는 일정 구간을 어린이보호구역으로 지정하고 보호구역 내 도로상 일정 구간에 대하여 자동차 등과 노면전차의 통행속도를 시속 30킬로미터로 제한할 수 있다. 아울러 그 최고 제한 속도의 기준을 운전자에게 알리기 위한 안전표지를 보호구역의 기점과 종점에 직접 설치하거나 관할 도로관리청에 설치해 주도록 요청할 수 있다.

그런데 문제는 현재 국내 모든 어린이보호구역 내 도로상에는 어린이가 등·하교 시간이 아닌 평일 야간이나 주말·공휴일 및 방학 기간 중에도 아무런 예외 없이 평상시와 동일하게 최고속도의 제한 기준이 적용되고 있다는 점이다.

초등학교 앞 도로구간은 학생들의 등·하교 시간대와 그 이외 시간대 및 주말 등 통행패턴은 엄연히 다름에도 불구하고 연중 365일 24시간 일률적으로 제한속도(통상 시속 30~50 킬로미터), 주·정차 전면 금지, 신호등 없는 횡단보도에서의 무조건 일시 정지의무 등 강력한 교통 규제가 변함없이 지속되고 있기 때문에 이러한 여러 가지 규제는 너무나 경직되고 현실성이 없다는 지적이 많다.

이런 점을 감안, 최근 경찰청에서는 일부 시도경찰청을 대상으로 학생들의 등하교 시간이 아닌 '평일 22시~다음날 08시'까지는 어린이보호구역 내의 현행 속도 규제를 해제하는 기본 방침을 정하고 시범운영 중이라고 한다.

참고로 [그림 6-5]에서 보는 바와 같이 호주 뉴캐슬주에 위치한 School Zone은 대부분 평일 등교 시간인 08시~09시 30분과 하교 시간인 오후 02시 30분~4시까지만 유효하며 평일 그 외의 시간과 주말 및 방학 기간에는 School Zone의 제한속도 규제가 해제된 것으로 간주된다.

캐나다 브리티시 컬럼비아주에 위치한 School Zone은 평일 오전 08시~오후 5시까지만 최고속도 제한 기준을 적용하고 여타 시간에는 적용하지 않는다. 또한 OECD 회원국 중 거의 매년 자동차 1만대당 교통사고 사망자 수가 매우 적은 우수 국가로 꼽히는 스웨덴에서도 School Zone은 대부분 평일 주간 등교~하교 시간에만 적용되며 그 외의 시간대에는 비록 School Zone이라도 그냥 일반 도로처럼 운영하고 있다.

[그림 6-5] 해외 국가의 School Zone 표지(사례)

■ 호주 뉴캐슬주

■ 캐나다 브리티시 컬럼비아주

현재 한국 정부가 '어린이보호구역'으로 지정된 도로구간이라는 이유로 필요 이상의 과도한 규제를 그대로 유지하는 것은 납세자인 운전자 입장에서 볼 때 매우 지나치게 과도하고 불합리하다는 비판이 적지 않다. 자유민주국가에서 행정 목적 달성을 위한 법적 규제 및 제도는 국민 대부분이 공감하는 적정하고 합리적인 수준에서 결정되어야 한다.

따라서 경찰청 등 관련 당국에서는 이런 점을 감안, 평일 야간 시간대뿐만 아니라 주말 및 방학 기간 등 현실적으로 학생들이 전혀 등교하지 않는 기간과 시간대에는 현행 최고 속도제한 규제를 좀더 현실적이고 탄력적으로 조정하는 것이 바람직하다.

제2절 교통약자 등 피해 예방을 위한 관련 법령상 규제 강화

Ⅰ. 「특정범죄 가중처벌 등에 관한 법률」상 어린이보호구역 교통사고 야기자 처벌규정 신설 등

1. 입법 배경 및 과정

2019년 9월 11일 충남 아산시 온양중학교 앞 어린이보호구역 내 신호등 없는 횡단 보도를 건너던 김민식 어린이(당시 9세, 이하 '민식군'이라 한다)가 차량에 치여 사망하는 안타까운 교통사고가 발생했다. 민식군 사망 이후 그 부모는 '유사 사례 방지책'을 요망하는 호소문을 작성 국민청원으로 제출하였고, 이어서 방송 출연, 국회 방문 등 적극적인 노력을 이어가면서 민식군 사건은 언론에 계속 노출되었다. 그러던 중 충남 아산이 지역구인 국회의원 2명이 최초 발의한 법률안은 2019년 11월 29일 국회 법제사법위원회에서 '대안'으로 변경, 12월 24일 확정·공포, 2020년 3월 25일부터 시행되었다.

개정 법률안의 구체적인 내용은 두 가지로써 첫째는 「도로교통법」상 어린이보호구역 내 횡단보도에는 관할 관청이 '교통신호등'과 '무인 교통단속용 장비'를 반드시 설치토록 의무화하고, 두 번째는 「특정범죄 가중처벌 등에 관한 법률」 일부 조항을 신설, 어린이보호구역 내에서 교통사고를 일으켜 어린이를 죽거나 다치게 하면 종전에 비해 가해자를 훨씬 가중 처벌하는 것이다. 동일한 사유로 동시에 개정·시행된 두 가지 법률은 당시 피해자였던 '민식군'의 이름을 따서 당시 '민식이법'으로 호칭되어 왔다.

2. 개정 법령의 주요 내용

(1) 「도로교통법」상 개정 규정(제12조 제4항 및 제5항) 신설

시도경찰청장·경찰서장 또는 시장 등은 「어린이보호구역」 내 도로 중에서 시행규칙 제14조의2 [별표 6의2] 기준에 해당하는 곳에 우선적으로 '무인 교통단속

용 장비'를 설치해야 하며, 시장 등은 어린이의 안전을 확보하기 위하여 다음 각 호에 따른 시설 또는 장비를 우선적으로 설치하거나 관할 도로관리청에 해당 시설 또는 장비를 설치해 주도록 요청하여야 한다.

① 어린이보호구역으로 지정한 시설의 주 출입문과 가장 가까운 거리에 있는 간선도로상 횡단보도 신호기
② 속도 제한 및 횡단보도에 관한 '안전표지'
③ 「도로법」에 따른 도로부속물 중 '과속방지시설' 및 차마의 '미끄럼방지시설'
④ 그 밖에 교육부, 「행정안전부·국토교통부 공동부령」으로 정하는 시설 또는 장비

(2) 「특정범죄 가중처벌 등에 관한 법률(약칭 '특가법')」에 근거 조항 신설

특가법에 신설된 조항인 제5조의13은 <표 6-3>에서 보는 바와 같이 「도로교통법」 제12조에 규정된 '어린이보호구역'을 통행하는 차량이 어린이(13세 미만)를 다치거나 사망에 이르게 하여 <표 6-4>와 같은 「교통사고처리특례법(약칭 '교특법')」 제3조(처벌 특례) 제1항의 죄를 범한 경우에는 당해 운전자에 대하여 종전보다 대폭 가중하여 처벌토록 하였다.

〈표 6-3 〉「특가법」상 어린이보호구역 내 어린이 교통사고 관련 신설 규정

기 존 규 정	신 설 규 정
<신 설>	**제5조의13(어린이보호구역에서 어린이 치사상의 가중처벌)** 자동차(원동기장치자전거를 포함한다)의 운전자가 「도로교통법」 제12조 제3항에 따른 어린이보호구역에서 같은 조 제1항에 따른 조치를 준수하고 어린이의 안전에 유의하면서 운전하여야 할 의무를 위반하여 어린이(13세 미만인 사람을 말한다. 이하 같다)에게 「교통사고처리특례법」 제3조 제1항의 죄를 범한 경우에는 다음 각 호의 구분에 따라 가중 처벌한다. 1. 어린이를 사망에 이르게 한 경우에는 '무기 또는 3년 이상의 징역'에 처한다. 2. 어린이를 상해에 이르게 한 경우에는 '1년 이상 15년 이하의 징역' 또는 '500만원 이상 3천만원 이하의 벌금'에 처한다.

〈표 6-4〉「교특법」상 어린이보호구역 내 어린이 교통사고 관련 규정

제3조(처벌의 특례) ① 차의 운전자가 교통사고로 인하여 「형법」 제268조 (업무상과실·중과실 치사상)의 죄를 범한 경우에는 5년 이하의 금고 또는 2천만 원 이하의 벌금에 처한다. ② 차의 교통으로 인하여 제1항의 죄 중 업무상 과실치상죄 또는 중과실 치상죄와 「도로교통법」 제151조의 죄를 범한 운전자에 대하여는 피해자의 명시한 의사에 반하여 (또는 이법 제4조 소정의 보험 또는 공제에 가입한 경우에는) 공소를 제기할 수 없다. 다만, 차의 운전자가 (중간 생략) 다음 각호의 어느 하나에 해당하는 행위로 인하여 같은 죄를 범한 경우에는 그러하지 아니하다. 1. ~ 10. (생략) 11.「도로교통법」제12조 제3항에 따른 어린이보호구역에서 같은 조 제1항에 따른 조치(통행속도를 시속 30킬로미터 이내로 제한)를 준수하고 어린이의 안전에 유의하면서 운전하여야 할 의무를 위반하여 어린이의 신체를 상해에 이르게 한 경우

3. 개정 법령 시행 후 논란

위의 두 가지 법률 시행 전후 「도로교통법」 개정 법률에 대해서는 논란이 거의 없었으나, 「특가법」 개정 법률에 대하여는 찬반 여론이 상당 기간 국내 언론 매체를 뜨겁게 달구었었다. 당시의 반대 여론 중에는 '민식이법을 즉시 개정해 달라'는 다수의 국민청원이 청와대 대통령실에 제출된 것이 대표적이다.

그 청원 내용의 요지는 첫째, 「특가법」상 신설 조항은 「헌법」상 '비례원칙' 위반. 둘째, 어린이보호구역 내 교통사고의 경우 운전자가 피할 수 없었음에도 모든 책임을 운전자에게 부담시키는 것은 부당. 셋째, 해당 법안은 입법권 남용과 여론몰이가 불러온 엉터리 법안이므로 향후 이 법으로 인한 피해자가 생기지 않도록 신속한 개정 필요 등이었다.

이와 관련 정재준(2020)은 '일명 민식이법(특정범죄 가중처벌 등에 관한 법률 제5조의13과 도로교통법 제12조)의 문제점과 개선 방안'에서 '민식이법'상 어린이보호구역 내 교통사고로 인해 어린이가 사망한 경우에는 비록 '과실'에 의한 것이라도 가해자를 '무기징역 또는 3년 이상 유기징역'으로 처벌토록 규정한 것은 「형법」상 업무상 과실 및 중과실 치사상(제268조)이 '5년 이하 금고 또는 2천만 원 이하의 벌금형'이고, 심지어는 고의적인 상해로 사망에 이르게 한 상해치사(제259조)의 경우에도 '3년 이상 유기징역'에 처하도록 되어 있는 것과 비교할 때 상대적으로 너무 무겁다. 아울러 어린이보호구역을 통과하는 운전자에게는 자연스럽게 주의의무가 높아질 수밖에 없는 상황인데도, 만일 어린이에게 교통사고 피해가 발생할 경우 결과적으로 과실 책임은 일부라도 운전자에게 귀속될 수밖에 없고, 이는

다시 가중 처벌로 귀결되는 구조로 되어 있어 「특가법」 개정 규정인 제5조의13은 결과적으로 '법적 안정성'을 해치고, 「헌법」상 '비례원칙'이나 '과잉금지 원칙'에 위배될 소지가 크다고 주장하였다.[2)]

또한 백승엽(2021)은 첫째, 특가법 개정 법률 '제5조의13 제1호 규정(사망사고)'은 고의범과 과실범을 구분하여 각각 다르게 처벌해야 한다는 형사상 '책임원칙' 위배 가능성. 둘째, '제1호 규정'은 행위자의 위법 행위 정도와 그에 대한 책임인 형벌 간 적정수준의 비례성이 유지되어야 한다는 '협의의 비례 원칙' 위배 가능성. 셋째, 「특가법」 제5조의13 '제2호 규정(사상사고)'은 「교특법」 '제3조 제1항, 제2항 제11호 규정'에 비교해 볼 때 그 구성요건에 특별한 '가중적 구성요건 표지'가 추가되지 않아서 운전자의 행위는 본질적으로 같은 것임에도 불구하고 행위자에 대한 처벌 수위만 '3배 이상' 다르게 상향 취급한 것으로써 이는 헌법상 '평등원칙' 위배 가능성. 넷째, '제1호 규정'의 경우 입법 목적의 정당성 및 방법(수단)의 적절성은 일응 인정되나, 어린이보호구역 내에서 어린이 사망사고 발생 시 설령 그 원인이 경미한 과실이더라도 원칙적으로 '무기징역이나 최소 3년 이상 유기징역'에 처하도록 한 것은 여타 형사처벌 규정에 비해 지나치게 과도한 것으로써 이는 「헌법」상 '과잉금지 원칙(광의의 비례원칙)' 및 '체계 정당성 원리'에 위배될 가능성이 있다고 주장하였다.[3)]

4. 헌법재판소의 최종 결정(사건 번호: 2020헌마 460, 862 병합)

위와 같은 학계와 시민들의 논란에도 불구하고 2023년 2월 27일, 헌법재판소는 위원 9인 중 8(합헌): 1(위헌)로 위의 「특가법」상 신설 조항인 제5조의13은 '합헌'이라고 최종 결정했다.

결정 이유를 살펴보면 국내 보행 중 사망자 비율 및 인구 10만 명당 보행 중 사망자 수는 최근까지 매우 높은 편이고, 어린이보호구역에서 교통사고로 인한 어린이의 상해 · 사망사고도 지속적으로 다수 발생하고 있어서 어린이보호구역을 설치하고 엄격한 제한속도 준수 의무와 안전운전 의무를 부과해 위반자를 엄격히 처벌하는 것은 어린이에 대한 교통사고 예방과 보호를 위해 불가피한 조치다.

2) 정재준, (2020), "일명 '민식이법'(특정범죄 가중처벌 등에 관한 법률 제5조의13과 도로교통법 제12조)의 문제점과 개선방안", 「고려법학」 99: 157－194.

3) 백승엽, (2021), "이른바 '민식이법'의 위헌성 여부 및 입법권자의 책임에 관한 연구(「특정범죄 가중처벌 등에 관한 법률」 개정 법률을 중심으로), 「한국경찰연구」 20: 77－105.

또한 가해 운전자의 법규 위반 내용 및 정도와 어린이가 입은 피해의 정도가 다양하여 '불법성' 및 '비난 가능성'에 차이가 있다고 하더라도 이는 법관의 양형으로 충분히 극복될 수 있는 범위 내의 것이며, 법관이 범죄의 개별 행위 태양과 그에 따른 죄질의 경중을 고려해 형평을 맞출 수 있다면 이를 과도한 형벌이라고 보기는 어렵다. 아울러 자동차 등 운전자가 어린이보호구역에서 제한속도를 준수하고 어린이의 안전에 유의해 운전하도록 함으로써 교통사고 위험에서 어린이를 보호하기 위한 것이므로 「특가법」 제5조의13은 그 입법 목적의 정당성이 인정되며, 어린이보호구역에서 주의의무를 위반하여 어린이를 상해나 사망에 이르게 한 운전자를 가중 처벌하게 한 것은 어린이보호구역에서의 안전운전에 대한 경각심을 높여 어린이들의 교통사고 감소에 기여할 수 있기 때문에 이러한 사유를 모두 종합해 볼 때 해당 신설 조항은 '합헌'이라고 결정하였다.

다만 소수 의견을 표명한 이은애 재판관은 "어린이보호구역에서 운전자가 주의의무를 위반해 어린이를 다치게 하거나 사망에 이르게 한 경우라도 그 죄질은 일률적으로 평가하기 어려운 다양한 위반행위의 유형이 있고 경중의 폭이 넓다"면서 "책임주의 원칙에 따라 그에 대한 법정형의 폭도 법관이 각 행위의 개별성에 맞춰 형을 선고할 수 있도록 설정해야 한다". 아울러 "해당 조항은 법정형 하한을 과도하게 높게 정해 운전자의 과실 및 피해의 정도 등에 상응한 형을 넘어 지나치게 무거운 형벌로 운전자를 처벌함으로써 청구인들의 일반적인 행동 자유권을 제한하고 있다"며 "가해자 등이 받는 불이익은 공익의 중대성을 고려하더라도 지나치게 커서 특가법상 신설 조항은 헌법상 '과잉 금지 원칙'에 위반한 '위헌법률'"이라고 주장하였다.

Ⅱ. 「도로교통법」상 '도로가 아닌 곳'에서의 보행자 보호 관련 규정 신설

1. 입법 배경 및 개요

지난 2021년, 서울 시내 모 아파트의 내곽 도로에서 엄마와 함께 유치원에 등교하던 유아가 자동차에 치어 사망하는 교통사고가 발생했고, 당시 국내 언론에 이런 유형의 교통사고는 「도로교통법」의 보호를 받지 못한다는 기사가 집중적으로 보도되었다.

이에 정부는 고심 끝에 아래와 같이 「도로교통법」 제2조 제26호에 규정된 기존 '운전' 개념의 범위를 확대, 정책적 예외 규정을 마련함으로써 위와 같은 문제 상황을 입법적으로 해결하였다.

그 이후 현재는 비록 「도로교통법」상 '도로'가 아닌 곳에서도 자동차 운전자의 법규위반 행위와 교통사고 등으로 인한 피해자는 모두 「도로교통법」의 적용을 받아 보호를 받는다.

2. 관련 규정 및 개정 내용

(1) 「도로교통법」상 입법 목적 및 도로의 정의

「도로교통법」은 제1조에서 '이 법은 도로에서 일어나는 교통상의 모든 위험과 장해를 방지·제거하여 안전하고 원활한 교통을 확보함을 목적으로 한다'라고 규정하고 있다. 아울러 같은 법 제2조 제1호에 의거 '도로'란 아래 각 목에 해당하는 곳을 말한다.

① 「도로법(제2조, 제3조, 제11조)」에 의한 도로, 즉 일반의 교통에 공용되는 도로로서 고속국도, 일반국도, 특별시도, 광역시도, 지방도, 시도, 군도, 구도.

② 「유료도로법」상 유료도로, 즉 「유료도로법」이나 「사회기반시설에 대한 민간투자법」상 통행료 또는 사용료를 징수하는 도로.

③ 「농어촌도로정비법」에 의한 농어촌도로로서 「도로법」에 명시되지 아니한 면도, 이도, 농도.

④ 그 밖에 현실적으로 불특정 다수의 사람 또는 차마의 통행을 위하여 공개된 장소로서 '안전하고 원활한 교통'을 확보할 필요가 있는 장소.

따라서 종전에는 원칙적으로 「도로교통법」이 정하는 '도로의 범주'에 해당하지 않는 곳에서 발생한 도로교통 법규 위반행위는 「도로교통법」의 적용을 받지 않아 경찰공무원이 운전자를 단속하지 못했고, 설령 교통사고가 발생한 경우에도 같은 법을 적용할 수 없어 피해자가 보호받을 수 없었다.

(2) 문제점 및 관련 규정 개정 시행

평소 대규모 아파트 단지 내부 도로나 대학 캠퍼스 내부 도로 등에서는 사실상 별다른 통제 없이 많은 차량이 출입하고 있음에도 불구하고 종전에는 그 도로상에서 보행자가 자동차와 충돌하는 교통사고가 발생하더라도 「도로교통법」의 적용을 받을 수 없는 다소 모순적인 상황이 계속되었다.

즉 평소 국민들이 갖고 있는 일반적 관념과 당시 「도로교통법」 규정 간에 상당한 괴리가 발생한 것이다.

따라서 당시 정부는 아래와 같이 기존 법령상 '운전'의 개념 범위를 확대시킴으로써 위와 같은 모순적 상황을 입법적으로 해결하였다.

즉 기존 「도로교통법」 제2조 제26호에는 "운전이란 도로에서 차마를 그 본래의 사용 방법에 따라 사용하는 것을 말한다"고 규정되어 있었다. 그러나 위와 같은 문제가 발생하면서 국민과 언론의 지적과 비판이 계속되자 정부는 지난 2011년, 2017년 등 총 3차례에 걸쳐 아래 각 목에 해당하는 행위에 대해서는 비록 '도로가 아닌 곳'에서 이루어져도 '운전'의 범주에 포함시킴으로써 관련 법규 위반 시 경찰공무원이 단속할 수 있도록 한 것이다.

특히 2022년 1월 11일 자 개정 법령에서는 '도로 외의 곳(「도로교통법」상 도로가 아닌 곳)'에서도 보행자 옆을 통행하는 경우에는 '서행 의무'를 새롭게 부과함으로써 이후부터는 [그림 6-6]에서 보는 바와 같이 아파트 단지나 대학 캠퍼스 내곽에 설치된 도로라고 하더라도 교통사고가 발생한 경우에 피해자 및 가해자에 대해서는 「교통사고처리특례법」과 함께 「도로교통법」도 적용받게 되었다.

[그림 6-6] 아파트단지 및 대학 캠퍼스 내곽 도로

1) 2011년 12월 9일 자 개정 시행(1차)

① 술에 취한 상태에서의 운전 및 경찰공무원의 호흡측정 요구 불응 금지(법 제44조)

② 주취운전 또는 경찰관의 호흡 측정 요구에 불응하여 벌금 이상의 형을 확

정받고 다시 10년 이내에 위 두 가지 중 하나의 행위를 재차 행한 경우의 처벌(법 제148조의2)

③ 과로 질병 약물(마약 등) 복용 상태에서의 운전 금지(법 제45조)

④ 인적 피해 교통사고 발생 시 운전자의 현장구호조치 의무 미이행(법 제54조 제1항) 시 처벌(제148조)

2) 2017년 10월 24일 자 개정 시행(2차)

주·정차된 차만 손괴한 것이 분명한 경우에 법 제54조 제1항 제2호에 따라 피해자에게 인적사항을 제공하지 아니한 사람은 20만원 이하의 벌금이나 구류 또는 과료에 처한다(법 제156조 제10호).

3) 2022년 1월 11일 자 개정 시행(3차)

모든 차의 운전자는 다음 각 호의 어느 하나에 해당하는 곳에서 보행자의 옆을 지나는 경우에는 안전한 거리를 두고 서행하여야 하며, 보행자의 통행에 방해가 될 때에는 서행하거나 일시 정지하여 보행자가 안전하게 통행할 수 있도록 하여야 한다(법 제27조 제6항 제3호).

① 보도와 차도가 구분되지 아니한 도로 중 중앙선이 없는 도로

② 보행자 우선도로

③ 도로 외의 곳

3. 평 가

1962년 1월 20일 자 「도로교통법」 제정 당시에는 구태여 '도로가 아닌 곳'에서 이루어지는 자동차 운전자의 행위까지 규제할 필요는 없었을 것이다. 그러나 점차 우리 사회가 발전·복잡해지고, 인구 증가 및 산업경제 발전으로 자동차 대수가 증가하면서 자동차 운전자의 행위가 비록 법상 '도로가 아닌 곳'에서 이루어졌더라도 그로 인해 결과적으로 타인에게 예상치 못한 피해를 야기하는 상황이 증가하기 시작했다.

그에 따라 정부가 시대 상황에 발맞추어 비록 지난 2011년도 이후 '도로가 아닌 곳'이더라도 「도로교통법」의 적용을 받는 '자동차 운전 행위'의 범주를 점차 확대해 온 것은 매우 시의적절했고, 아울러 그런 행위로 인하여 발생할 수 있는

교통사고를 미연에 방지하는 효과도 거둘 수 있었다.

Ⅲ. 「교통안전법」상 공동주택단지 내 교통사고 예방을 위한 규제 강화

1. 개 요

지난 2022년 7월, 통계청의 '인구주택 총조사 결과' 발표에 의하면 국내 전체 가구 중 아파트에 거주하는 가구의 비율은 51.9%로써 단독 주택(29.6%), 연립·다세대(11.4%) 거주가구 비율에 비해 월등히 높았다. 그런데 아파트 등 공동주택 단지 내곽에 설치되어 있는 도로는 「도로교통법」상 '도로'가 아닌 곳이기 때문에 「도로법」에 규정된 각종 도로에 비해 상대적으로 교통안전에 취약하였다.

이런 점을 감안, 2020년 11월, 국토교통부에서는 「교통안전법」에 제57조의3(단지 내 도로의 교통안전)을 신설, 공동주택 단지 내곽 도로를 설치·관리하는 자는 단지 내 도로에서의 자동차 통행 방법(자동차 등의 통행속도, 서행·일시 정지 등 보행자 보호를 위한 자동차 운전자의 준수사항, 그 밖에 단지내 도로에서 운전자가 준수해야 할 사항 등)을 정하도록 하고, 자동차 안전운전 및 보행자 등 교통안전 확보를 위한 각종 안전 시설물을 설치·관리하도록 의무화하였다.

2. '단지 내 도로' 설치·관리자의 범위 및 의무

(1) '단지 내 도로' 설치·관리자의 범위

① 「공동주택관리법」 제2조 제1항 제8에 따른 입주자 대표회의

② 「공동주택관리법」 제2조 제1항 제10호에 따른 관리 주체

- 자치관리기구의 대표자인 공동주택관리사무소장, 공동주택 관리업무를 인계하기전 단계의 해당 공동주택공사업 주체, 주택관리업자, 임대사업자

③ 「고등교육법」 제2조에 따른 학교의 장

- 대학, 산업대학, 교육대학, 전문대학, 원격대학(방송대학, 통신대학, 사이버대학), 기술대학 및 각종 학교

(2) '단지 내 도로' 설치 · 관리자의 의무

단지 내 도로의 설치 · 관리자는 '단지 내 도로에서의 통행 방법'을 정하고, 그 통행 방법에 따라 단지 내 도로를 이용하는 자동차 운전자가 쉽게 알아볼 수 있도록 그 내용을 게시해야 하며 아래와 같은 종류의 '안전시설물'을 설치 · 관리하여야 한다. 이때 단지 내 도로 교통안전시설의 종류와 구체적인 설치 방법 등은 관련 규정인 「단지내도로 교통안전시설의 설치 · 관리기준(국토교통부 고시 2025-106호)」에 따른다.

① 일시 정지 또는 횡단보도 설치 안내 등을 내용으로 하는 안전표지

② 과속방지턱, 도로반사경, 조명시설

③ 어린이 통학버스 정류장이 있는 경우에는 '어린이 안전구역'임을 나타내는 표지

④ 도로의 곡선이 심한 경우 등 보행자 통행로를 침범하는 사고가 발생할 우려가 있거나 긴 통행로 구간 등으로 과속의 우려가 있는 경우에는 시선유도봉, 자동차 진입 억제용 말뚝, 보행자용 방호울타리, 기타 교통정온화 시설(노면요철 포장, 도로협착, 시케인, 차단막, 볼라드, 라운드 어바웃 등)

'자동차 등 통행방법' 등에 관한 안내판 게시 장소는 통행에 장애가 되지 않는 장소로서 단지 내 도로를 통행하는 자동차 운전자에게 잘 보이는 곳이어야 하며, 게시 내용 및 방법은 [그림 6-7] 예시에서 보는 바와 같은 내용의 표지를 금속판, 현수막 또는 이에 준하는 방법으로 게시하여야 한다.

[그림 6-7] 단지 내 도로 통행방법 등 게시 내용 및 방법

〈자동차의 통행방법 안내표지 예시〉

또한 단지 내 도로의 설치·관리자는 단지 내 도로에서 자동차로 인한 사망이나 중상사고(3주 이상 진단 사고)가 발생한 경우에는 단지명, 소재지, 사고 발생 일시·장소 및 피해 내용 등에 관한 사항을 구두·휴대전화 등을 이용한 문자 메시지·팩스·서면 등의 방법으로 관할 시장·군수 또는 구청장에게 통보하여야 한다.

(3) 단지를 관할하는 시장·군수·구청장의 조치 권한 및 의무

① 시장·군수·구청장은 단지 내 도로에서의 교통안전을 확보하기 위하여 관계공무원으로 하여금 교통안전에 대한 실태 점검을 실시하게 할 수 있으며, 이 경우 단지 내 도로의 접속 구간도 포함시킬 수 있다.

② 관계 공무원이 위와 같은 실태점검을 하기위해 타인의 토지를 출입해야 하는 경우에는 점검 1개월 전까지 점검 일시·이유 등을 포함한 '점검계획'을 단지 내 도로 설치·관리자에게 미리 통지해야 하며, 해당 공무원은 그 권한을 표시하는 증표를 내보이고 성명·출입 시간 및 목적 등이 표시된 문서를 교부하여야 한다.

③ 위의 절차에 따른 실태점검 후 필요시에는 아래 각호에 따른 조치를 취할 수 있으며 이때에는 미리 단지 내 도로 설치·관리자의 의견을 들어야 한다.

- 단지 내 도로 설치·관리자에 대한 단지 내 통행 방법·내용, 게시 장소, 방법의 개선 및 단지 내 교통안전시설의 설치·보완 등 권고
- 접속 구간의 개선 또는 관할 교통행정기관에 대한 접속 구간의 개선 요청

④ 단지 내 도로 설치·관리자로부터 사망이나 중상 교통사고에 관한 사항을 통보받은 경우에는 「교통안전법」 제52조에 의거 정부 교통행정기관의 장이 국내 교통시설·교통수단 및 교통체계의 안전과 관련된 제반 교통안전에 관한 정보와 교통사고 관련 자료(다만, 범죄수사와 관련된 자료는 제외) 등을 통합적으로 유지·관리하기 위해 공동으로 구축·관리하고 있는 '교통안전정보 관리체계'에 입력하고, 해당 공동주택단지 또는 학교에 대하여 교통안전 실태를 점검토록 해야 한다.

(4) 교통안전시설 설치·보완 관련 비용의 지원

국가나 관할 지방자치단체는 단지 내 도로의 교통안전에 관한 시책을 강구하여야 하며, 필요한 경우에는 예산의 범위 내에서 단지 내 교통안전시설의 설치

또는 보완에 필요한 비용의 일부를 지원할 수 있다.

3. 평 가

한국의 독특한 주거문화 환경으로 인해 전 국민 중 집단 공동주택인 아파트 거주 가구의 비율이 2025년 현재 약 52%를 상회하고 있는 가운데 공동주택 단지 내 거주민의 안전성 확보를 위하여 지난 2020년 위와 같이 「교통안전법」을 일부 개정 · 시행한 것은 큰 의미가 있다.

위에서 기술한 바와 같이 지난 2022년에는 「도로교통법」이 개정되어 자동차 운전자에게는 비록 '도로 외의 곳'이라 하더라도 보행자를 보호해야 할 의무를 부과한바 있다. 이로서 한국의 아파트 단지내 도로에서는 평소 교통안전 확보를 위한 제반 안전시설이 체계적으로 설치 · 관리되고 있고, 아울러 '단지 내 도로'에서 교통사고가 발생한 경우에도 당연히 「도로교통법」과 「교통사고처리특례법」에 의한 절차에 따라 '일반도로'에서 발생한 교통사고와 동일하게 처리된다.

제3절 자동차 교통사고 등 관련 '응급의료체계' 구축 · 운영

Ⅰ. 개 요

'응급환자'란 위급한 상태에서 신속하게 응급처치를 받지 않을 경우 생명을 보존할 수 없거나 심신상 중대한 위해가 초래될 것으로 판단되는 환자를 말한다.

산업 경제 발전과 함께 각 분야에 있어서 변화의 속도가 빠른 현대사회에서는 여러 가지 이유로 인한 응급환자가 증가할 수밖에 없다. 특히 한국에서는 1980년대 후반부터 국내의 자동차 대수가 급증하면서 많은 도로 이용자들이 교통사고 위험에 노출되는 정도 역시 매우 빠르게 증가하기 시작했다.

모든 응급환자가 그렇듯이 자동차 교통사고에 따른 중상자의 경우 사고 발생 직후 신속하게 병원에 이송되어 이른바 골든 타임(Golden-Time) 이내에 필요한 응급조치 및 수술을 받았다면 사망에까지 이르지는 않을 수 있었음에도 과거에는 국내의 관련 시스템 미비로 인해 사망하는 사례가 적지 않았다.

이에 정부는 1991년 7월부터 응급환자 발생 시 긴급 처치가 가능한 병원을 안내하는 등의 업무를 수행하는 '적십자129 응급환자 정보센터'를 개소 · 운영하였다. 이후 정보센터 운영 과정에서 도출된 여러 가지 문제점을 해결하고, 응급환자가 적기에 적정 수준의 응급의료를 받을 수 있도록 하기 위해 1995년 1월 「응급의료에 관한 법률」을 최초로 제정 · 시행하였다.

또한 화재 · 재난 · 재해 · 교통사고 및 테러 그 밖의 위급한 상황에 처한 사람을 신속하게 구조하고 재난 및 교통사고 등 현장에서 발생한 응급환자에 대한 전문적이고 신속한 응급처치를 통해 장애 정도를 경감시키기 위하여 2011년 9월 9일 자 「119구조 · 구급에 관한 법률」을 제정 · 시행하였다.

2012년 6월에는 각 시도 소방본부 상황실에 「119구급상황관리센터」를 신설, 그 이전까지 보건복지부에서 운영하던 '1339(질병상담 · 의약업소 안내전화)' 업무를 이관받아 119로 신고된 응급환자에 대하여는 응급의료상담, 의료지도, 구급헬기 상황관리 등을 통해 「병원 전단계 구급 서비스」의 질적 수준을 향상시켰다. 이처럼 신고 접수 단계에서 환자의 중증도 분류, 프로토콜에 의한 출동 지시, 이송병원 선정 안내, 신속한 상황전파 등 구급 상황 관제 시스템을 획기적으로 개선함으로써 교통사고 등 발생 시 응급환자의 예방 가능한 사망률을 낮추고 인명 소생률을 제고시키고 있다.

아울러 소방청장 및 각 지역 관할 시도지사로 하여금 119긴급 신고의 신속한 접수, 신고정보의 공유 · 이관 · 공동대응 및 현장 활동 지원 등에 필요한 「119정보통신시스템」을 구축 · 운영토록 하는 등 화재 · 재난 · 재해 · 구조 · 구급 그 밖의 위급 상황에서의 '119긴급 관리 · 운영에 관한 지침'을 정하여 신고자 등의 개인정보를 보호하고 긴급 신고 대응 역량을 강화하기 위해 2024년 7월 3일 자 「119긴급 신고의 관리 및 운영에 관한 법률」을 제정 · 시행하였다.

Ⅱ. 응급의료체계의 의의 및 주요 내용

'응급의료체계(Emergency medical services system)'란 응급환자에 대한 의료서비스를 신속하고 효과적으로 구현하기 위한 일련의 구조 · 구급 및 응급진료 시스템이다. 즉 예상치 못한 사건 · 사고나 질병으로 응급환자가 발생한 현장에서 적절한 응급조치가 이루어지고, 신속하고 안전하게 환자를 병원으로 이송하며, 전문적인 응급진료를 받을 수 있도록 하기 위한 것이다.

이러한 응급의료체계는 [그림 6-8]에서 보는 바와 같이 크게 「병원 전 단계」와 「병원 단계」로 구분되며, 현장과 병원을 신속하게 연결하기 위한 통신과 출동

시스템이 포함된다.

[그림 6-8] 응급의료체계의 기본 흐름도

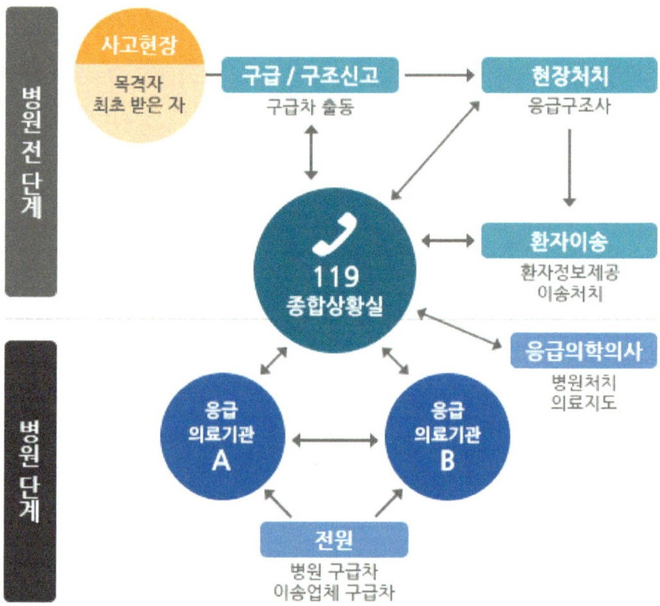

1. 병원 전 단계(pre-hospital)

재난이나 교통사고 현장 등에서의 구조 및 구급활동, 응급환자 이송, 응급 구조사에 의한 응급처치, 구급차 등의 이송 수단과 장비 운영, 의료 지도 등과 같은 분야이다.

(1) 구조 및 구급활동

위급 상황 발생 신고접수 시, 소방청 소속 소방공무원으로 구성된 '119구조 · 구급대'가 현장에 신속히 출동하여 요(要) 구조자를 안전하게 구조하고 필요한 응급조치를 하는 것을 말한다.

(2) 응급환자 이송

119구급대 또는 '응급환자 이송업' 허가를 받은 자(「응급의료에 관한 법률」 제44

조)가 구급차를 이용하여 가까운 병원으로 환자를 이송하면서 심폐소생술과 자동제세동기 적용 등 약물이나 침습적 처치[4]가 없는 응급처치를 제공하는 것을 말한다. 구급차 등의 운용자는 구급차 등이 출동할 때 의사나 간호사가 탑승한 경우 이외에는 반드시 응급구조사 1인이 포함된 2인 이상의 인원을 탑승시켜야 한다.

(3) 의료 지도

응급의료 종사자(관계 법령에 따라 취득한 면허 또는 자격의 범위 내에서 응급환자에 대한 응급의료를 제공하는 의료인과 응급구조사)와 응급의료체계를 통해 적절한 응급의료를 제공하기 위해 의사 혹은 응급의료 전문 의료인이 하는 활동 전반을 말한다.

2. 병원 단계(After-hospital)

병원의 응급환자 진료를 위한 인력과 시설의 운영, 입원이나 응급수술을 위한 자원의 확보, 병원간 이송 체계 수립 등의 분야이다.

(1) 응급실

병원 단계의 관문으로서 기본적으로 24시간 응급환자를 진료할 수 있는 인력과 시설을 갖추어야 하며 중증도 분류실, 소생실 등 응급진료에 적합한 구조로 설계되어 있어야 한다.

(2) 전원(轉院)

해당 응급의료기관의 능력만으로는 응급환자에 대한 적절한 의료를 제공하기 어렵다고 판단될 때는 해당 시간 응급 진료가 가능한 다른 병원으로 신속하게 이동 시켜주어야 한다. 이처럼 응급환자를 전원하는 경우에는 안전한 이송에 필요한 인력 및 장비를 제공하여야 하며, 미리 이송받는 의료기관에 수용 가능 여부를 확인하고 필요한 의무기록을 제공하여야 한다.

3. 통신시스템 및 출동체계

(1) 통신시스템

사건・사고의 현장과 병원을 연결하기 위한 통신 수단과 그 체계를 말한다.

---

4) 체내로 들어가거나 또는 신체의 절개나 관통이 필요한 진단적・치료적 시술(invasive procedure).

응급의료체계의 가장 핵심적인 부분 중 하나이며, 단지 반응 속도만 높이는 것이 아니라 그 응급환자에게 가장 적합한 병원으로 이송하는 등 적절한 대응을 하는 것이 중요하다.

(2) 출동체계

사전에 규정된 출동 지침에 따라 환자의 중증도를 판단하여 중증 환자에게는 더욱 전문적인 인력과 장비를 갖춘 구급차를 출동하도록 하는 것이 중요하다.

Ⅲ. 국내 응급의료체계의 5대 중요 요소

한국의 현행 '응급의료체계'가 지속적·효율적으로 유지·운영되기 위해 반드시 필요한 중요 요소는 총 다섯 가지이며 그 내용은 아래와 같다.

1. 「119구급상황관리센터」 및 「119안전센터」

「119구급상황관리센터」는 [그림 6-9] 홍보자료에서 보는 바와 같이 자택이나 여행지 또는 도로교통사고 현장 등에서 응급환자 발생 시 민원인의 '119긴급전화' 신고를 통해 연결되는 곳으로 연중 365일 24시간 실시간으로 119구급대원 출동을 요청할 수 있고, 119구급대원 도착 전까지 응급의료 전문가(응급 구조사 또는 간호사)로부터 적절한 응급의료 상담 및 지도를 받을 수 있는 현행 국내 '응급의료 체계'의 핵심 기관이다.

「119구조·구급에 관한 법률」 제10조의2에 의거 소방청장은 119구급대원 등에게 응급환자 이송에 관한 정보를 효율적으로 제공하기 위하여 소방청과 각 시도 소방본부에 「119구급상황관리센터」를 설치·운영하여야 한다. 위 규정에 따라 「119구급상황관리센터」는 전국 광역지방자치단체(특별시·광역시, 특별자치시·도 및 도) 직속 '소방방재본부' 조직의 119종합상황실(시도경찰청의 112종합상황실 조직에 해당) 내에 설치되어 있다.

[그림 6-9] 119구급상황관리센터 홍보 자료

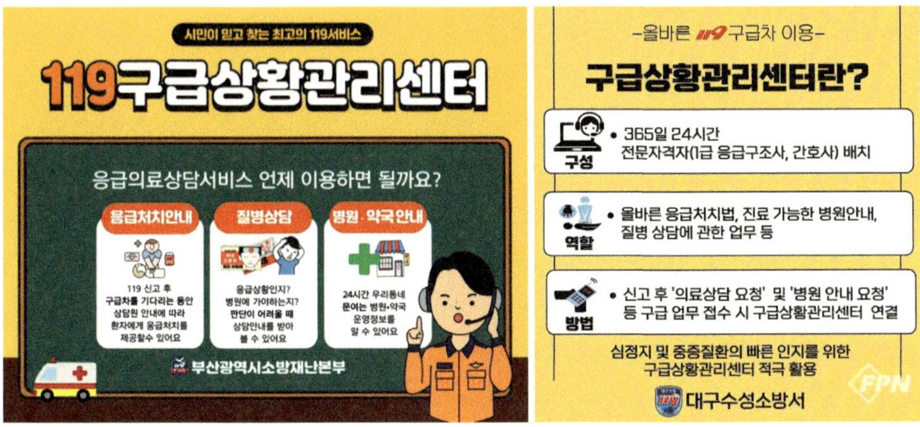

당일 '관리센터' 근무자는 '119 신고' 접수 시 긴급구조가 필요하다고 판단될 경우 우선 신고자의 휴대전화 위치를 조회하고 해당 장소를 관할하는 기초지방자치단체(시 · 군 · 구)소방서 소속 「119안전센터(구 소방파출소, 시 · 군 · 구 관할 경찰서 예하 지구대 또는 파출소 조직에 해당)」'에 무선으로 출동 지시를 하달하고 지령을 받은 '안전센터' 근무자들은 현장에 최대한 신속하게 출동하게 된다.

상급 '관리센터' 요원들은 '안전센터' 요원들이 현장에 도착하기 전까지 신고자에게 응급환자 이송 관련 상담 및 병의원 안내 등 일반 의료상담 서비스와 함께 '119구급대'가 현장에 도착하기 이전까지 환자에 대한 적절한 응급처치법 등을 음성이나 영상통화 또는 문자메시지로 설명해 준다.

(1) 소방청 내 「119종합상황실」 및 「재난상황 관리시스템」

전국 광역지방자치단체 소속 「119구급상황관리센터」를 통합 관리하는 중앙 정부의 행정안전부 소속 소방청 내 「119종합상황실」의 경우 종전에는 119종합상황실, 119구급상황관리센터, 소방항공대지휘작전실 등 3개 기능별로 분산되어 있었으나, 전국적 규모의 대형 긴급상황 발생 등 필요시 효율적인 지휘 · 관리에 문제가 있다는 지적이 있어 2025년 3월부터는 1개의 「119종합상황실」로 통 · 폐합 운영하고 있다.

새로 마련된 소방청 「119종합상황실」에서는 종합상황 관제, 구급상황 관제, 소방항공 운항 관제, 재난작전 등에 관한 지휘가 모두 한 공간에서 가능하다.

아울러 「119종합상황실」은 각 시도에서 대형 교통사고를 포함한 재난상황 발생 시, 장비·인력 등 동원이 가능한 소방력에 대한 모니터링 기능을 통해 실시간으로 관할 시도의 소방력을 파악하여 중앙에서 신속하게 출동 지원을 할 수 있도록 했고, 해당 유관 기관과 연계된 재난안전통신망(PS-LTE) 무전기를 모든 관제대에 설치하여 타 기관과의 초기 협업 능력도 대폭 강화시켰다.

「119구조·구급에 관한 법률」 제10조의2 제2항 제4호 및 같은 법 시행령 제13조의2 제2항에 의거, '119구급 이송에 관한 정보통신망'에는 구급대의 출동 상황, 응급환자 처리 및 이송 상황에 관한 정보와 함께 「응급의료에 관한 법률」 제27조 제2항 제3호에 따라 응급의료정보센터가 제공하는 다음 각호의 정보가 효율적으로 연계되어 '119구급상황관리센터' 및 '119구급대'에 제공되어야 한다.

- 해당 병원의 중환자실 및 응급실의 인력·규모·시설·의료기구 및 장비
- 구급차 등의 편성·장비 및 운영 인력
- 응급실 근무자, 당직 응급의료종사자, 응급실의 사용 가능 병상수
- 의료인이 해당 의료기관의 능력으로는 응급환자에 대하여 적절한 응급의료를 할 수 없다고 판단한 경우 지체 없이 그 환자를 적절한 응급의료가 가능한 타 의료기관으로 이송해야 하는바, 이때 응급환자의 이송을 결정하기 전에 소속 응급의료지원센터의 장에게 다른 응급의료기관과의 협의를 요청한 경우에 그 협의를 위하여 다른 의료기관에 제공할 환자의 주요증상, 활력징후, 검사 결과 등에 관한 정보
- 그 밖에 응급의료와 관련된 주요 의료시설, 의료장비, 응급수술 가능질환, 응급환자의 수용 및 이송 현황 등에 대하여 해당 응급의료지원센터의 장이 필요하다고 인정하여 요구하는 사항

(2) 119구급상황관리센터의 기본 업무

- 응급환자 및 응급환자를 이송중인 사람에 대한 응급처치 지도
- 응급환자 및 응급환자를 이송중인 사람에 대한 이송병원 안내
- 응급환자에 대한 의료상담 및 지도
- 의료기관 간 응급환자 이송 안내 및 연계
- 보건복지부 등 유관 기관에서 제공받은 응급의료정보 관리·운용
- 각종 병원·약국 정보 제공 및 안내

- 의료기관 정보 실시간 모니터링
- 구급 이송 관련 정보망과 응급의료 진료 정보망 등과의 연계
- 119구급차 출동 지령 및 이송과 관련한 정보 관리 · 운영
- 구급상황센터 운영실적 및 통계관리
- 구급상황 관리 · 운용에 관한 보고 및 기록관리에 관한 사항
- 구급상황센터 상담 · 정보제공 등 근무실적 관리 및 운영실적 보고
- 119종합상황실 근무자에 대한 응급의료 교육
- 대형재난 등 발생 시 유관 기관 간 응급의료 협조체계 유지
- 「119구조 · 구급에 관한 법률」 시행령 제13조의2 제3항에 따른 감염병 환자 등 이송관련 정보의 전파 · 보고
- 그 밖에 소방본부장이 필요하다고 인정하는 업무

2. 119구조대 및 119구급대

「119구조 · 구급에 관한 법률」 제8조에 의거 소방청장 · 소방본부장 또는 소방서장(이하 '소방청장 등')은 위급 상황에서 요구조자를 신속하고 안전하게 구조하는 업무를 수행하기 위하여 「119구조대」를 편성 · 운영하여야 한다. 또한 같은 법 제10조에 의거 '소방청장 등'은 위급 상황에서 발생한 응급환자를 응급처치하거나 의료기관에 긴급히 이송하는 등의 구급 업무를 수행하기 위하여 「119구급대」를 편성 · 운영하여야 한다.

(1) 「119구조대」의 편성 및 운영

1) 편 성

- 일반구조대 : 관할 「시 · 도 규칙」이 정하는 바에 따라 각 '소방서'마다 1개대 이상 설치하되, 소방서가 없는 시 · 군 · 구(자치구)의 경우에는 해당 시 · 군 · 구 지역의 중심지에 있는 '119안전센터'에 설치할 수 있다.
- 특수구조대 : 소방 대상물, 지역특성, 재난 발생 유형 및 빈도 등을 고려, 관할 시도 규칙으로 정하는 바에 따라 화학 · 수난 · 산악 · 고속국도 및 지하철 구조대 등을 설치할 수 있다.
- 직할구조대 : 대형 · 특수 재난 사고의 구조, 현장 지휘 및 테러 현장 등의 지원등을 위하여 소방청 또는 관할 시 · 도 소방본부에 설치하되, 시 · 도 소

방본부에 설치하는 경우에는 관할 시·도의 규칙이 정하는 바에 따른다.

- 테러대응구조대: 테러 및 특수 재난에 전문적으로 대응하기 위하여 소방청과 시·도 소방본부에 각각 설치하며, 시·도 소방본부에 설치하는 경우에는 시·도의 규칙이 정하는 바에 따른다.

2) 출동 구역

원칙적으로 아래 기준에 따라야 하나, 만일 지리적·지형적 여건상 신속한 출동이 가능하거나, 대형 재난이 발생한 경우 및 그 밖에 소방청장이나 소방본부장이 필요하다고 인정하는 경우에는 소방청장 등의 요청이나 지시에 따라 출동 구역 밖으로도 출동할 수 있다.

- 소방청에 설치하는 직할 구조대 및 테러 대응 구조대: 전국
- 시·도 소방본부에 설치하는 직할 구조대 및 테러 대응 구조대: 관할 시도
- 소방청 직할 구조대에 설치하는 고속국도구조대: 소방청장이 한국도로공사와 협의하여 정하는 지역
- 그 밖의 구조대: 해당 소방서 관할 구역

3) 구조대원의 자격 기준

구조대원은 소방공무원으로서 다음 어느 하나에 해당하는 자격을 갖추어야 한다.

- 소방청장이 실시하는 인명구조사 교육을 받았거나 인명구조사 시험에 합격한 사람
- 국가·지방자치단체 및 「공공기관의 운영에 관한 법률」 제4조에 따른 공공기관의 구조 관련 분야에서 근무한 경력이 2년 이상인 사람
- 「응급의료에 관한 법률」 제36조에 따른 '응급구조사' 자격을 가진 사람으로서 소방청장이 실시하는 구조업무에 관한 교육을 받은 사람

(2) 「119구급대」의 편성 및 운영

1) 편 성

- 일반구급대: 관할 시·도 규칙이 정하는 바에 따라 각 '소방서'마다 1개 이상 설치하되, 소방서가 설치되지 아니한 시·군·구(자치구)의 경우에는 해당 시·군·구 지역의 중심지에 있는 '119안전센터'에 설치할 수 있다.
- 고속국도구급대: 교통사고 발생 빈도 등을 고려하여 소방청, 시·도 소방본부 또는 고속국도를 관할하는 소방서에 설치하되, 시·도 소방본부 또는 소

방서에 설치하는 경우에는 관할 시·도의 규칙이 정하는 바에 따른다.

2) 출동 구역

원칙적으로 아래 기준에 따라야 하나, 만일 지리적·지형적 여건상 신속한 출동이 가능하거나, 대형 재난이 발생한 경우 및 그 밖에 소방청장이나 소방본부장이 필요하다고 인정하는 경우에는 소방청장등의 요청이나 지시에 따라 출동구역 밖으로도 출동할 수 있다.

- 일반 구급대 및 소방서에 설치하는 고속국도구급대 : 구급대가 설치되어 있는 지역 관할 시도
- 소방청 또는 시·도소방본부에 설치하는 고속국도 구급대 : 고속국도로 진입하는 도로 및 인근 구급대의 배치 상황 등을 고려하여 소방청장 또는 소방본부장이 관련 시·도의 소방본부장 및 한국도로공사와 협의하여 정한 구역

3) 구급대원의 자격 기준

구급대원은 소방공무원으로서 다음 어느 하나에 해당하는 자격을 갖추어야 한다.

- 「의료법」에 따라 보건복지부장관의 면허를 받은 의사, 치과의사, 한의사, 조산사 및 간호사
- 「응급의료에 관한 법률」 제36조에 따라 '1급 또는 2급 응급구조사' 자격을 가진 사람
- 소방청장이 실시하는 구급 업무에 관한 교육을 받은 사람. 단, 이 경우에 해당하는 구급대원은 구급차 운전과 구급에 관한 보조업무만 수행 가능

4) 구급대원의 응급환자 이송 및 응급처치

구급대원은 응급환자를 의료기관으로 이송하기 전이나 이송하는 과정에서 응급처치가 필요한 경우에는 가능한 범위 내에서 응급처치를 실시하여야 한다.

또한 구급대원은 환자의 질병내용 및 중증도, 지역별 특성 등을 고려하여 소방청장 또는 소방본부장이 작성한 「이송 병원 선정지침」에 따라 응급환자를 의료기관으로 이송하여야 한다. 다만, 환자의 상태를 보아 이송할 경우에 생명이 위험하거나 환자의 증상을 악화시킬 것으로 판단되는 경우로서 의사의 의료지도가 가능한 경우에는 의사의 의료지도에 따른다. 만일 「이송 병원 선정지침」이 작성되지 아니한 경우에는 환자의 질병 내용 및 중증도 등을 고려하여 환자의 치료에 적합하고 최단 시간에 이송이 가능한 의료기관으로 이송하여야 한다. 아울러

이송하려는 응급환자가 자기 또는 타인의 생명·신체와 재산에 위해를 입힐 우려가 있다고 인정되는 경우에는 환자의 보호자 또는 관계 기관의 공무원 등에게 동승을 요청할 수 있다.

3. 응급구조사

「응급의료에 관한 법률」 제2조 제4호에 의거 '응급의료 종사자'란 관계 법령에서 정하는 바에 따라 취득한 면허 또는 자격의 범위에서 응급환자에 대한 응급의료를 제공하는 '의료인'과 '응급구조사'를 말한다. 여기서 '의료인'이란 의료법 제2조 제1항에 의거, 보건복지부장관의 면허를 받은 의사치과·의사·한의사·조산사 및 간호사를 의미한다.

'응급구조사'란 「응급의료에 관한 법률」 제36조에 의거 보건복지부장관이 실시하는 시험에 합격한 후 보건복지부장관으로부터 그 자격 인정을 받은 사람으로서 그 자격 취득 절차와 업무의 내용 및 준수사항은 다음과 같다.

(1) 응급구조사 자격

1) 1급 응급구조사

1급 구조사가 되려면 다음 각호에 해당하는 사람으로서 보건복지부장관이 실시하는 시험에 합격한 후 자격 인정을 받아야 한다.

- 대학 또는 전문대학에서 응급구조학을 전공하고 졸업한 사람
- 「보건복지부장관 고시」 기준에 해당하는 외국 응급구조사 자격 인정을 받은 사람
- 2급 응급구조사로서 응급구조사 업무에 3년 이상 종사한 사람

2) 2급 응급구조사

2급 응급구조사가 되려면 다음 각호에 해당하는 사람으로서 보건복지부장관이 실시하는 시험에 합격한 후 자격 인정을 받아야 한다.

- 보건복지부장관이 지정하는 응급구조사 양성기관 소정의 양성과정을 마친 사람
- 「보건복지부장관 고시」 기준에 해당하는 외국 응급구조사 자격 인정을 받은 사람

(2) 업무 내용

응급구조사는 응급환자가 발생한 현장에서 응급환자에 대하여 상담 · 구조 및 이송업무를 수행하며, 「의료법」 제27조의 '무면허 의료행위' 금지규정에도 불구하고 「응급의료에 관한 법률」 시행규칙 제33조 [별표 14]에 규정된 범위에서 현장에 있거나 이송 중이거나 의료기관 안에 있을 때는 응급구조사의 자격 종별에 따라 다음과 같이 응급처치 업무에 종사할 수 있다.

1) 「1급 응급구조사」의 업무 범위

- 심폐소생술 시행을 위한 기도유지: 기도기(airway) 삽입, 기도삽관(intubation), 후두 마스크 삽관 등 포함
- 정맥로 확보
- 인공호흡기를 이용한 호흡 유지
- 약물투여: 저혈당성 혼수 시 포도당의 주입, 흉통시 니트로글리세린의 혀아래(설하) 투여, 쇼크 시 일정량의 수액 투여, 천식 발작 시 기관지확장제 흡입
- 심정지 시 에피네프린 투여
- 아나필락시스 쇼크 시 자동 주입펜을 이용한 에피네프린 투여
- 정맥로 확보 시 정맥혈 채혈
- 심전도 측정 및 전송(의료기관 안에서는 응급실 내에 한함)
- 응급분만 시 탯줄 결찰 및 절단(현장 및 이송 중에 한하며, 지도의사의 실시간 영상의료 지도 하에서만 수행)
- 2급 응급구조사의 업무

2) 「2급 응급구조사」의 업무 범위

- 구강 내 이물질 제거
- 기도기(airway)를 이용한 기도유지
- 기본 심폐소생술
- 산소 투여
- 부목 · 척추고정기 · 공기 등을 이용한 사지 및 척추 등의 고정
- 외부 출혈의 지혈 및 창상의 응급처치
- 심박 · 체온 및 혈압 등의 측정
- 쇼크 방지용 하의 등을 이용한 혈압의 유지

- 자동심장충격기를 이용한 규칙적 심 박동 유도
- 흉통 시 니트로글리세린의 혀아래(설하) 투여 및 천식 발작 시 기관지확장제 흡입(환자가 해당 약물을 휴대하고 있는 경우에 한함)

(3) 응급 구조업무 수행 시 준수사항

응급구조사는 직무상 알게 된 비밀을 누설하거나 공개하여서는 아니된다.

또한 응급환자의 안전을 위하여 그 업무를 수행할 때에는 응급처치에 필요한 의료장비, 무선통신장비 및 구급의약품의 관리·운용과 응급구조사의 복장 표시 등 응급환자 이송 처치에 필요한 사항을 준수하고, 특히 출동 및 처리기록 내용 및 방법에 관하여는 아래와 같이 이행하여야 한다.

① 현장에 출동한 응급구조사(의사 또는 간호사도 동일)는 출동사항, 응급환자의 중증도 분류 결과와 응급처치 내용을 「응급의료에 관한 법률」 제40조 [별지 제16호] 서식의 '출동 및 처치기록지(양식)'에 기록해야 한다.

② 위와 같이 작성한 기록은 3부 작성하여 그 응급환자를 인수한 의사의 서명을 얻은 뒤 1부는 보관하고, 1부는 해당 응급환자의 진료 의사에게 제출하여, 1부는 이송 처치료 징수용으로 환자 또는 그 보호자에게 발급한다.

③ 구급차 등의 운용자와 의료기관의 장은 응급구조사가 작성 제출한 기록을 '3년간' 보존하여야 한다.

④ 구급차 등의 운용자는 위 기록을 응급의료지원센터로 다음 달 10일까지 매월 제출해야 하며, 소정 서식에 따라 '구급차 등 운행기록대장'을 작성하여 '3년간' 보존하여야 한다.

4. 119구급차 등

여기서 '구급차 등'이라 함은 응급환자 이송 등 응급의료의 목적에 이용되는 자동차·선박 및 항공기 등의 이송수단을 말한다. '구급자동차'는 위급의 정도가 중한 응급환자의 이송에 적합하도록 제작된 '특수구급차'와 위급의 정도가 중하지 않은 응급환자의 이송에 주로 사용되는 '일반구급차'로 구분된다.

(1) 119구급차(공공 구급차)

「119구조·구급에 관한 법률」 제10조의3에 의거 소방청장 등은 응급환자를 의료기관에 긴급히 이송하기 위하여 119구급차를 운용해야 하는데 그 배치기준 장비 등에 관하여는 「응급의료에 관한 법률」 제8장(제44조~제54조의2)이 정하는 기준에 따라야 한다.

1) '구급차 등'의 운용자, 신고 및 다른 용도에의 사용금지 등

'구급차 등'은 국가 또는 지방자치단체, 「의료법」 제3조에 따른 의료기관(의원급, 조산원, 병원급), 다른 법령에 따라 구급차 등을 운용할 수 있는 자, '응급환자이송업' 허가를 받은 자 및 응급환자 이송을 목적사업으로 하여 보건복지부장관의 설립 허가를 받은 비영리법인만이 운용할 수 있다. 이때 의료기관은 구급차 등의 운용을 '응급환자이송업' 허가를 받은 자 또는 위의 비영리법인에 위탁할 수 있다.

국가 또는 지방자치단체 및 여타 법정 운용자가 구급차 등을 운용하고자 할 때에는 관계 법령에 따라 등록한 후 지체 없이 관할 시장·군수·구청장에게 통보·신고하고, 이러한 신고를 받은 시장·군수·구청장은 그 내용을 검토하여 법정 요건에 적합할 경우 신고를 수리하여야 한다.

또한 「자동차관리법」 등 관계 법령에 따라 구급차 등의 등록이 말소되거나, 그 차의 법정 운행 연한 만료 또는 운행 거리가 초과된 경우, 구급차 등 운용자는 시장·군수·구청장에게 구급차 등의 등록 말소 신청을 하여야 한다. 만일 법정 요건 불비 시 말소등록 규정을 위반한 구급차 등 운용자에 대하여는 시장·군수·구청장이 그 운용의 정지를 명하거나 구급차 등의 등록기관의 장에게 해당 구급차 등의 말소등록을 요청할 수 있다.

아울러 구급차 등의 운용자(「의료법」상 의원급 및 병원급 의료기관은 제외)가 응급환자를 이송하기 위하여 구급차 등을 사용하는 경우에는 상담·구조·이송 및 응급처치를 지도받기 위하여 '지도의사'를 두거나, 응급의료지원센터 또는 응급의료기관 소속 의사를 '지도의사'로 위촉하여야 한다.

또한 구급차 등이 응급환자를 이송하거나 이송하기 위하여 출동하는 때에는 그 차의 내부에 응급구조사 1인 이상이 포함된 2인 이상의 인원이 항상 탑승하도록 해야 한다. 다만 「의료법」에 따른 의사나 간호사가 탑승하는 경우에는 그렇지 않다.

한편 구급차 등은 다음 각호의 용도 외에는 사용할 수 없으며, 시도지사 또는 시장·군수·구청장이 만일 관할 구역에서 운용되는 구급차 등이 법정 용도 외

의 사용 여부를 확인하기 위해 필요한 경우에는 관할 시·도경찰청장 또는 경찰서장에게 해당 구급차 등의 교통법규 위반 사항 확인을 요청할 수 있으며, 이 경우 요청을 받은 관할 시·도경찰청장 또는 경찰서장은 정당한 사유가 없으면 이에 따라야 한다.

① 응급환자 이송
② 응급의료를 위한 혈액, 진단용 검사대상물 및 진료용 장비의 운반
③ 응급의료를 위한 응급의료종사자의 운송
④ 사고 등으로 현장에서 사망하거나 진료를 받다가 사망한 사람을 의료기관 등에 이송
⑤ 그 밖에 「지역보건법」 제2조 제1호에 따른 지역보건의료기관에서 행하는 보건사업 수행에 필요한 업무, 구급차 등의 이용이 불가피한 척추장애 환자 또는 거동이 불편한 환자 이송, 다수인이 모이는 행사 등에서 발생하는 응급환자 이송을 위한 대기

2) 구급차 등의 설계·제작 기준 및 내부 비치·장착 의료·통신장비

구급차 등은 환자 이송 및 응급의료를 하는 데에 적합하게 설계·제작되어야 하며, 이 경우 구급차 내에서의 원활한 응급처치를 위하여 운전석과의 구획 칸막이와 간이침대 사이에 70cm 이상의 공간을 확보하여야 한다. 또한 구급차의 형태, 표시, 내부장치 등에 관한 기준은 「보건복지부-국토교통부 공동부령」으로 정한다.

또한 구급차 등에는 응급환자에게 응급처치를 할 수 있도록 의료장비 및 구급의약품 등을 갖추어야 하며, 해당 구급차 등이 속한 기관·의료기관 및 응급의료지원센터와 실시간 통화 할 수 있는 통신장비, 응급환자의 이송 상황과 이송 중 응급처치 내용을 파악하기 위하여 다음 각호와 같은 장비를 장착하여야 하는바 세부 기준은 「응급의료에 관한 법률」 시행규칙 제38조(별표 15의2 별표17)에 따라야 한다.

① 구급차 운행기록장치 및 차량의 속도, 위치정보 등 구급차의 운행과 관련된 정보를 저장하고 다른 차와의 충돌 등 사고발생 시, 사고 상황을 영상 등으로 저장하는 기능을 갖춘 영상기록장치
② 구급차 요금미터장치(이동거리를 측정하여 이를 금액으로 환산 표시하는 장치로

써 응급환자이송업 허가를 받은 자가 운용하는 응급차량에 한한다)

③ 「개인정보보호법」 제2조 제7호에 따른 고정형 영상정보처리기기(일정한 공간에 설치되어 지속적 또는 주기적으로 사람 또는 사물의 영상 등을 촬영하거나 이를 유·무선망을 통하여 전송하는 장치)

④ '자동심장충격기' 등 심폐소생술을 할 수 있는 응급 장비

(2) 응급환자 이송업체 소속 구급차(민간 구급차)

응급환자 이송사업을 하려는 자는 「응급의료에 관한 법률」 제46조 제2항, 제51조 및 「구급차의 기준 및 응급환자 이송업의 시설 등 기준에 관한 규칙(보건복지부령)」 [별표 3]에 따른 시설, 구급차 보유대수, 자본금, 인력 등의 기준을 갖추어 관할 시도지사의 허가를 받아야 한다.

특히 '구급차'는 위급의 정도가 중한 환자의 이송에 적합하도록 제작된 '특수구급차' 5대 이상을 보유하여야 한다. 또한 보유하고 있는 특수구급차의 80퍼센트에 해당하는 구급차에는 1대당 운전자 2명, 응급구조사 2명을 두어야 한다. 다만, 의사 또는 간호사를 둘 때에는 그 인원만큼 응급구조사를 두지 않을 수도 있다. 만일 둘 이상의 시·도에서 영업을 하려는 경우에는 해당 시·도별로 관할 시도지사의 허가를 받아야 하며, 관할 시도지사는 해당 이송업체의 시설 규모 등을 고려하여 영업지역을 제한하여 허가할 수 있다.

관할 시도지사로부터 허가를 받은 이송 사업자가 이송업의 전부 또는 일부를 휴업·폐업 또는 재개업하려는 경우에는 관할 시도지사에게 그때마다 신고하여야 한다.

또한 허가를 받은 이송업자가 사망한 경우에는 상속인, 그 사업을 양도한 경우에는 양수인, 법인인 이송업자가 합병한 경우에는 합병 후 존속하는 법인이나 합병으로 설립되는 법인이 당초 이송업자가 가진 지위를 승계한다.

한편 구급차 등의 운용자는 자기 명의로 다른 사람에게 구급차 등을 운용하게 할 수 없으며, 영리를 목적으로 응급환자를 특정 의료기관 또는 의료인에게 이송 또는 소개·알선하거나 그 밖에 유인하거나 사주하는 행위를 하여서는 아니 된다.

(3) 응급의료 전용 헬기

「응급의료에 관할 법률」 제46조의3 제1항에 의거 보건복지부장관 또는 관할 시·도지사는 응급의료 취약지역 응급환자의 신속한 이송 및 응급처치 등을 위하

여 응급환자 항공 이송을 전담하는 '응급의료 전용 헬기'를 운용할 수 있다.

아울러 '응급의료 전용 헬기'의 환자 인계점(응급환자 탑승을 위한 헬기 이 · 착륙 장소)에는 누구든지 쉽게 인식할 수 있도록 해당 인계점이 응급환자 이송을 위하여 사용된다는 사실과 환자 인계점에서 제한되는 행위 등을 알리는 안내표지를 설치할 수 있다. '응급의료 전용 헬기'의 장비 · 의약품 및 인계점 등에 관하여는 「응급의료에 관한 법률」 시행규칙 [별표 15의2] 기준에 따른다.

5. 응급의료기관

현행 「응급의료에 관한 법률」에 의거 국내 '응급의료기관'은 관련 규정에 따라 보건복지부장관이 지정하는 '중앙응급의료센터 및 권역응급의료센터', 각 광역자치단체장이 지정하는 '지역 응급의료센터', 각 기초자치단체장이 지정하는 '지역 응급의료기관' 등 크게 네 가지로 구분된다.

위와 같이 지정된 '응급의료기관'은 응급환자를 연중 24시간 진료할 수 있도록 법정 기준에 따라 시설 · 인력 및 장비(보안인력과 장비 포함) 등을 유지 · 운영하여야 하며, 공휴일과 야간에 당직 응급의료종사자를 두고 응급환자를 언제든지 진료할 준비체계(비상진료체계)를 갖추어야 한다.

아울러 응급환자를 위한 예비병상을 확보해야 하고, 예비병상을 응급환자가 아닌 사람이 사용하게 하여서는 아니 되며, 환자의 응급실 체류시간을 최소화하고, 입원진료가 필요한 응급환자는 신속히 입원되도록 조치하여야 한다.

응급의료기관의 장은 당직 응급의료종사자로서 평상시 법정 인력 기준을 유지해야 하며, 이와는 별도로 당직 전문의 또는 당직 전문의를 갈음할 수 있는 당직의사(당직 전문의 등)를 두어야 한다.

응급의료기관의 장으로부터 '비상 진료체계'의 유지를 위한 근무 명령을 받은 응급의료종사자는 이를 성실히 이행하여야 한다.

보건복지부장관 · 시도지사 또는 시장 · 군수 · 구청장은 공휴일 또는 야간이나 그 밖에 응급환자 진료에 지장을 줄 우려가 있다고 인정할 만한 이유가 있는 경우에는 응급환자에 대한 응급의료를 위해 의료기관의 종류별 · 진료과목별 및 진료기간별로 '당직 의료기관'을 지정하고 이들로 하여금 응급의료를 하게 할 수 있다.

(1) 중앙응급의료센터 및 권역응급의료센터 지정 · 운영

보건복지부장관은 국내 응급의료에 관한 업무를 총괄 수행토록 하기 위하여

「중앙응급의료센터」를 설치·운영할 수 있다. 또한 전국 응급의료 관한 제반 행정 사항을 효율적으로 제공할 수 있도록 응급의료 자원의 분포와 주민의 생활권을 고려하여 각 지역별로 「응급의료지원센터」를 설치하여야 한다.

현재 「중앙응급의료센터」는 대통령령에 의거 '국립중앙의료원'에 위탁되어 있고, 「응급의료지원센터」는 전국 17개 지역에 설치·운영되고 있으며 그 조직도는 [그림 6-10]과 같다. 국가 또는 지방자치단체가 '응급의료지원센터'의 운영에 관한 업무를 위탁한 경우에는 그 운영에 드는 비용을 지원할 수 있다.

[그림 6-10] 중앙응급의료센터 및 각 지역별 의료지원센터 조직도

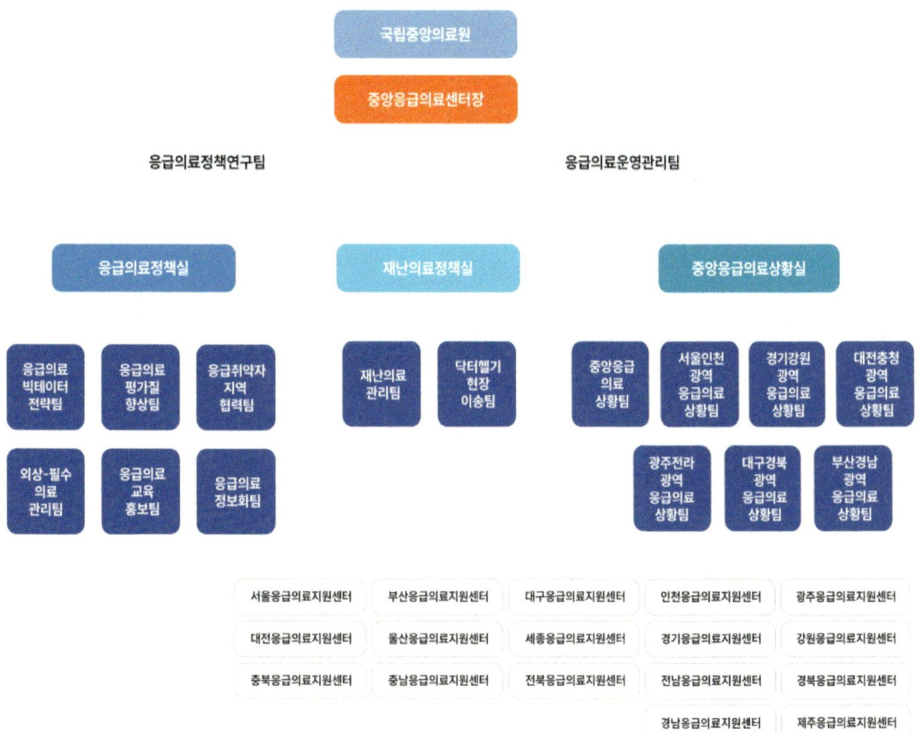

한편 지난 2011년 1월, 대한민국 해군의 청해부대가 현지로 급파되어 해적에게 납치됐던 선원 전원을 극적으로 구출했던 '아덴만 여명작전'[5)]이 성공적으로

5) 아덴만 여명작전은 2011년에 대한민국 해군 청해부대가 소말리아 해적에게 피랍된 대한민국의 삼호해운 소속 선박 삼호 주얼리호(1만 톤급)를 소말리아 인근 아덴만 해상에서 구출한 작전이다. 2011년 1월 21일, 대한민국의 최영함과 해군특수전여단(UDT/SEAL)이 투입되어, 약 5시간의 교전 끝

수행되었다. 그런데 그 작전에서 총상을 입어 거의 사경을 헤맸던 석해균 선장이 오만 현지병원에서 응급처치를 받은 후 전용 헬기로 약 11시간 만에 아주대학교 병원으로 이송되어 당시 이국종 교수가 집도한 몇 차례 수술을 거쳐 극적으로 생명을 구한 사건이 당시 국내 언론에 연이어 대서특필되었다. 이러한 일련의 상황이 이어지면서 '중증 외상환자' 긴급 진료를 위한 국내의 의료인프라 확충 필요성이 정부 차원에서 제기되었다.

'중증외상 환자'를 빠른 시간 내 치료하기 위해서는 우선 응급의료 전문시설과 인력이 상시 대기하는 진료체계를 갖추어야 한다. 그런데 한국의 기존 건강보험 보상 체계는 의사의 '개별 의료행위별 수가'에 기반하고 있기 때문에 담당 의사가 실질적인 진료행위 없이 중증 외상환자가 발생하여 병원에 이송되어 오기 전까지 아무런 개별적 의료행위 없이 장시간 대기하는 비용을 지불하는 데에는 한계가 있었다. 따라서 당시의 법제도만으로는 개별 의료기관이 자발적으로 '응급의료 전문 진료체계' 구축을 위해 대규모로 투자하기를 기대하는 것은 거의 불가능한 실정이었다.

이에 정부는 2012년 5월, 「응급의료에 관한 법률」을 일부 개정, 우선 교통사고로 인해 중증외상 환자가 발생한 경우 365일 24시간 전국 어디서나 사고 발생 1시간 이내에 응급 수술 등을 실시할 수 있는 '권역외상센터'를 설치하겠다는 정책적 결정을 내렸다.

이후 지난 2014년도에 전국을 일정 권역별로 나누어 각 권역별 1개소씩 자격 기준에 적합한 지역의료기관을 엄선하여 중증외상 환자 치료에 필요한 전문시설 · 장비 설치 경비와 전문인력 충원 · 교육 등에 필요한 경비를 정부 예산에서 지원하는 '권역외상센터 설치 지원사업 계획'을 수립, 단계적으로 추진해 왔다.

'권역외상센터'는 위와 같은 근거 법령 및 계획에 따라 보건복지부장관이 각 지역별 상급종합병원 또는 300개 병상을 초과하는 종합병원 중에서 지정할 수 있다. 일단 사업자로 선정된 지역 의료 기관은 정부로부터 지원받은 재정을 투입, 약 3년에 걸친 시설 공사 및 의료 장비 구입 등 준비 과정을 거쳐 각 지역

에 해적들을 제압하고 21명의 선원들을 전원 구출했다. 이 작전에서 아군은 8명의 해적을 사살하고 5명을 생포했으며, 대한민국 해군의 사망자는 없었다. 그러나 작전 과정 중 해적이 발사한 총탄에 부상을 입은 삼호 주얼리호의 석해균 선장은 응급처치 후 오만의 제2도시 살랄라에 위치한 술탄카부스 병원에서 응급수술을 받았다. 이후 석 선장은 오만 살랄라 공항에서 1월 29일 11시 40분경 환자이송 전용기를 통해 출발해 중간 급유국인 태국 방콕을 거쳐 11시간 만인 22시 30분경 서울공항에 도착했다. 이후 아주대학교병원으로 옮겨져 당시 이국종 교수팀의 치료를 받아 기적적으로 목숨을 건졌다.

별 '권역 응급의료센터'로 지정받게 되는데, 2025년 현재 전국 29개 권역에 총 39개소의 병원이 지정·운영되고 있다.

각 지역별 '권역응급의료센터'는 응급의학과 전문의 등 전담 인력과 별도의 시설을 갖추고 권역 내에서 응급의료를 책임지는 최종적인 전문응급의료센터로서 대진료권(광역자치단체 단위) 중심으로 해당 지역 '응급의료 전문치료체계'를 확립하기 위하여 운영하는 '응급의료 중심센터'이며 다음 각호의 기능을 수행한다.

① 대량 재해 발생 시 응급의료지원 중심 역할
② 응급환자 전문 치료기관
③ 권역 내 응급환자 최종 진료기관
④ 응급구조사 양성기관
⑤ 응급의료에 관한 교육·홍보·연구의 중추 기능 수행
⑥ '응급의료 정보센터' 운영 기관으로서 응급환자 이송 체계의 중추적 역할
⑦ 내과, 외과, 신경외과, 흉부외과 등 주요 분과는 24시간 당직 전문의가 직접 진료

(2) 지역 응급의료센터 지정·운영

각 시도지사는 응급환자 진료 및 응급환자에 대하여 특정 병·의원이 적절한 응급치료를 할 수 없다고 판단한 경우, 다른 병원으로의 신속한 이송 조치 등 업무를 수행토록 하기 위하여 지역 내 100개 이상의 병상을 갖춘 '종합병원' 중 소정의 자격을 갖춘 병원을 '지역응급의료센터'로 지정할 수 있다.

광역지방자치단체의 '지역응급의료센터'는 특별시·광역시 및 특별자치시의 경우 인구 100만 명당 1개소, 도 및 특별자치도의 경우에는 인구 50만 명당 1개소를 기준으로 지정한다.

(3) 지역 응급의료기관 지정·운영

시장·군수·구청장은 응급환자 진료 및 응급환자에 대하여 특정 병·의원이 적절한 응급치료를 할 수 없다고 판단한 경우, 다른 병원으로의 신속한 이송 조치 등 업무를 수행토록 하기 위하여 지역내 '병원' 중 소정의 자격을 갖춘 병원이나 의원을 '지역응급의료기관'으로 지정할 수 있다.

Ⅳ. 응급환자 생존율 향상을 위한 긴급 출동체계 개선·보완 대책 강구

1. '닥터헬기 제도' 신설 도입 · 운영

'닥터헬기(Doctor Helicopter)'란 한국에서 운용되는 응급의료 지원용(EMS)헬리콥터를 지칭하는 단어다. 육지에서 멀리 떨어진 섬이나 산간 · 벽지에서 응급환자가 발생한 경우 종전에는 응급환자의 보호자가 개별적으로 소방청이나 해양경찰청 상황실에 연락하여 여건이 허락되는 소방헬기나 해경헬기 등을 이용하여 인근 병원까지 환자를 후송하는 실정이었다. 그러나 소방헬기와 해경헬기는 각각 기본적으로 고유임무가 부여되어 있고 예외적으로 필요한 경우 산악이나 해상 등 차량이 접근하기 어려운 곳에 투입시켜 환자를 긴급 구조하는 용도이기 때문에 그 외 지역에서 응급환자 발생 시 신속한 배치가 어렵고, 이동하는 도중에 응급처치가 곤란하여 환자의 생존율을 높이는 데에는 한계가 있었다.

보건복지부는 이런 문제를 해결하기 위해 지난 2011년 국립중앙의료원 및 각 지방자치단체등과 협의 하에 첨단의료장비(초음파진단기, 정맥주입기, 혈액화학검사기, 인공호흡기 등)와 전문 치료약물을 탑재하고 외상외과나 응급의학과 전문의가 탑승하는 응급의료 전용 '닥터 헬기' 운용 정책을 입안 · 시행했다.

2025년 4월 현재, 닥터헬기는 [그림 6-11]에서 보는 바와 같이 지난 2011년 9월 23일 국내 제1호로 지정 · 신청 도입된 가천대학교 길병원(인천권역 중증외상센터)을 비롯하여 경기 아주대병원, 강원 원주세브란스기독병원, 충남 단국대병원,

[그림 6-11] 가천대학교 길병원(인천) 닥터 헬기(국내 지정 제1호)

전북 원광대병원, 전남 목포한국병원, 경북 안동병원, 제주 한라병원 등 전국 주요 권역별 8개소에서 운용 중이다.

닥터헬기는 각 시도 소방본부의 119구급상황관리센터, 닥터헬기 운용병원 소속 의료인 또는 응급환자가 거주하는 마을의 이장 등이 출동을 요청할 수 있으며, 일단 출동 요청 신고가 접수되면 당일 해당 시간대 기상 및 환자 상태 등을 확인하여 출동 여부를 결정한다.

지난 2011년 닥터헬기 제도가 최초 시행된 이후 약 15년이 경과하면서 현재 그 시스템 운영이 정착되어 전국의 도서 및 산간벽지에서 발생한 많은 응급환자들이 닥터헬기를 통해 '권역 중증외상센터'로 긴급 후송되어 귀중한 생명을 구하고 있다. 하지만 경기북부 및 강원동부 등 일부 지역에서는 여전히 닥터헬기의 접근성이 낮아 응급환자 발생 시 신속한 출동 및 이송이 어려워 아직도 긴급한 경우에는 소방헬기나 해경헬기에 지원을 요청하는 경우도 많은 실정이다. 따라서 앞으로도 닥터헬기를 운영하는 권역외상센터는 좀 더 확대될 필요가 있다고 본다.

그런데 추가 확대에 걸림돌이 되는 것은 막대한 소요 예산, 전문의료 인력 부족, 헬기의 이·착륙장 주변 거주민들의 소음 민원 등이다. 먼저 닥터헬기 도입비용은 헬기의 크기·성능·장비 등에 따라 차이가 있지만, 대개는 1대당 50억원~100억원 수준이며, 이는 기체 구입·개조, 운항시스템 구축, 기체에 부착·비치할 각종 응급의료 장비 구입·설치비용 등이 포함된 액수다. 초기 구입비 외에도 닥터 헬기 1대를 운영하려면 연간 운항비(연료, 유지보수, 조종사 급여 등), 전문의료진(응급의학과 의사 및 간호사 등) 인건비, 기타 행정지원 및 헬기사고 대비 보험료 등을 포함 약 40억원(2020년 기준) 정도가 소요된다. 닥터 헬기가 1회 출동하는 데에는 이동 거리에 따라 약간씩 차이가 나지만 기체 연료비, 유지보수비, 의료진 인건비 등을 포함 평균적으로 약 500만원~1,000만원 정도가 소요된다. 그런데 현행 닥터헬기 제도는 정부가 제공하는 최상급 사회복지 서비스로서 응급환자가 헬기를 이용하여 병원까지 이송된 경우 운임 및 응급처지 비용은 본인이 부담하지 않는다.

현재 닥터헬기 제도 시행상 운용비용의 70%는 중앙정부가 국비로, 나머지 30%는 관할 지방자치단체가 지방비로 각각 부담하게 되어 있어, 막상 실제로 운용하기 위해서는 특히 관할 지방자치단체장과 의회의 정책적·재정적 결단이 절대적으로 필요하다.

또 다른 쟁점은 닥터헬기에 탑승하는 전문 의료인력 문제다. 닥터헬기는 응급의료지원용(EMS) 헬기이기 때문에 헬기내부에 여러 가지 의료장비가 갖추어져 있다고 하더라도 공중에서 이송 도중 할 수 있는 의료행위는 당연히 제한될 수밖에 없다. 전문적 수술은 아예 불가능하고 지상에서 출동하는 '119구조 · 구급차'로 환자를 이송하는 과정에서 응급구조사가 할 수 있는 응급처치 정도만 가능할 뿐이다. 따라서 외과 전문의가 탑승하기로 했던 당초 계획과 달리 현재는 응급의학과 전문의와 응급구조사 또는 간호사가 탑승하는 경우가 대부분이다.

또한 현실적으로 드러나는 문제는 닥터헬기를 운용하는 병원 주변에 거주하는 주민들의 헬기 소음 관련 민원이 적지 않다는 사실이다. 주변 거주민들 이외에도 해당 병원의 직원들과 대학병원인 경우에는 학생들의 학습권이 침해된다는 학생들의 항의도 적지 않다고 한다.

일반적으로 항공기의 특성상 군용이든 소방용이든 응급환자용이든 간에 모든 헬기가 지상에서 뜨고 내리려면 그로 인한 소음과 진동이 매우 큰 게 사실이다. 따라서 닥터헬기를 운용하는 병원의 이 · 착륙장 주변 거주민은 물론 병원 관계자 및 환자들에게도 견디기 어려운 소음공해가 되는 것은 부인할 수 없다.

하지만 닥터헬기를 운용하는 목적이 귀중한 사람의 목숨을 구하기 위한 것이고, 민원인 본인 역시 향후 그 대상자가 되지 않는다는 보장이 없으며, 닥터헬기의 이 · 착륙은 매일 이루어지는 것이 아니기 때문에 그로 인한 불편함은 성숙한 시민의식으로 감수해야 한다고 본다. 다만 병원 자체가 도심지 한복판에 위치하고 있어 지리적 · 환경적으로 너무나 지나친 소음 공해가 발생하는 경우에는 주변 거주민의 생활 건강에 적지 않은 부정적 영향을 미치는 것이 사실이므로 관할 지방자치단체는 이 · 착륙장 주변에 방음벽을 설치한다든지, 최초 신설 당시 직접적 피해 영향권에 있는 거주민에게 최소한의 손실보상금을 지급하는 등의 세심한 정책적 배려가 필요하다고 본다.

결론적으로 '닥터헬기 제도'는 비록 지상의 '119구조 · 구급차' 출동에 비해서는 몇십 배 더 큰 공공 비용이 들어가지만, 그로 인해 응급환자의 생명을 구하는 점에 있어서의 사회적 가치는 결코 재정 · 경제적 측면에서 환산할 수 없다. 따라서 앞으로도 응급의료 서비스의 질적 향상을 위해서는 닥터헬기의 지속적인 확대와 함께 보다 효율적인 운영 방안이 강구되어야 할 것이다.

2. 「범부처 응급의료헬기 공동운영 규정」 제정 · 시행

지난 2019년 7월 15일 자 제정된 「범부처 응급의료헬기 공동운영 규정(총리령)」에 의거 응급환자에게 더욱 신속하고 적절한 응급의료를 제공할 수 있도록 평상시 헬기를 보유하고 있는 정부 기관 간 '응급의료헬기 공동활용 체계'가 구축·운용되고 있다. 여기서 '응급의료헬기'란 국방부·보건복지부·경찰청·해양경찰청·소방청 및 산림청(이하 '참여기관')이 운용하는 헬리콥터로서 「응급의료에 관한 법률」에 따른 응급의료종사자 등이 탑승하여 응급환자를 이송하는 헬기를 말한다.

소방청장 또는 각 시도소방본부장은 응급환자의 중증도·위치·이송 예상시간 등을 고려하여 가장 적정하다고 판단되는 응급의료 헬기의 출동을 해당 참여기관의 장에게 요청하여야 한다. 이 경우 응급의료 전문의가 탑승한 응급의료 전용헬기(환자 이송 및 응급의료에 적합하게 설계·제작된 헬기)를 이용한 응급환자의 병원 간 이송은 '응급의료 전용헬기'를 운영하는 해당 병원의 장에게 요청할 수 있다.

응급환자 이송과 관련한 해당 병원의 장으로부터 헬기 지원 요청을 받은 소방청장 또는 시도 소방본부장은 환자의 상태, 사고 발생 지점 및 출동을 요청하려는 시간이 위의 공동운영규정(총리령) [별표 1]에 따른 출동대상 환자에 해당하거나 이에 준한다고 판단되고, 사고 발생 지점 및 출동 요청 시간이 같은 운영 규정 [별표 2]에 따른 헬기 운항 가능 범위 및 출동 가능 시간의 범위에 있는 경우에는 위의 참여 기관의 장에게 '응급의료 전용헬기'의 출동을 요청하여야 한다. 소방청장 등의 요청을 받은 참여기관의 장은 그 요청에 따라 응급의료 헬기를 출동시켜야 하고, 불가피한 사정으로 출동이 어려운 경우에는 소방청장 등에게 이를 즉시 알려야 한다. 이 경우 소방청장 등은 출동 가능한 다른 응급구조 헬기를 선정하여 해당 참여기관의 장에게 출동을 요청하여야 한다. 응급의료 헬기를 출동시킨 참여기관의 장은 소관 응급의료 헬기의 운항 정보 및 출동 상황을 소방청장 등에게 실시간으로 알려야 하며, 소방청장 등은 응급의료 헬기가 중복하여 출동하지 않도록 참여기관별 '응급의료 헬기 출동 상황'을 모든 참여기관의 장과 실시간으로 공유하여야 한다.

3. '펌뷸런스(Pumbulance)' 출동체계 구축·운영

기존 응급의료 시스템상, 지역에 따라 응급환자 발생 신고를 접수하고도 그 발생 장소를 관할하는 관할 소방서 「119안전센터」 소속 '119구급차'의 출동이 너무 잦아 막상 구급차를 출동시킬 수 없는 공백 상황이 발생하는 경우가 있었다.

이런 문제를 다소나마 해소하기 위한 방안의 하나로 소방청에서는 지난 2023

년 3월 9일 자 「구급장비 구비 소방자동차의 운영에 관한 규정(예규)」을 제정하여 이른바 '펌뷸런스 소방차'를 운용하기 시작했다.

여기서 펌뷸런스(Pumbulance)란 Pump(소방펌프차)와 Ambulance(구급차)의 합성어로써 구급 장비가 구비되고 구급자격자가 배치된 펌프차를 의미한다. 이러한 펌뷸런스는 평상시 응급구조신고 장소 관할 「119안전센터」의 다른 구급차가 출동한 상태이거나 원거리에 위치한 경우 해당 구급차보다 먼저 출동, 해당 구급차가 도착하기 전까지 응급처치를 실시하거나, 여건이 허락하는 경우 해당 구급차와 동시에 출동하여 구급 대원의 구급활동을 지원하게 된다.

Ⅴ. '구조·구급활동'의 내용 및 부수 조치, 관련 기관 협조 및 지원요청 등

1. 위급 상황 발생 시 구조 · 구급활동 및 관할 지방자치단체장의 책무

위급 상황 발생 시 소방청장 등(소방청장, 소방본부장, 소방서장)은 관할 구역 내에 편성된 '119구조 · 구급대'를 현장에 신속하게 출동시켜 인명 구조, 응급처치 및 구급차 등의 이송, 그 밖에 필요한 활동을 하도록 해야 하며 누구든지 그 구조 · 구급활동을 방해하여서는 아니 된다.

아울러 소방청장 등은 구조 · 구급활동을 함에 있어서 필요한 경우에는 시도지사 또는 시장 · 군수 · 구청장에게 협력을 요청할 수 있으며 이때 시도지사 또는 시장 · 군수 · 구청장은 특별한 사유가 없는 한 그 요청에 따라야 한다. 만일 119구조 · 구급대원이 구조 · 구급 활동 현장에서 필요하다고 인정하는 때에는 다른 사람의 토지 · 건물 또는 그 밖의 물건을 일시 사용, 사용의 제한 또는 처분하거나 그 토지 · 건물에 출입할 수 있다.

만일 구조활동으로 구조된 사람 또는 신원이 확인된 사망자가 있으면 그 보호자 또는 유족에게 지체 없이 인도하고, 구조 · 구급활동과 관련 회수된 물건의 소유자가 있는 경우에는 그 소유자에게 그 물건을 인계하여야 한다.

그런데 만일 구조된 사람이나 사망자의 신원이 확인되지 않거나, 그들을 인도받을 보호자나 유족이 없거나, 구조된 물건의 소유자를 알 수 없는 때에는 구조된 사람, 사망자 또는 구조된 물건을 관할 시도지사나 시장 · 군수 · 구청장에게 인도하거나 인계하여야 한다.

시도지사 또는 시장 · 군수 · 구청장이 구조된 사람을 인도받은 경우에는 그에

게 숙소 · 급식 및 의류의 제공과 치료 등 필요한 보호조치를 해야 하며, 사망자에 대하여는 영안실에 안치하는 등 적절한 조치를 취하여야 한다. 또한 구조된 물건을 인계받은 경우에는 이를 안전하게 보관하여야 한다.

2. 가족 및 유관기관 연락, 협조 및 지원요청 등

'119구조 · 구급대원'은 활동 현장에 보호자가 없는 요(要) 구조자 또는 응급환자를 구조하거나 응급처치를 한 후에는 그 가족이나 관계자에게 구조 경위, 요 구조자 또는 응급환자의 상태 등을 즉시 알려야 한다. 그러나 요 구조자와 응급환자의 가족이나 관계자의 연락처를 알 수 없는 때는 위급 상황이 발생한 해당 지역 관할 지방자치단체장에게 그 사실을 통보하여야 한다. 또한 요 구조자와 응급환자의 신원을 확인할 수 없는 경우에는 관할 경찰관서에 신원 확인을 의뢰할 수 있다.

소방청장 등은 현장에서 구조 · 구급 활동을 함에 있어서 인력과 장비가 부족한 경우에는 관할 구역 내 의료기관 · 구급차 등의 운용자 및 구조 · 구급과 관련된 기관 또는 단체에 대하여 필요한 인력 및 장비의 지원을 요청할 수 있으며, 이 경우 요청을 받은 해당 기관은 정당한 사유가 없으면 이에 따라야 한다. 위와 같은 지원요청에 따라 구조 · 구급활동에 참여하는 사람은 소방청장 등의 조치에 따라야 하며, 지원활동에 참여한 구급차 등의 운용자는 소방청장 등이 지정하는 의료기관으로 응급환자를 이송하여야 한다.

또한 '119구조 · 구급대원'이 어떤 범죄 사건이나 자동차 교통사고 피해 등과 관련된 위급 상황 등에서 구조 · 구급활동을 하는 경우에는 경찰공무원과 상호 협력하여야 한다. 만일 요 구조자나 응급환자가 범죄 사건과 관련이 있다고 의심할 만한 정황이 있는 경우에는 즉시 관할 경찰관서에 그 사실을 통보하고 현장의 증거보존에 유의하여야 한다. 만일 요 구조자의 생명이 위독한 경우에는 일단 먼저 구조하거나 의료기관으로 이송하고 관할 경찰관서에 그 사실을 통보할 수 있다.

3. 구조 · 구급활동 기록 관리 및 이송 환자에 대한 정보수집 등

(1) 응급환자 수용 능력 확인 통보 및 출동 및 처치 기록 유지

1) 응급의료기관의 수용 능력 등 사전 확인 통보

응급환자 등을 이송하는 자(구급차 운전자, 동승한 응급구조사, 의사 또는 간호사)

는 특별한 사유가 없는 한 이송을 시작한 즉시 전화·무선 통신 그 밖의 전산망 등을 이용하여 이송하고자 하는 응급의료기관의 응급환자 수용 능력을 확인하고 응급환자의 발생 경위, 환자의 연령·성별 및 상태(활력징후 및 의식수준) 현장 및 이송 중 응급처치 내용 및 도착 예정시각 등을 미리 통보하여야 한다.

이때 응급의료기관의 장은 위와 같이 응급환자 수용능력 확인을 요청받은 경우 정당한 사유 없이 응급의료를 기피할 수 없으며, 응급환자를 수용할 수 없는 경우에는 다른 응급의료기관 등에 지체 없이 관련 내용을 통보하여야 한다.

2) 출동 및 처치기록 유지

'응급구조사'가 현장에 출동한 때에는 지체 없이 출동사항, 응급환자 중증도 분류결과, 응급처치 내용 등을 소정 서식에 따라 3부를 작성하여 그 응급환자를 인수한 의사의 서명을 받은 뒤 1부는 일단 보관 후 소속 구급 자동차 등의 운용자에게 제출하고, 1부는 해당 응급환자의 진료 의사에게 제출하며, 1부는 '이송 처치료' 징수용으로 환자 또는 그 보호자에게 발급한다.

다만, 응급구조사를 갈음하여 의사나 간호사가 탑승한 경우에는 탑승한 의사(간호사만 탑승한 경우에는 간호사)가 출동 및 처치기록과 관련한 응급구조사의 임무를 수행하여야 한다.

구급차 등의 운용자와 의료기관의 장은 위의 처치 내용 등에 관한 기록을 '3년간' 보존해야 한다. 아울러 구급차 등의 운용자는 월간 구급차 등 출동 사항, 응급환자의 중증도 분류 결과와 처치 내용에 관한 기록(전자문서 포함)을 관할 「응급의료지원센터」로 다음 달 10일까지 제출해야 하며, 소정 서식에 따른 「구급차 운행기록대장」을 작성하여 '3년간' 보존해야 한다.

(2) 이송 환자에 대한 정보 수집

소방청장 등은 '응급의료정보통신망'을 통해 '119구조·구급대원'이 응급환자를 의료기관으로 이송한 경우 환자 이송 정보의 파악 및 응급처치의 적절성을 자체적으로 평가하기 위하여 필요한 범위에서 해당 의료기관의 장에게 응급환자의 신원을 파악할 수 있는 정보(성명, 연락처, 주소 등) 및 진단 및 상태에 관한 정보(주된 증상, 사망 여부, 상해의 경중 등)를 확인 요청할 수 있으며, 이 경우 요청을 받은 해당 의료기관의 장은 정당한 사유가 없으면 이에 따라야 한다.

Ⅵ. 기타 '응급의료' 및 '119구조·구급' 관련 법적 조치

1. 일반 국민의 권리와 의무

모든 국민(국내 체류 외국인 포함)은 성별・나이・민족・종교・사회적 신분 또는 경제적 사정 등을 이유로 차별받지 아니하고 국내 관련 법이 정하는 '응급의료'를 받을 권리를 가지며, 응급상황에서의 응급처치 요령과 응급의료기관 등의 안내 등 기본적인 대응 방법을 알 권리가 있다. 아울러 국가와 지방자치단체는 그에 대한 교육・홍보 등 필요한 조치를 하여야 한다. 또한 누구든지 응급환자를 발견하면 즉시 '응급의료기관 등'에 신고해야 하며, '응급의료종사자'가 응급의료를 위해 필요한 협조를 요청하면 적극 협조하여야 한다.

전술한 바와 같이 '응급의료기관'이란 「의료법」 제3조에 따른 의료기관 중에서 「응급의료에 관한 법률」에 따라 지정된 권역 응급의료센터, 전문 응급의료센터, 지역 응급의료센터 및 지역 응급의료기관을 말하며, '응급의료기관 등'이란 응급의료기관, 구급차 등의 운용자 및 응급의료지원센터를 말한다. 아울러 '응급의료종사자'란 관계 법령에서 정하는 바에 따라 취득한 면허 또는 자격의 범위에서 응급환자에 대한 응급의료를 제공하는 의료인과 응급구조사를 말한다.

만일 생명이 위급한 응급환자에게 다음 각 호의 어느 하나에 해당하는 응급의료 또는 응급처치를 제공하여 발생한 재산상 손해와 사상(死傷)에 대하여 고의 또는 중대한 과실이 없는 경우에는 그 행위자는 민사책임과 함께 중대한 과실이 없는 때에는 그 정상을 참작하여 그 구조・구급 행위가 설령 「형법」상 과실치상(제266조), 과실치사(제267조), 업무상과실 및 중과실 치사상(제268조)의 죄에 해당되더라도 그 형을 감경하거나 면제할 수 있다.

(1) 다음 각 목의 어느 하나에 해당하지 아니하는 자가 한 응급처치

① 응급의료종사자

② 「선원법」 제86조에 따른 선박의 응급처치 담당자, 「응급구조 구급에 관한 법률」 제10조에 따른 구급대 등 다른 법령에 따라 응급처치 제공 의무를 가진 자

(2) 응급의료종사자가 업무 수행 중이 아닌 때 본인이 받은 면허 또는 자격의 범위에서 한 응급의료

(3) 다른 법령에 따라 응급처치 제공 의무를 가진 자가 업무 수행 중이 아닌 때에 한 응급처치

또한 「응급의료에 관한 법률」 제12조 및 제60조에 의거 누구든지 응급의료종사자(의료기사 및 간호조무사 포함)와 구급차 등의 응급환자에 대한 구조·이송·응급처치 또는 진료를 폭행·협박·위계·위력 그 밖의 방법으로 방해하거나 의료기관 등의 응급의료를 위한 의료용 시설·기자재·의약품 또는 그 밖의 기물을 파괴 손상하거나 점거하여서는 아니 되며, 이를 위반한 사람은 5년 이하의 징역 또는 5천만원 이하의 벌금에 처한다. 아울러 의료기관 응급실에서 응급의료종사자를 폭행하여 상해에 이르게 한 사람은 10년 이하의 징역 또는 1천만원 이상 1억원 이하의 벌금에 처하고, 중상해에 이르게 한 사람은 3년 이상의 유기징역에 처하며, 사망에 이르게 한 사람은 무기 또는 5년 이상의 징역에 처한다.

2. 응급의료 종사자의 권리와 의무

응급의료기관 등에서 근무하는 응급의료종사자는 응급환자를 항상 진료할 수 있도록 응급의료업무에 성실히 종사해야 하고, 업무수행 중에 응급의료를 요청받거나 응급환자를 발견하면 즉시 응급의료를 하여야 하며, 정당한 사유 없이 이를 거부하거나 기피하지 못한다. 의료인은 응급환자가 아닌 사람을 응급실이 아닌 의료시설에 진료를 의뢰하거나 다른 의료기관에 이송할 수 있다. 응급의료종사자는 응급환자에 대하여는 다른 환자보다 우선하여 상담·구조 및 응급처치를 하고 진료를 위하여 필요한 최선의 조치를 하여야 한다.

응급의료종사자는 응급환자가 2명 이상이면 의학적 판단에 따라 상대적으로 더욱 위급한 환자부터 응급의료를 실시하여야 하며, 정당한 사유가 없으면 응급환자에 대한 응급의료를 중단하여서는 아니 된다. 의료인은 해당 의료기관의 능력으로는 응급환자에 대하여 적절한 응급의료를 할 수 없다고 판단한 경우에는 지체 없이 그 환자를 적절한 응급의료가 가능한 다른 의료기관으로 이송하여야 한다. 아울러 의료기관의 장이 응급환자를 다른 의료기관으로 이송할 때에는 응급환자의 안전한 이송에 필요한 의료기구와 인력을 제공하여야 하며, 응급환자를 이송받는 의료기관에 진료에 필요한 의무기록을 제공하여야 한다.

3. 전국 응급의료 정보통신망 구축 · 운영

(1) '응급의료 정보통신망' 체계 구축 운용 목적 및 방법 등

국가 및 지방자치단체는 국민들에게 효과적인 응급의료를 제공하기 위하여 중앙응급의료센터(국립중앙의료원) 업무와 각 지역별 응급의료지원센터 업무 및 기타 보건복지부장관이 정하는 응급의료 관련 업무에 필요한 각종 자료 및 정보의 수집 · 처리 · 분석 및 제공 등을 위해 필요한 '응급의료 정보통신망'을 구축 · 운영하여야 한다. 이러한 정보통신망은 각 지역에서 응급의료기관 등을 운용하는 자와 중앙응급의료센터가 연계될 수 있도록 하여야 한다. 이와 같은 정보통신망 구축 · 운용비용은 국가와 관할 지방자치단체가 각각 1/2씩 부담한다.

(2) 관련 정보 제공 요청 및 개인정보 보호 등

보건복지부장관은 '응급의료 정보통신망'을 통한 업무를 수행하기 위하여 필요한 경우, 관계 중앙행정기관의 장 또는 지방자치단체의 장 및 응급의료기관과 관련된 기관 단체등에게 응급환자의 인적사항 및 응급의료에 관한 정보, 그 밖에 응급의료 이용 실태 파악을 위한 정보의 제공을 요청할 수 있다. 이때 그러한 정보의 제공을 요청받은 관계 중앙행정기관의 장 등은 특별한 사유가 없으면 이에 따라야 한다. 만일 보건복지부장관이 '응급의료 정보통신망'을 통하여 응급의료기관 등 관련 기관 간 업무조정 및 지원, 관련 정보의 수집 제공 및 응급환자 현황 파악과 추적관리 등 업무 수행을 위해 불가피한 경우에는 「개인정보보호법」 제23조(민감정보의 처리제한)에 따른 건강에 관한 정보 및 같은 법 제24조(고유식별정보의 처리제한)에 따른 개인식별정보(주민등록번호 등)가 포함된 자료를 처리할 수 있다.

보건복지부장관은 '응급의료 정보통신망' 구축 · 운영의 전 과정에서 개인정보 보호를 위해 필요한 시책을 마련하여야 한다.

4. '응급의료기금' 설치 · 운영 및 미수금의 대리 지급

국가 및 지방자치단체는 예산의 범위 내에서 응급의료기관 등 및 응급의료시설에 대하여 필요한 재정을 지원할 수 있으며 보건복지부 장관은 응급의료를 효율적으로 수행하기 위하여 아래와 같이 '응급의료기금'을 설치 · 운영하여야 한다. 이러한 응급의료 기금의 관리 · 운용은 「국민건강보험법」 제62조에 의거 '건강보험심사평가원'에 위탁한다.

(1) 기금의 재원

① 「국민건강보험법」에 따른 요양기관의 업무정지에 갈음하여 과징금으로 징수하는 금액중 일부(단, 2027년 12월 31일까지만 유효)

② 응급의료와 관련된 기관 및 단체의 출연금 및 기부금

③ 정부 출연금(「도로교통법」에 따른 연간 범칙금 및 시도경찰청장이 부과 징수한 과태료 예상 수입액의 100분의 20에 해당하는 금액)

④ 그 밖에 기금 운용 수익금

(2) 기금의 용도

① 응급환자의 진료비 중 미수금(의료기관과 구급차 등을 운용하는 자가 응급환자에게 응급의료를 제공하고 그 비용을 받지 못하였을 때 그 비용 중 응급환자 본인이 부담하여야 하는 금액 중 지불받지 못하고 남아있는 금액)의 대리 지급

② 응급의료기관 등의 육성 · 발전과 의료기관의 응급환자 진료를 위한 시설 등의 설치에 필요한 자금의 융자 또는 지원

③ 응급의료 제공 체계의 원활한 운영을 위한 보조사업

④ 재해 발생 시, 응급의료 활동에 필요한 의료 인력 여비와 그밖에 이에 준하는 경비

⑤ 구조 및 응급처치 요령 등 응급의료에 관한 교육 · 홍보 사업

⑥ 응급의료의 원활한 제공을 위한 자동심장충격기 등 응급 장비의 구비 지원

⑦ 응급의료를 위한 조사 · 연구 사업

⑧ 기본계획 및 지역 응급의료 시행계획의 시행 지원

⑨ 응급의료 종사자의 양성 등 지원

(3) 미수금의 대리 지급 및 구상권 행사

의료기관과 구급차 등을 운용하는 자가 응급환자에게 응급의료를 제공한 경우에는 환자로부터 그에 따른 비용을 받을 수 있다. 특히 구급차 등을 운용하는 자가 구급차 등을 이용하여 응급환자 등을 이송한 때에는 그 응급환자로부터 소정 기준에 따른 '응급처치료'를 받을 수 있다. 그러나 만일 응급의료 제공에 따른 비용을 받지 못하였을 때에는 그 비용 중 응급환자 본인이 부담하여야 하는 금액

(미수금)에 대하여 응급의료기금 관리기관의 장(건강보험심사평가원장)에게 대신 지급해 줄 것을 청구할 수 있다.

이때 '응급의료기금 관리기관의 장'은 의료기관 등이 미수금에 대한 대리 지급을 청구하면 소정 기준에 따라 심사하여 그 미수금을 기금에서 대신 지급하여야 한다. 기금관리기관의 장은 의료기관 등에게 미수금을 대신 지급한 경우에는 응급환자 본인과 그 배우자, 응급환자의 1촌 직계혈족 및 그 배우자 또는 다른 법령에 따른 진료비 부담 의무자에게 그 대리 지급금을 구상할 수 있다.

대리 지급금의 상환 청구를 받은 자가 해당 대리 지급금을 정하여진 기간 내에 상환하지 아니하면 기금관리기관의 장은 기한을 정하여 독촉할 수 있다. 독촉을 받은 자가 그 기한 내에 대리 지급금을 상환하지 아니하면 기금관리기관의 장은 보건복지부장관의 승인을 받아 국세 체납처분의 예에 따라 이를 징수할 수 있다.

Ⅶ. '자동차 교통사고 응급환자'에 대한 응급의료체계

1. 개 요

도로상에서 자동차 교통사고로 인해 응급환자가 발생하면 대개 일반적으로 [그림 6-12]와 같은 과정을 거쳐 사고 발생 현장에서 응급의료기관으로 이송된다.

[그림 6-12] 자동차 교통사고 발생 시, 신고접수 및 환자 이송·응급진료 흐름도

❶ 사고 발생	· 교통사고 야기자 본인 또는 목격자의 발생 신고(112 또는 119) · 외근순찰 중 직접 인지(관할 경찰서 교통경찰관 또는 한국도로공사 직원)
↓	
❷ 신고 접수 및 출동, 구조	· 각 시도경찰청 112종합상황실 또는 소방본부 119종합상황실 · 한국도로공사 교통센터(고속도로 상황실): 1588-2504(평일 10:00-16:30)
↓	
❸ 환자 이송 및 응급처치	· 119구급차, 민간 이송업체 구급차, 응급의료 전용 헬기(원칙) · 일반도로: 관할 경찰서 지구대(파출소) 소속 순찰차(예외) · 고속도로: 고속도로 순찰대 또는 한국도로공사 소속 순찰차(예외)
↓	
❹ 응급 진료	권역응급의료센터 - 지역응급의료센터 - 지역응급의료기관

여러 증상의 응급환자 중에서도 특히 자동차 교통사고 피해자들의 경우에는 첫째, 교통사고 발생 신고 접수 및 현장에서의 긴급구조. 둘째, 119구조 · 구급팀의 병원 도착 전 응급처치. 셋째, 병원 도착 후 응급의료 등 순차적으로 이루어지는 세 가지 부문에서의 효과적이고 실질적인 조치가 매우 중요하다.

관련 법령상 현행 국내 교통사고 응급환자 대상 '응급의료 체계'의 주요 내용을 살펴보면 아래와 같다.

2. 교통사고 발생 신고접수 및 현장 출동 상황 관리

자동차 교통사고가 발생하면 당해 사고 관련자 또는 목격자 등은 112(관할 시도경찰청 112치안종합상황실) 또는 119(관할 시도 소방본부 119종합상황실)로 신고하게 된다.

만일 112로 신고한 경우에는 관할 시도경찰청 「112치안종합상황실」 관제요원이 접수하여 사고 장소를 관할하는 경찰서 상황실로 전파하고, 담당 관제요원은 다시 관할 지구대(파출소) 소속 '112순찰차'에게 출동 지령을 하는 동시에 해당 신고의 내용을 고려, 응급구조나 구급이 필요하다고 판단되면 관할 소방서 소속 '119구조 · 구급대'도 현장으로 출동해 주도록 요청한다. 그런데 만일 대형 교통사고나 긴급상황 또는 여러 경찰서 관할 구역에 해당되는 경우에는 관할 시도경찰청 상황실에서 직접 현장 상황을 통제 · 지휘할 수도 있다.

또한 119로 신고한 경우에는 관할 시도 소방본부의 「119종합상황실(서울특별시의 경우에는 종합방재센터 내 119종합상황실)」 관제요원이 접수하여 상황 판단 후 각 권역별로 구분된 무전 채널을 통해 '출동 지령 방송'을 하달하면 사고 장소를 관할하는 소방서 소속 119안전센터의 '119구조 · 구급대'가 현장으로 출동한다. 아울러 관할 시도경찰청 「112치안종합상황실」에도 해당 교통사고 신고접수 상황을 전파하여 필요한 조치를 하도록 협조 요청한다.

3. 병원 도착 전(Pre-hospital) 응급처치

교통사고 현장에 도착한 119구조 · 구급대의 구급대원은 피해 상황을 신속히 파악, 현장에 도착한 관할경찰서 112순찰 요원이나 사고 조사 담당 경찰관과 협의, 현장에 비산되어 있는 증거물이나 증인 확보 등 향후 교통사고 조사나 수사에 필요한 최소한의 조치가 종료되는 즉시 피해자를 관할 지역 응급의료기관이나 일반 병 · 의원으로 이송한다. 이때 사고 현장 및 현장을 출발하여 구급차로 이동, 인근 병·의원에 도착할 때까지는 '응급구조사' 자격을 가진 구급대원이 환자의 상황에 맞는 적절한 응급처치를 하게 된다. 이러한 과정에서 구급대원 등은 특별한 사유가 없는 한 이송 시작 즉시 휴대전화 또는 무선통신망 등을 이용하여 이송하고자 하는 응급의료기관의 응급환자 수용 능력을 확인하고 응급환자의 발생 경위, 환자의 연령·성별 및 상태(활력징후 및 의식 수준 등), 이송 중 응급처치 내용 및 도착 예정시각 등을 미리 통보해야 한다. 아울러 병원에 도착하면 응급환자의 중증도 분류 결과, 응급처치 내용 등을 소정 서식에 따라 3부를 작성하여 그 응급환자를 인수한 의사의 서명을 얻은 뒤 그중 1부는 소속 구급자동차 등의 운용자, 1부는 해당 응급환자의 진료의사, 나머지 1부는 응급환자 본인이나 보호자에게 각각 제출·발급해야 한다.

4. 병원 도착 후(After-hospital) 응급의료

응급의료기관에 종사하는 의사는 119구급·구조대가 이송한 응급환자가 도착하면 즉시 응급의료를 실시하여야 하며 정당한 사유 없이 이를 거부하거나 기피하지 못한다. 응급환자에 대하여는 다른 환자보다 우선하여 상담 및 응급처치를 하고 진료를 위하여 필요한 최선의 조치를 하여야 한다.

응급환자가 2명 이상이면 의학적 판단에 따라 상대적으로 좀 더 위급한 환자부터 응급의료를 실시해야 하며, 만일 해당 병원에서 응급의료를 할 수 없다고 판단한 경우에는 지체 없이 그 환자를 응급의료가 가능한 다른 의료기관으로 이송토록 하여야 한다. 이처럼 다른 의료기관으로 이송할 때에는 응급환자의 안전한 이송에 필요한 의료기구와 인력을 제공하여야 하며, 응급환자를 이송받는 해당 의료 기관에 환자 진료에 필요한 의무기록을 제공하여야 한다.

Ⅷ. 평 가

1990년대 초반까지도 전국 도로상에서 교통사고가 발생하면 사고 관련자나 목격자는 대부분 112로 신고하였고, 사고 현장에는 관할경찰서 파출소 소속 112순찰차가 출동하여 우선 주변의 교통통제 등 현장을 확보하고, 이어서 경찰서 소속 교통사고 조사 담당 경찰관이 도착하였다.

담당 경찰관은 사고 현장 및 주변에 비산된 여러 가지 증거 및 목격자 등 향후 사고 조사(수사)에 필요한 최소한의 현장 조치를 하고 난 다음, 사고 피해자

(환자)는 사고 장소 인근 병원 구급차를 불러 후송토록 하거나, 심지어 경찰관이 직접 112순찰차에 태워 인근 병원으로 이송하는 경우도 있었다.

그러다 보니 교통사고로 중상을 입은 응급환자임에도 불구하고 사고 현장 및 이송 과정에서 전문적 응급처치가 이루어지지 않아 병원에 도착했을 때는 증상이 더 악화되거나, 심지어 수술 등 치료 불능상태로 병상에 누워 있다가 사망하는 사례도 적지 않은 실정이었다.

정부는 이런 점을 감안, 1995년 1월 1일 자 「응급의료에 관한 법률」을 제정 · 시행하였고, 2004년 3월 11일 자 「정부조직법」을 일부 개정, 각종 재난에 대한 예방 · 대응 및 복구기능을 강화하고 좀 더 효율적인 안전관리체계를 구축하기 위해 행정자치부장관 소속 하에 「소방방재청」을 신설하였다.

또한 2011년 9월 9일 자 「119구조 · 구급에 관한 법률」을 제정 · 시행하였고, 이를 근거로 2012년 6월에는 각 시도 소방본부 상황실에 「119구급상황관리센터」를 신설, 자동차 교통사고 등 응급환자 발생 시 119신고접수 - 긴급출동 - 이송 등 과정에서의 각종 의료상담과 지도 및 적정 치료가 가능한 이송 병원 선정 등 '병원 전 단계'에서의 One-Stop Service 시스템을 구축 · 운영하였다. 또한 2024년 7월 3일 자 「119긴급신고의 관리 및 운영에 관한 법률」을 새로 제정했고, 2025년 3월부터는 소방청 내 '119종합상황실'에서 국내 전역에서 발생한 재난 · 구급 등 상황에 관한 통합지휘가 가능하도록 개편하였다.

정부는 그 밖에도 응급의학과 전문의 등 전담 인력과 별도의 시설을 갖추고 권역 내에서 응급의료를 책임지는 '권역별 응급의료센터', 각 시도 단위에 '지역응급의료센터' 및 시 · 군 단위에 '응급의료기관'을 지속 확대 지정 · 운영하는 등 '병원 단계'에서의 '응급환자 생존율' 향상을 위한 각종 법령 및 제도 개선을 위해 꾸준히 노력해 왔다.

따라서 현재는 전국 도로상 자동차 교통사고가 발생하여 112 또는 119로 신고가 접수되면 사고 현장에 대부분 관할경찰서 교통사고 조사 '담당 경찰관'과 관할 소방서 '119구조 · 구급대'가 함께 신속히 출동하고, 응급환자에 대해서는 '응급 구조사'에 의한 현장 응급처치 및 이후 병원에 도착하기 전, 또한 병원에 도착한 이후 전문적인 의료 서비스가 거의 완벽하게 제공되고 있다. 결론적으로 지난 2010년대 이후 완전 정착 단계인 현행 '응급의료 시스템'은 한국의 교통사고 사망자 수 감소 추세가 현재까지 계속 유지되는 데 있어서 매우 큰 역할을 하고 있는 것으로 평가된다.

제7장

교통안전 의식 제고를 위한 교육·홍보

제7장

교통안전 의식 제고를 위한 교육·홍보

제1절 대국민 교통안전교육 확대

Ⅰ. 개 요

도로 이용자들의 교통안전 의식 선진화를 위해서는 유아부터 청소년 및 성인에 이르기까지 체계적이고 지속적인 교통안전교육(Education)이 필요하다. 교통안전교육은 도로교통안전의 '3E 원칙' 중 하나로서 도로 이용자(보행자, 운전자)로 하여금 교통안전에 대한 바람직한 행동의 변화와 태도 및 능력을 기르도록 하기 위한 것이다. 달리 말하면 도로교통 상의 사고를 미연에 방지하기 위하여 도로 이용자들에게 교통도덕과 준법의식을 가지도록 하고, 그 실천을 기대하면서 행하는 활동으로써 정부의 교통안전 계획 및 중요시책에 대한 국민의 지지를 얻기 위한 방법이라고도 할 수 있다.

어린 시절에 형성된 습관은 어른이 되어서도 평생 이어지므로 특히 20세 미만의 청소년과 어린이들에게 교통안전에 대한 올바른 인식과 습관을 증진시키는 것이 매우 중요하고 모든 도로 이용자들에게 일생 동안 주기적인 안전교육이 필요하다.

아울러 일단 운전면허를 취득한 이후에도 잘못된 운전습관으로 인해 교통법규를 위반하거나 교통사고를 야기하여 운전면허 행정처분을 받은 사람과 긴급자동차나 사업용 자동차를 운전하는 등 직업적 특수성이 있는 사람에 대하여는 보다 심도 깊은 안전교육이 필요하다고 하겠다.

현재 국내에서 실시 중인 교통안전교육은, 첫째 「도로교통법」에 의거한 교통안전 의무교육 및 권장교육, 둘째 「교육부 지침」에 따른 유치원 및 초・중・고교생 대상 학교 교육, 셋째 전국의 경찰서 및 공공기관에 의한 대상자별 맞춤형 교육, 넷째 어린이교통공원이나 교통안전체험교육장을 이용한 사회교육 등 크게 네 가지로 구분된다.

Ⅱ. 「도로교통법령」에 의거한 교통안전 의무교육, 권장교육 등

1. 운전면허시험 응시 전 교통안전 의무교육

「도로교통법」 제73조 제1항, 같은 법 시행령 제37조, 시행규칙 제46조에 의거 아래와 같이 실시한다.

(1) 연 혁

1999년 이전까지는 각 종별 운전면허시험에 최종 합격한 사람에 대하여 면허증 교부 직전에 대상자의 도로교통 현장 적응을 돕기 위한 목적으로 '신규 운전면허 취득자 의무교육(3시간)'이 실시되었다. 그러나 제15대 김대중 대통령(1998~2003) 취임 후 설치된 '규제개혁위원회'에서 기존 '신규운전면허 취득자 의무교육'은 국민에게 부담이 되고, 당시 민간 자동차운전전문학원제도 정착으로 양질의 운전자 배출이 가능하다는 이유로 신규 면허 취득자에 대한 교육(3시간)은 1999년부터 전격 폐지되었다. 이후 자동차운전면허를 취득한 지 '5년 미만' 초보운전자들의 교통사고가 급증하여 사회적인 문제로 대두되었다. 이에 경찰청은 제16대 노무현 대통령(2003~2008) 당시 「도로교통법」을 다시 개정, 기존 신규 운전면허 취득자 의무교육(3시간)을 다시 부활하여 시행하였다. 그런데 17대 이명박 대통령(2008~2013) 취임 직후 2008년부터 설치・운영했던 '국가경쟁력 강화위원회'에서는 일반 국민들의 '운전면허 취득비용 절감 및 취득절차 간소화' 방안을 추진토록 의결했고, 그 방침에 따라 기존 의무교육 '3시간'은 '1시간'으로 감축되어 현재까지 실시되고 있다.

(2) '의무교육' 수강 대상자 및 교육방식, 내용 등

현행 규정상 자동차운전면허를 신규로 받으려고 하는 사람은 학과(필기)시험 직전에 사전 녹화된 자료를 이용한 시청각 방식의 교통안전교육(1시간)을 의무적으로 수강(무료)해야 한다. 다만, 자동차운전전문학원에서 실시하는 학과교육(3시간)을 받은 사람과 교통법규 위반이나 교통사고를 야기하여 운전면허 행정처분을 받은 사람에 대하여 실시하는 '특별안전교육(후술)'을 받은 사람은 교육 수강 의무가 면제된다. 교육 내용은 교통환경 이해, 운전자의 기본예절, 도로교통 법령 지식, 안전운전 기초 이론, 위험예측과 방어운전, 교통사고 예방과 처리, 어린이 · 장애인 · 노인의 교통사고 예방, 친환경 경제운전에 대한 이해, 긴급자동차에 대한 길 터주기 요령, 자동차 전 좌석 안전띠 착용 의무 등 자동차 안전에 대한 이해 등에 관한 것이다.

2. 운전면허 소지자에 대한 특별 교통안전교육

「도로교통법」 제73조 제2항～제5항, 같은 법 시행령 제38조, 시행규칙 제46조에 의거 아래와 같이 실시한다.

(1) 개 요

운전면허 취소 · 정지자, 긴급자동차 운전자, 75세 이상 고령자 등을 대상으로 대상자별 맞춤 교육을 통해 안전운전의 기틀을 마련하고 교통사고 예방 효과 거두기 위해 실시하는 교육으로써 법상 대상자의 수강 의무 여부에 따라 「의무교육」과 「권장교육」으로 구분된다.

(2) 교통안전 의무교육

대상자가 일정 요건에 해당하게 되면 의무적으로 교통안전교육을 받도록 강제하고, 만일 일정 기한 내 해당 의무교육을 미수강할 경우에는 그 대상자를 처벌하도록 되어 있다.

1) 의무수강 대상자

① 행정처분을 받아 운전면허가 취소된 자로서 운전면허를 다시 받으려는 사람

② 주취운전, 공동 위험행위, 난폭운전, 교통사고 야기, 자동차를 이용하여 「형법」상 특수상해 · 폭행 · 협박 · 손괴죄 해당 행위(보복 운전)로 인해 관할 시도경찰청장으로부터 '운전면허 정지처분'을 받게 되거나, 이미 받은 사람으로서 그 정지 기간이 아직 종료되지 않은 자

③ 관할 시도경찰청장의 운전면허 취소처분 또는 정지처분(*다만, 주취운전, 공동위험행위, 난폭운전, 교통사고 야기, 자동차를 이용한 「형법」상 특수상해 · 폭

행・협박・손괴죄 해당 행위로 인한 운전면허 정지처분 대상인 사람으로 한정)이 대통령의 특별사면 등으로 면제된 사람으로서 면제된 날부터 1개월이 지나지 아니한 사람

④ '운전면허 정지처분'을 받게 되거나, 이미 받은 초보운전자(*면허 취득 후 2년 미만)로서 그 정지처분 기간이 아직 끝나지 아니한 사람

⑤ '어린이보호구역'에서 자동차 등 운전 중 어린이를 다치거나 사망토록 하는 등 교통사고를 야기하여 그에 따른 운전면허 벌점(2-100점)을 받은 날부터 "1년 이내"의 사람

2) 각 과정별 의무교육의 종류 및 시간

① 주취 운전자 대상 교육

최근 5년간 주취운전으로 인해 운전면허 취소 또는 정지처분을 받고 해당 결격기간이 지나거나, 특별사면 등으로 그 처분이 면제된 후 1개월이 지나지 않은 사람이 다시 운전면허를 취득하려고 하는 경우, 시험 응시 이전에 반드시 받아야 하는 의무교육이다. 의무교육 시간은 대상자의 주취운전 경력에 따라 다른데, 과거 1회 경력자는 12시간(1회 4시간씩 3회 출석), 2회 경력자는 16시간(4회 출석), 3회 이상 경력자는 48시간(12회 출석)의 교육을 의무적으로 받아야 한다.

② 보복운전자 대상 교육

공동 위험행위, 난폭운전, 교통사고 야기, 자동차를 이용하여 「형법」상 특수상해・폭행・협박・손괴죄에 해당하는 보복운전 행위로 인해 운전면허 취소 또는 정지처분을 받고 해당 결격기간이 지나거나, 특별사면 등으로 그 처분이 면제된 후 1개월이 지나지 않은 사람이 다시 운전면허를 취득하려고 하는 경우에는 시험 응시 이전에 반드시 6시간의 교통안전교육을 의무적으로 받아야 한다.

③ 기타 법규준수 교육

위의 주취운전이나 보복운전 이외에 다른 사유로 운전면허 취소 또는 정지처분을 받고 해당 결격기간이 지나거나 특별사면 등으로 그 처분이 면제된 후 1개월이 지나지 않은 사람, 또는 운전면허정지 처분을 받게 되거나 이미 받은 초보운전자(면허경력 2년 미만)로서 그 정지 기간이 끝나지 않은 사람, 어린이 보호구역에서 자동차 등 운전 중 어린이를 사상하는 사고를 유발하여 그에 따른 운전면허 벌점(2-100점)을 받은 날부터 '1년 이내'인 사람이 다시 운전면허를 취득하

려고 하는 경우에는 면허시험 응시 전에 반드시 6시간의 교통안전교육을 의무적으로 받아야 한다.

3) 의무교육 미이수자에 대한 처벌

과거 5년 이내 '주취운전 금지' 규정을 '1회 이상' 위반했던 사람으로서 또다시(*2회차 이상) 위 규정을 위반하여 '운전면허 정지처분'을 받게 되거나 이미 받은 사람이 그 처분 기간 만료 전까지 '특별 교통안전 의무교육'을 받지 않으면 범칙금 15만원이 부과된다. 또한 '주취운전 금지' 규정 이외의 다른 규정을 위반하여 '면허정지 처분'을 받게 되거나 이미 받은 사람이 그 처분기간 만료 이전까지 '특별 교통안전 의무교육'을 받지 않으면 범칙금 10만원이 부과된다.

(3) 교통안전 권장교육

아래 요건에 해당하는 사람인 경우, 본인이 자율적으로 관할 시도경찰청장에게 신청하여 아래와 같은 소정의 교육을 수강하면 그에 따른 운전면허 벌점 감경 등 일정한 혜택을 부여함으로써 운전자들의 자발적인 교통안전교육 수강을 통해 대상자의 교통안전 및 준법의식 제고 효과를 거두기 위한 교육이다.

1) 권장교육 수강 대상자

다음 어느 하나에 해당하는 사람이 시도경찰청장에게 신청하면 수강가능하다. 다만, 이 경우 권장교육을 받기 전 '1년 이내'에 동일한 교육을 받지 아니한 사람으로 한정된다.

① '주취운전'이나 '초보운전' 외 다른 법규 위반 사유로 인해 운전면허 정지처분을 받게 되거나 이미 받은 사람'
② 교통법규 위반 등으로 향후 운전면허 정지처분을 받을 가능성이 있는 사람
③ 위의 의무교육 대상자로서 그에 따른 '특별교통안전 의무교육'을 이미 받은 사람
④ 운전면허를 받은 사람 중 안전교육을 받으려는 날에 '65세 이상(노인)'인 사람

2) 각 과정별 권장교육의 종류 및 시간

향후 '운전면허 정지처분'을 받게 되거나, 이미 받은 사람에 대한 「법규준수교육」은 6시간, 향후 면허정지 처분을 받을 가능성이 있는 사람으로서 자신의 벌

점을 감경시키고자 하는 사람에 대한 「벌점 감경교육」은 4시간, 운전면허를 받은 사람 중 안전교육을 받으려는 날에 65세 이상인 사람에 대한 「고령자 교육」은 3시간이다. 또한 주취운전 등으로 인해 운전면허가 취소되어 그에 따른 법정 「교통안전 의무교육」을 이미 받은 사람 또는 자발적으로 위의 「법규준수 교육」을 받은 사람이 교통경찰관과 함께 실제 도로에 진출하여 도로교통 현장 관찰 또는 음주단속 현장 임장 등 교통위험 상황에서의 가상체험을 하거나, 여러 가지 주요 도로교통 법규 위반 사유별 교통사고 사례 분석 및 토의 등을 실시하는 「현장참여교육」은 8시간이다.

3) '교통안전 권장교육' 자율 수강자에 대한 혜택

「도로교통법」에서는 운전자에 대한 '자율적인 교통안전교육 수강 권장'에 대한 유인책으로써 위와 같은 종류의 권장 교육을 받은 사람에 대하여는 해당 교육기관에서 소정 교육과정을 수료한 후 받은 '교육필증'을 관할 경찰서장에게 제출할 경우 다음과 같은 혜택을 제공하고 있다.

① 현재 '처분 벌점'이 '40점 미만'인 사람이 '벌점 감경교육(4시간)' 수강 시에는 향후 정지처분을 받게 될 경우 당해인에 부과되어 있는 '처분벌점'에서 20점을 감경 조치한다
② 이미 '면허정지 처분'을 받은 사람이 위의 '법규준수 교육(6시간)'을 받은 경우에는 당해인에게 집행 중인 '면허정지 처분 집행일수' 에서 20일을 감경 조치한다.
③ 이미 '면허정지 처분'을 받은 사람이 '법규준수 교육(6시간)'수강 이후 교통경찰관과 함께하는 '현장참여 교육'을 추가적으로 수강하면 그 사람의 '정지처분 집행일수'에서 30일을 추가 감경조치 한다.

3. 긴급자동차 운전자 및 초고령자 대상 교통안전 의무교육

「도로교통법」 제73조 제4항, 같은 법 시행령 제38조의2, 같은 법 제73조 제5항에 의거 평소 교통사고 유발 가능성이 높은 '긴급자동차 운전자'와 '75세 이상 초고령자'에 대한 '교통안전 의무교육'이 실시되고 있다.

(1) '긴급자동차 운전자'에 대한 의무교육

지난 2017년 10월 24일 개정된 「도로교통법」에 의거 '긴급자동차' 운전 업무

에 종사하는 사람에 대해서는 다음과 같은 교통안전교육 수강이 의무화되었다. 「도로교통법」 제2조 제22호에서 직접 긴급자동차로 규정한 소방차 · 구급차 및 혈액 공급차의 운전자와 같은 법 시행령 제2조 제1항 제1호(경찰용 자동차 중 범죄수사, 교통단속, 그 밖의 긴급한 경찰업무수행에 사용되는 자동차)부터 제11호(전파 감시업무에 사용되는 자동차)까지의 긴급자동차를 운전하는 사람은 최초로 긴급자동차를 운전하려는 때에 '신규교육'을, 이후 매 3년마다 실시되는 '정기교육'을 각각 받아야 하며, 만일 이에 불응한 사람에 대하여는 20만원 이하의 과태료에 처한다. 긴급자동차 교통안전교육은 원칙적으로 한국도로교통공단에서 실시한다. 다만, 긴급자동차 교통안전교육 대상자가 경찰청 등 국가기관 및 지방자치단체에 소속된 사람인 경우에는 소속 기관에서 실시하는 교육훈련의 방법으로 실시한다. 긴급자동차 운전자 교통안전교육은 강의 및 시청각 교육 등 방법으로 실시하며 교육내용은 긴급자동차 관련 도로교통 법령, 긴급자동차의 주요 특성, 긴급자동차가 야기한 교통사고의 주요 사례, 교통사고 예방 및 방어운전, 긴급자동차 운전자의 마음가짐 등이다.

(2) 운전면허증 갱신일에 [75세 이상] 인 사람에 대한 의무교육

지난 2018년 3월 27일 개정된 「도로교통법」에 의거 75세 이상인 사람으로서 최초로 운전면허를 받으려는 사람은 학과시험에 응시하기 전에, 기존 운전면허소지자 중 면허증 갱신일에 75세 이상인 사람은 운전면허증 갱신 기간 이내에 각각 아래와 같은 교통안전교육(2시간)을 의무적으로 받아야 한다. 참고로 운전면허증 갱신주기는 65세 이상부터 75세 미만까지는 '매 5년'이고 75세 이상인 경우에는 '매 3년'이다. 만일 이러한 의무교육 대상자가 해당 안전교육을 수강하지 않는 경우, 최초 응시자라면 학과시험 응시가 제한되며, 기존 면허소지자라면 설령 적성검사에 합격했다고 하더라도 기존 운전면허증 갱신 발급이 금지된다.

4. 평 가

평소 출 · 퇴근 등 일상생활에서 자동차를 운전하는 사람은 교통법규 위반이나 교통사고 등으로 인해 자신의 운전면허가 정지되거나 취소되면 상상 이상의 불편과 함께 심리적인 고통을 받게 된다. 그런데 「도로교통법」의 목적인 '교통안전'과 '원활한 소통'을 확보하기 위해서는 '교통안전'에 관한 각종 규제나 경찰의 단속만으로는 부족하고 운전자 자신의 교통안전 의식이 제고되고 준법정신이 보다 강화되는 것이 매 중요하다. 그런데 운전자의 교통안전 의식과 준법정신을 보다 강화하기 위해서는 지속적이고 주기적인 교통안전 교육이 필요하다.

이런 점을 감안, 현행 「도로교통법」은 위와 같이 운전자가 가장 민감하게 생각하는 운전면허 행정처분과 관련, 당해인의 처분 벌점을 감경하거나 정지처분 집행일수를 감경하는 등 여러 가지 인센티브를 제공하는 조건으로 운전자들에게 평상시 가급적 자발적으로 교통안전교육을 받도록 하는 다양한 프로그램을 운영토록 하고 있다. 그러한 교통안전교육을 많이 받으면 받을수록 운전자들의 교통안전 의식과 준법정신의 수준이 향상되어 가는 것은 자명하다고 하겠다.

Ⅲ. 교육부 및 각 시도교육청 지침에 따른 학생·교사 및 명예교사(학부모) 대상 교통안전교육

1. 유치원생 대상 교육

유치원에서는 유아의 교통안전 의식을 고취시키고자 해당 지역의 여건과 유아 발달 수준을 고려하여 가급적 '체험 중심의 현장 교통교육'을 반복적으로 실시토록 하고 있다.

유치원생 대상 법정 교육과정인 「건강생활영역」의 '교통안전규칙 지키기'에는 '보행안전 규칙을 지킨다', '교통수단을 안전하게 이용한다' 등과 같은 하위 내용이 포함되어 있고, 단위 유치원에서는 교육과정 운영계획서 작성시 생활주제로서 '교통기관', '건강한 안전' 등에 관한 내용을 교육계획에 포함시켜 연중 반복하여 지도하고 있다. 세부 내용은 도로에서의 교통안전(안전하게 횡단보도 이용하기)과 교통질서 지키기, 교통표지판과 교통시설물 이용규칙 지키기, 자전거 · 킥보드 · 롤러스케이트 안전하게 타기 등이다.

유치원 교사들은 이러한 교육 내용의 반복적 학습을 통해 원아들이 교통안전과 관련한 여러 가지 문제점들을 인식하고 도로와 자동차 이용규칙, 교통시설물 관련 규칙, 여러 교통수단 이용규칙 등을 올바르게 준수하여 등하교길에서 스스로 교통안전을 확보하는 능력을 기르도록 지도하고 있다. 이와 함께 유아에 대한 교통안전교육의 실효성을 거두기 위해서는 가정과 연계한 교육이 필수적이다.

따라서 유치원 교사들은 학부모들에게 정기적으로 가정통신문을 발송하여 교통안전 의식을 고취시키는 동시에 가정 내에서 자녀 교육 시 이를 참고토록 하고 있다. 또한 부정기적으로 실시되는 학부모 회의, 학습보조 자원봉사자 연수 등을 통해서도 유아들의 교통안전 사고 예방을 위해 노력하고 있다.

2. 초 · 중 · 고교생 대상 교육

어린이와 청소년들에 대한 교통안전교육은 체계적이고 연속적인 지도를 통해 그들의 행동이 습관화 · 체득화될 수 있도록 하는 것이 중요하다. 따라서 교육부의 기본 지침에 따라 각 시도교육청에서는 각급 학교 교육과정 운영 시 매년 교통안전에 관한 교육 시간을 확보 · 운영하도록 하고 있다.

특히 초등학교 재학생의 경우에는 연간 4시간 이상의 '체험 중심' 교통안전교육 실시에 중점을 두고, 지난 2004년부터는 3학년~6학년 대상 '체육 교과서'에 교통안전에 관한 내용을 체계적으로 보완했다. 초등학교 저학년생의 경우 현장실습을 통한 '안전하게 길 건너기' 생활화를 위해 교육용 기자재인 교통신호등과 횡단보도를 활용한 실습교육을 실시하고 있고, 고학년생에 대하여는 교통안전시설, 교통규제, 자동차 기능, 자동차 과속방지 등에 관한 심화 교육을 실시한다. 초 · 중 · 고교에서는 관련 교과를 통한 지도, 교통안전 현장실습, 특별활동과 연계한 지도, 바퀴 달린 놀이기구(키보드, 인라인스케이트 등) 안전지도, 철도건널목 안전하게 건너기 등과 같은 교육을 실시한다. 특히 자전거 통학생에 대한 교통안전교육을 주기적으로 실시, 안전장구 착용의 생활화, 학교별 안전한 통학로 선정, 보행중 사고 예방법 등을 집중적으로 지도하고, 안전한 도로횡단 방법 등 교통안전 의식이 생활화 · 습관화되도록 하기위한 교육을 실시하고 있다. 또한 매월 4일로 지정된 '안전 점검의 날'에 자율적으로 학교 내외곽 도로의 안전성 점검을 실시하면서 교통안전교육도 병행 실시한다.

3. 교통안전 담당 교사 대상 교육

각 시도교육청에서는 유 · 초 · 중 · 고교생에 대한 교통안전교육을 실시하기 위하여 학급 학교별 '안전 담당' 교사를 지정, 평상시 소속 학교의 재학생에 대한 교통안전교육을 실시하도록 하고 있다. 또한 안전담당 교사들에게 교통안전에 관한 올바른 지도 방법을 습득시키기 위해 하계 및 동계 방학기간을 이용, 한국도로교통공단과 협조, 매년 정기적으로 일정 인원에 대한 어린이의 행동 특성과 사고 사례, 어린이 대상 교통안전교육 기법 등 '교통안전 지도' 연수를 실시하고 있다. 또한 사단법인 안전생활실천시민연합(약칭 '안실련')에서는 전국 초등학교 교장을 대상으로 어린이 교통안전 및 학교 안전에 관한 연수를 실시한 바 있다. 그리고 각 시도 교육청별 교원 직무연수 및 자격연수 과정에 교통안전교육 관련 내용을 포함토록 하고, '교감 · 교장 회의자료'에도 교통안전 관련 내용을 포함시키도록 하여 그 중요성을 강조하고 있다.

4. 교통안전 명예교사(학부모) 대상 교육

각급 학교에서는 「어린이 교통봉사대」, 「학부모 교통안전 자원봉사대」, 「녹색어머니회」 등 여러 민간단체의 구성원들로 하여금 매주 조를 나누어 평소 학생들의 등 · 하교 시 학교 주변 횡단보도 등에서 교통안전 현장지도를 하도록 협조요청하고 있다. 또한 각 시도교육청에서는 각 학교별 교통안전 담당 교사를 보조하거나 대리하여 학생들에게 교통안전교육을 실시하고, 학교 주변 어린이 보호구역 지정이나 교통안전시설물 설치 시 학부모를 대표하여 의견을 제시하며, 평소 학교 앞에서 학생계도 활동 담당토록 하기 위하여 「녹색어머니회」 회원들을 대상으로 '어머니 교통안전 명예교사'를 위촉하고 관련 전문기관과 협조, 그들에 대한 교통안전 교육을 실시하고 있다.

한국도로교통공단에서는 정기적으로 각 시도 교육청의 협조 요청을 받아 전국 초등학교 「녹색어머니회」 회원들을 대상으로 어린이 교통사고 예방을 위한 교통안전 지도방법, 교통관계 법령 및 교통사고 예방을 위한 학부모들의 역할 등에 관한 집체교육을 실시하고 있다. 또한 사단법인 안실련에서는 자체 계획에 따른 교육과정을 통해 '어머니 교통안전 명예교사'를 양성, 각 초등학교에서 '교통안전교육' 담당 교사를 도와 안전교육 및 지도를 보조토록 한 바 있다.

5. 각 시도별 교통안전교육 시범학교 지정 · 운영

각 시도교육청에서는 어린이들의 '교통안전 문화'를 확산 · 정착시키기 위한 정책 중 하나로 교통안전교육 시범학교, 교통안전 모범학교, 교통안전 지역 중심학교, 등하교길 도우미(Walking school bus)시범 운영학교 등을 지정 · 운영하고 있다. 이런 학교는 해당 지역에서 어린이들의 교통안전 문화를 선도하는 중심학교로서 교통안전 관련 교육 프로그램 개발 · 보급, 관련 교수 · 학습자료 개발, 우수사례 발굴 등을 통해 전국의 각급 학교가 안전한 교통문화를 형성하도록 도움을 주는 거점 학교로서의 역할을 다하고 있다. 특히 이러한 시범학교에서 개발 · 실천한 교통안전교육 우수사례와 학습자료는 각 시도 교육청 홈페이지에 게재하여 평상시 각급 학교의 교사·학생·학부모 등이 이를 활용할 수 있도록 하고 있다.

참고로 행정안전부는 지난 2010년에 최초로 전국 16개 시도 소재 총 38개의 초등학교를 '워킹 스쿨버스(Walking school bus)'[1] 시범학교로 선정·운영토록 한 바 있다. '워킹 스쿨버스'란 각 학교별로 위촉한 '보행안전 지도사'들이 학교 인근 통학로를 어린이들과 함께 걸으면서 정해진 시간·장소에서 어린이들을 데리고 안전하게 등하교시키는 일종의 '안전보행 시스템'을 말한다. 교통 선진국에서는 '워킹스쿨버스' 제도 실시 후 어린이 교통사고가 약 70% 이상 감소하는 등 교통사고 예방에 크게 기여한 것으로 분석되었고, 보호자가 어린이들의 등하교 동선을 완벽하게 파악하고 있기 때문에 각종 어린이 범죄 예방에도 효과가 큰 제도라는 평가가 있었다고 한다.

Ⅳ. 전국 경찰서 및 공공기관 주관 '맞춤형 교육'

1. 경찰관서 주관 교통안전교육

전국 경찰서 교통 부서에는 교통안전교육을 담당하는 경찰공무원이 지정되어 있다. 이들은 평소 연중 월간 및 주간 계획에 따라 관내 어린이집, 유치원 및 초·중·고등학교에 직접 진출, 각종 시청각 기자재를 활용하여 효과적인 교육을 실시한다. 경우에 따라서는 학부모 등으로 편성된 어머니 명예 교사와 동반하기도 한다. 아울러 농번기에는 경운기나 트랙터 등 농업기계에 의한 교통사고 방지를 위해 지역 면사무소 등에 진출하여 농민들에 대한 교육을 실시하고, 근래 늘어나고 있는 75세 이상 고령층 교통사고 피해를 예방하기 위해 관내 경로당 등에 진출하여 교통안전 교육과 함께 야광조끼나 지팡이등 안전용품을 배부하기도 한다.

2. 공공기관 주관 교통안전교육

한국도로교통공단(경찰청 산하)이나 한국교통안전공단(국토교통부 산하)에서도 연간 계획에 따라 자체 예산으로 교통안전교육 교재를 제작하여 보급하고, 교통공

1) 영국·호주·뉴질랜드 등 스쿨버스가 일반화되어 있는 나라의 경우 스쿨버스 운전자가 목적지에 도착하면 직접 차에서 내려 어린이들이 하차한 후 보도를 통해 안전하게 학교나 자택으로 들어갈 수 있도록 지도하고 있다.

원이나 체험교육장이 있는 지역에서는 유치원이나 초・중학교 학생들에 대한 출장교육도 실시하며, 초・중・고교의 교통안전 담당 교사들에 대한 '교통안전 전문화 교육'도 실시한다. 또한 학교나 어린이집 학원 등 통학차량 운전자에 대한 집체교육도 실시하고 있다.

Ⅴ. '어린이교통공원' 및 '교통안전체험교육장' 등을 통한 사회교육

1. 어린이교통공원

(1) 개 요

「교통안전법」 제14조에 의거 수립된 제5차 교통안전기본계획(2002~2006)의 주요 정책 중 하나가 어린이부터 노인에 이르는 '평생 교통안전 교육체계 구축'이었다.

세부 계획으로는 어린이교통공원 등 현장 중심의 교통안전 실습 교육을 정착시키기 위해 전국 시급 이상 도시에 최소 1개 이상의 교통공원을 조성토록 하며, 특히 각 지방자치단체에서 일정 규모 이상의 공원이나 유원지를 조성하는 때에는 가급적 교통공원 신설 방안을 강구하고, 만일 학교에 간이 교통공원 시설 등이 설치된 경우에는 해당 학교 학생은 물론 여타 학교 학생들도 그 이용을 활성화하도록 하는 기본지침이 포함되어 있었다. 아울러 어린이 교통공원을 새로 조성하는 기관에 대하여는 그 조성 비용 중 일부를 국비 또는 지방비에서 지원하도록 하였다. 그 결과 2000년대 중후반 시기에 걸쳐 전국 주요 도시에는 어린이 교통공원이 신설・확충되기 시작했다.

(2) 교통공원 현황

<표 7-1>에서 보는 바와 같이 2025년 4월 현재 전국 시급 이상 도시에 설치・운영되고 있는 어린이교통공원은 총 22개소이며, 설치・운영의 주체는 관할 지방자치단체, 경찰대학, 경찰서, 법무부, 한국도로교통공단 등 다양하다.

〈표 7-1〉 전국 어린이교통공원 현황(2025.4. 현재)

공원 위치	운영개소 (개소)	운영 기관(공원명칭)
계	22	관할지방자치단체, 경찰서, 경찰대학, 법무부, 한국도로교통공단
서울	3	송파경찰서(신천어린이교통공원), 노원구청(달마), 강서구청(새싹)
대구	1	대구시청(대구어린이교통랜드)
인천	3	미추홀구청(중앙어린이교통공원), 계양구청(계양), 동구청(동구)
경기	1	수원시청(영통어린이교통공원)
충북	2	청주시청(어린이교통안전교육장), 제천시청(제천어린이교통공원)
충남	4	충남도청(충남어린이인성학습원), 천안시청, 충남교육청, 경찰대학
대전	2	대전광역시청(뿌리어린이교통공원), 법무부(법무부솔로몬로파크)
전북	4	한국도로교통공단(전북어린이교통공원), 남원시청, 전주시청, 군산시청
경남	1	진주시청(진주어린이교통공원)
제주	1	제주특별자치도(제주어린이교통공원)

(3) 교통공원시설 및 운영 실태

어린이 교통공원은 각 지역별 실정에 따라 약간씩 다르지만 대개의 경우 기본적으로 「실내교육장」과 「실외교육장」으로 구분되어 있다. 연면적 약 200~300제곱미터 내외의 실내교육장에는 교통안전체험관, 교통안전영상관, 행정사무실, 물품보관실, 화장실, 휴게실 등으로 이뤄져 있고, 연장거리 약 200~400미터 정도의 실외교육장에는 시내 도로 및 교차로, 교통신호기, 교통안전표지판, 횡단보도, 육교, 차도, 보도, 골목길 등 일반 도로상에서 볼 수 있는 가상 교통시설물들이 설치되어 있다.

[그림 7-1]은 2011년 3월 23일 개장한 서울시 강서구청이 운영하는 「새싹어린이교통공원」이다.

어린이교통공원은 어린이(미취학아동, 어린이집 및 유치원 원아, 초등학생)가 교통안전지식, 태도 및 습관에 대해 쉽고 재미있게 배울 수 있는 프로그램을 운용하고 있다. 만일 어린이집 등 책임자가 교통공원 교육 수강을 신청하면 각 교통공

[그림 7-1] 새싹어린이교통공원(서울특별시 강서구 방화동 소재)

원 운영기관 측에서 자체 일정표에 따라 교육이 가능한 날짜와 시간을 정하여 통보한다. 교육 당일 어린이(단체)가 도착하면 우선 1차로 「실내교육장」에서 횡단보도 건너기, 교통안전표지판 익히기, 자전거 타기, 어린이교통사고 사례 등에 관한 시청각 교육을 실시한 후 이를 바탕으로 2차로 「실외교육장」으로 나가서 체험적 교통안전교육을 실시한다. 각 교통안전교육은 운영 주체가 고용한 강사(교통안전지도사) 또는 어머니 명예교사 등 자원 봉사자가 담당한다.

(4) 평 가

2000년대 중후반부터 설치·운영되기 시작한 전국의 어린이교통공원은 각 지역별 여건에 따라 다소 차이가 있지만 어린이들을 대상으로 체험형 교통안전교육을 실시함으로써 어린이(13세 미만)들에게 준법의식과 안전보행 습관을 체득토록 하는 데에 매우 큰 역할을 하고 있다. 그러나 세월이 흐르면서 일부 어린이교통공원(서울특별시 송파구 잠실6동 신천어린이교통공원 등)의 경우, 최초 교통공원 신설 당시부터 설치 기관(송파구청)과 운영 기관(송파경찰서)이 다르다 보니, 일단 공원이 설치된 이후에는 설치 기관의 관심 부족과 유지·보수 예산조치 미흡으로 인해 각종 교육시설과 기자재가 노후화되어 교육의 실효성과 이용률이 대폭 떨어지면서 결국 운영이 중단되고 공원이 폐쇄되어 다른 용도로 사용되는 사례가 있다.

또한 현재 초등학교 교육과정상 학교 교사들에 의해서도 단편적인 교통안전교육이 실시되고 있지만, 대개 미리 제작된 시청각 위주의 교육이라서 그 실효성은 매우 미흡한 실정이다. 유아와 어린이들의 경우 어린 시절에 제대로 된 교통안전 습관이 몸에 배면 성인이 된 이후에도 계속 이어지게 되므로, 위와같이 교통공원을 직접 방문하여 실시하는 체험적 교통안전교육의 중요성은 아무리 강조해도 지나치지 않다. 따라서 전국의 어린이교통공원 설치 · 운영기관에서는 최초 설치 목적이 훼손되지 않도록 매년 유지 · 보수 예산을 세워 교통 공원 내 교육시설 및 기자재를 연중 최상의 상태로 유지하고, 관할 지방자치단체도 이에 대한 지속적인 관심과 지원을 아끼지 말아야 할 것이다.

2. 「교통안전체험교육센터」 설치 · 운영

(1) 개 요

「교통안전법」 제56조(교통안전체험에 관한 연구 · 교육시설의 설치 등) 및 같은 법 시행령 제46조에 의거, 국토교통부 산하 한국교통안전공단은 2009년 경상북도 상주, 2017년 경기도 화성에 각각 「교통안전체험교육센터」를 설치 · 운영하고 있다. 여기서 '교통안전체험교육'이라 함은 자동차를 운전하는 도중에 일어날 수 있는 다양한 위험 상황을 직접 체험하면서 운전자가 스스로 교통안전의 중요성을 인식하는 교육을 말한다. 이러한 체험교육의 목표는 현장 및 실기 중심의 교육을 통해 운전자가 스스로 자신의 교통사고 유발요인이 무엇인지를 찾아 제거하는 동시에 경제운전 체험교육과 도로교통 현장에 부합되는 공감형 교육 및 특히 유료 교통서비스 제공자인 사업용 운전자에게 올바른 윤리관 및 직업관을 확립시키기 위한 것이다.

(2) 체험교육 시설 및 코스 현황

지난 2017년 개소한 「화성 안전운전체험교육센터」의 경우 약 7만5천평의 부지에 [그림 7-2]에서 보는 바와 같이 기초 훈련, 자유 훈련, 위험회피, 직선 제동, 빗길 제동, 곡선 제동, 일반 · 고속주행, 에코드라이빙, 딜레마구간 등 여러 가지 다양한 체험 코스가 설치되어 있다.

(3) 교육과정 운영 현황

현재 교통안전체험교육센터에서 실시하고 있는 각 교육 대상자별 교육과정 및 교육시간은 <표 7-2>와 같다. 「교통안전법」 제56조의2, 같은 법 시행규칙 제31조의2, 제3항에 의거 '사망이나 8주 이상의 중상 교통사고'를 야기한 사업용 자동차 운전자에 대해서는 소속 사업주가 의무적으로 아래 중대사고 의무교육과정(8시간)에 입교 신청하여 교육을 받도록 해야 한다. 또한 「화물자동차운수사업법」 제8조 제1항 등에 따라 화물자동차를 운전하고자 하는 사람과 「여객자동차운수사

[그림 7-2] 경기도 화성교통안전체험교육센터

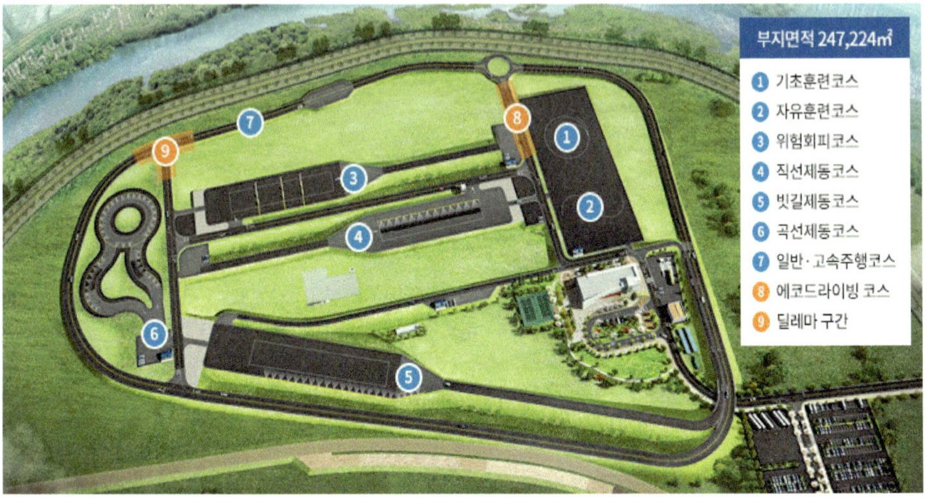

업법」 제25조 제1항 등에 따라 여객자동차를 운전하고자 하는 사람은 아래 <표 7-2>의 '유사면제 교육과정'에 입교하여 전자는 1일 8시간 교육, 후자는 2일 16시간의 교육을 의무적으로 받아야 한다. 그 밖에도 체험교육센터에는 화물운송 종사자나 버스 운전자 자격을 취득하려는 사람, 개인택시를 양수받으려는 사람, 그 밖에 개인적으로 눈길·빗길 등 악천후나 언덕길·급커브길 등 다양한 도로 환경 상황에 적응하기 위해 개인적인 운전 경험을 해보려는 사람에 대한 '유료 교육과정'도 개설되어 있다.

〈표 7-2〉 교통안전체험교육 과정

교 육 과 정		교 육 대 상	시간
기본 교육과정(Ⅰ, Ⅱ, Ⅲ, Ⅳ)		신규교육생, 재교육생, 야간교육신청자, 고령운전자	8
심화 교육과정(Ⅰ, Ⅱ)		신규교육생, 재교육생	16
경제운전 교육과정(Ⅰ, Ⅱ)		체험교육 및 경제운전 교육 신청자	8
법정교육 과정	의무교육과정	중대사고 의무교육 대상자	8
	유사면제 교육과정	화물사업용신규입사자 /여객사업용신규입사자	8/16
자격취득 과정	화물자격 취득과정	화물운송 종사자 자격취득	16
	버스자격 취득과정	버스운전자 자격취득	24

기타 과정	보수교육대체 교육과정	취업운수 종사자	4~8
	신규버스운전자 자격취득과정 Ⅰ	버스운전자격 취득자	40
	신규버스운전자 자격취득과정 Ⅱ	버스운전자격 취득자	80
	이륜차 교육과정	배달업종 종사자	6

출처: TS 한국 교통안전공단 교통안전체험교육센터 홈페이지.

(4) 평 가

한국교통안전공단이 지난 2009년부터 2014년까지 6년간 교통안전체험교육장 교육을 수강한 교육생 표본 총 50,181명에 대한 교육 수강 전후 각 1년간의 교통사고 증감 현황을 자체적으로 비교 · 분석한 결과, 교통사고 발생건수는 54%, 중상사고는 67%, 경상사고는 40% 수준으로 각각 감소하여 이로 인한 사회적 비용(물리적 비용+심리적 비용)은 약 68% 감소한 것으로 나타났다.[2)]

화물자동차 · 여객자동차 등 '사업용 자동차' 운전자들은 화주나 승객으로부터 일정한 비용을 받고 그 반대 급부로 운송 서비스를 제공하는 사람들이다. 따라서 관련 규정에 따라 주기적으로 교통안전체험교육장에 입교하여 전문 강사들로부터 실내 이론교육 및 시청각 교육과 함께 실외에서 여러 가지 조건이 망라된 훈련 코스에서 직접 운전체험을 할 경우 그 이전보다 자신의 운전 능력은 물론 교통안전 의식 및 준법정신이 제고되는 것은 당연하다. 따라서 이러한 교통안전체험교육은 특히 사업용자동차에 의한 교통사고 감소 예방에 큰 효과가 있는 것으로 평가된다.

2) TS 한국교통안전공단 교통안전체험교육센터: https://tslms.kotsa.or.kr/usrs/introduce/eduGoals.do.

제2절 대국민 교통안전 홍보 확대

Ⅰ. 개 요

자동차 교통사고는 사람·자동차 및 도로 환경 등 세 가지 요소가 복합적으로 작용하여 발생한다. 그러나 대부분의 교통사고가 '사람적 요인', 즉 도로 이용자의 판단 착오 등 '과실'에 의한 것이기 때문에 교통사고를 줄여나가기 위해서는 무엇보다 운전자와 보행자의 교통안전 의식과 준법정신이 제고되는 것이 중요하다. 최근 자동차의 안전도는 나날이 발전해 나가고 있지만, 도로 환경 및 교통안전시설의 개선은 긴 시간과 막대한 투자가 소요된다. 따라서 그러한 도로 자체의 안전성 제고를 위한 대책은 지속적으로 추진해 가면서 그와 동시에 도로 이용자들의 의식과 태도의 변화를 통해 건전한 선진 교통문화를 정립해 나가야 한다. 기본적으로는 교통안전교육이 매우 중요하지만, 대중을 상대로 하는 교통안전 홍보 역시 그 이상으로 중요하다는 사실은 아무리 강조해도 지나치지 않다.

지난 1980년도 이후 국내 교통안전 관련 홍보는 정부기관, 신문·방송 등 언론사, 공공단체 등 다양한 주체에 의하여 여러 가지 매체를 통해 전개되었다. 그러나 '88서울올림픽'을 앞두고 특히 서울·부산 등 대도시의 교통질서와 사고 예방의 필요성이 절실해지면서 정부 차원에서 기존 홍보 방식을 좀더 개선·발전시키고자 하는 시도가 있었다. 즉 그때 당시 각 홍보 주체 간에 '교통안전' 문제를 바라 보는 시각에 차이가 있고, 실질적인 홍보 방법과 수단도 미흡했다는 반성과 함께 향후 에는 '교통안전'에 대한 종합적 안목과 시각에서 국내에서 활용 가능한 모든 매체를 통해 새로운 선진교통문화 정착을 위한 교통안전 홍보를 장기적·지속적·반복적으로 전개한다는 기본 방침이 정해진 것이다. 그에 따라 정부 내 교통 관련 부처, 신문·방송 등 언론사, 한국도로공사, 도로교통안전협회(현 한국도로교통공단), 교통안전진흥공단(현 한국교통안전공단), 대한손해보험협회(현 손해보험협회) 등 여러 기관·단체가 「합동 교통안전대책협의회」를 구성, 여타 교통안전대책과 아울러 '교통안전'에 관한 홍보도 협의회에서 정한 '연간 주제'와 '월별 테마'를 중심으로 일정 기간 집중적·반복적 홍보와 캠페인을 전개하기로 하였다.

위와 같은 방식의 교통안전홍보를 통해 '88서울올림픽'이 성공적으로 종료된 후 기존 「교통안전대책협의회」는 '민간주도형' 협의체로 전환되었고, 그 주관기관은 도로교통안전협회(현 한국도로교통공단)가 맡게 되었다. 참고로 1992년에는 교통안전 홍보의 연간 주제가 '여유와 양보! 당신의 안전이 보장됩니다'로 정해졌고 <표 7-3>에서 보는 바와 같이 월별 캠페인 주제가 선정되어 연중 지속 추진되었다.

〈표 7-3〉 1992년도 월별 교통안전 홍보 캠페인 주제

연간 주제		여유와 양보 ! 당신의 안전이 보장됩니다
월간주제	1월	출발은 여유있게 새롭게
	2월	'설마'보다 '만약'을 생각합시다
	3월	'주 · 정차 질서!' 서로 편리합니다
	4월	어린이에게 안전한 길을!
	5월	운전자도 차에서 내리면 보행자!
	6월	좁은 땅, 어디 가려고 달리십니까?
	7월	끼워줄 때 즐거움, 끼어들 때 고마움
	8월	올바르게 착용해야 안전띠!
	9월	중앙선은 생사의 갈림길 입니다
	10월	교통 신호! 꼭 지키고 따릅시다
	11월	운전 습관! 당신의 인격입니다
	12월	음주운전은 살인 행위!

1990년대는 대체로 위와 같은 기조의 교통안전 홍보활동이 지속되었고, TV · 라디오 등 대중언론 매체를 통한 홍보는 민간단체인 도로교통안전협회 · 교통안전진흥공단 및 대한 손해보험협회가 협찬사가 되어 진행되었다. TV를 통해서는 'TV교통안전 캠페인'이라는 제하에 '음주운전 방지, 안전띠 착용, 자동차교통질서, 안전운전요령 등에 관한 내용이 일정 기간' 스파트 방송으로 송출되었다. 라디오를 통해서는 '라디오 교통안전캠페인'이라는 제하에 양보운전, 교통신호 지키기, 주취운전 금지, 후진 시 주의, 안전띠 착용, 주차 질서 등에 관한 내용이 '스파트 방송'이나 '교통정보' 형식으로 송출되었다.

1998년 1월까지 정부의 장관급 독립 부처로 존재했던 「공보처」에서는 교통안전과 교통소통에 관한 홍보내용이 포함된 국정신문을 발간하여 정부 각 부처, 지방자치단체 및 학계와 금융계에 까지 배포했다. 또한 한국방송광고진흥공사 산하

의 「공익광고협의회」에서는 주취운전 금지 등 다양한 교통안전 테마를 정하여 캠페인 형식으로 TV와 라디오를 통해 정기적으로 송출토록 하였다. 국립영화제작소에서는 교통안전의식 고취 계도용으로 홍보영화나 대한뉴스를 제작하여 전국 영화 상영관에서 상영하기도 하였다.

1998년 2월 기존 「공보처」가 「공보실」로 격하된 이후부터는 종전과 같이 정부가 종합적으로 주관 추진하는 교통안전 홍보는 점차 사라지고 2000년대부터는 아래와 같이 교통 관련 각 부처와 민간단체가 각기 특성에 맞는 아이디어를 내어 홍보하거나 시민단체가 참석하는 연간 행사나 캠페인 방식으로 실시하고 있다. 또한 새롭게 시작하는 교통안전 관련 제도가 있을 경우에는 관심을 보이는 국내 유력 신문사와 협업체계를 구축하여 대국민 언론홍보 채널을 확보, 일정 기간 고정된 해당 지면을 활용하는 홍보전략을 구사하기도 한다. 2020년대 이후에는 TV・라디오・신문 등을 통한 기존 방식의 홍보와 아울러 각 부처와 민간단체별로 각기 특색 있는 컨텐츠를 개발・제작하여 국민과의 양방 소통이 가능한 SNS(블로그, 유튜브, 인스타그램, 페이스북, 포스트 등)을 이용한 홍보활동을 활발히 진행하고 있다.

Ⅱ. 경찰청

경찰청은 2013년 8월부터 운전자들이 평상시 스스로 도로교통법규를 준수하는 풍토를 조성하기 위해 이른바 '착한운전 마일리지 제도'를 창안・시행하였다. 이는 운전면허를 가진 사람이 자발적으로 관할 경찰서 민원실을 방문, 소정 양식에 자동차 운전 중 '무사고・무위반'하겠다는 내용을 작성, 서명・제출하고 이후 1년간 실제로 그 내용을 실천한 사람에게 운전면허 행정처분 관련 특혜 점수인 '마일리지 점수' '10점'을 부여한 뒤, 만일 당사자가 나중에 혹시 '운전면허 정지처분'을 받게 된 경우에는 해당 정지처분 일수에서 '10일'을 감경해 주는 제도이다. 경찰청은 이 제도 시행 초기에 당시 교통안전 문제를 기획보도 하고 있는 동아일보사와 협업체계를 구축, 상당기간 고정 지면을 확보, 교통안전 관련 정보와 함께 '착한운전 마일리지 제도'를 적극적으로 홍보한 바 있다.

또한 전국 지방경찰관서별로 최장기 무사고 운전자, 모범 시민, 도지사, 교육감, 연예인, 스포츠 스타 등 교통 관련 특이 이력이나 경력자 및 유명인을 대표 서약자로 선정하여 관할 시도경찰청장이 직접 서약서를 접수하는 이벤트를 기획 · 추진하는 한편, 지역 언론사, 기업, 운수회사, 지방자치단체, 지역 시민 단체 등과 상호업무협약(MOU)를 체결하는 등 다양한 방법으로 홍보활동을 전개하였다. 그러한 노력의 결과 당시 여론 및 언론의 호평을 바탕으로 대국민 붐을 조성, 제도 시행 후 단 5개월 만에 전국에서 무려 228만 8천여 명이 '무사고 · 무위반 서약'에 참여하는 성과를 거두기도 했다.

그 밖에도 경찰청은 교통사고를 예방하고 타인을 배려하는 운전문화를 조성하기 위해 한국도로교통공단 및 손해보험협회 등 관계 기관과 함께 [그림 7-3]에서 보는 바와 같이 그때그때 시대 상황에 걸맞는 교통안전 테마를 선정 그에 관한 '홍보영상'을 제작, TV등 공중파, 케이블 방송, SNS(블로그, 인스타그램 등), 영화 등 다양한 매체를 통해 송출토록 하고, 전국 지방경찰관서별로 옥외 전광판과 전국 아파트의 엘리베이터 내부 모니터 등을 통한 이른바 '틈새 홍보' 활동도 전개하고 있다.

[그림 7-3] 착한운전 마일리지 제도 및 방향지시등 켜기 홍보영상

Ⅲ. 국토교통부

국토교통부는 국내의 교통안전 문화가 한단계 성숙되려면 우선 '기초 교통질서'부터 확립되어야 한다는 취지로 여러 관련 기관과 협조하에 교통안전 홍보 활동을 전개하고 있다.

매년 한국교통안전공단 · 손해보험협회 · 자동차공제조합 등과 협조, TV · 라디오 · 신문 등 언론매체를 통해 국민들의 교통안전 의식 개선 및 교통사고 사상자 감소를 위한 다양한 홍보를 실시하고 있으며, 민관이 함께 참여하는 교통안전 캠

페인도 전개하고 있다. 지난 2021년도의 경우 [그림 7-4]에서 보는 바와 같이 '안전속도 5030' 관련 '20초짜리 공익 캠페인 영상' 및 앰블럼을 제작하여 TV · 라디오 협찬 방송, 영화관 스크린, 고속철도(KTX, SRT) 객차 모니터 및 아파트 승강기 미디어 보드 등을 활용하여 장기간 송출하고 있다. 또한 매년 명절 · 행락철 등 시기별 · 이슈별 교통안전 캠페인도 지속 실시하고 있다.

또한 「교통물류발전법(2009.12.10. 시행)」 제40조에 의거 매년 11월 11일을 '보행자의 날'로 지정, 지난 2010년 이후 매년 정기적으로 기념식을 개최하고 시민들과 함께하는 걷기, 거리 캠페인, 보행문화유공자 표창, 교통안전 체험 등 홍보성 행사도 함께 실시하고 있다.

아울러 국토교통부 산하기관인 한국교통안전공단은 서울신문사와 협조, 지난 2008년도부터 매년 11월경, 기존 '교통안전촉진대회'와 '교통봉사상'을 통합한 '교통문화발전대회' 행사를 개최, 선진교통문화 발전에 기여한 도로 · 철도 · 해양 · 항공 등 각 분야의 교통안전 유공자 20여명을 선발, 정부 포상과 대통령 · 장관 등 표창을 시상 · 격려하고 있다.

[그림 7-4] 안전속도 5030, 보행자는 도로 위의 멈춤신호 등 홍보영상

Ⅳ. 행정안전부

행정안전부는 국회의원들로 구성된 교통안전포럼 및 손해보험협회등과 협조, 매년 12월 국회의원회관 대회의실에서 '선진교통안전대상' 포상 행사를 진행하고 있다. 포상 대상자는 당해연도 교통사고 감소 및 예방을 위해 각 분야에서 헌신적으로 활동한 공무원, 민간단체 및 회원 등이며, 약 70명을 선발하여 훈장 · 포장 및 대통령 · 국무총리 · 장관 등 훈격의 표창장을 수여한다. 지난 2020년에는 어린이 교통안전에 대한 국민적 관심을 높이고 '어린이 보호 최우선 문화'를 확산

시키기 위해 대국민 공모를 통해 선정된 어린이 교통안전 슬로건(1단 멈춤! 2쪽 저쪽! 3초동안! 4고 예방!)을 활용하여 자체 제작한 숏폼(Short-Form) 형식의 메시지 등을 당시 인기 있던 온라인 채널을 통해 송출한 바 있다.

아울러 매년 초에는 개학 대비 어린이 교통안전 대국민 인식개선을 위해 어린이 보호구역 통학로 안전점검 및 교통지도 캠페인을 실시하고, 민간기관과의 협업을 통해 국민들이 참여할 수 있는 '체험형 캠페인'을 전개하고 있다.

Ⅴ. 한국도로교통공단

1. TBN(Traffic Broadcasting Network) 한국교통방송 설립·운영

현재 한국도로교통공단 산하 도로교통 전문 방송기관으로 운영 중인 TBN은 1997년 12월, 최초로 부산교통방송을 개국한 이래 현재 대구, 경인, 광주, 대전, 울산, 강원, 전북, 경북, 경남, 제주, 충북 등 전국 12개 지역에서 전파를 발사하고 있고, 2025년 7월 8일 자 신규 개국 예정인 충남 교통방송까지 총 13개 지역에 설립·운영되고 있다. TBN은 서울특별시 산하 미디어재단 TBS(서울교통방송)가 커버하고 있는 서울과 경기권을 제외한 전국을 대상으로 네트워크화하여 수시로 급변하는 도로교통 상황정보를 실시간으로 수집·가공, 청취자들에게 신속히 제공함으로써 운전자의 이동성과 안전성 향상에 도움을 주고 있다.

특히 각 지역별 특색에 걸 맞는 교통안전 프로그램과 캠페인을 제작·방송함으로써 원활한 교통 소통과 함께 교통사고 예방에도 기여하는 등 대국민 선진교통문화 의식 제고에 이바지하고 있다.

2. 교통사고 줄이기 한마음 대회(구 '교통사고 줄이기' 범국민대회) 개최

한국도로교통공단은 매년 11월, 행정안전부와 경찰청의 후원하에 전국모범운전자연합회, 녹색어머니중앙회, 새마을교통봉사대, 어린이 교통안전 명예교사 등 약 500여명이 참석하는 '교통사고줄이기 한마음 대회'를 개최하고 있다. 이 행사는 평상시 다양한 도로교통안전 활동을 통해 헌신·봉사하는 경찰공무원, 교통유관단체 유공자, 버스·택시 등 사업용 차량을 '10년 이상' 무사고로 운전한 사람을 선발하여 포상·격려함으로써 사기를 진작시키고 향후 '교통사고 줄이기' 활동에 더욱 적극적으로 참여토록 하기 위한 것이다. 행사 당일에는 교통사고 사진전시, 다양한 교통안전 공연 및 퍼포먼스 등을 함께 진행함으로써 참석자들에게 교통안전에 관한 경각심을 더욱 고취 시키고 있다.

이 행사의 '하일라이트'는 「도로교통법」 제146조 및 같은 법 시행규칙 제136조~제138조에 의거 실시하는 10년 이상 무사고 운전자에 대한 '0년표시장' 수여식이다. 이는 정부가 일정 기간 아무런 교통사고 없이 안전하게 사업용 자동차를 운전한 사람을 선발하여 포상·격려함으로써 이들의 자긍심과 사회적 책임 의식을 높이고 새로운 교통문화 정착의 선도적인 역할을 담당토록 할 목적으로 지난 1970년대 초반부터 행정안전부(경찰청) 주관하에 실시되어 왔다.

대상자 선발기준은 과거 '10년 이상' 사업용 자동차를 운전한 사람으로서 다섯 가지(10년, 15년, 20년, 25년, 30년) 해당 기간 동안 자동차 교통사고(인적 피해 교통사고, 음주·무면허 및 사고 발생 시 현장 조치 불이행 관련 물적 피해 교통사고)를 일으키지 않고, 같은 기간 동안 운전면허 취소(단, 적성검사 미필에 따른 취소는 제외) 처분을 받은 사실이 없는 「여객자동차운수사업법」 시행령 제3조(노선 및 구역별 여객자동차운송사업)에 해당하는 자동차를 직업적으로 운전하고 있는 사람이다. 이 행사를 위해 관할경찰서에서는 매년 1월 중순경 당해연도 대상자 선발 절차를 공고하고, 관할지역 내 운수사업조합 및 운수회사에 공고문을 배포하여 대상자의 신청서를 접수, 관할 시도경찰청으로 보고하고, 각 시도경찰청에서는 상반기 중 신청자들의 '운전면허대장' 등 확인 절차를 거쳐 자체 심사를 거쳐 최종 확정한다.

3. 여타 교통안전 홍보활동

그 밖에도 여러 가지 지상파 TV, 케이블 TV, 라디오, 신문, 잡지 등 다양한 매스컴을 통한 홍보, 시설물 제작·설치, 교통안전 간행물 발간·배포, 어린이 교통안전홍보관 운영, 양방향 소통이 가능한 SNS 등 온라인 매체 및 캠페인 등을 활용한 대국민 교통안전 홍보활동을 지속적으로 전개하고 있다. 또한 시대 변화에 맞는 새로운 방식의 홍보활동을 전개하기 위해 전 국민을 대상으로 참신한 영상·광고 디자인 등의 콘텐츠를 공모하고, 어린이를 대상으로 한 홍보작품 선발 전시회를 개최하기도 한다.

Ⅵ. 한국도로공사

한국도로공사는 국토교통부장관으로부터 전국 고속도로의 신설 · 유지 · 관리업무를 위탁받아 해당 업무를 수행하는 '준시장형 공기업'인바, 특히 고속도로 교통사고 예방을 위해 고속도로 휴게소, 고속도로 중간중간에 설치되어 있는 도로 전광판(VMS) 등을 활용한 특색 있는 홍보를 실시하고 있다.

지난 2021년부터는 고속도로 교통사고의 주요 유형, 발생 취약 시기 등 사고요인별 교통수요자 맞춤형 정보 제공을 통한 홍보활동을 전개하고 있다.

특히 고속도로상 사망교통사고의 핵심 취약 요인(졸음운전, 화물차, 안전띠 미착용, 2차사고)에 대한 주제별 · 시기별 맞춤형 홍보를 추진, 신문 기획기사, 보도자료 제공, TV 기획보도 등을 진행하고 있다.

아울러 기존 보도전문 채널 이외에도 교통안전 전문 예능 프로그램과의 협업을 통해 대중의 흥미를 유발하는 한편, 교양 프로그램에도 참여하여 심도 있는 교통안전 메시지를 전달하고 있다. 또한 교통안전에 대한 대국민 관심을 유도하기 위해 「모카」 · 「이과장」 등 최근 국내 인기 유튜버와 협업, 인스타그램 인기 작가 「개니와 마찌」와 협업하여 웹툰을 제작하였고, 인기 댄스 유튜버 「EMET SOUND」와 협업하에 '고속도로상 2차사고 예방' 댄스 챌린지를 진행하는 등 매우 흥미롭고 최신 트렌디한 콘텐츠를 제작하여 교통안전 홍보활동에 활용하고 있다. 아울러 도로공사의 대표적 콘텐츠인 '교통사고 CCTV 영상'을 활용한 「맨인 CCTV 시즌 5」 뿐만 아니라 인기 연예인 등과 함께 '유튜브 쇼츠(Shorts)'를 활용한 다양한 영상 콘텐츠를 제작 · 활용 중이다.

그 외에도 매년 설 · 추석 등 명절과 여름 휴가철 등 상대적으로 고속도로 통행량이 증가 하는 시기에는 관련 정부 부처 및 유관기관 · 단체와 합동으로 시의 적절한 교통안전 캠페인을 전개하고 있다. 예를 들어 지난 2023년도 하계휴가 기간 중에는 졸음운전 사고 예방을 위한 「졸음 땡! 휴식 큐!」라는 표어와 함께 고속도로 휴게소에서 운전자에게 얼음 생수를 제공하는 캠페인을 실시 한 바 있다.

또한 [그림 7-5]에서 보는 바와 같이 고속도로상 '2차 교통사고 예방'을 위한 운전자의 신속한 행동 요령인 「비상등 켜고 - 트렁크 열고 - 밖으로 대피 - 스마트폰 신고(비-트-박-스)」에 대한 집중 홍보를 위해 유명 연예인 또는 스포츠 선수들이 출연하는 캠페인 컨텐츠를 제작하여 종편 TV와 보도채널 등에 송출하였고, 힙합 장르 음악인 랩송(Rap-Song)방식으로 화물차 운전자들의 안전운전 광고 음원을 제작하여 KBS 등 7개 방송 매체에 제공, 매일 야간 사고 취약 시간대인 23시 이후에 집중 송출토록 하였다.

[그림 7-5] 한국도로공사의 '2차 교통사고' 예방을 위한 교통안전 홍보

제3절 교통안전 관련 민간 기관 · 단체와의 긴밀한 협조

Ⅰ. 손해보험협회

손해보험협회는 「보험업법」 제175조 및 「민법」 제32조에 의거 보험회사 상호 간의 업무질서 유지 및 손해보험산업의 건전한 발전을 도모하기 위해 지난 1946년 8월 1일 자 당시 4개 보험회사(조선화재, 신동아화재, 대한화재, 서울화재)를 회원사로 하여 맨 처음 설립되었다. 이후 1986년에는 의료보험 손해심사위원회를 설립하였고, 2001년에는 보험범죄 아카데미, 2002년에는 보험범죄방지센터를 연이어 설립하면서 현재에 이르고 있다.

보험(Insurance) 제도는 기본적으로 불의의 사고를 당한 피해자를 보호하여 사회안전망 기능을 수행하기 때문에 평상시 각종 위험에 대비한 리스크 관리를 필요로 한다. 따라서 현재 보험협회는 교통사고 예방활동, 보험범죄 방지활동, 자동차 손해배상보장사업, 보험모집에 따른 자율질서 구축, 구상금 관련 분쟁심의 등 여러 가지 역할을 맡아 보험사고와 관련한 제반 위험요소 관리 및 사회 공익사업을 수행하고 있다.

그 일환으로 협회는 1989년에 각 손해보험사 및 협회 자동차 보험 담당 임원

으로 구성된 「교통사고 예방활동위원회」를 설치, 선진국에 비해 높은 교통사고율을 낮추고 국내 교통문화 환경을 개선하기 위한 다양한 교통사고 예방활동을 전개하고 있다. 특히 교통사고 발생의 근본적인 원인 해결 및 실질적인 교통사고 예방효과를 거둘 수 있는 사업을 지속적으로 추진하고 있다. 또한 다수의 국회의원들로 구성된 교통안전포럼,[3] 국토교통부 및 경찰청 등 관련 정부 부처에 도로교통안전 관련 국내 법률과 제도의 합리적 개선을 위한 활발한 건의 활동을 전개하고, 대국민 교통안전 의식 제고를 위한 다양한 언론 홍보 및 캠페인도 실시하고 있다.

Ⅱ. 모범운전자회

모범운전자연합회는 당초 1971년 12월 27일 자 구 내무부령 제116호에 의거 전국 시 · 군 · 구 경찰서 단위의 소규모 '모범운전자회'로 창립하여 활동하였다. 이후 1981년 9월 5일 자 「민법」 제32조 및 「행정안전부 및 경찰청 소관 비영리법인 설립 및 감독에 관한 규칙」 제4조에 의거한 비영리사단법인으로 공인되었다. 1998년 9월 5일 자 사단법인 전국모범운전자연합회로 확대된 뒤 2005년 11월 2일 자 경찰청 소관 비영리 사단법인으로 지정되었고, 2025년 4월 현재 중앙본부와 18개 시도지부 및 261개의 지회 소속 약 25,600여명의 회원들이 활동 중이다.

모범운전자회는 각 경찰서별 1개 지회 단위로 조직 · 운영하는 것이 원칙이며, 평상시 교통질서 확립을 위해 해당 지역 내 주요 교차로에서 러시아워에 실시하는 교통경찰 업무 보조, 교통안전 및 거리 질서 캠페인 활동 이외에도 환경 보호 운동, 어르신 효도 관광 등 다양한 봉사활동을 전개하고 있다. 모범운전자는 경찰청(교통안전과)의 「모범운전자 선발 및 운용 지침(1971.12. 제정, 2022.12. 일부 개정)」에 의거 선발 · 운용되고 있으며 그 주요 내용은 다음과 같다.

---

3) 국회 「교통안전포럼」은 교통사고로부터 국민을 보호하고 선진 교통문화를 정착시키기 위해 법 · 제도개선 등 제반 교통안전 활동을 수행하는 국회의원 연구모임이다. 지난 2004년 제17대 국회에서 제1기 포럼이 구성된 이후 매 4년마다 회원을 갱신하면서 현재까지 20년간 이어져 왔다. 지난 2024년 7월 9일 국회의원회관 제2회의실에서 제6기 포럼 출범식이 개최되었으며 공동대표는 국민의 힘 성일종 의원과 더불어민주당 유동수 의원이 맡았고, 총 72명의 국회의원이 참여하고 있다. 그 동안 포럼은 음주운전 방지장치 장착 의무화('24.1월 공포), 어린이보호구역 방호울타리 설치 의무화('24.1월 공포) 등 교통사고 예방을 위한 법 개정에 기여해왔으며, 제6기에서도 고령자 · 어린이 등 교통약자 중심의 선진 교통문화 정착, 교통사고 취약분야 해소를 위한 법 · 제도개선 등 활동을 이어나갈 계획이다.

1. 모범운전자 정의

'모범운전자'란 「도로교통법」 第146조(무사고 또는 유공 운전자의 표시장)에 의거 무사고 운전자 또는 2년 이상 사업용 자동차 운전에 종사하면서 교통사고를 일으킨 전력이 없는 사람으로서 경찰청장이 정하는 바에 따라 선발되어 경찰서 모범운전자회에 가입하여 교통안전 봉사활동에 종사(10년 이상 봉사 활동한 사람은 사업용 차량을 운전하지 않아도 모범운전자 회원으로 인정)하는 사람을 말한다.

여기서 '무사고 운전자'란 자동차운전면허를 받은 사람으로서 '10년 이상' 운전에 종사하면서 교통사고를 일으키지 아니하여 경찰청장으로부터 '무사고 운전자 0년 표시장'을 수여 받은 사람이다.

또한 '교통안전 봉사활동'이란 경찰공무원을 보조하여 교통의 흐름을 원활하게 하고 교통사고를 예방하기 위해 행하는 교통지도 활동을 말한다.

2. 모범운전자 자격, 자격 취소사유

(1) 자격 및 선발 결격사유

관할 경찰서장은 무사고운전자 또는 본인의 신청일 기준 2년 이상 사업용 자동차 운전에 종사하면서 교통사고를 일으킨 전력이 없는 사람으로서 모범운전자가 되기 위하여 본인이 신청 원서를 작성·제출한 사람 중에서 자체 심사위원회 심사를 거쳐 선발하는데, 아래 사유에 해당하는 사람은 선발될 수 없다.

① 최근 2년 이내 인적 피해 교통사고를 일으킨 사람
② 무사고 운전자 또는 유공 운전자로 선발된 후 면허가 취소된 사람
③ 10년 이내 음주운전 및 자동차를 이용한 범죄를 범하였거나, 벌금 이상의 형을 선고받고 그 집행이 끝나거나 집행을 받지 아니하기로 확정된 후 3년이 지나지 아니한 사람 또는 벌금 100만원 이상의 형을 선고받고 그 집행유예 기간 중에 있는 사람
④ 법원의 판결에 따라 자격이 정지 또는 상실된 사람
⑤ 모범운전자로 활동하다가 연합회 정관에 의해 제적된 사람
⑥ 관할경찰서 소속 심사위원회의 심사 결과 모범운전자로 부적격하다고 판단된 사람

(2) 자격 취소사유

일단 모범운전자로 선발된 이후 다음 각호의 1의 사유에 해당하는 경우에는 자체 심사위원회가 재적위원 2/3 이상 의결을 거쳐 관할 경찰서장에게 모범운전자 자격의 취소를 요구할 수 있다. 이 요구를 받은 경찰서장은 요구받은 날로부터 2개월(만일 당해인에 대한 형사 사건 수사가 진행중인 경우에는 수사기관의 처분 결과가 나오기 이전까지)내에 취소 여부를 결정하여야 한다. 다만, 아래 제⑤호부터 제⑦호에 해당하는 경우에는 심사위원회의 요구가 없더라도 취소하여야 한다.

① 구역별로 지정된 교통보조 근무 일수의 월 3분의 2 이상을 정당한 사유 없이 결략한 경우
② 복장규정 위반, 「모범운전자증」 미휴대 등 규율 문란행위로 월 3회, 연 5회 이상 지적을 받은 경우
③ 연 3회 이상 정당한 사유 없이 근무 상황 점검을 받지 않았을 때
④ 인명피해 교통사고 야기, 연간 8회 이상 「도로교통법」을 위반, 통고처분 대상이 된때
⑤ 자동차운전면허 취소, 사업용 차량 운전업무에 미 종사. 다만, 과거 10년 이상 모범운전자로 봉사한 경우는 예외
⑥ 반국가적 범죄행위, 자동차 운행 관련 범죄행위로 '벌금 이상의 형'을 받았을 때
⑦ '주취운전'으로 자동차운전면허 정지 또는 취소 처분을 받았을 때
⑧ 벌금 100만원 이상의 형을 선고받고 그 집행이 끝나거나 집행을 받지 아니하기로 확정된 후 3년이 지나지 아니한 사람, 벌금 이상의 형을 선고받고 그 집행유예 기간 중에 있는 사람 또는 법원 판결에 의해 자격이 정지 또는 상실된 사람. 단, 확정판결 받기 전까지는 그 자격을 정지.
⑨ 지정된 복장을 착용하지 않고 교통 보조 근무 또는 사업용 자동차 운전
⑩ 「모범운전자회 정관」에 의거 모범운전자회로부터 제명 요구가 있을 때

3. 모범운전자 복장 및 표시물 등

모범운전자는 자신의 사업용 자동차 운전 중 또는 교통 보조 근무 시 지정된 복장을 착용해야 하며, 그 밖에 교통 캠페인, 자치단체장 주관 행사, 경찰서장이

승인한 공사 현장이나 교차로 교통정리 근무 시에도 그 복장을 착용할 수 있다. 아울러 모범운전자 복장 착용 시 '무사고운전자 표시장'은 왼쪽 가슴에, '견장'은 왼쪽 팔에 각각 패용한다. 또한 모범운전자가 운행하는 개인택시에는 개인택시 삼색선 및 택시 양쪽 앞 문짝 중앙에 모범운전자를 상징하는 도안을 표시할 수 있다.

4. 모범운전자의 근무 원칙

모범운전자는 원칙적으로 월 4회 이상 교통보조 근무를 해야 하며, 근무 장소는 관할 경찰서장이 모범운전자회 지회장의 의견을 들어 정할 수 있다. 관할 경찰서장은 교통안전 관련 업무상 필요한 때에는 지회장에게 교통안전 지도 및 보조 근무의 협조를 요구할 수 있다. 이 경우 지회장은 동원이 가능한 인원 내에서 적극 협조해야 한다. 또한 모범운전자는 교통사고 발생 또는 눈·비·바람·해일·지진 등 각종 재해로 인해 경찰공무원이 도움을 요청하면 이에 응하여야 한다.

또한 교통사고 또는 교통혼잡 발생 상황을 발견한 경우에는 관할 경찰서에 112로 보고하고 신속한 구호 및 교통 소통을 위해 수신호 등 교통지도 활동을 할 수 있다. 모범운전자는 평상시 도로교통 질서 유지와 준법 운행에 앞장서며 다른 운전자의 모범이 되도록 노력해야 하며, 평소 관할 시·군·구청으로부터 '민방위훈련 지도 요원'으로 위촉받은 모범운전자는 해당 민방위훈련이 실시되는 도로 현장에서 차량 유도 등 훈련지도 임무를 성실히 수행하여야 한다.

5. 모범운전자의 법적권한 및 제도적 혜택

「도로교통법」 제5조(신호 또는 지시에 따를 의무) 및 같은 법 시행령 제6조(경찰공무원을 보조하는 사람의 범위)에 의거 모범운전자는 경찰공무원을 보조하여 근무하는 경우 교통소통 및 안전에 필요한 때에는 도로를 통행하는 보행자·차마 또는 노면전차 운전자에 대한 '지시 권한'을 부여받고 있다. 이처럼 모범운전자로 선발된 사람은 해당 지역 내 '안전운전 대표자'로서의 명예와 자긍심을 가질수 있는 반면, 사업용 자동차 운전자로서의 개인적 시간 비용에 있어서는 사실상 적지 않는 희생과 손실이 발생하게 된다.

따라서 교통보조 등 제반 근무를 성실하게 임한 모범운전자에 대하여는 운전면허행정처분 절차상 소정의 감경조치를 하는 등 다음과 같은 몇 가지 혜택을 부여하고 있다.

① 교통사고를 야기하고 도주한 차량을 검거하거나 신고하여 검거하게 한 모범운전자가 운전면허 취소처분을 받게 될 경우에는 40점의 특혜 점수를 부여하여 누산 점수에서 공제
② 모범운전자에 대하여는 면허정지 처분의 집행기간을 2분의 1로 감경
③ 「도로교통법」을 위반하여 교통경찰관에게 적발된 경우에는 그 행위가 벌점 15점 이하로 경미하고, 「교통사고처리특례법」 제3조 제2항 단서에 명시된 12대 중대 위반사항 등이 아닌 한, 원칙적으로 일단 현장에서 즉시 통고처분 하지 않고, 당해인이 휴대한 '모범운전자증'의 뒷면에 7회까지 '경고'로 기재하고 8회부터는 정상적으로 통고처분 실시
④ 모범운전자는 「민방위기본법」 시행규칙상 '자체 교육 인정 등' 범위에 적용.
⑤ 모범운전자회회원에 대하여는 「자원봉사활동기본법」에 따른 상해보험 가입 혜택 부여

Ⅲ. 녹색어머니회

1969년 6월, 전국 각 초등학교에 재학 중인 자녀를 둔 어머니들을 구성원으로 한 '자모 교통지도반'으로 활동을 시작, 1971년 12월, 당시 내무부 치안본부 지침에 따라 '녹색어머니회'로 명칭을 변경하였고, 전국 6대 도시에서는 '녹색어머니연합회'가 결성되어 활동하였다. 2005년 11월, 전국 각 시도경찰청별 연합회가 조직되고, 이어 전국 단위의 '녹색어머니중앙회'가 결성되었다. 2006년 1월, '녹색어머니중앙회'가 비영리 사단법인으로 등기완료 되고 2월에는 「민법」 제32조에 의거 경찰청 소속 비영리 민간단체로 등록되었으며, 당시 전국 총 4,841개 초등학교 학부모 437,206명이 회원으로 활동했다. 2007년 9월에는 재정경제부장관이 지정하는 공익성 기부금 대상 단체로 선정되었다.

이후 '녹색어머니중앙회'는 매년 전국 녹색어머니회원 대상 정기 교통안전 소양교육, 교통안전 명예교사 양성교육, 초등학생의 등하교길 안전 캠페인, 어르신 교통사고 방지를 위한 캠페인 등을 전개하고 있다. 아울러 전국 각 초등학교별 녹색어머니회에서는 조를 나누어 매일 평일 아침 · 저녁 해당 학교 학생들의 등하교길 횡단보도 앞에서 녹색 깃발을 들고 학생들의 안전보행을 지도하고, 해당 지

역 교통안전 캠페인 참석 및 교통안전 명예교사로서 초등학교 교통안전 담당 교사와 함께 학생들에게 교통안전 교육을 실시하는 등 오랜 기간 국내 어린이 교통사고 감소에 지대한 역할을 수행하고 있다.

Ⅳ. 안전생활실천시민연합

사단법인 안전생활실천시민연합(약칭 '안실련')은 당초 1990년대 서울 성수대교 붕괴(1994.10.21.), 대구지하철공사장 가스폭발(1995.4.28.), 서울 삼풍백화점 붕괴(1995.6.29.) 등 대형안전사고가 연이어 발생했던 시기에 우리 사회의 각종 안전사고를 시민의 자체적인 힘으로 예방하자는 취지로 창립되어 1996년 8월 9일 자 노동부로부터 '비영리 사단법인' 허가를 받았다. 2025.4월 현재 서울에 있는 「본부」와 전국 15개의 광역지방자치단체에 위치한 「지역 안실련」으로 조직되어 있고, 산하 기구로 안전정책연구소, 안전전문센터, 안전지도사중앙회, 어린이교통안전봉사대, 안전문화원 등이 있으며, 전국 약 2만명의 회원 중에서 약 2천여 명은 안전교육 강사로 활동 중이다.

안실련은 창립 이래 자살예방, 교통안전, 생활안전, 산업안전 분야를 중심축으로 하여 우리 사회의 안전 및 생명 존중 의식을 고취하는 교육과 훈련, 관련 부처에 안전 관련 법령·제도에 대한 정책 건의, 대국민 홍보 및 캠페인 등 참여를 통해 선진 안전문화 확산, 주변의 위험 요인과 위험한 행위에 대한 신고 활동등을 수행하고 있다.

특히 우리사회의 가장 큰 문제 중 하나인 교통사고 예방을 위한 다양한 사업을 전개하고 있다. 연중 어린이 교통공원과 초등학교를 방문, 매년 약 80만 명의 어린이를 대상으로 교통안전교육을 실시하고 있고, 매 4년마다 각 지역 국회의원 선거 입후보자를 대상으로 교통안전 공약 개발에 필요한 정책자료를 제공하고 이들 중 실제로 당선된 국회의원들로 하여금 국회 '교통안전포럼'에 가입하도록 권유하여 이를 통해 임기 중 교통안전 관련 정부 부처에 관련 입법을 추진토록 독려해 왔다.

그 밖에 각 시·군·구별 '교통문화지수'[4] 평가를 위한 각 지역별 안전띠 착

4) 국내 기초지방자치단체(전국 229개 시·군) 관할 구역별 운전자의 운전 행태, 보행자의 보행 행태, 교통약자 보호 실태, 교통안전 시설 등 4가지 영역의 교통안전 실태를 객관적으로 조사하여 매년 이를 비교·평가함으로써, 각 지역 및 국가 전체의 교통안전 수준을 향상시키기 위한 목적으로 국토교통부(교통안전정책과) 주관하에 시행 중이다.

용율 · 교통법규준수율 등에 관한 현장 조사 활동, 교통사고 예방을 위한 캠페인, 교통안전 체험전 개최 등 활동을 지속 전개하고 있다.

Ⅴ. 평 가

정부가 각 시대 변화에 따라 필요한 여러 가지 정책을 수립하여 이를 실제로 추진해 나가기 위해서는 우선 각종 언론 매체 등을 통한 대국민 홍보를 통해 공감대를 형성해 가야야 한다. 그런데 그 정책이 단기간 내 종료되는 것이 아니라 장기적으로 꾸준히 지속되도록 하기 위해서는 수많은 국민 중에서 정부의 정책을 능동적으로 이해 · 수용하고 자기가 소속된 단체와 이웃과 지역 사회에 이를 적극적으로 전파해 나가는 '중심적 동력 조직'이 필수적이다.

위에서 자세히 설명했던 여러 가지 교통안전 정책 역시 실제로 운전자 및 보행자 즉 도로 이용자들에게 제대로 전파되어 평상시 일상생활에서 각자 자율적으로 실천하도록 유도하기 위해서는 위의 여러 민간단체와의 긴밀한 협조가 절실히 필요한 이유가 바로 여기에 있다. 특히 2010년대 이후 국민들의 인권 의식이 한껏 고양되고, 인터넷을 통한 관련 지식의 습득이 매우 용이해졌을 뿐만 아니라 최근에는 기존 전통적 방식의 언론 이외에 유튜브 등 쌍방 소통이 가능한 SNS 홍보매체가 대거 등장하면서 정부의 일방통행식 정책추진은 이제 거의 불가능한 실정이다.

한국의 교통사고 사망자 수가 역대 최고치에 달했던 1991년 이후 그간 정부가 기획 · 추진했던 여러 가지 세부 정책들이 국민 가운데 공감대를 형성, 평상시 도로 이용자들의 교통 생활에 잘 적용 · 정착되어 그 효과를 거두게 된 것은 위와 같은 여러 공공기관 및 민간단체들의 적극적인 협조와 지원에 힘입은 바 크다고 하겠다.

제8장

나가며

제8장

나가며

제1절 국제기구의 도로교통안전 정책 관련 최근 동향

최근 EU · UN 및 OECD 등 국제기구에서는 해당 지역 및 전 세계적 차원의 '교통사고 사망자와 중상자 수 ZERO화'를 목표로 그에 대한 장기적인 VISION과 목표를 세우고 각국 정부로 하여금 관련 교통안전 정책을 개발 · 추진하도록 권장하고 있다.

Ⅰ. Vision 및 목표

1. EU(European Union: 유럽연합)

OECD 회원국 중 오랜 기간 교통사고로 인한 연간 사망자 수가 가장 적은 국가로 손꼽혀 온 스웨덴이 1997년에 최초로 교통사고 사망자 수를 단 1명도 용납하지 않겠다는 의미의 'VISION ZERO'를 선언하였다. 그 후 2000년대 초반까지 유럽 전역에서 '교통사고 사망자 제로화'에 대한 비전이 공유되고 확산되었다.

이런 기조에 힘입어 EU 집행위원회는 「Road Safety Framework 2021～2030」을 공식 선포하고 현재 EU 회원인 각국 정부에 관련 정책을 수립 · 추진하도록 독려하고 있다.

2. UN(United Nations: 국제연합)

UN은 지난 2010년 교통안전 분야에서의 지속 가능한 발전목표(SDGs) 1단계로 2020년까지 각국의 경제 규모별 인구 10만명당 연간 교통사고 사망자 감소 목표를 <표 8-1>과 같이 권고한 바 있다.

〈표 8-1〉 각국의 소득 규모별 연간 교통사고 사망자 수 감소 목표(권고치)

연번	국가의 소득 수준별 구분	인구 10만명당 연간 교통사고 사망자 감소 목표(권고치)	
		2010년	2020년
1	고소득(High-Income) 국가	8.7명	4명
2	중소득(Middle-Income) 국가	20.1명	7명
3	저소득(Low-Income) 국가	18.3명	12명

출처: 제9차(2022~2026) 국가교통안전기본계획(국토교통부/관계부처 합동), 일부 재구성.

3. OECD(Organization for Economic Co-operation & Development: 경제협력개발기구)

1961년 9월에 창설된 OECD(2025 현재, 38개 회원국, 한국은 1996. 12. 가입)는 당초 유럽 경제협력기구(OEEC)에서 시작되었으나, 오늘날에는 회원국 간 정책적인 협의·조정을 통해 경제적 협력을 증진토록 하고 세계 경제 질서를 논의하는 기능을 수행하고 있다. 기본적으로는 '경제문제 협의체'지만 그 활동 범위는 경제 외에도 정치·사회·환경 등 다양한 분야를 아우르고 있으며, 특히 산업경제가 세계적으로 발전하면서 국제적 이슈가 되고 있는 '교통안전' 문제에도 많은 관심을 가지고 매년 회원국들의 연간 교통사고 사망자 수를 확인·비교·발표하고 그 외 필요한 연구 용역도 진행하고 있다.

지난 2008년에는 'OECD Toward Zero' 보고서를 발간 공표하고 각국 정부로 하여금 교통·안전 정책 Vision으로 '교통사고 Zero화'를 적극 추진토록 권고해 왔다.

Ⅱ. 정책 방향

최근 UN 및 OECD는 각국 정부로 하여금 도로상 자동차 등의 속도 관리를 기반으로 한 5대 영역(후술)에 대한 근본적인 '안전시스템(Safety System)' 구축을 통한 교통사고 예방 체계를 구축·운영해 나갈 것을 권고하고 있다.

1. 안전시스템(Safety System) 의의

최근 국제기구에서 권고하고 있는 도로교통 관련 '안전시스템'이란 인간은 언제 어느 때나 실수할 수 있는 존재임을 그대로 인정하고, 정부 당국이 인간의 실수마저도 용인할 수 있는 도로 환경을 구축함으로서 자동차등 교통사고를 예방해야 한다는 것이다. 이런 권고는 [그림 8-1]에서 보는 바와 같이 지난 1990년 영국의 심리학자 James Reason이 자신의 저서 'Human Error'에서 제시한 이른바 '스위스 치즈 Model' 이론을 근거로 한다.

[그림 8-1] 스위스 치즈 Model 이론

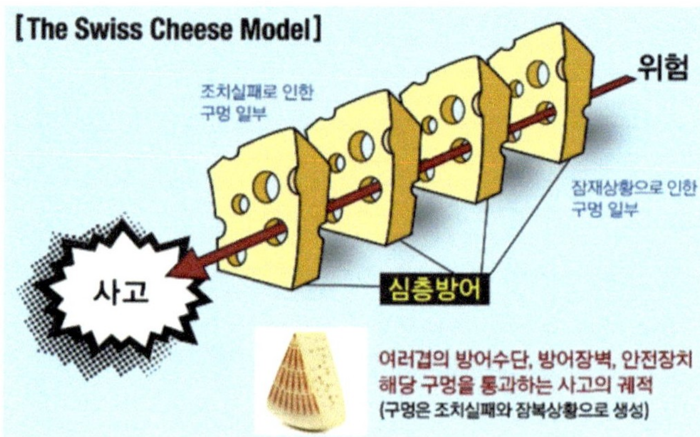

이 Model은 여러 가지 사고의 발생 원인을 평가하는 데 사용되고 있는데, 평상시 사고를 유발할 수 있는 잠재적 가능성을 스위스 에멘탈(Emmental) 치즈의 구멍에 비유하여 설명한다. 즉 모든 치즈는 숙성 과정에서 무작위로 많은 구멍이 생기기 때문에 개별 슬라이스 치즈마다 그 구멍의 수와 위치가 제각각이다. 따라서 여러 장의 슬라이스 치즈를 겹치면 개별 치즈에 있는 구멍이 가려질 수도 있고, 우연히 여러 구멍의 위치가 일치하여 여러 장을 관통하는 구멍이 생길 수도 있다.

이와 같은 치즈 모델에 있어서 각 치즈의 '슬라이스'는 사고 위험을 대비하는 안전장치를 의미하고, 각 치즈의 '구멍'은 안전장치의 불완전성으로 인해 존재하는 사고 발생의 잠재적 결함을 나타낸다.

결론적으로 이 이론의 핵심은 전체 시스템 중 한 부분에서 위험 요소가 발생했다 하더라도 또 다른 안전장치가 이를 보완해 주면 사고를 예방할 수 있으나, 치즈의 여러 개 구멍이 동시에 겹치는 상황처럼 모든 장치에서 동일한 결함이 발생하게 되면 바로 그것이 대형 사고로 이어지게 된다는 것이다.

저자인 James Reason 교수는 자신의 책에서 인간 사회에 있어서 대형 사고는 개별적 위험 요소를 관리하지 못한 '휴먼에러(Human Error)' 즉 인간의 실책으로 인해 발생하게 되므로 평상시 안전시스템의 결함을 최소화하고 실책을 줄임으로써 각종 사고를 예방해야 한다고 강조했다.

다시 말해 '스위스 치즈 모델'은 어떤 사고든지 하나의 원인으로만 발생하는 것이 아니라 조직적・시스템적・환경적인 요인 등 다양한 요인이 복합적으로 작용하여 일어날 수 있다는 점을 강조하고 있다.

위의 이론을 '도로교통사고'와 관련해서 살펴본다면 자동차 교통으로 인한 사망이나 중상 사고 역시 평소 내재되어 있는 여러 가지 다양한 위험 요인이 복합적으로 결합하여 발생하는 것이므로, 정부는 교통사고발생 원인을 도로 이용자(운전자와 보행자)에게서 찾기보다 그들(인간)은 어쩔 수 없이 실수할 수밖에 없는 존재임을 인정하고 평상시 도로 환경의 획기적 개선 및 자동차 자체의 기계적 방어 시스템 강화 등을 통해 교통사고를 근본적으로 차단할 수 있는 대책을 강구해야 한다는 논리다.

'스위스 치즈 모델'을 이론적 근거로 한 도로교통상 '안전시스템'은 일찍이 1990년 네덜란드 정부가 '지속 가능한 안전(Sustainable Safety)'이라는 개념을 통해 맨 처음 정립하였고, 1997년 스웨덴 정부가 'Vision Zero'를 선포하면서 'Safety System'을 소개하면서 이후 국제적으로 활용되기 시작하였다. 이후 EU・UN 및 OECD 등 여러 국제기구에서 5대 영역(교통안전 관리체계, 도로시설 및 환경, 자동차, 도로 이용자, 교통사고 발생 이후 대응)에서의 Safety System을 구축하도록 권고하고 있다.

이와 관련 지난 2025년 4월 8일 국회의원(72명)으로 구성된 국회 '교통안전포럼'이 '교통안전 Vision Zero'을 선포하는 등 최근에는 한국에서도 위 이론을 기초로 한 교통안전 정책이 수립・추진되고 있다.

2. '안전시스템'의 기본 철학 및 내용

국제기구가 권고하고 있는 도로 교통상 '안전시스템'의 기본 철학은 '인간은 기본적으로 언제 어느 때나 실수할 수 있다'는 점에 관한 인식을 새로이 하고 앞으로는 교통사고 발생의 원인을 도로이용자(인간) 개인의 실수로 돌리기보다는 그나라 도로교통상 제도와 시스템의 실패로 간주하여 그 시스템 설계자 및 정부당국 등 제도와 시스템 운영자의 책임을 보다 강조해야 한다는 점이며, 그 주요 내용을 기존 전통적인 교통안전 정책과 비교하면 <표 8-2>와 같다.

〈표 8-2〉 새로운 도로교통안전시스템의 세부 정책 내용 비교

연번	세부 정책 사안	도로교통안전 정책의 세부 내용 비교(기존-신규)	
		기존 전통적 정책	신규 안전시스템에 입각한 정책
1	중점 관심 대상	모든 교통사고	사망 및 중상 이상 사고
2	교통사고 원인	과속・음주・부주의 등 도로 이용자의 실수	도로교통시스템의 실패
3	궁극적인 책임	도로 이용자 개인	도로교통시스템 설계자, 운영자
4	사고감소 대책의 접근 방향	교통사고 관련 문제를 감소시킬 수 있는 개별 요인(독립변수)에 대한 증분적 접근	위험요소 최소화 및 안전한 도로체계 확립을 위한 시스템적 접근
5	연간 사고피해자 감소 목표 설정	타 수치와 비교하여 사망자 및 중상자수 연간 감소 목표의 최적 수치 도출	사망자 수 및 중상자 수 Zero화
6	상충 요인 관계	이동성과 안전성의 균형 유지	안전성(안전한 이동)에 극대화
7	사고 감소 목표달성 방법	도로・속도・차량・이용자 등 각 개별적 영역 효과들의 단순 합산	도로・속도・차량・이용자 등 각 영역의 상호 보완을 통한 최적화된 해결 방법 제시
8	자동차 운전자의 문화의식적 변화	교통사고 야기 시 부담해야 하는 강력한 법적 책임 회피 등 부정적 의식 전파	위험성에 대한 평가, 기술 혁신, 시험, 입증 등 긍정적 의식 전파

3. '안전시스템'에 입각한 교통안전 정책 수립・추진 시 기본 원칙

국제기구가 위와 같은 안전시스템에 입각한 교통안전 정책을 권고하면서 최근 각 국가별로 교통사고 감소대책 수립 시 적극 반영하도록 권장・제시하고 있는 기본 원칙은 다음과 같다.

① 기존 5년~10년 단위의 단기적 목표도 병행 설정하되, 가급적 장기적인 관점에서 감소 목표(2050년까지 사망자 및 중상자 수는 0명) 및 전략을 설정하고, 정부 각 기관별로 상이한 목표 설정은 지양한다.

② 정부의 교통안전정책은 향후 장기간 지속 가능해야 하며, 개별적으로 세분된 대책보다는 여러 가지 대책이 가능한 한 체계적으로 연결되고 시스템적으로 접근되어야 한다.

③ 가급적 다양한 데이터를 활용, 과학적 근거와 효과도에 입각하여 이른바 '증거에 기반한 대책'을 강구하기 위해서는 본격적으로 시행하기 전에 시범 사업 및 Living Lap를 활성화한다.
④ 개선 대책 실행에 따른 책임을 명확히 하기 위해 각 세부대책 또는 과제의 실행 부서를 명시하고, 주된 책임 부서를 설정하며, 가급적 관계 부처 간 합동 사업은 지양한다.
⑤ 개별 세부 사업의 투명성을 제고시키기 위해 매 5년 단위 기본계획과 연 단위 시행계획의 집행 과정, 안전성능 지표 및 목표 등을 주기적으로 언론에 공표하고, 관련 부처 종합대책은 일관성을 유지한다.
⑥ 중앙정부, 각 지방자치단체 등 '공공 영역'뿐만 아니라 교통안전시스템 개발업체, 설계 및 시공업체, 관련 시민단체 등 '민간 영역'에서도 강력한 책임 의식을 동반하여 공유토록 유도한다.

Ⅲ. UN이 권고한 도로교통안전 10개년 계획(2021~2030)

지난 2021년에 UN이 위와 같은 '안전시스템(Safe System)'에 입각하여 향후 10년(2021~2030)간 각국 정부가 추진하도록 권장한 교통안전 정책의 핵심 요지는 다음과 같이 크게 5가지다.

1. Action 1: Multimodal transport & Land-use planning

교통안전 확보를 위한 여러 가지 정책수단 및 토지이용 계획이다. 여기에는 소형도시 디자인, 각 도로별 자동차속도 제한 기준 하향조정, 보행자·자전거 및 대중교통 이용자 우선, 교통기반 도시상업지구 개발, 교통수단 접근성 향상, 승용차 사용 억제 및 대중교통 이용자에 대한 인센티브, 모든 연령층의 이용이 가능한 자전거 등 무동력 수단의 안전한 네트워크가 구축될 필요가 있다.

2. Action 2: Safe road instructure

보다 안전한 도로인프라 구축을 위한 정책수단이다. 이를 위해서는 토지이용과 도로기능 수준에서 각 도로 이용자 그룹을 위한 도로 안전 및 도로 설계 기준 개발이 권장된다. 또한 운전자가 원하는 주행속도 환경에 대한 논리적·직관적 규정의 준수를 보장하는 도로 환경을 구축하고, 모든 신규 도로의 안전진단

수행, 교통사고 위험도 조사 확인 과정을 통해 명확한 개선 대책이 제시되어야 한다.

3. Action 3: Vehicle Safety

차량을 이용할 때 보다 높은 안전성을 확보하기 위한 정책 수단이다. 이를 위해서는 안전벨트, 어린이 보호장치, 헬멧 등에 관한 보다 향상된 안전기준이 마련되어야 하고, 자동차의 고품질 안전 표준이 유지되어야 한다.

4. Action 4: Safe road use

보행자가 보다 안전하게 도로를 이용할 수 있도록 하기 위한 정책수단이다. 여기에는 각 도로의 기능별·유형별 제한 속도 기준, 주취운전 기준, 운전 중 휴대폰 사용에 관한 기준 등에 관한 도로교통 법령상 규정의 제정 및 시행이 필요하고, 자동차운전 규칙 및 운전면허 취득 조건에 관한 규정도 현실에 맞게 개선·보완 되어야 한다. 또한 도로상에는 회전교차로, 교통정온화(Traffic Calming) 시설 확대 및 교통안전 표지판 및 노면표시가 보다 명확하게 설치·유지되어야 한다. 또한 운전 중 핸드폰 사용 자동 차단, 안전벨트 자동 착용, 지능형 속도 제한 보조 장치 등의 성능이 지속적으로 개선·보완되어야 한다.

5. Action 5: Post-Crash response

교통사고 발생 직후 응급환자에 대한 의료조치 프로그램에 관한 것으로 희생자 케어 프로그램 확대, 과학적인 사고조사 및 중상 등 피해자의 빠른 회복 지원 프로그램이 마련되어야 한다.

제2절 한국의 근래 교통사고 실태 및 사망자 감소 대책

Ⅰ. 과거 30여 년간 한국의 교통사고 변화 추이

지난 30여 년간(1994~2024) 한국에서 발생한 교통사고 관련 통계 변화의 추이는 <표 8-3>에서 보는 바와 같다.

〈표 8-3〉 1994~2024(30년) 간 한국의 교통사고 변화 추이(매 5년)

구분		1994	1999	2004	2009	2014	2019	2024
사고발생	발 생(건)	266,107	275,938	220,755	231,990	223,552	229,600	196,349
	5년전 대비(건)	+10,804	+9,831	−55,138	+11,235	−8,438	+6,048	−33,251
	변화율(%)	+4.23	+3.69	−19.98	+5.08	−3.64	+2.71	−14.48
사망자 수	사망자 수(명)	10,087	9,353	6,563	5,838	4,762	3,349	2,521
	5년전 대비(명)	−2,238	−734	−2,790	−725	−1,076	−1,413	−828
	변화율(%)	−18.16	−7.28	−27.27	−12.42	−18.43	−29.67	−24.72
부상자 수	부상자 수(명)	350,892	402,967	346,987	361,875	337,497	341,712	278,482
	5년전 대비(명)	+19,228	+52,075	−55,980	−14,888	−24,378	−4,215	−63,230
	변화율(%)	+5.95	+14.84	−13.89	−4.29	−6.74	−6.74	−18.50

출처: 경찰청 보도자료(2025.4.9) 및 한국도로교통공단 교통사고통계정보(TAAS)를 근거로 일부 재구성. 1994년 수치는 1990년 교통사고를 기준으로 함(사고 255,303건, 사망자 12,325명, 부상자 324,229명)

<표 8-3>에서 보는 바와 같이 연간 '교통사고 사망자 수'는 역대 최다였던 1991년 13,429명을 기록한 이후 지속적인 감소 추세를 유지하고 있으며, 작년 2024년도에는 2,521명으로써 지난 31년간 약 81.22% 감소한 것으로 나타났다.

그중에서도 한국의 '도로교통 안전정책'이 본 궤도에 올라 있던 2000~2019(20년)간 사망자 수는 6,889명, 연평균 감소율은 5.7%였는바, 이러한 수치는 해당 기간 OECD 회원국 중 사망자 수는 1위, 연평균 감소율은 10위였고, 특히 2010~2019(10년)간 사망자 수는 2,156명, 연평균 감소율은 5.4%였는바, 이는 해당 기간 OECD 회원국 중 사망자 수는 1위, 연평균 감소율은 4위였던 것으로 나타났다.[1)]

참고로 위 통계에는 없으나 지난 2000년도(10,246명)에는 연간 교통사고 사망자 수가 1999년(9,353명) 대비 883명(9.44%) 증가한 것으로 되어 있다. 그러나 이 수치는 교통사고 발생 시점으로부터 실제 사망 시까지 '72시간'이었던 '기존 교통사고 사망자 수 통계 산정 기준'을 지난 2000년도부터 OECD 국제기준에 맞춰 '30일'로 바꾸는 과정에서 일시적으로 생겨난 결과일 뿐이다. 그런데 지난 31년 동안 연간 '교통사고 발생 건수'와 '부상자 수'의 경우 전체적으로는 감소 추세지만, '사망자 수'에 비해서는 상대적으로 매우 미흡한 수준이다.

1) 국토교통부(2022.9), 「제9차(2022~2026) 국가교통안전기본계획(정부합동)」.

<표 8-3>에서 보는 바와 같이 '교통사고 발생 건수'는 1991년 265,964건을 기록한 이후 2024년에는 196,349건으로써 지난 31년간 전체적으로는 26.17% 감소했지만, 최근까지 매년 감소와 증가를 반복하고 있는 게 현실이다.[2] 또한 '교통사고 부상자 수'는 1991년 331,610명을 기록한 이후 2024년에는 278,482명으로써 지난 31년간 전체적으로는 16.2% 감소하였지만, 2000년(426,984명)까지는 매년 증가치를 경신하다가 2001년(386,539명)부터 비로소 감소하기 시작하여 현재까지 전체적으로는 그 추세를 유지하고 있다.

다만, <표 8-4>에서 보는 바와 같이 지난 2015년 이후 2024년까지 최근 10년간 연간 '교통사고 부상자 수'는 매년 감소와 증가를 반복하고 있는 실정이다.

〈표 8-4〉 2015~2024(10년) 간 연간 교통사고 부상자 수 변화 추이

구분	2015	2016	2017	2018	2019	2020	2021	2022	2023	2024
부상(명)	350,400	331,720	322,829	323,037	341,712	306,194	291,608	281,803	283,799	278,482
증감(명)	+12,903	−18,680	−8,891	+208	+18,675	−35,518	−14,586	−9,805	+1,996	−5,317
증감(%)	+3.82	−5.33	−2.68	+0.06	+5.78	−10.39	−0.48	−3.36	+0.71	−0.71

출처: 경찰청 보도자료(2025.4.9) 및 한국도로교통공단 교통사고통계정보(TAAS)
주: 2015년 수치는 2014년 부상자 수(337,497명)을 기준으로 함.

Ⅱ. 2020년 이후 최근 5년간 한국의 교통사고 실태 분석

위에서 살펴본 바와 같이 한국에서는 정부가 매년 교통사고 사망자 감소대책을 수립하여 적극 추진하고, 국민 역시 이에 적극적으로 호응함으로써 연간 교통사고로 인한 사망자 수는 2024년도의 경우 2,521명으로써 1991년 대비 81.22% 감소하는 큰 성과를 거두고 있으나, 그럼에도 불구하고 후술하는 바와 같이 국제적으로 볼 때 OECD 회원국 중에서는 아직도 중하위권 수준에 머무르고 있는 게 현실이다.

또한 현재 한국 정부가 '도로교통 안전정책'을 수립·추진함에 있어서 보다 집

2) '교통사고 발생 건수'는 지난 1994년 266,107건을 기준으로 할 때, 1996년 275,938건(+9,831건/+3.7%), 2004년 220,755건(−55,183건/−20.0%), 2014년 223,552건(+2,797건/+1.3%), 2019년 229,600건(+6,048건/+2.7%), 2023년 198,296건(−31,304건/−13.6%), 2024년 196,349건(−1,947건/−1.0%) 등 지난 30여 년간 증가와 감소를 반복하고 있다.

중해야 할 취약영역은, 첫째 보행자 피해 사고(차 대 사람), 둘째 고령 운전자(65세 이상)에 의한 사고, 셋째 사업용 자동차 중 화물자동차에 의한 사고, 넷째 이륜차 중 택배 등 배달서비스 종사자에 의한 사고인 것으로 분석되고 있다.

2024년도의 경우 분야별 교통사고 사망자는 <표 8-5>와 같으며, 전년 대비 화물차·이륜차·주취운전자 사고에 의한 사망자 수는 다소 감소했으나, 보행자(피해자), 고령 운전자(가해자) 및 고속도로상 사망자(피해자) 수는 각각 증가한 것으로 나타났다.[3]

〈표 8-5〉 2024년도 중요 분야별 교통사고 사망자 수 현황

연도	전체	보행자	고령운전자	화물차	이륜차	고속도로	주취운전
2024	2,521	920	761	594	361	187	138
2023	2,551	886	745	595	392	186	159
대비 (명/%)	−30 (−1.2)	+34 (+3.8)	+16 (+2.1)	−1 (−0.2)	−31 (−7.9)	+1 (+0.5)	−21 (−13.2)

또한 자동차 교통사고로 인한 연간 보행 중 사망자 수는 <표 8-6>과 같은바, 2024년도에는 920명으로써 전년(886명) 대비 3.84%(34명) 증가하였다. 보행 중 사망자 수는 연간 전체 교통사고 사망자 수의 36.5%를 차지하며, 전체 보행 중 사망자 수 중에서 '65세 이상 고령자'가 차지하는 비율은 67.0%로써 지난 2020년 이후 매년 증가 추세이다.

〈표 8-6〉 최근 5년간 '보행 중 교통사고' 사망자 수 변화 추이

구분		2020	2021	2022	2023	2024
연간 전체 사망자 수(명)		3,081	2916	2735	2551	2521
전체 보행중 사망자 수	인원(명)	1,093	1,018	933	886	920
	점유율(%)	35.5	39.9	34.1	34.7	36.5
보행중사망자 중 고령자 수	인원(명)	628	601	558	550	616
	점유율(%)	57.5	59.0	59.8	62.1	67.0

3) 경찰청(2025.4.9), 「2024년도 교통사고 사망자 2,521명(보도자료)」.

한국은 2024년 12월 기준, '65세 이상 인구(고령자)'가 국내 전체 인구의 20%를 넘어 이른바 '초고령사회'에 진입하였다. 이와 함께 <표 8-7>에서 보는 바와 같이 전체 운전면허 인구 중 고령자 점유율이 2020년도에 11.10%인데 비해 2024년도에는 14.89%로써 지난 5년간 연평균 증가율이 0.95%를 기록하고 있는 가운데, 고령자가 운전하는 자동차에 의한 연간 교통사고 사망자 역시 2022년도 이후 점차 증가추세가 나타나고 있다. 따라서 '고령 보행자'가 교통사고로 인해 사망하는 문제와 함께 '고령 운전자'가 자동차를 운전하다가 야기하는 사망사고를 감축시키기 위한 보다 종합적이고 실효성 있는 대책이 필요한 시점이다.

〈표 8-7〉 최근 5년간 고령 운전면허소지자 및 고령 운전자에 의한 교통사고 사망자 수 증감 추이

구분		2020	2021	2022	2023	2024
전체 운전면허 인구		33,190,565	33,729,806	34,133,763	34,436,680	34,707,289
고령자운전 면허 인구	인원(명)	3,682,632	4,016,538	4,387,358	4,747,426	5,166,386
	점유율(%)	11.10	11.91	12.84	13.79	14.89
고령 운전자에 의한 사망사수	인원(명)	720	709	735	745	761
	전년대비증감(%)	−6.4	−1.5	+3.7	+1.4	+2.1

또한 <표 8-8>에서 보는 바와 같이 2024년도 주취운전으로 인한 교통사고 사망자 수는 138명으로써 2020년 이후 계속하여 감소 추세이나 전체 사망자 수 대비 점유율은 아직도 5.47%에 이르고 있어 앞으로도 그에 대한 강력한 대응책이 계속 필요하다.

〈표 8-8〉 최근 5년간 '주취운전'으로 인한 연간 교통사고 사망자 수 증감 추이

구분		2020	2021	2022	2023	2024
연간 전체 교통사고 사망자 수(명)		3,081	2,916	2,735	2,551	2,521
주취운전으로 인한 사고	사망자 수(명)	287	206	214	159	138
	전체 대비 점유율(%)	9.32	7.06	7.82	6.23	5.47
	전년 대비 증감률(%)	−	−28.2	+3.9	−25.7	−13.2

Ⅲ. OECD 회원국 중 주요 교통지표의 국제적 수준 평가

국제 비교가 가능한 2021년도를 기준으로 할 때[4] 한국의 '인구 10만명당', 교통사고 사망자 수는 5.60명으로써 OECD 회원국(총 38개국 중 자국 통계를 제출한 37개국)의 평균치 5.16명 대비 약 1.09배 많으며, 이 수치는 헝가리와 함께 공동 27위 수준이다. 1위는 1.50명인 노르웨이이고, 37위는 12.70명인 미국이다.

또한 한국의 '자동차 1만대당' 교통사고 사망자 수는 1.00명으로써 OECD 회원국(총 38개국 중 자국 통계를 제출한 32개국)의 평균치인 0.87명 대비 약 1.15배 많으며, 이 수치 역시 27위 수준이다. 1위는 0.20명을 기록한 노르웨이이고, 32위는 4.30명을 기록한 콜롬비아다.

이렇게 볼 때 한국은 비록 지난 1991년 이후 최근 2024년도까지 31년간 교통사고 사망자 수가 무려 81.22% 감소하는 실로 경이적인 감소 성과를 거두었음에도 불구하고, OECD 회원국 중에서는 아직까지 중하위권에 머무르고 있는 실정이다. 따라서 정부는 앞으로도 더욱더 실질적이고 효과적인 '도로교통안전 정책'을 수립하여 지속적으로 추진해 가야 할 필요가 있다.

Ⅳ. 최근 시행 중인 한국의 '도로교통안전 정책' 개관

한국 정부는 「교통안전법」 제15조 및 같은 법 시행령 제10조에 의거 1983년 이후 총 9차례에 걸친 '교통안전기본계획'을 수립, 관련 중앙부처(지정행정기관), 전국 지방자치단체, 각급 경찰기관·도로관리청 등에 시달·독려하면서 국내 자동차 교통사고로 인한 사망자 수 감소를 위해 노력해 왔다.

지난 2022년 9월에는 2026년까지 5년간 적용될 '제9차 교통안전기본계획'을 수립·시달하였다. 아울러 매년 5월 중 국토교통부(교통안전정책과) 주관하에 '관계 부처 합동 대책'을 수립, 관련 중앙부처 및 지방자치단체 등에 시달하고 있다. 여기서는 2024년 5월 최종 확정·시달된 '2024년도 교통사고 사망자 감소 대책'을 기초로 최근 '한국 교통안전 정책'의 주요 내용을 살펴보기로 한다.

---

4) 한국도로교통공단 교통사고분석시스템(https://www.koroad.or.kr/main/content/view/MN04040000.do)

1. Vision 및 목표

'도로교통안전' 정책과 관련한 한국 정부의 장기 Vision은 국제기구에서 권장하고 있는 것처럼 '교통사고 사망자 Zero화'를 달성하는 것이다. 단기적으로는 2021년도 교통사고 사망자 수(2,916명) 대비, 2026년(제9차 계획 종료 시점)까지 5년 동안 약 38% 감축, 연간 사망자 수를 약 1,800명 수준으로 떨어뜨림으로써 OECD 회원국(36개국) 중 약 10위권의 '교통안전 우수 국가'로 진입하는 것이다.

2. 5대 중점 추진 대책

지난 2020년 이후 최근 5년간 국내 자동차 교통사고 현황 분석 결과를 토대로 보행자 및 교통약자, 화물차 및 이륜차 운전자, 고령 운전자, 주취 운전자 등 각 취약 분야의 실태와 문제점을 더욱 집중적으로 연구·분석하여 아래와 같은 다섯 가지 중점 분야로 구분, 교통안전 대책을 수립·추진하고 있다. 아울러 다섯 가지 중점 분야별 각 세부 계획에 대하여는 최근 국제기구가 안전시스템(Safety System)에서 권장하고 있는 것처럼 각 단위 계획별 추진 일정과 함께 담당 주무 기관(국토교통부, 행정안전부, 교육부, 경찰청, 관계기관 합동 등)을 구체적으로 명시, 각 주관사업 시행에 따른 책임성을 명확히 함으로써 각 정책 추진의 동력을 담보하고 있다.

(1) 보행자 및 교통약자(어린이, 고령자 등) 대상 교통안전 강화

첫째, '보행자 최우선 교통체계'를 구축하기 위해 교차로상 우회전 및 횡단보도 안전 확보를 위한 통행체계 개선, 보행량이 많은 도로 구간에 '보행자 우선도로' 추가 지정, '보행자·자전거 겸용 도로'를 '보행자 전용도로'로 점차 개선하고, 보도와 차도가 분리되지 않은 이면도로에 대한 안전관리 지침을 마련한다.

둘째, '어린이 안전 확보를 위한 도로환경 구축'을 위해 어린이보호구역 내 도로에는 방호울타리 최우선 설치, 보호구역(어린이, 노인, 장애인)통합관리시스템 구축, 보드게임·동영상·VR 등을 활용한 맞춤형 안전교육 실시, 어린이 통학버스 안전 확보를 위한 관계기관 합동점검 실시, 어린이 신체 특성을 고려한 안전띠·좌석 및 통학버스 전용 등화장치를 개발하고, 기타 안전기준 개선안을 마련한다.

셋째, '고령자의 안전한 보행환경' 구축을 위해 시장이나 병원 등 고령자 통행이 많은 도로상 횡단보도에도 보행신호(녹색) 시간 기준 연장 적용(일반 횡단보도: 1.0m/sec), 고령자 통행이 많은 횡단보도: 0.7m/sec), 전국 시 · 군 단위 지방도로 상 '마을주민 보호구간'의 체계적 관리를 위한 법적 · 제도적 장치 보완, 기타 지방도로 상 좁은 보행로 및 갓길의 노폭 확대 · 정비 등 사업을 추진한다.

(2) 취약 분야(화물차, 이륜차 등) 및 고령자 등 고위험 운전자 대상 안전 운행 확보

첫째, 화물차의 안전기준을 강화하기 위해 「자동차관리법」을 일부 개정, 일정 기간(통상 5년) 이상 차령을 초과한 사업용 대형 화물차의 가변축을 정기적으로 분해하여 주행장치 및 제동장치 이상 여부를 확인 · 점검할 수 있는 근거 규정 신설 추진, 「화물자동차운수사업법」 시행규칙을 일부 개정, 화물차 운전자가 자동차 운행 직전에 수행하는 일상점검 항목 · 방법을 구체적으로 명시하고 점검 내용을 기록하도록 의무화하며, 운송 사업자는 그 기록을 3년간 보관하고 향후 행정기관 요청 시 제출토록 하는 방안을 추진한다.

둘째, 운송사업자 등의 교통안전 확보 의무를 강화하기 위해 「화물자동차운수사업법」을 일부 개정, 운송 사업자가 운전 종사자의 입 · 퇴사 미보고 또는 거짓 신고 시 부과하는 과징금 기준의 상향 검토, 「교통안전법」 시행령을 일부 개정, 화주가 화물의 과적이나 적재 불량 등 불법 운행을 지시한 경우 처벌 규정 신설, 대형 교통사고 위험성이 큰 트랙터와 25톤 이상 사업용 화물차의 운행기록 제출 의무화 규정 신설 등을 추진한다.

셋째, 화물차 운전자의 안전의식 확산을 위해 현재 '10대 이상' 대규모 업체 대상 우선 실시 중인 '교통수단 안전점검' 제도를 소규모 업체까지 확대하고, 현재 부정기적으로 시행 중인 화물차의 과적 · 적재 불량 및 차량 안전기준 등 위반행위에 대한 관계기관(국토교통부, 경찰청, 관할 지방자치단체, 한국교통안전공단, 한국도로공사 등) 합동 단속을 매년 2회 정기적으로 실시하는 방안을 추진한다.

넷째, 이륜차의 안전 운행과 관련, 최근 사고률이 증가하고 있는 배달업 종사자의 안전관리를 강화하기 위해 가능한 한 많은 종사자들이 배달서비스 공제조합(2023년 5월 설립 인가)에서 출시한 보험상품에 가입하도록 적극 권장하고 이륜차 안전장치(블랙박스, 운행기록장치 등)을 장착하거나 안전교육을 이수하면 보험료 일부를 할인해 주는 제도 추진, 「생활물류서비스발전법(2021.1. 제정)」에 의거 배달 종사자의 운전면허 유효성(정지 또는 취소 여부)을 실시간으로 확인하는 '운전자격 확인시스템' 도입 시행, 신규 배달종사자에 대해서는 생활 물류 전문인력 양성기관(한국교통안전공단)에서 주행 제동 방법, 운전 자세 등에 관한 교통안전교육을 실시한다.

다섯째, 이륜차의 전반적인 안전관리를 강화하기 위해 일부 개정된 「자동차관리법」 시행령 및 시행규칙에 의거 2025년 3월부터 '등록 이륜차 정기(매 2년)검사 제도' 시행, AI 기술을 활용한 후면 번호판 무인 교통단속장비를 전국 주요 도로상에 매년 확대 설치하고, 단속 장비의 '후면 번호판' 인식률을 제고하기 위해 현행 번호판의 규격 확대, 법규(보도 주행, 공동위험행위, 보호장구 미착용 등) 위반 이륜차를 신고하는 '공익 제보단(2024년도 현재 5,500명)'을 적극 활용하여 단속 사각지대 최소화를 추진한다.

여섯째, 65세 이상 고위험 고령 운전자에 대해서는 원칙적으로 '이동권'을 보장하되, 교통안전을 현저하게 위협하는 경우에는 대상자의 운전 자격을 제한적으로 관리하는 것이 바람직하므로 향후 「도로교통법」을 일부 개정, 고령 운전면허 소지자에 대하여는 정기 적성검사 시 운전능력을 평가, 그에 맞는 수준의 '조건부 운전면허'를 부여하는 방안 추진, 「여객자동차운수사업법」을 일부 개정, 버스・택시 등 사업용 차량을 운전하는 고령자에 대하여는 운전 적격성 여부(시야각, 주의력, 공간판단력 등)를 판단하기 위한 현행 '자격 유지 검사' 판정기준(65～69세: 매 3년, 70세 이상: 매 1년 주기) 강화 방안을 추진한다.

(3) 사업용 자동차(버스, 택시, 렌터카 등) 및 개인형 이동장치(PM) 안전관리 강화

첫째, 버스・택시의 안전운행을 보다 강화하기 위해 「여객자동차운수사업법」 및 시행령을 일부 개정, 자동차 운행 중 휴대폰 등을 이용하여 동영상을 시청하다가 적발되면 과태료를 부과토록 하고, 도로상 차량의 흐름을 방해하고 운전자의 피로를 증가시키는 요인으로 지적되어 금지시킨 바 있는 '대열운행'에 대한 제재 기준을 대폭 강화한다.

둘째, 매년 봄・가을 행락철 전세버스 운전자의 주취운전, 안전장치 미장착, 운전 중 휴대폰 사용 등 법규위반 사항에 대한 관계기관 합동점검을 확대하고, 자동차 운행 직전 운수종사자의 일상점검(안전설비, 등화장치 등) 항목을 보다 구체화하고 운전자에게는 점검기록 의무, 운송사업자에게는 기록보관 의무를 각각 부여토록 한다.

셋째, 'AI영상 인식 시스템'을 기반으로 일정 기간 운전자 개인별 위험운전 행동을 감지하고 분석, 개인별 안전 운행 컨설팅하는 제도를 시행하기 위해 기이 개발된 '안전운전 분석 시스템'의 실효성을 보다 높이기 위한 방안으로서 우선 시내버스 대상으로 한 시범운영을 실시한다.

넷째, 만일 렌터카 업체가 비대면으로 차량을 대여하는 경우에는 대여받는 사람의 기존 면허증 사진과 스마트폰으로 본인이 직접 촬영한 사진을 둘 다 업체에 보내도록 하고, 업체 직원이 이를 상호 대조토록 함으로써 자동차운전면허가 없는 사람이 렌터카를 대여받아 운전하는 행위를 예방하기 위해 24년 10월부터 시행 중인 '운전자격 확인시스템' 정착 방안 강구, 킥보드 등 '개인형 이동장치(PM: Personal Mobility)'의 올바른 이용 문화 정착을 위해 현재 '자유업'으로 운영되고 있는 공유 PM 대여업체를 '등록제'로 전환하고 보험 가입을 의무화하는 내용의 신규 법률 제정을 추진한다.

(4) 교통사고 예방을 위한 도로 인프라(Infrastructure) 개선 · 확충

첫째, 더욱 안전한 도로 환경을 조성하기 위해 '교통사고 잦은 곳' 및 '위험도로'의 기하구조 개선 및 도로안전시설 개선, 교통안전 관련 각종 Data를 수집, 위험구간 관리방안을 제공하는 'AI기반 교통사고 예방시스템' 구축, 전국 국도 주요 구간에 ITS(Intelligent Transport Systems)를 확대 구축하고 기존 '차도'와는 별개로 구분된 '보행자 전용 보도'를 신설한다.

둘째, 지난 2014년 5월부터 국토교통부가 개발 · 활용 중인 '도로이용 불편 척척해결 서비스 모바일 App'을 이용하여 시민들이 자신의 주변 도로상에 갑자기 생긴 포트홀, 시설물 파손, 턱낮춤 불량 등 취약 지점을 사진으로 찍어서 신고하면 관할 도로관리청에서 신속히 출동하여 보강 공사를 진행하는 방안을 더욱 확대하고, 운전자의 졸음운전 예방을 위해 고속도로 및 국도상에 휴게소, 졸음 쉼터 및 화물차 라운지를 지속적으로 확충한다.

셋째, 고속도로상 제1차 교통사고 발생 직후 이어지는 제2차 교통사고 예방을 위해 교통사고나 고장 차량 발견 시, 사고 차량 관련자가 즉시 도로 외 구역으로 대피토록 유도하는 '비상 대피 알림시스템(사고 장소 근처 CCTV를 활용하여 사고 차량 번호를 확인, 보험사 연계 시스템에 등록된 차량 소유자의 휴대전화 번호로 비상 대피 메시지 발송)을 운영하고, 고속도로상 노후된 방호울타리 · 중앙분리대 등 '차량 방호시설' 개량 공사를 매년 실시한다.

넷째, 「교통안전법」을 일부 개정, 「도로교통법」상 '도로'의 범주에 포함되지 않은 대학교 내부 도로를 '교통안전 관리대상 도로'로 지정하고 해당 대학교 총장을 학내 도로 설치관리자로 지정하여 구내 도로에 교통안전시설 설치 시 「도로교통법」상 기준을 적용토록 하고, 「도로법」 시행령을 일부 개정, 도로 점용허가를 받아야 하는 패스트 푸드 점포나 드라이브 스루 매장의 진·출입부에 안전요원을 배치하는 기준의 신설을 추진한다.

(5) 선진 교통문화(안전의식) 정착 및 정책 추진체계 구축

첫째, '주취운전 행위'를 근절하기 위해 지난 2024년 10월 「도로교통법」을 일부 개정, 과거 '주취운전'으로 운전면허가 취소된 날로부터 '5년 이내'에 또 다시 '주취운전'으로 운전면허가 취소된 상습 주취 운전자에 대하여는 향후 자신의 차량에 '주취운전 방지장치'를 장착해야만 운전이 가능한 '조건부 운전면허'를 부여토록 한바, 그에 대한 관련 절차 및 방지 장치 성능 기준, 설치·시험·교정 및 사용지침을 내용으로 하는 소정의 '규격서' 제정·시행한다.

둘째, '선진 교통문화' 정착을 위해 보행자 및 화물차·이륜차·고령운전자 등 취약 분야교통안전 확보를 위한 대국민 홍보에 관련 역량을 집중시키고, 중앙부처(국토교통부, 행정안전부, 경찰청), 공공기관(한국도로교통공단, 한국교통안전공단, 한국도로공사) 및 민간단체(손해보험협회, 사업용자동차운송조합 등)이 포함된 '민·관홍보 협의회' 구성·운영, 연중 각 기관별 홍보계획 및 실적을 점검하고, 화물차·이륜차 등 각 취약 교통수단별 홍보영상을 제작, 주요 방송 매체, 뉴미디어 및 관계기관을 통해 적극 송출토록 한다.

셋째, 도로교통 안전 분야의 전문 역량 강화를 위해 「교통안전법」을 일부 개정, 중앙부처 및 지방자치단체 소속 교통안전 담당 공무원, 교통안전시설 설치·관리자, 과적 차량 등 운행 제한 단속원 등에 대한 직무교육 의무화, 현재 자동차 교통사고 발생 시 사고 조사 담당 경찰공무원이 확인·기록하는 기존 항목 이외에 교통사고 예방을 위해 추가적으로 조사·기록할 필요가 있는 항목을 연구하여 향후 법제화 추진, 또한 현재 비공개로 되어 있는 교통사고 조사 항목 중 전문가들의 연구 및 관련 행정기관의 교통안전 정책 수립 시 활용할 수 있는 세부 정보 공개 방안을 강구한다.

넷째, 범정부적 교통안전 정책 추진체계 구축 및 운영 활성화를 위하여 국토교통부·행정안전부·경찰청·광역자치단체 및 공공기관 등이 포함되어 구성·운영 중인 '범부처 교통안전 협의체'를 통해 연중 정기적으로 교통안전 정책 추진 현황 점검 및 개선 사항 보완, 우수 사례 공유 등 협업, 주요 교통사고 유형별 · 차종별 사망자 수 감축 목표를 설정하고 그 추진 실적을 정기적으로 점검한다.

다섯째, 전국 각 지역별 교통안전 협력체계 구축 및 운영 활성화를 위해 각 시도경찰청, 지방국토관리청, 전국 광역 및 기초지방자치단체, 공사 및 공단 지역본부 등이 포함되어 구성 운영중인 '권역별 · 지역별 교통안전 협의체'를 통해 각 권역별 · 지역별 연간 교통사고 사망자 수 감축 목표를 설정하고, 감축 실적 및 성과를 정기적으로 공유한다. 아울러 전국 229개 기초 지방자치단체를 대상으로 지역 운전자 및 보행자의 행태, 기타 교통안전 관련 항목에 대한 지표를 평가한 교통문화 지수를 근거로 미흡한 지방자치단체에 대하여는 교통안전 특별실태 조사 후 개선방안 강구 독려, 매년 지역별 교통안전협의체 운영 실적, 사망자 감축 목표 달성률, 교통안전정책 집행 노력도 등을 평가하여 우수한 지자체 및 경찰관서에 대한 정부 포상을 실시한다.

제3절 정부 정책 성공을 위한 5대 필수요소

필자의 공직 경험상 정부가 그 시대에 봉착한 과제를 해결하기 위해 어떤 정책을 수립 · 추진하여 당초 기대한 목표를 성공적으로 달성하려면 다음 다섯 가지 요소가 절대적으로 필요하다.

Ⅰ. 담당 공무원의 전문성, 혁신 의지, 사명감, 열성, 청렴성

어느 나라든지 정부가 그 시대에 정책적으로 해결해야 할 과제와 해결 방안에 대해서는 평상시 그 사안을 담당하고 있는 소관 부처 해당 부서 공무원이 가장 잘 알고 있다.

공무원 중에서도 해당 과제 실무자와 그 상급자 중 제1차~제2차 결재권자인 중간 간부급 공무원이 핵심이다. 제3차 이상 고위직 간부와 최종 결재권자인 기관장은 대개 1~2년마다 교체되기 때문에 특정 정책 과제에 대한 깊은 이해를 기대하기는 사실상 어렵다. 다만, 그 과제를 해당 부처 공식 정책(안)으로 확정하려면 최종 결재권자의 결심이 필요하기 때문에 조직 내부 결재 과정에서 소속 기관장을 설득하고 이해시키는 일은 매우 중요하다.

따라서 정상 국가의 올바른 공무원이라면 탁상행정에서 벗어나 전문성을 갖추고 늘 깨어있는 정신과 혁신 의지 및 사명감으로 정부가 해결해야 할 시대적 과제를 발굴하고, 국내외 전문가 자문 및 유사 사례 수집 등 과정을 거치면서 해당 사안에 대한 정책적 해결 방안을 강구하고 열과 성을 다해 적극 추진해 가야만 한다.

한편 해당 과제와 관련된 공무원들이 평상시 청렴성과는 거리가 멀고 부정·부패한 경우에는 어떤 시대적 과제를 해결하기 위한 정책을 수립·추진하는 게 아니라 오히려 그러한 문제를 방치하고 이용하여 사리사욕을 채우려고 할 수도 있으므로 이런 상황은 특히 경계해야 한다.

Ⅱ. 관련 부처(부서) 공무원, 국회 전문위원 및 국회의원 등 설득

어느 정부 부처가 특정 사안에 대한 신규 정책을 수립·추진하려면 그에 따른 예산(재정 조치) 및 인력이 필요하고, 새로운 조직을 신설해야 하는 경우도 종종 발생한다.

이러한 문제를 해결하기 위해서는 정부 내 관련 부처(부서) 담당자들에 대한 설득 작업이 우선돼야 한다. 설령 특정 부처가 어떤 정책 사안에 대하여 일단 행정수반(대통령 등)의 재가를 받았다고 하더라도 국가 전체적으로는 추진 우선순위에서 밀릴 수 있다. 따라서 새로운 정책을 수립·추진하려는 주무 부처에서는 총력을 다해 예산·인력 및 조직을 담당하는 해당 부처 실무자로부터 장관급 공무원에 이르기까지 그들의 협조 의사를 구하기 위해 적극적으로 노력해야 한다.

또한 만일 해당 정책이 대국민 규제가 필요한 사안인 경우에는 관련 법령에 근거 규정을 신설해야 한다. 이를 위해서는 해당 정책의 기본 계획 및 신규 법령(안)에 대한 행정수반(대통령) 재가(결재) 후 국회로 이송되어 해당 부처 소관 상임위원회 - 법제사법위원회 - 국회 본회의 의결 등의 과정을 거치게 된다. 이때 주무 부처의 담당 공무원들은 국회의 소관 상임위원회 소속 전문위원 및 국회의원(보좌관 포함) 등과 부단히 접촉하면서 그들로부터 사전 동의를 이끌어 내야만 본회의에서 근거 법령이 무난히 통과·확정될 수 있다.

국회의원은 선거를 통해 지역구 유권자의 선택을 받은 사람이기 때문에 본인의 공약이나 중요후원자 및 단체와 관련된 이해관계로 인해 국가적·범정부적으로 중요한 정책에 관련된 법령임에도 불구하고 무작정 반대 입장을 표명하는 일이 생길 수 있다. 따라서 이런 경우엔 과학적·논리적·통계적 자료를 만들어 적극 설득하는 동시에 해당 의원 지역구의 유력자나 평소 영향력 있는 중요후원자 등을 파악하여 그 사람의 도움을 받는 등 전략적으로 다양한 방법을 구사해야 할 경우도 종종 발생한다.

Ⅲ. 관련 근거 입법 조치 및 범정부적 정책추진시스템 구축

서론에서 기술한 바와 같이 '정책'이란 국가적 상위 목표과 그 하위 목표를 달성하기 위해 국회가 제정한 '실정법'과 행정부가 제정한 '법규 명령(대통령령·부령)'이라고도 할 수 있다. 물론 사안의 성격에 따라서는 법적 근거 없이 추진할 수도 있다.

자유민주주의 국가에서는 일정 주기마다 행정수반(대통령 또는 내각제 국가의 총리 등)이 교체되는 것이 원칙이다.

선거로 취임한 행정수반이 직전 정부와 동일한 정당 소속인 경우에는 별로 문제가 없다. 그러나 기본적 이념과 노선이 다른 상대 정당 소속인 경우에는 직전 정부가 추진한 정책을 그대로 계승하지 않고 전격 폐지하거나 대폭적인 수정을 가함으로써 당초 세운 정책의 목표가 제대로 달성되지 않을 가능성이 높다. 또한 행정수반은 본인 임기 내 무언가 치적을 남기려는 개인적 욕심, 유권자의 표심 및 기타 대의명분만 지나치게 의식한 나머지 충분히 검토되지도 않은 선거공약 관련 정책을 무리하게 추진하여 결과적으로 별다른 효과도 얻지 못한 채 예산과 시간만 낭비하는 우를 범하기도 한다.

아울러 공무원들은 본능적으로 대개 기존 정책보다는 새 정부의 신규 정책에 더 큰 관심을 갖는 경향이 있기 때문에 기존 정부의 정책은 자칫 완전히 사라지게 될 가능성도 없지 않다.

따라서 그 나라의 정권(행정수반) 교체와 상관없이 국가적 중요 정책을 지속적으로 추진하여 소기의 성과를 거두기 위해서는 그에 필요한 '법적 근거'와 '범정부적 정책 추진시스템'을 마련할 필요가 있다. 아울러 정부의 소관 부처는 물론 전국의 지방 행정기관에 이르기까지 각 세부 사업별 담당 부처(부서)를 명확히 지정해 놓음으로써 그 정책의 추진 동력을 장기적으로 공고하게 유지해 놓는 것이 바람직하다.

Ⅳ. 정책 수립·추진 과정에서 이해당사자 및 대국민 공감대 형성

정부 신규 정책의 성공 여부는 직접적인 이해당사자와 다수 국민의 공감대를 이끌어 내느냐 그렇지 않으냐에 달려 있다고 해도 과언이 아니다. 자유 민주주의 국가에서는 아무리 국가적 · 사회적으로 중차대한 정책이라 하더라도 시행과정에서 다수 국민이 적극적 · 집단적으로 반발할 내용이라면 시행 초기에는 몰라도 그것이 오랜 기간 지속 가능하기는 사실상 어렵다.

따라서 정책 수립 초기, 기본방침과 내용이 어느 정도 구체화되면 매스컴을 통하여 적정 수준의 홍보를 함으로써 국민의 반응을 미리 살펴보는 것이 좋다. 아울러 관련 분야의 전문가와 민간단체 회원 및 이해관계 집단 등이 참석하는 공청회 등을 개최하여 해당 정책의 직접적인 이해당사자들을 최대한 설득 · 조정하는 노력을 기울여야 한다. 만일 과도한 반발이 예상된다면 그 내용을 다소 순화시키거나, 유예기간을 두어 시행시기를 다소 늦추는 등의 조치를 취하는 것이 바람직하다. 그래야만 해당 정책에 대한 행정수반의 재가는 물론 이후 국회 입법 절차를 밟아 가는 과정이 수월하다.

Ⅴ. 정책 추진 결과에 대한 평가 및 피드백(Feedback)

아무리 좋은 품종의 나무라 하더라도 일단 화분에 심어 집안에 들여놓은 이후에는 주기적으로 물을 주고 일정 기간 후에는 분갈이도 해주어야만 그 나무가 온전히 생장하게 된다.

정부 정책도 마찬가지다. 어려운 과정을 거쳐 수립된 정책이 현장에 잘 정착되어 성공을 거두려면 무엇보다 소관 정부 부처, 지방자치단체 및 관련 행정기관 소속 공무원들이 책임감을 가지고 현장에서 적극 추진해 나가는 것이 중요하다.

또한 궁극적으로 해당 정책이 성공하려면 매년 말 주기적으로 추진 결과를 점검하고 효과성을 분석하여 부족한 부분은 보완하고 불필요한 부분은 과감히 삭제하는 등 행정적 노력을 지속해 나가야 한다. 또한 일선 담당 공무원들의 책임감을 제고시키고 지역 주민들의 관심과 협력을 이끌어내려면 정기 평가결과에 따라 유공자 선발 · 포상 등 적의한 보상책을 수립 · 시행하는 게 바람직하다.

제4절 맺음말

이 책에서는 1991년부터 2024년까지 약 34년간 한국에서 추진되어 온 주요 '도로교통 안전정책'에 관해 살펴보았다. 그 정책의 주요 내용은 '도로교통의 3E 원칙' 입각한 사람(운전자, 보행자) · 자동차 · 도로 환경에 관한 것이다. 구체적으로는 역대 정부에서 국토교통부 · 행정안전부 · 보건복지부 · 경찰청 등 주무 부처가 수립한 정책에 따라 새롭게 제정하거나 개정한 법령 · 제도와 그에 따른 세부 시행계획 등이다.

한국에서는 1987년 '제6공화국' 체제가 들어서면서 「헌법」 제70조에 의거 '5년 단임' 대통령제가 정착되었고 그동안 행정수반(대통령)은 제13대(노태우)부터 2025년 6월 현재 제21대(이재명)까지 총 9회 교체되었다. 비록 이전 정권과 이후 정권의 이념과 성격이 상반된 경우도 있었지만, 그럼에도 불구하고 자동차 교통사고로 인한 피해(특히 사망자)를 줄이겠다는 '범정부적 정책목표'는 오랜 기간 전혀 변함없이 지속적으로 추진되어 왔다. 그렇게 된 이유는 혁신 의지와 청렴성을 갖춘 유능한 공무원들이 전문성과 사명감을 가지고 실효성 있는 제도와 법령을 만들어 국회의원을 설득하고 대국민 공감대를 형성해 가면서 정권 교체와 상관없이 꾸준히 해당 정책의 성공을 위해 노력해 왔기 때문이라고 본다.

무엇보다 「교통안전법」에 의거 1983년부터 최근까지 '매 5년'마다 갱신 · 수립되고 있는 '국가교통안전기본계획'과 이를 근거로 매년 초에 수립되는 '교통안전시행계획'은 관련 중앙부처, 지방자치단체, 각급 경찰관서는 물론 공공기관 · 민간단체 등이 각자의 소관 업무 영역 내에서 '교통사고 사망자 감소'를 위한 세부 시책을 적극적으로 꾸준히 추진할 수 있도록 뒷받침한 매우 중요한 원동력이었다.

특히 그동안 전국 도로망을 대상으로 한 구조 개선 및 안전시설 확충, 자동차 자체의 안전성 및 운행보조 기능 향상, 무인 교통단속 카메라 확충 및 기술 개선을 통한 공평하고 효율적인 단속, 자동차 교통사고에 따른 응급환자 구호시스템의 획기적 개선 등 정책은 너무나 성공적이었고 지금도 계속 진행 · 발전하고 있다.

또한 세계적으로도 손에 꼽을 만큼 교육 수준이 높은 한국 국민들은 역대 정부가 추진해 온 여러 가지 정책과 세부 시책에 적극 호응하고 반응하면서 도로교통안전 확보를 위해 필요한 긍정적 · 사회적 관행을 만들어 내고 실천해 왔다.

그 결과 1991년 역대 최고정점에 달했던 교통사고 사망자 수(13,429명)는 2024

년 현재 2,521명으로써 지난 33년간 약 81.22%(10,908명) 감소하는 실로 대단한 성과를 거둔 바 있다.

그러나 이런 성과에도 불구하고 국제적으로 '인구 10만 명당 사망자 수'로 비교할 때 OECD 회원국 중에서는 아직도 중하위권에 머무르고 있다. 또한 2021년 이후 최근 5년간 교통사고 현황을 살펴보면 비록 '교통사고 사망자 수' 자체는 최근까지도 계속 감소 추세지만 감소율 자체는 약 1.0% 수준으로 떨어져 거의 정체상태를 보이고 있다. 또한 연간 '교통사고 발생 건수'와 '부상자 수' 자체는 지난 2000년대 중반부터 작년까지 전체적으로 감소했지만, 2010년대 중반부터는 매년 전년 대비 증가와 감소를 반복하고 있는 실정이다.

이처럼 근래 한국에서 자동차 교통사고로 인한 '사망자 수' 자체는 지속적으로 감소 추세지만 '발생 건수'와 '부상자 수'가 그렇지 않은 이유는 다음 두 가지 사유에 기인한 것으로 사료된다.

첫째, 최근 세계 각국 자동차 메이커들의 연구·기술 발전으로 인해 거의 모든 자동차에 '첨단 안전성 제고장치' 장착이 보편화됨으로써 운전 도중 안전성이 대폭 향상되었고, 만일 교통사고가 발생하더라도 거의 동시에 자동차 내부 사방에서 에어백(Airbag)에 튀어나와 탑승자를 보호하는 등 자동차의 안전성능 자체가 획기적으로 향상되었다. 둘째, 1995년에 「응급의료에 관한 법률」, 2011년에 「119구조·구급에 관한 법률」, 2024년에 「119긴급신고의 관리 및 운영에 관한 법률」이 각각 새롭게 제정·시행되면서 국내 도로교통사고 관련 현장 긴급 출동 및 응급의료 체계가 완전히 선진국형으로 탈바꿈하였다.

따라서 현재는 설령 자동차 교통사고로 응급환자가 발생하더라도 119구조·구급대원이 최대한 신속하게 현장에 출동하고, 구급 차량 이동 중에도 전문적 응급처치를 계속하며, 병원 도착 즉시 대기 중이던 의료진이 환자 상태에 따른 전문적 의료 조치를 통해 일단 응급상황이 완화되고, 그 상태에서 사고 발생 후 30일(2000년 이후 교통사고 사망자 통계 기준)이 경과되면 그 사람은 연간 '교통사고 사망자 수' 산정에서 자연스럽게 제외되는 구조가 된것이다.

이렇게 볼 때 한국정부는 향후 미래의 국내외 정책환경 변화에 적극 대응하면서 지난 30여 년간에 걸친 성과를 토대로 관련 통계를 면밀히 분석, 상대적으로 취약한 분야를 선정하여 보다 섬세하고 효과적인 도로교통안전정책을 수립·추진해가야 할 필요가 있다.

한국을 포함한 주요 선진국의 경우 앞으로 5차 산업혁명을 통해 인공지능(AI),

사물인터넷(IoT), 빅데이터(Big-Data), 로봇공학 등 첨단 정보통신기술(ICT) 연계 및 융합 과정을 거치면서 이른바 '초연결성'·'초지능화'·'초융합성'을 특징으로 하는 최신 산업과 사회구조로 빠르게 변화할 것으로 전망된다.

그 결과 도로교통 분야에도 AI 기술을 활용한 '실시간 최적 경로' 선정 및 '위험상황 정보공유' 시스템이 활성화하고, 빅데이터를 활용한 보행자와 운전자의 행태를 예측·분석하는 초정밀 기술이 개발·실용화되면 '제5단계(Level 5) 완전 자율주행차'가 도로에 등장하는 날도 머지않아 도래할 수 있다.

향후 미래에 도로상에서 운행되는 모든 차량이 '제5단계 완전 자율주행차'로 100% 채워진다면 자동차로 인한 교통사고는 단 한 건도 발생하지 않을 것이다.

그런데 그것은 아직도 너무나 먼 미래에 도래할 희망적 기대일 뿐이고, 현실적으로는 앞으로도 오랜 기간 현재와 같은 교통사고 상황이 지속될 것이다. 따라서 정부는 향후 도래할 자율주행 시대를 대비한 법적·제도적 조치를 단계적으로 수행하면서도, 자동차 교통사고 피해 감소를 위한 더욱 효과적인 도로교통안전정책을 꾸준히 수립·추진해 가야만 한다. 한국 정부는 이러한 점을 고려, 지난 2020년대부터 보행자, 65세 이상 고령자, 화물차·이륜차·주취운전 등 '교통안전상 상대적으로 더욱 취약한 요소'에 집중, 과학적인 통계분석과 전문가 연구 용역 등을 통해 종전에 비해 더욱 섬세하고 치밀한 대책을 강구·추진 중이다.

그런데 그동안 정부의 '도로 환경' 및 '자동차' 관련 정책은 상당한 성과를 거두었으나 '사람(운전자)'과 관련된 정책은 상대적으로 미흡했다. 특히 김대중(1998~2003)·이명박(2008~2013) 대통령 정부 시절에는 '규제 완화' 또는 '국민 편의' 등을 명분으로 자동차운전면허 관련 교육 시간, 시험종별 합격점수, 적성검사 주기 등 기준을 지나치게 완화시킨 측면이 있다. 아울러 '도로교통안전정책'은 '사망자 수' 감소에 치중하여 '교통사고 발생 건수'와 '부상자 수' 감소에는 상대적으로 관심이 부족했던 게 사실이다.

따라서 2025년 6월 4일 제21대 대통령으로 취임한 이재명 정부에서는 2027년부터 다시 시작되는 제10차 국가교통안전기본계획(2027~2031)에 위와 같은 내용을 고려한 개선 정책을 포함시킬 필요가 있다.

아울러 1991년 이후 지난 30여 년 이상 그래왔던 것처럼, 앞으로도 정부가 좀 더 효과적인 '도로교통안전정책'을 수립하고 국민(도로 이용자)들의 적극적 호응과 자율적 실천이 지속된다면 머지않아 한국도 OECD 회원국 중 10위권 이내에 드는 '교통안전 우수 국가'로 발돋움하게 될 수 있을 것으로 기대하는 바이다.

참고문헌

국내문헌, 각 기관 자료 및 인터넷 홈페이지

1. 단행본

강동수 외 14인, 교통안전학, 2009.
강재홍, 교통안전론, 삼우사, 1999.
김경환, 교통안전공학, 태림문화사, 1997.
김남현 외 5인, 경찰교통론, 경찰대학, 2018.
백승엽, 교통경찰실무론, 화학사, 2002.
백종태, 우리나라에서 운전하면 공자님도 욕한다, 1997.
송상근, 사람잡는 운전, 사람 살리는 차 문화, 1997.
신부용, 고통이냐 교통이냐, 현암사, 1993.
신부용, 교통문제 해결할 수 있다, 1994.
원제무, 도시교통론, 박영사, 1996.
유완 · 이건영, 교통정책론, 일조각, 1995.
윤준병, 서울시 교통정책 이야기, 21세기북스, 2014.
이광훈, 서울교통정책변천사, 서울연구원, 2017.
이건영 · 원제무, 교통정책, 박영사, 1997.
이근희, 교통안전, 창지사, 1985.
이용택, 교통행정혁신론, 청문각, 2011.
이홍로, 자동차문화, 구미서관, 2006.
이홍로, 교통안전정책론, 구미서관, 2007.
임재경 · 설재훈, 도로교통안전정책 국제비교 연구, 한국교통연구원, 2012.
전국진, 거꾸로 달리는 한국의 운전문화, 고려원미디어, 1994.
전영선, 임금님의 첫 자동차, 정우사, 1992.
전영선, 자동차 이야기, 정우사, 1993.
정정길 외 4인, 정책학원론, 대명출판사, 2017.

2. 정부 및 공공기관 발간자료, 도로 관련 법령

경찰청.(1988~2015), 「도로교통안전백서」.
경찰청.(2017), 「교통사고통계(2016년 통계)」.
경찰청.(2019), 「바닥형 보행신호등 보조장치 표준지침」.
경찰청.(2003), 「도로교통 관련 법령의 변천사」.

경찰청.(2006), 「한국경찰사(1993.3~2005.12)」.
국토교통부.(1990~2024), 「교통안전연차보고서」.
국토교통부.(2012), 「국도의 노선 계획·설계 지침(국토교통부 예규」.
국토교통부.(2017), 「노면색깔 유도선 설치 및 관리 매뉴얼」.
국토교통부.(2019), 「국도상 보도 설치 4단계 기본계획 수립」.
국토교통부.(2021), 「보도 설치 및 관리지침(국토교통부 예규)」.
국토교통부.(2022), 「제9차(2022~2026) 국가교통안전기본계획」.
국토교통부.(2022), 「회전교차로 설계지침」.
국토교통부.(2024), 「도로안전시설 설치 및 관리 지침(국토교통부 예규)」.
국토교통부.(2024), 「도로의 구조·시설기준에 관한 규칙(국토교통부령)」.
한국교통연구원.(2013), 「KSP 4-한국의 교통안전정책」.

3. 국내외 기관의 인터넷 홈페이지 주소

경찰청: https://www.police.go.kr/index.do.
공공데이터 포털: https://www.data.go.kr/data/15046710/fileData.do.
국가통계 포털: https://kosis.kr/index/index.do.
국토교통부: https://www.molit.go.kr/portal.do.
국토교통통계누리: https://stat.molit.go.kr/portal/main/portalMain.do.
자동차운전전문학원연합회: http://www.drivekorea.or.kr/.
한국건설기술연구원: https://www.kict.re.kr/.
한국교통안전공단: https://www.kotsa.or.kr/.
한국교통연구원: https://www.koti.re.kr/index.do.
한국도로공사: https://www.ex.co.kr/.
한국도로교통공단: https://www.koroad.or.kr/.

■ 해외 문헌

Zero Road Deaths and Serious Injuries: Leading a Paradigm Shift to a Safe System(2016): www.oecd.org/about/publishing/corrigenda.htm.

European Commission (2016), Road Safety: New statistics call for fresh efforts to save lives on EU roads, press release, Brussels, 31 March 2016, http://europa.eu/rapid/press-release_IP-16-863_en.

Ezra Hauer (2016), "An exemplum and its road safety morals," Accident Analysis and Prevention, Vol. 94, September 2016, 168-179.

Ohlin, M., J. Strandroth, and C. Tingvall (2014), "The combined effect of vehicle frontal design, speed reduction, autonomous emergency braking and helmet use in reducing real life bicycle injuries," International Cycling Safety Conference (ICSC), 18-19 November 2014, Gothenburg, Sweden.

Reason, J. (1997), Managing the Risks of Organisational Accidents, Ashgate Publishing.

Somers, R. L. and A. Hansen (1984), "The cost of rear-end collisions in Denmark and the potential savings from a high, center-mounted auxiliary brake light," in Accident Analysis and Prevention, Vol. 16(5/6), 423-432.

Vaa, T. (1999), "Vision Zero and Sustainable Safety: A comparative discussion of premises and consequences," Institute of Transport Economics Working Paper O-2506; Swedish National Road Administration (SNRA).

Wegman, F. and M. Hagenzieker (2010), "Scientific Research on Road Safety Management," in Safety Science, Vol. 48/9, November 2010.

Wegman, F. and L. T. Aarts (2006), Advancing Sustainable Safety: National Road Safety Outlook for 2005-2020, Dutch Institute of Road Safety Research (SWOV), Leidschendam.

찾아보기

▪ 저자 소개 ▪

[학력]

대전고등학교(60기), 국립경찰대학(1기, 행정학과) 졸업 후 2012년 2월에 서울시립대학교 대학원에서 「교통공학 박사」 학위를 취득하였다.

[공직 경력]

- 1985년 4월 경위 임관, 2016년 2월 치안감 퇴임 시까지 약 31년간 경찰공무원으로 근무하였다.
- 1991년부터 오랜 기간 경찰청 교통국에 근무하면서 초등학교 앞 '어린이 보호구역 제도' 신설 등 「도로교통법」을 근거로 한 '도로교통안전'에 관한 여러 가지 정책(시책)을 실무적으로 입안・추진하였다.
- 2004년 총경 승진 후 대구 달성경찰서장, 경기 시흥경찰서장, 서울 서대문경찰서장을 역임하였다.
- 2011년 경무관 승진 후 서울경찰청 교통지도부장 재직 시에는 2012년 3월 서울에서 개최된 역대 최대 규모(미국 오바마, 러시아 푸틴 대통령 등 50개국 정상, 국제기구 수장 참석)였던 '핵안보 정상회의' 교통관리 및 경호업무를 성공적으로 수행하였다.
- 2012년 치안감 승진 후 청와대 대통령실 치안비서관, 충남경찰청장, 경남경찰청장을 역임하였다.
- 2016년 2월, 경남경찰청장직을 끝으로 31년간의 공직생활을 마감하였다.

[교직, 학회 경력 및 논문]

- 2016년 3월 가천대학교 법과대학 경찰행정학과 교수로 임용되어 2025년 현재 10년째 재직 중.
- 「대한교통학회」 평생회원이며, 「경찰연구학회」 연구윤리위원장을 역임하였다.
- 그간 「도로교통법」상 경찰청 소관 '교통안전 정책' 및 '경찰 개혁' 관련 논문 수편을 집필하였다.

  1) 무단횡단 교통사고 예방 대책에 관한 연구(횡단보도 및 무단횡단 방지시설을 중심으로)
     – 서울시립대학교 대학원, 「교통공학박사」 학위 논문(2012. 2)
  2) 우수한 신규운전자 배출을 위한 운전면허 학과시험 제도에 관한 연구
     – 「한국경찰학회보」 제20권 제2호, 통권 제69호, 2018. 4.
  3) 한국 도로교통법상 비보호 및 유턴제도 운영 개선방안 연구
     – 「가천법학」 제12권 제3호, 2019. 9.
  4) 경찰공무원 복무선서 개선방안 연구 – 「가천법학」 제13권 제2호, 2020. 6.
  5) 이른바 '민식이법'의 위헌성 여부 및 입법권자의 책임에 관한 연구
     – 「한국경찰연구」 제20권 제2호, 2021년 여름호.
  6) 자율주행자동차 관련 각국 도로교통법령의 비교법적 검토 및 개선방안 연구
     – 「한국경찰연구」 제21권 제1호, 2022년 봄호.
  7) 행정안전부 「경찰국」 및 「지휘규칙」에 대한 비판적 검토 및 개선방안 연구
     – 「한국경찰연구」 제22권 제1호, 2023년 봄호.
  8) 도로교통법상 삼색신호등과 보조표지 운용실태 및 개선방안 연구
     – 「한국경찰연구」 제23권 제4호, 2024년 겨울호.

[상훈 관계]

- 홍조근정훈장, 근정포장, 대통령표창・국무총리표창 등

한국도로교통안전정책론

2025년 6월 5일 초판 인쇄
2025년 8월 25일 초판 2쇄 발행

저 자 백 승 엽
발행인 배 효 선

발행처 도서출판 法 文 社

주 소 10881 경기도 파주시 회동길 37-29
등 록 1957년 12월 12일/제2-76호(윤)
전 화 (031)955-6500~6 FAX (031)955-6525
E-mail (영업) bms@bobmunsa.co.kr
(편집) edit66@bobmunsa.co.kr
홈페이지 http://www.bobmunsa.co.kr
조 판 법 문 사 전 산 실

정가 29,000원 ISBN 978-89-18-91609-5